企业可持续竞争力系列丛书

CORPORATION

SERIES OF CORPORATION SUSTAINABLE COMPETITIVENESS

四川省可持续营商环境研究报告

（2018—2019）

主编／付先凤　平文艺

中国企业管理研究会社会责任与可持续发展专业委员会
中国工业经济联合会中国工业企业社会责任研究智库
北京融智企业社会责任研究院
四川省社会科学院企业社会责任研究与评估中心

经济管理出版社
ECONOMY & MANAGEMENT PUBLISHING HOUSE

图书在版编目（CIP）数据

四川省可持续营商环境研究报告 . 2018—2019/付先凤，平文艺主编 . —北京：经济管理出版社，2019. 12

ISBN 978 - 7 - 5096 - 6986 - 0

Ⅰ . ①四…　Ⅱ . ①付…②平…　Ⅲ . ①投资环境—研究报告—四川—2018—2019　Ⅳ . ①F127. 71

中国版本图书馆 CIP 数据核字（2019）第 287763 号

组稿编辑：申桂萍
责任编辑：赵亚荣
责任印制：黄章平
责任校对：董杉珊

出版发行：经济管理出版社
　　　　　（北京市海淀区北蜂窝 8 号中雅大厦 A 座 11 层　100038）
网　　址：www. E - mp. com. cn
电　　话：（010）51915602
印　　刷：三河市延风印装有限公司
经　　销：新华书店
开　　本：720mm × 1000mm/16
印　　张：25. 75
字　　数：491 千字
版　　次：2019 年 12 月第 1 版　　2019 年 12 月第 1 次印刷
书　　号：ISBN 978 - 7 - 5096 - 6986 - 0
定　　价：98. 00 元

《四川省可持续营商环境研究报告（2018—2019）》

编委会

主编单位简介

中国企业管理研究会社会责任与可持续发展专业委员会

中国企业管理研究会，原名中国工业企业管理教育研究会，创建于 1981 年。1995 年 3 月经民政部批准，改名为中国企业管理研究会。作为全国性社团组织，中国企业管理研究会的主要职能是向政府反映企业管理中出现的问题，提出企业管理政策建议；总结和推广企业的先进管理经验，并开展管理咨询服务；进行企业管理理论研究和学术交流；组织协调全国大专院校企业管理教材的编写和教学经验的交流；开展企业家经营管理知识培训和国际学术交流；等等。研究会现有理事单位近 300 家，涵盖企业、高等院校、研究机构和新闻出版单位。自成立以来，研究会不仅为我国大中型企业培养了许多优秀的经营管理人才，而且就高等管理教育的改革、成人教育的发展等问题向国务院和中央有关部委提出了一些重要建议，受到中央有关领导同志的好评。

中国企业管理研究会社会责任与可持续发展专业委员会（原为 2014 年成立的"中国企业管理研究会社会责任专业委员会"）的定位是充分发挥中国企业管理研究会的优势，将企业、高等院校、研究机构联结起来，引领中国企业社会责任与可持续发展的潮流，推动中国企业社会责任与可持续发展的理论与实践，提高中国企业的责任竞争力。中国企业管理研究会社会责任与可持续发展专业委员会的理事单位来自全国多个研究机构、高等院校和知名企业，主要任务是研究社会责任与可持续发展基础理论、开发社会责任与可持续发展管理与教学案例、举办社会责任与可持续发展相关主题活动与会议、开展社会责任与可持续发展理论与实践优秀成果跟踪评价、提供社会责任与可持续发展高端培训和咨询服务。

中国工业经济联合会中国工业企业社会责任研究智库

中国工业经济联合会中国工业企业社会责任研究智库（China Alliance of Responsibility Experts，CARE）是贯彻落实党的十八届三中全会《中共中央关于全实践参与者：通过建立各类社会组织和参与企业社会责任实践等多种方式，既推动四川企业社会责任建设，又及时了解实践中的热点、亮点、重点、难点，为理论研究提供活水源泉。

信息发布者：以《四川企业社会责任研究报告》（蓝皮书）的发布会为主要平台，及时向社会各界发布中心的研究成果，介绍优秀企业典型。

发展引导者：通过理论研究、实践参与及信息发布，引导企业社会责任建设制度化、规范化、科学化发展，为谱写中国梦美丽的四川篇章注入强大的正能量。

中心成立 6 年来，先后承担省政府社科基金课题"四川企业社会责任履行评估体系研究"、横向课题"消费者权益维护与企业社会责任建设"等项目研究。编著《英特尔责任密码——走进英特尔成都工厂》，连续 6 年编制并组织发布《四川企业社会责任研究报告》。

主要编撰者简介

　　付先凤，北京融智企业社会责任研究院副院长。主要从事海外投资风险评估、国际制裁和反腐败反商业贿赂合规管理、供应链社会责任管理、负责任投资等领域的理论和实践研究。先后参与了联合国全球契约、国务院国资委、中国工业经济联合会等课题研究项目；参与了国内外企业社会责任咨询项目60余项，服务了国家开发银行、中国银行、中国人寿等20多家大型金融机构和中国航空工业集团、中国机械工业集团、中国五矿集团等20多家中央企业，以及中国银行业协会、中国信托业协会等近10家行业协会。在企业海外投资风险评估和风险管理、国际制裁合规管理、企业供应链尽责管理、可持续投资等方面具有丰富的经验。参与编写了《中国上市公司社会责任能力成熟度研究报告》《中国企业公众透明度报告》等著作多部。

　　平文艺，四川省社科院企业社会责任研究与评估中心副主任，研究员。首倡并申报成立四川省社科院企业社会责任研究与评估中心，并组织和协调相关科研人员，展开对企业社会责任理论和实践的研究攻关。取得的主要成果有：2012～2017年的系列《四川企业社会责任研究报告》蓝皮书、省政府社科基金课题《四川省企业社会责任履行评估体系研究》和横向研究项目《消费者权益维护与企业社会责任研究》《成都市银企院校"四方"联盟平台构建研究》、院级课题《英特尔责任密码——走进英特尔成都工厂》等。1969～1986年，在四川独立第一师成都警备区等政治机关任理论宣传和新闻宣传干事等职。先后在《解放军报》、《战旗报》、《四川日报》、四川人民广播电台、四川电视台等媒体发表文章近千篇。1986年转业至四川省社科院后，一直从事党务工作，并结合本职工作参与党建研究、思想政治工作、精神文明研究和企业文化研究。参与国家社科基金课题《社会主义市场经济条件下社会主义精神文明建设研究》《农村精神文明研究》，获国家社科基金一、二等奖；参与省政府社科基金重大项目《党的第三代领导集体对邓小平理论的创新与发展研究》，获省政府一等奖。

　　郭毅，北京工商大学经济学院教授，企业营商环境研究中心主任。2004年7

月毕业于厦门大学经济学院，获经济学博士学位。2005～2010年先后于中国人民大学经济学院、中国社会科学院经济研究所从事博士后研究。曾于香港中文大学、爱尔兰科克大学访学，主要研究方向为商业伦理与企业社会责任。兼任中国工业企业社会责任智库首批专家、中国通信企业协会社会责任专业委员会资深专家、南方周末社会责任研究智库专家等职。2011年度入选北京市青年拔尖人才培养计划，2013年获"北京市优秀教师"称号。

王海龙，北京融智企业社会责任研究院常务副院长。主要从事企业社会责任管理、可持续竞争力等领域的理论和实践研究。先后参与了国务院国资委、中国工业经济联合会等课题研究项目；参与了国内外企业社会责任咨询项目60余项，服务了国家电网、中国航空工业集团、中国机械工业集团、中国五矿集团等20多家中央企业，以及中国银行业协会、中国信托业协会、中国工业经济联合会等近10家行业协会。在企业社会责任战略规划制定、企业社会责任指标体系构建、企业社会责任报告撰写等方面，具有丰富的经验。参与编写了《中国上市公司社会责任能力成熟度研究报告》等著作多部。

王桦，管理学博士，毕业于复旦大学管理学院。现为北京石油化工学院副教授，主要从事企业风险管理等领域的研究，先后主持大中型企业管理咨询项目数十个。

陈杰，四川省社科院金融与财贸经济研究所副研究员，从事工业经济、现代服务业、旅游业、城乡统筹和国际贸易法等研究，先后主持国家社科基金西部项目1项、省级和市级科研项目30多项，在《求是》、《广东社会科学》、《天府新论》、《经济体制改革》和《西南金融》等刊物上独立和合作发表论文10多篇，主编和参编著作5部，多项对策建议获省、市领导批示。

前　言

随着中国经济进入高质量发展阶段，营商环境的重要性日益凸显。2017年，习近平主持召开中央财经领导小组第十六次会议时强调，营造稳定、公平、透明的营商环境，加快建设开放型经济新体制。2019年，四川省政府工作报告中先后三次提到"营商环境"一词，报告中"2019年重点工作安排建议"部分还提出今年（2019年）要"开展'营商环境提升年'活动"，要"抓紧建立符合国际规则的营商环境指标体系和评价机制"，四川省在优化营商环境上持续发力。2019年6月，四川省政府印发《四川省深化"放管服"改革优化营商环境行动计划（2019~2020年）》，主要提到要从法治环境、市场环境、政策环境和政务环境四个方面进行优化提升，加快提升四川省营商环境国际化、法治化、便利化水平。2019年6月，四川省委副书记、四川省省长尹力提到，"四川省大力深化'放管服'改革，不断优化营商环境，力求激发市场活力，增强四川发展的内生动力，释放出内需潜力"。优化营商环境有利于企业持续健康发展，促进四川省经济社会发展。

本报告对四川省营商环境可持续发展进行评价研究，并聚焦四川企业可持续竞争力发展，分析如何提升四川省企业可持续竞争力，打造四川省一流的国际营商环境，促进四川省营商环境可持续发展。以四川省开发区和四川省上市公司为样本，构建四川省营商环境可持续发展评价体系，并通过可持续竞争力的"四面体"模型，将企业的经济、社会、环境价值创造与外部影响联系起来进行评价，并融入四川省企业营商环境体验指标，分析四川省开发区的营商环境在管理机制创新、开放发展、创新发展、绿色发展、协调发展、共享发展六个方面的可持续发展情况，以及四川省企业在成长过程中内部的经营行为与产生的外部影响的协调性与持续性，结合分析四川省企业对于其所在地营商环境体验情况，为四川省开发区优化营商环境，促进可持续发展以及四川省企业的管理改进提出有针对性的评价分析结论。

本报告分为政府开发区篇、企业篇、附录三大部分，其中开发区篇和企业篇分别由总报告、技术报告、专题报告、案例报告四部分构成。

政府开发区篇的总报告是对四川省开发区营商环境主要研究成果的总体性概括，基于2018年四川省样本开发区营商环境可持续发展评价，总结出四川省开发区营商环境可持续发展的具体情况。

政府开发区篇的技术报告包括两大部分：一是对四川省开发区营商环境可持续发展的理论说明，主要从什么是开发区营商环境可持续发展、开发区营商环境可持续发展的理论依据、开发区营商环境可持续发展的阶段划分三个方面进行了说明；二是对开发区营商环境可持续发展评价方法的说明，主要从指标构建、赋值赋权、评价过程三个方面进行了说明。

政府开发区篇的专题篇选取了四川省优化营商环境与服务"一带一路"建设的关系、园区绿色发展、以优质营商环境推动提升企业可持续竞争力三个专题着重进行分析，深入研究四川省开发区营商环境与服务"一带一路"、绿色发展和企业可持续竞争力之间的关系。

企业篇的总报告是对本篇内容主要研究成果的总体性概括，基于2018年四川样本企业可持续竞争力评价，总结出四川企业可持续竞争力建设的具体情况，包括四川100家样本企业可持续发展治理、可持续经济价值、可持续社会价值、可持续环境价值、可持续品牌塑造、营商环境体验六个方面的全面分析。

企业篇的技术报告包括两大部分：一是对企业可持续竞争力理论的说明，主要从什么是企业可持续竞争力、企业可持续竞争力的理论架构、企业可持续竞争力的阶段划分三个方面进行了说明；二是对企业可持续竞争力评价方法的说明，主要从指标构建、赋值赋权、评价过程三个方面进行了说明。

企业篇的专题报告是针对样本企业中企业数量最多的两大行业——化工行业与机械设备行业企业的可持续竞争力情况进行了系统分析评价，按照行业给出了研究评价的结论与发现。

附录集中展示了2018年四川省开发区营商环境可持续发展评价和四川企业可持续竞争力评价的总体得分情况和每个具体指标的评价结果。

目 录

开发区篇

企业篇

开发区篇

第一章　总报告

本报告以公开信息收集为研究的资料数据来源,以四川省 100 家省级开发区为样本展开数据收集与分析,对四川省 100 家省级开发区的营商环境进行可持续发展评价,数据收集渠道包括开发区官网、开发区微信公众号或微博、媒体报道、百度网络搜索、数据库、学术期刊等。

依据国家对开发区种类的划分,省级开发区的种类包括省级经济开发、省级高新技术产业园区、省级特色工业园区;国家级开发区包括"传统开发区"和"新兴开发区","传统开发区"包括经济技术开发区(以下简称经开区)、高新技术开发区(以下简称高新区)等,"新兴开发区"包括特色试验区、综合保税区等不同类型。在四川省 100 家开发区样本量中有 22 家属于国家级开发区,有 78 家属于省级开发区。其中,国家级开发区中包括 8 家经济技术开发区,8 家高新区,3 家海关特殊监管区,1 家国家级自主创新示范区,1 家国家级自由贸易试验区,1 家国家级新区;省级开发区中包括 5 家高新区,25 家特色工业园区,48 家经济技术开发区。

研究发现 1:四川省开发区营商环境可持续发展整体处于成长阶段,各方面表现出均衡发展,其中开放和创新发展较为突出

2018 年,四川省开发区营商环境可持续发展综合得分的平均分为 56.35 分,其中 3 家(3%)的开发区营商环境可持续发展处于创新阶段(80~100 分),34家(34%)的开发区营商环境可持续发展处于规范阶段(60~80 分),52 家(52%)的开发区营商环境可持续发展处于成长阶段(40~60 分),9 家(9%)的开发区营商环境可持续发展处于起步阶段(0~40 分)。其中,开发区管理的平均得分为 48.32 分,开放发展的平均得分为 60.87 分,绿色发展的平均得分为47.72 分,创新发展的平均得分为 67.85 分,协调发展的平均得分为 58.89 分。

从评价的总体来看,四川省开发区营商环境可持续发展整体处于成长阶段,且大多数开发区营商环境的可持续发展处于规范阶段。其中,在开发区管理、开放发展、创新发展、协调发展、绿色发展、共享发展等方面基本达到了均衡发展，并且开放发展和创新发展表现较为突出，大多数开发区可持续发展各方面具备了一定的基础，部分开发区还形成了一定的优势，具备了进一步提升可持续发展水平的基础条件。

研究发现 2：四川省开发区管理整体表现良好，开发区内有良好的政务服务环境和高效的营商管理机制

2018 年，四川省开发区管理的平均得分为 48.32 分，其中 73% 的开发区管理指标得分在 40 分以上，有 17 个开发区管理得分在 60 分以上，说明四川省大部分开发区在企业设立和运营手续办理方面，以及营商环境建设推进机构的设立方面有良好的管理机制。

从开发区属性来看，国家级开发区管理指标平均得分为 50.06 分，其中成都经济技术开发区得分为 78.12 分，在样本所有的开发区中排名第一。而省级开发区的开发区管理指标平均得分为 47.54 分，其中以四川什邡经济开发区得分最高，为 69.50 分。这说明，从总体上来说，国家级开发区在提供企业开办、出口报关以及缴税等政务服务上效率更高，在设定营商环境建设战略、规划以及营商环境建设推进机构的设立上有更完善的管理机制。开放的理念、高效的政府运行机制是国家级开发区的优势所在，相较于省级开发区，国家级开发区的管理机制更加高效也更具创新。

研究发现 3：四川省开发区在对外开放方面普遍发展较好，在招商引资和产业发展方面成效显著

2018 年，四川省开发区开放发展指标的平均得分为 60.87 分，78% 的开发区的开放发展指标得分在 40 分以上，其中有 21 个开发区得分在 80 分以上。这说明四川省开发区普遍注重开放发展，在招商引资和产业发展上成效较好。

从开发区属性来看，国家级开发区开放发展指标的平均得分为 58.10 分，而省级开发区开放发展指标的平均得分为 61.65 分，高于国家级开发区开放发展的平均水平。其中，国家级开发区开放发展指标得分最高的开发区是成都经济技术开发区（86.08 分），而省级开发区开放发展指标得分最高的开发区是四川双流经济开发区（98.75 分），也是所有开发区中得分最高的开发区。这说明，在招商引资和产业发展上，省级开发区的表现整体优于国家级开发区。

研究发现 4：四川省开发区绿色发展情况有待改善，园区水循环利用率、园区节能减排以及污水集中处理率普遍不高

2018 年，四川省开发区绿色发展指标平均得分为 47.72 分。其中，46 个开发区绿色发展指标得分在 0～40 分，28 个开发区绿色发展指标得分在 40～60 分，20 个开发区绿色发展指标得分在 60～80 分，8 个开发区得分在 80 分以上。总体来看，46% 的开发区在开发区建设、运营和管理的各方面未能很好地融入生态文明理念，仅有8%的开发区具备良好的绿色发展理念。

从开发区属性来看，国家级开发区绿色发展指标平均得分为52.40分，其中四川天府新区的绿色发展指标得分最高，为82.92分；而省级开发区中，四川南充潆华高新技术产业园区得分最高，为95.75分，甚至超过了国家级开发区的最高分，但省级开发区绿色发展指标平均得分却低于国家级开发区平均得分，仅为46.39分。这说明，省级开发区在绿色发展方面表现差距较大，且国家级开发区在开发区建设和管理上更注重绿色发展，在园区水循环利用率、园区节能减排以及污水集中处理率上整体高于省级开发区。

研究发现5：四川省开发区能够普遍贯彻创新发展理念，在科技创新和人才服务上注重发展配套服务

2018年，四川省开发区创新发展指标的平均得分为67.85分。从得分分布来看，89%的开发区得分在40分以下，其中有28个开发区创新发展指标的得分分布在40~60分，有31个开发区的得分在60~80分，有30个开发区得分超过80分。从整体上来看，四川省大部分开发区在建设和运营中能够将创新发展有机结合起来。

从开发区属性来看，国家级开发区创新发展指标平均得分为71.49分，高于省级开发区平均得分66.82分。其中，设有园区创新中心的开发区有9个，分别是成都高新技术产业开发区（国家级）、成都经济技术开发区（国家级）、成都青羊工业集中发展区（省级）、四川巴中经济开发区（省级）、四川江油工业园区（省级）、四川乐至经济开发区（省级）、四川泸县经济开发区（省级）、四川南充经济开发区（省级）以及四川资阳高新技术产业园区（省级）。总体上来说，四川省开发区能够将创新发展理念有机融入建设和运营过程中且执行情况良好。

研究发现6：四川省开发区在协调发展方面表现差距较大，大部分开发区能够保证较好的就业质量并提供配套生活服务

2018年，四川省开发区协调发展指标的平均得分为58.86分。从得分分布来看，54个开发区协调发展指标的得分在0~40分，24个开发区的指标得分在40~60分，22个开发区的得分分布在80分以上。从开发区整体表现情况来看，四川省开发区在产业、城市、人三者协调发展方面表现差距较大，但大多数开发区在建设和运营过程中能够保证就业质量，同时提供相应的配套生活服务。

从开发区属性来看，国家级开发区协调发展指标的平均得分为56.79分，而省级开发区平均得分为59.48分，高于国家级开发区协调发展的平均水平。其中，国家级开发区协调发展指标得分最高的开发区是广安经济技术开发区，得分为88.60分，而省级开发区中得分最高的是四川双流经济开发区，得分为98.82

分。这说明，在协调发展上省级开发区的表现要优于国家级开发区。

研究发现7：四川省开发区共享发展质量有待进一步提升，在信息资源共享和公共平台建设方面表现一般

2018年，四川省开发区共享发展指标的平均得分为59.81分。从得分分布来看，38个开发区共享发展指标的得分在0~40分，12个开发区得分在40~60分，16个开发区得分分布在60~80分，34个开发区得分在80分以上。总体来说，四川省开发区在共享发展方面整体表现情况一般，且各开发区在共享发展上表现差距较大，信息资源共享和公共平台建设成效不高。

从开发区属性来看，国家级开发区共享发展指标的平均得分远高于省级平均得分。其中，国家级开发区共享发展指标的平均得分为69.93分，而省级开发区平均得分为56.96分。国家级开发区共享发展指标得分最高的是攀枝花钒钛高新技术产业开发区，得分为98.40分；而省级开发区得分最高的开发区是四川泸县经济开发区，得分为99.46分。从开发区共享发展的最高得分和平均得分对比来看，四川省开发区在共享发展上表现差距较大，且大部分开发区在共享发展方面表现一般。

第二章 技术报告

一、开发区营商环境可持续发展

党的十九大以来，党中央始终践行新发展理念，在关于加强开放合作上做出了一系列决策部署，不断推进"一带一路"倡议、长江经济带发展、新一轮西部大开发等区域发展战略，这使地方政府再一次迎来了难得的历史发展机遇。当前，发展仍是地方政府的主要任务之一，实现高质量发展，可持续发展的开发区在对外开放发展、推动产业集聚和创新发展、促进产城融合与城市平衡发展等方面发挥着至关重要的作用。本章从什么是开发区营商环境可持续发展、营商环境可持续发展的理论架构两个方面对开发区营商环境的可持续发展进行阐述，系统阐述以可持续发展的角度对开发区影响企业经营环境的各方面因素进行评价的评价方法。首先，本章将说明开发区营商环境可持续发展评价指标体系的构成；其次，本章确定开发区营商环境可持续发展评价指标体系（试行）的赋值赋权；最后，本章对评价实施的流程进行简要介绍。

（一）什么是开发区营商环境可持续发展

开发区以产业发展为主，是其所在省制造业、高新技术产业和生产性服务业集聚发展的平台，创新驱动发展战略的重要载体，也是其所在省经济社会发展的主引擎、主阵地、主力军。开发区建设是中国改革开放的成功实践，对促进体制改革、改善投资环境、引导产业聚集、发展开放型经济发挥了不可替代的作用，成为推动中国工业化、城镇化快速发展和对外开放的重要平台。当前，中国经济已由高速增长阶段转向高质量发展阶段，开发区面临的外部环境和肩负的历史使命正在发生深刻变化，开发区的可持续发展是推动经济高质量发展的关键。面对新形势，需要进一步发挥开发区改革创新排头兵作用，促进其可持续发展，形成新的集聚效应和增长动力，引领经济发展质量变革、效率变革、动力变革。

在开发区管理运营和建设中，以其他方面的停滞为代表换取某一个或某一方面的高质量并不可持续。比如，对入区项目不加筛选，通过牺牲公众和社会利益来换取项目落地，以期短时间内获得"好看"的经济数据和"亮眼"的工作成绩，容易导致开发区缺乏发展后劲，不利于长期可持续发展。开发区营商环境的可持续发展是为了适应新形势、培育新动力、实现新发展，推动开发区提升管理水平，促进开放、绿色、创新、协调和共享发展，实现更大规模、更高质量、更有效率、更加协调、更可持续的发展，促进开发区规模和格局更趋优化、质量和效益显著提升、体制机制更加完善。开发区营商环境的可持续发展影响着企业经营环境的方方面面，主要体现在以下几个方面：

1. 良好的管理水平

开发区的可持续发展离不开开发区自身的内部管理和运营。开发区良好的管理运营水平体现为系统性、协同性、整体性，通过法规建设、政策支持、规划引领等顶层设计，规范开发区管理机构设置，明晰开发区管理机构的职能定位，并通过深入推进行政审批制度改革，加大简政放权力度，提高行政审批效率，提高开发区的管理效能。

2. 开放发展

招商引资水平的提升以及产业的转型升级是推动开发区开放发展的关键因素。开发区在招商引资中，按照主导产业上下游关系选择引资对象，以产业链招商为主，提高引进项目质量，促进产品和副产品的交换和循环利用，形成循环经济产业链的格局。通过做精做优特色优势产业、推动传统产业改造提升、积极培育新经济与加快发展高端现代产业，促进产业结构优化调整，以良好的规模和效益促进开发区的开放发展。

3. 绿色发展

开发区建设、运营和管理的各方面融入生态文明理念，体现开发区低碳化、循环化、集约化发展，提升开发区可持续发展能力。以节约用水管理、节能减排降碳和园区循环化改造等促进资源节约，通过加大环保基础设施投入，强化规划环评与项目环评联动，强化建设项目环境准入，积极推行环境污染第三方治理等强化环境保护，推行绿色生产方式，发展绿色制造业，开展绿色园区建设，推动开发区环境生态保护和绿色发展。

4. 创新发展

开发区作为创新驱动的主引擎，需要科技创新和专业人才，集聚创新资源、强化产业优势、补齐科创"短板"，为产业转型和高质量发展提供战略支撑。开发区通过给予科技创新引导补贴与奖励，促进专利成果转化、支持研究院等研发平台建设、加强知识产权工作等加强园区内科技创新，并通过人才培养政策和吸引人才进园区的人才配套服务发展专业技术人才，为园区科技创新提供人才支撑。

5. 协调发展

十八届五中全会提出五大发展理念，坚持发展的协调性被列为第二大发展战略。在区域发展中，需要塑造要素有序自由流动、主体功能约束有效、基本公共服务均等、资源环境可承载的区域协调发展新格局。开发区产城融合的发展战略着力打造以产促城、以城兴产、产城融合的智慧新城，正切合了"协调发展"的基本理念。开发区通过驱动城市空间拓展，完善服务配套，提高区内人员的就业质量，实现产业、城市、人三者之间的可持续发展。

6. 共享发展

共享发展是传递民生温暖、实现全民共享经济发展成果的重要影响因素。开发区通过政策信息、数据库信息、政务信息等信息资源共享服务，推进区内信息系统整合共享工作，实现企业注册、社会保障、城乡建设、生态环保等信息的整合共享；并通过政校企、产学研合作等公共平台建设服务，有助于打破数据资源壁垒，推进技术融合、数据融合、业务融合、服务融合，实现跨层级、跨地域、跨系统、跨部门、跨业务协同管理和服务，从而提高开发区行政效能、服务质量和管理水平。

（二）开发区营商环境可持续发展的理论依据

1. 高质量发展

党的十九大报告指出，经过长期努力，中国特色社会主义进入了新时代。进入新时代最主要的标志是，中国社会主要矛盾已经转化为人民日益增长的美好生活需要和不平衡不充分的发展之间的矛盾。高质量发展是站在新的历史方位上，适应社会主要矛盾变化而提出的战略，是推动新时代国家现代化建设必须长期遵循的战略。

追求经济增长的过程中出现了很多经济增长之外的问题，比如，资源短缺、经济社会结构失衡、收入分配不公、环境恶化等。高质量发展的本质内涵是以满足人民日益增长的美好生活需要为目标的高效率、公平和绿色可持续的发展，促进经济、政治、社会和生态环境全方位的协调发展。从宏观层面看，高质量发展具体体现为以下四个方面：

一是增长的稳定性。在推动经济高质量发展的同时，保持速度和规模的优势依然重要。高质量发展意味着必须保持经济增速稳定，不能出现大起大落的波动。

二是发展的均衡性。在高质量发展进程中，经济发展的速度依旧重要，但是更强调在更加宽广领域上的协调发展。就经济体系而言，国民经济重大比例关系要合理，需实现实体经济、科技创新、现代金融、人力资源协同发展，构建现代化产业体系；就创新而言，创新要成为推动高质量发展的主要动力，不断推动经济发展从规模速度型向质量效率型增长，从粗放增长向集约增长转变，推动经济发展向结构更合理、附加值更高的阶段演化；就城乡区域发展而言，高质量发展需要的是城乡之间、区域之间的均衡发展。

三是环境的可持续性。绿色发展理念为高质量发展提供了更加丰富且广泛的内涵。高质量发展要求我们能够创造更多物质财富和精神财富，满足人民日益增长的美好生活需要。尤其是要提供更多优质生态产品，满足人民日益增长的优美生态环境需要。

四是社会的公平性。高质量发展要兼顾生产、生活与生态，要坚持以人民为中心的发展思想，坚持发展为了人民、发展依靠人民、发展成果由人民共享。因此，在宏观经济层面，质量的内涵还涉及经济、社会、生态等诸多方面，应把增进民生福祉作为发展的根本目的，并且形成有效的社会治理、良好的社会秩序，促进社会公平正义。

2. 新发展理念

中国特色社会主义已经进入了新时代，习近平总书记顺应时代和实践发展新变化、新要求，坚持以人民为中心，旗帜鲜明地提出要坚定不移贯彻"创新、协调、绿色、开放、共享"的发展理念。五大发展理念的科学内涵表现为以下几个方面：

创新发展就是更换"发动机"，注重解决培育发展新动力问题。要把发展动力主要依靠资源和低成本劳动力等要素投入转向创新驱动，把创新作为引领发展的第一动力，塑造更多依靠创新驱动、更多发挥先发优势的引领型发展；要紧紧抓住科技创新这个"牛鼻子"，激发创业创新活力，培育发展新动力，加快实现发展动力转换。

协调发展，就是要"补短板"，注重解决发展不协调不平衡问题。通过把握中国特色社会主义事业总体布局，正确处理发展中的重大关系问题，切实强化"短板"意识，坚持区域协调、城乡一体、物质文明精神文明并重，在协调发展中拓展发展空间、平衡发展结构。

绿色发展，就是坚持"绿水青山就是金山银山"的理念，注重处理好人与自然和谐共生的问题。绿色发展是永续发展的必要条件和人民对美好生活追求的重要体现。通过坚持节约资源和保护环境的理念，促进低碳循环可持续发展，加快建设资源节约型、环境友好型社会，推动人与自然和谐发展。

开放发展，就是要在"引进来""走出去"上双向发力，注重解决好发展的内外联动问题。扩大开放领域，重点吸收外资搭载的技术创新能力、先进管理经验以及高素质人才；以"一带一路"倡议为带动，推动装备、技术、标准、服务"走出去"，协同推进战略互信、经贸合作、人文交流，促进深度融合与互利合作。

共享发展，就是要把"蛋糕"分配好，注重解决好社会公平正义问题。让广大人民群众共享改革发展成果，是我们党坚持全心全意为人民服务根本宗旨的重要体现。坚持发展为了人民、发展依靠人民、发展成果由人民共享，形成人人共享发展成果的良性生态链。

3. 可持续发展

可持续发展是全球社会普遍关注的核心问题。2015年，联合国发布了《2030年可持续发展议程》，提出了17个主题、169项可持续发展的目标，可持续发展成为世界各国共同的发展目标。可持续发展理论自身也从最初提出时以保护环境、减少资源使用为主，发展到以经济、社会、环境的协调可持续发展为核心。

可持续发展是指既满足现代人的需求又不损害后代人满足需求之能力的发展。换句话说，就是指经济、社会、资源和环境保护协调发展是一个密不可分的系统，既要达到发展经济的目的，又要保护好人类赖以生存的大气、淡水、海洋、土地和森林等自然资源和环境，使子孙后代能够永续发展和安居乐业。可持续发展的核心是发展，但要求在严格控制人口、提高人口素质和保护环境、资源永续利用的前提下进行经济和社会的发展。

可持续发展的原则包括公平性、持续性、共同性三大基本原则。

第一，公平性是指机会选择的平等。可持续发展的公平性原则包括两个方面：一方面是本代人的公平即代内之间的横向公平；另一方面是指代际公平性，即世代之间的纵向公平性。可持续发展要满足当代所有人的基本需求，给他们机会以满足他们要求过美好生活的愿望。可持续发展不仅要实现当代人之间的公平，而且也要实现当代人与未来各代人之间的公平，因为人类赖以生存与发展的自然资源是有限的。

第二，持续性是指生态系统受到某种干扰时能保持其生产力的能力。资源环境是人类生存与发展的基础和条件，资源的持续利用和生态系统的可持续性是保持人类社会可持续发展的首要条件。这就要求人们根据可持续性的条件调整自己的生活方式，在生态可能的范围内确定自己的消耗标准，要合理开发、合理利用自然资源，使再生性资源能保持其再生产能力，非再生性资源不至过度消耗并能得到替代资源的补充，环境自净能力能得以维持。

第三，要实现可持续发展的总目标，必须争取全球共同的配合行动，这是由地球整体性和相互依存性所决定的。因此，致力于达成既尊重各方的利益，又保护全球环境与发展体系的国际协定至关重要。实现可持续发展就是人类要共同促进自身之间、自身与自然之间的协调，这是人类共同的道义和责任。

（三）开发区营商环境可持续发展的阶段划分

开发区作为改革开放以来区域经济发展重要的增长极，其分布和发展受经济发展水平、宏观政策环境和地域环境等诸多因素的影响，开发区的发展是一个动态变化的过程。同时，不同属性、不同类型开发区的内外部条件不同，其营商环境可持续发展水平会有一定的差别，这是营商环境可持续发展复杂性的反映，属于正常的现象。开发区营商环境可持续发展评价得分的高低不完全代表开发区的优劣，而是对开发区营商环境可持续成长能力的综合判断。

因此，本报告借鉴产业发展研究的方法，对开发区营商环境可持续发展水平按照总体得分水平进行阶段划分，主要分为起步、成长、规范、创新四个阶段，如表2－1所示。

表2－1　四川省开发区营商环境可持续发展阶段划分

开发区发展阶段	阶段分数范围
起步阶段	0～40分
成长阶段	40～60分
规范阶段	60～80分
创新阶段	80～100分

1. 起步阶段

处于营商环境可持续发展初创阶段时，开发区的基本特征是，最新批准建立的开发区总体布局较少，经济总量较小，企业数量较少。通过对外资引进和技术的吸收，开发区处于对建设经验的摸索阶段，没有完善的营商环境推进管理机构，尚未开始注重绿色发展、创新发展，发展初步呈现出不均衡的状态。处于该阶段开发区的对应评价得分在0～40分。

2. 成长阶段

处于营商环境可持续发展成长阶段时，开发区的基本特征是，开发区发展迎来初步发展机遇，通过大量的招商引资，引进外资数量大幅增加，开发区内企业数量迅速增加，经济总量呈现大规模增长趋势，开发区建设体系更加完善，总体布局出现协调发展的趋势。但是，在高速发展的背后存在一些发展问题，如过度占用农用地、脱离实际情况的招商引资计划使开发区内部出现过度竞争、恶性竞争等。处于该阶段开发区的对应评价得分在40～60分。

3. 规范阶段

处于营商环境可持续发展成熟阶段时，开发区的基本特征是，经过开发区的快速发展阶段，开发区规模得到大规模扩张，但是由于问题突出，开始注重科学与可持续发展，遵守国家法律法规政策和可持续发展要求，开始对问题进行清理整顿和规范调整，趋于稳定规范成熟发展，注重园区节能环保、处理废物废水等绿色发展要求，加大对社区、贫困人口等的扶持力度，并注重区域间均衡协调发展。处于该阶段开发区的对应评价得分在 60~80 分。

4. 创新阶段

处于营商环境可持续发展创新阶段时，开发区的基本特征是，开发区发展进入一个全新时期，顺应国家创新驱动发展战略，创新发展和转型升级成为发展主流，新旧动能转换、提质增效、实现创新发展成为发展的主要方式，在体制机制创新发展实现制度创新的突破，在协同发展、区域均衡发展中实现全面均衡协调，开发区空间布局上更加合理和完善，在质量、效率、效益方面实现创新性变革。处于该阶段开发区的对应评价得分在 80~100 分。

二、开发区营商环境可持续发展评价方法

优化营商环境是建设现代化经济体系，促进高质量发展的重要基础。对接国际评价指标，开展营商环境评估，认识本地营商环境不足，以问题导向进行改革，是各国优化提升营商环境的有益经验。积极借鉴国际上构建和运用营商环境评价指标的成功做法，有助于进一步营造国际化、法治化、便利化的营商环境。

中国积极响应联合国可持续发展目标的号召，贯彻落实新发展理念和高质量发展要求，并对标世界银行进行评价，以提升监管质量和效率。国家发展改革委关注城市、投资、企业的评价思路，融入开发区管理中影响企业经营环境的各方面因素，构建了开发区营商环境可持续发展评价体系，开展开发区营商环境可持续发展评价研究。下面内容将从指标筛选、赋值赋权和评价流程三个方面对评价体系进行介绍。

（一）指标构建

本报告基于可持续发展理念，贯彻落实新发展理念和高质量发展要求，根据四川省开发区管委会营商环境建设的实际情况，按照科学性、适用性、可行性和前瞻性四个原则，优化形成了"开发区管理＋五大发展理念"，即"Governance ＋ Five

Development Concepts"（以下简称"G5"）的评价模型，并包括 6 个一级指标、10 个二级指标和 34 个三级指标构成的开发区营商环境可持续发展评价指标体系，如图 2-1 所示。

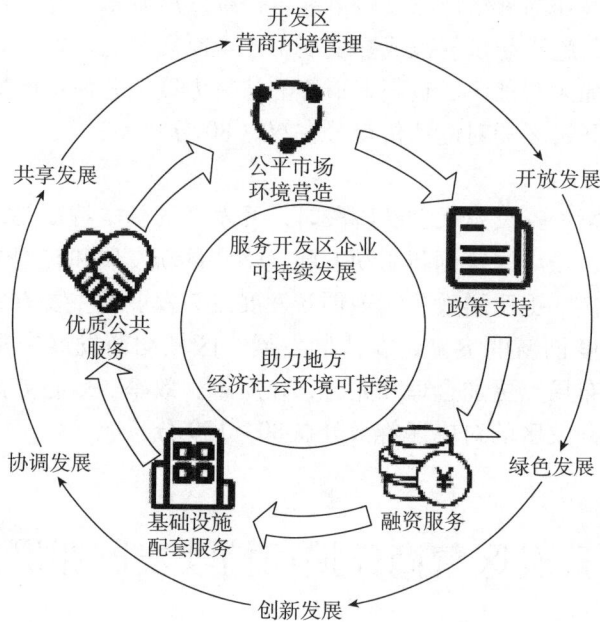

图 2-1 开发区营商环境可持续发展"G5"评价模型

1. 指标构建原则

科学性原则：以中国特色社会主义思想、联合国可持续发展目标等为指导，以中国开发区可持续运营、改革创新实践为依据，科学合理地设计指标体系。

适用性原则：参考世界银行、国家发展改革委的营商环境评价指标，结合当地经济、产业发展情况，形成适用于当地开发区可持续发展评价的指标体系。

可行性原则：通过官方权威、完整可靠、实时准确的信息渠道，获得当地所有开发区营商环境的相关信息。

前瞻性原则：评价基于高质量发展要求，开发区经济社会可持续发展的需要，设计评价指标和评价方法，评价结果对开发区的创新发展具有很好的指导作用。

2. 指标体系

本评价研究将开发区管理、开放发展、绿色发展、创新发展、协调发展、共享发展六个维度作为开发区营商环境可持续发展评价的一级指标，形成了"开发区管理 + 五大发展理念"的"G5"评价模型，由 6 个一级指标、10 个二级指标和 34 个三级指标构成的三层次指标体系。

指标体系的指标主要有以下几种来源：

（1）现有评价指标。世界银行对营商环境的评价指标包括开办企业、办理施工许可、获得电力、产权登记、获得信贷、保护少数投资者、纳税、跨境贸易、合同执行、破产办理影响企业生命周期的 10 个领域，致力通过环节减少、流程简化、时间减少和费用降低四个方面改善营商环境，实现经济效益、减少腐败，促进中小企业繁荣，消除不必要的手续，使监管良好运行，确保高质量的商业监管流程。

（2）现有评价指标的衍生指标。国家发改委坚持政策与问题双导向、适用性与可行性相统一、适合中国与世界可比相结合的设计原则，建立简单易行、指向明确的营商环境评价指标体系，以包括衡量企业全生命周期、反映城市投资吸引力、体现城市高质量发展水平三个维度，"以评促改"优化营商环境，持续提升营商环境法治化水平、营商环境国际化水平、营商环境便利化水平。

（3）开发区营商环境当前的可持续发展管理实践。此类指标，如开发区管理指标是过去营商环境评价中没有涉及的，但对于开发区加强开发区管理是非常重要的，故纳入指标体系；指标内容见表 2-2。

表 2-2　开发区营商环境可持续发展指标

一级指标	二级指标	三级指标
开发区管理	政务服务	开办企业；申请建筑许可；获得电力供应；登记财产；获得信贷；投资者保护；缴纳税款；跨境贸易；解决商业纠纷；办理破产
	管理机制	营商环境建设战略/规划；营商环境建设推进机构；招标投标管理
开放发展	招商引资	招商政策；提高引进项目质量；实现吸引外来投资
	产业发展	产业转型升级政策；设立或引入产业发展基金；主导产业集聚率；主导产业企业数占全区企业总数百分比
绿色发展	环境保护	园区节约用水；园区节能减排；污水集中处理率
创新发展	科技创新	创新补贴政策；知识产权服务；区内企业拥有专利数（有效发明专利数）；园区创新中心（加分项）
	人才服务	区内企业人才培养的资助政策；人才配套服务
协调发展	生活品质	区内人员生活服务配套
	就业质量	引导劳动者参加职业技能培训；扶持自主创业
共享发展	协同融合	信息资源共享；公共平台建设

（二）赋值赋权

评价采用专家打分法对开发区营商环境可持续发展评价的一级指标、二级指标和三级指标的权重进行赋权，根据不同指标的特征和定量定性情况进行赋值。

1. 指标赋值赋权

以德尔菲法确定一级、二级指标和三级指标的权重，并由多位专家根据收集的资料对同一指标，依据打分标准对被评价企业进行打分，以平均值确定每个指标的具体得分。

2. 评价指标体系

通过对开发区营商环境可持续发展评价指标赋权赋值，可得到开发区营商环境可持续发展评价体系如表2-3所示。本报告在公开渠道收集四川省开发区的各指标数据，考虑到部分指标的公开数据较少、收集渠道有限、数据可靠性较低，失去了指标设置的意义，因此部分指标暂时设置权重为0，未纳入本次评价，未来将结合实际情况进一步丰富评价信息，完善指标体系。

表2-3　开发区营商环境可持续发展评价体系

一级指标	一级指标权重（%）	二级指标	二级指标权重（%）	三级指标	三级指标权重（%）
开发区管理	25	政务服务	55	开办企业	40
				办理施工许可	20
				获得电力	20
				产权登记	本次未纳入，未来视情况完善
				获得信贷	本次未纳入，未来视情况完善
				保护少数投资者	本次未纳入，未来视情况完善
				纳税	20
				跨境贸易	本次未纳入，未来视情况完善
				合同执行	本次未纳入，未来视情况完善
				破产办理	本次未纳入，未来视情况完善
		管理机制	45	营商环境建设战略/规划	50
				营商环境建设推进机构	30
				招标投标管理	20
开放发展	15	招商引资	60	招商政策	70
				提高引进项目质量	30
				实现吸引外来投资	本次未纳入，未来视情况完善
		产业发展	40	产业转型升级政策	50
				设立或引入产业发展基金	50
				主导产业集聚率	本次未纳入，未来视情况完善

一级指标	一级指标权重（%）	二级指标	二级指标权重（%）	三级指标	三级指标权重（%）
绿色发展	15	园区水循环利用率	50	无	无
		园区节能减排	50		
		污水集中处理率	0		
创新发展	15	科技创新	40	创新补贴政策	50
				知识产权服务	50
				区内企业拥有专利数（有效发明专利数）	本次未纳入，未来视情况完善
				园区创新中心（加分项）	加分项
		人才服务	60	区内企业人才培养的资助政策	40
				人才配套服务	60
协调发展	15	区内人员生活服务配套	50	无	无
		就业质量	50	引导劳动者参加职业技能培训	70
				扶持自主创业	30
共享发展	15	信息资源共享	50	无	无
		公共平台建设	50	无	无

（三）评价流程

1. 评价信息收集范围

本报告收集了四川省100家开发区的基本信息，主要通过四川省人民政府官方网站获取。全部四川省开发区的营商环境相关指标的信息，主要通过开发区官方网站、投资环境等报告以及国内外媒体关于开发区的报道材料获取。同时，针对一些开发区进行了沟通反馈，但是信息有限，未来我们希望通过今年的评价发布能够有更多的开发区参与，并邀请开发区提供数据，使评价信息更加完善。

2. 评价信息审核工作

此次评价的信息审核工作是对所收集信息的真实性、全面性，以及依据所收集到的信息开展的指标赋值的准确性进行审核把关。

对信息的真实性进行审核，保证了对所收集到的样本开发区信息均符合评价指标的要求；对信息的全面性进行审核，是保证从不同渠道获取的开发区营商环境可持续发展指标信息得到充分整合，从而最大限度地避免信息的缺失，提高信息的完整性；对指标的赋值情况进行审核，保证了每个指标的得分能够满足开发区营商环境可持续发展指标的要求与信息的一致性，从而保证了指标赋值的准确性，如针对同一个三级指标，不同开发区的赋值水平不因其特性而有所不同，以保证赋值水平的一致性和评价结果的可比性。

第三章　评价报告

一、评价情况

2018 年，四川省开发区营商环境可持续发展平均得分为 56.35 分。39 家（39%）开发区评级为 A 级（60 分及以上），其中，3 家（3%）开发区评级为 AAAAA，3 家（3%）开发区评级为 AAAA，8 家（8%）开发区评级为 AAA，11 家（11%）开发区评级为 AA，14 家（14%）开发区评级为 A。52 家（52%）开发区评级为 B 级（40~60 分），其中，28 家（28%）开发区评级为 BBB，12 家（12%）评级为 BB，12 家（12%）评级为 B。9 家（9%）开发区评级为 C 级（40 分以下）。没有开发区评级为 CC 和 C。四川省开发区营商环境可持续发展总体处于成长阶段。

从开发区属性看，国家级开发区平均得分为 59.07 分，省级开发区平均得分为 55.58 分，营商环境可持续发展水平较高的是国家级开发区（见图 3-1）。国家级开发区是由国务院批准在城市规划区内设立的、实行国家特定优惠政策的各类开发区；省级开发区则由省政府批准设立。两者的发展范围和定位不同，其营商环境可持续发展水平也会有一定的差异。

从开发区类型来看，国家级新区营商环境可持续发展平均得分是 73.82 分，海关特殊监管区的平均得分是 37.37 分，其他类型的开发区平均得分处于 50~70 分。可以看出，国家级新区营商环境可持续发展水平相对较高，海关特殊监管区营商环境可持续发展水平相对较低，其他类型的开发区平均得分差距较小，基本处于同一水平（见图 3-2）。国家级新区是由国务院批准设立，承担国家重大发展和改革开放战略任务的综合功能区，体现国家级战略和新区发展需要，更加需要良好的营商环境和可持续发展水平支持区内企业高速发展。

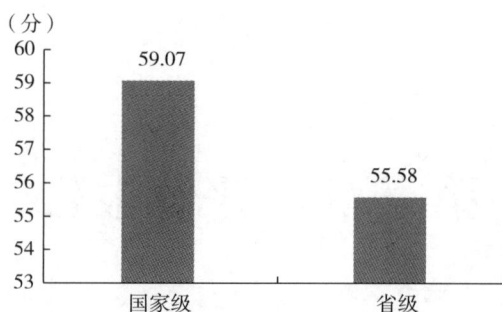

（分）

图3-1 四川省开发区营商环境可持续发展按属性评价情况

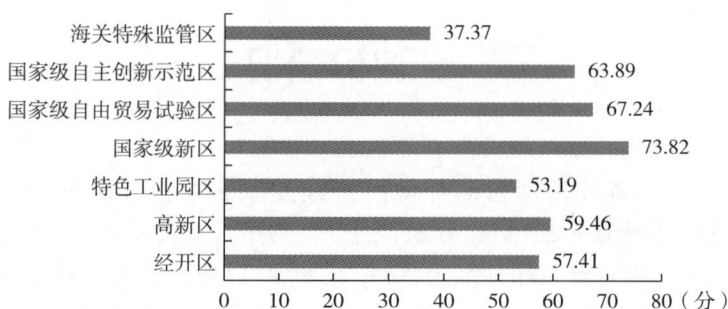

图3-2 四川省开发区营商环境可持续发展按类型评价情况

2018年，四川省开发区营商环境可持续发展水平处于创新阶段的开发区有成都经济技术开发区、绵阳经济技术开发区、四川南充经济开发区3家，处于规范阶段的有四川天府新区、成都国家自主创新示范区、成都高新技术产业开发区、绵阳高新技术产业开发区等36家，具体得分情况见表3-1。

表3-1 2018年四川省开发区营商环境可持续发展评价得分

开发区名称	开发区属性	综合得分	开发区名称	开发区属性	综合得分
成都经济技术开发区	国家级	84.69	四川叙永资源综合利用经济园区	省级	56.99
绵阳经济技术开发区	国家级	82.61	乐山高新技术产业开发区	国家级	56.92
四川南充经济开发区	省级	82.12	四川金堂工业园区	省级	56.74
四川泸县经济开发区	省级	78.89	广元经济技术开发区	国家级	56.59
四川简阳经济开发区	省级	78.43	四川西昌钒钛产业园区	省级	56.38
四川井研经济开发区	省级	77.77	四川什邡经济开发区	省级	55.91

开发区名称	开发区属性	综合得分	开发区名称	开发区属性	综合得分
四川南充航空港经济开发区	省级	74.26	四川会理有色产业经济开发区	省级	54.77
四川南部经济开发区	省级	74.02	四川阿坝工业园区	省级	54.57
四川天府新区	国家级	73.82	四川德昌特色产业园区	省级	54.23
四川乐山沙湾经济开发区	省级	72.49	遂宁经济技术开发区	国家级	54.05
四川夹江经济开发区	省级	72.38	绵阳工业园区	省级	53.88
四川巴中经济开发区	省级	71.11	成都青白江经济开发区	省级	53.42
四川南充潆华高新技术产业园区	省级	70.83	四川都江堰经济开发区	省级	53.31
四川营山经济开发区	省级	70.49	四川攀枝花东区高新技术产业园区	省级	52.99
成都高新技术产业开发区	国家级	69.36	四川富顺晨光经济开发区	省级	51.86
四川犍为经济开发区	省级	68.41	成都—阿坝工业园区	省级	51.11
四川资阳高新技术产业园区	省级	67.99	四川绵竹经济开发区	省级	50.36
四川峨眉山经济开发区	省级	67.93	成都金牛高新技术产业园区	省级	49.01
中国（四川）自由贸易试验区	国家级	67.35	四川遂宁安居经济开发区（正在建设中）	省级	48.85
四川乐至经济开发区	省级	67.33	成都台商投资工业园区	省级	48.36
绵阳高新技术产业开发区	国家级	67.11	成都龙潭都市工业集中发展区	省级	48.14
四川双流经济开发区	省级	66.81	四川旺苍经济开发区	省级	48.12
四川平昌经济开发区	省级	66.68	德阳—阿坝生态经济产业园区	省级	47.94
四川泸州纳溪经济开发区	省级	66.12	宜宾临港经济技术开发	国家级	47.37
四川广元昭化经济开发区	省级	65.92	甘孜—眉山工业园区	省级	46.41
四川崇州经济开发区	省级	64.97	四川梓潼经济开发区	省级	46.35
成都青羊工业集中发展区	省级	64.74	四川青川经济开发区	省级	45.92
成都现代工业港	省级	64.38	德阳经济技术开发区	国家级	45.77
成都国家自主创新示范区	国家级	63.91	四川盐亭经济开发区	省级	45.14
四川合江临港工业园区	省级	63.83	四川江油工业园区	省级	44.08
四川彭州工业园区	省级	63.51	四川安县工业园区	省级	43.71
自贡高新技术产业开发区	国家级	63.44	四川蓬溪经济开发区	省级	43.56
四川安岳经济开发区	省级	62.99	四川北川经济开发区	省级	43.39
四川广元朝天经济开发区	省级	61.54	四川剑阁经济开发区	省级	42.74
四川罗江经济开发区	省级	61.52	四川三台工业园区	省级	42.34

开发区名称	开发区属性	综合得分	开发区名称	开发区属性	综合得分
成都新都工业园区	省级	60.98	四川苍溪经济开发区	省级	42.22
四川古蔺经济开发区	省级	60.81	四川绵阳游仙经济开发区	省级	41.58
广安经济技术开发区	国家级	60.11	四川攀枝花格里坪特色产业园区	省级	41.31
内江经济技术开发区	国家级	60.03	四川中江高新技术产业园区	省级	41.12
成都锦江工业园区	省级	59.53	成都高新综合保税区及双流园区	国家级	40.88
攀枝花钒钛高新技术产业开发区	国家级	59.28	四川绵阳出口加工区	国家级	40.06
泸州高新技术产业开发区	国家级	59.21	四川射洪经济开发区	省级	38.48
四川荣县经济开发区	省级	59.18	四川大英经济开发区	省级	37.32
内江高新技术产业开发区	国家级	58.33	四川邛崃经济开发区	省级	36.45
德阳高新技术产业开发区	国家级	58.24	四川泸州白酒产业园区	省级	35.86
四川新津工业园区	省级	57.68	四川资中经济开发区	省级	35.48
四川自贡航空产业园	省级	57.57	四川内江东兴经济开发区	省级	34.82
四川大邑经济开发区	省级	57.55	四川威远经济开发区	省级	33.65
四川冕宁稀土经济开发区	省级	57.42	四川蒲江经济开发区	省级	32.55
成都武侯工业园区	省级	57.11	自贡综合保税区	国家级	31.08

（一）开发区管理指标评价分析

开发区要实现高质量发展，必须要有更加精简高效的管理体制和更加灵活实用的开发运营机制。2019 年 1 月，《四川省开发区发展规划（2018—2022 年）》提出要完善开发区管理体制，规范开发区管理机构设置，进一步整合归并开发区管理机构，提高管理效能。因此，开发区管理对于开发区的建设和发展具有重要作用。

从开发区属性来看，2018 年，四川省开发区的开发区管理指标的平均得分为 48.32 分。从开发区属性来看，省级开发区的营商环境平均得分为 47.54 分，国家级开发区管理平均得分为 51.06 分（见图 3 - 3）。四川省国家级开发区管理水平略高于省级开发区的管理水平。

从开发区类型来看，国家级自由贸易试验区的开发区管理指标平均得分最高为62.48 分，海关特殊监管区的平均得分最低 37.26 分，高新区、经开区、国家级新区、国家级自主创新示范区、特色工业园区等的平均得分分别为 45.44 分、49.19 分、60.88 分、61.27 分和 47.6 分（见图 3 - 4）。这表明国家级自主贸易试验区的管理水平相对较高，而海关特殊监管区的管理水平有待进一步提升。

（分）

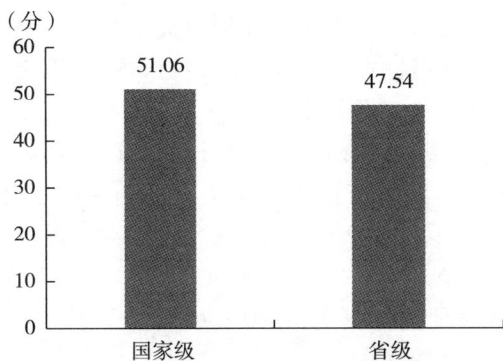

图3-3　四川省开发区的开发区管理指标按属性划分平均得分情况

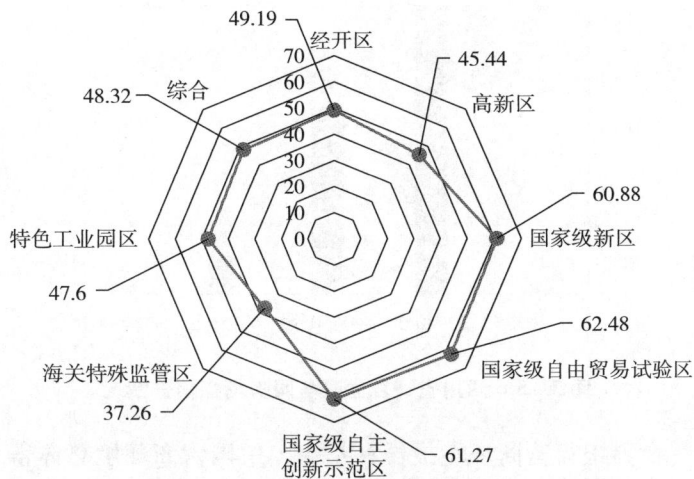

图3-4　四川省开发区管理指标按类型划分平均得分情况

从开发区管理的二级指标来看，政务服务指标的平均得分为39.54分，其中，国家级开发区在该项二级指标的平均得分为45.58分，省级开发区的平均得分为37.83分。管理机制指标的平均得分为68.8分，其中，国家级开发区在该项二级指标的平均得分为63.85分，省级开发区的平均得分为70.19分。可以看出，四川省开发区普遍建立健全管理机制对营商环境进行管理，但是企业全生命周期中的政务服务绩效水平有待进一步提升。

1. 四川省开发区营商环境政务服务水平有待加强

2019年，中共中央国务院制定《在线政务服务的若干规定》，致力于推进各地区、各部门政务服务平台规范化、标准化、集约化建设和互联互通，全面提升政务服务规范化、便利化水平，为企业和群众提供高效、便捷的政务服务。

本报告中，政务服务指标完全采用世界银行营商环境指标评价体系，反映的是四川省开发区在开办企业、获得施工许可、获得电力、产权登记、获得信贷、保护少数投资者、纳税、跨境贸易、合同执行、破产办理等全生命周期环节中的政务服务效率。2018 年，四川省开发区营商环境可持续发展中的政务服务指标平均得分为 39.54 分。其中，2 家（2%）开发区的得分在 80 分以上，7 家（7%）开发区的得分在 60~80 分，35 家（35%）开发区的得分在 40~60 分，54 家（54%）开发区该项指标得分在 20~40 分，2 家（2%）开发区政务服务指标得分在 0~20 分（见图 3-5）。

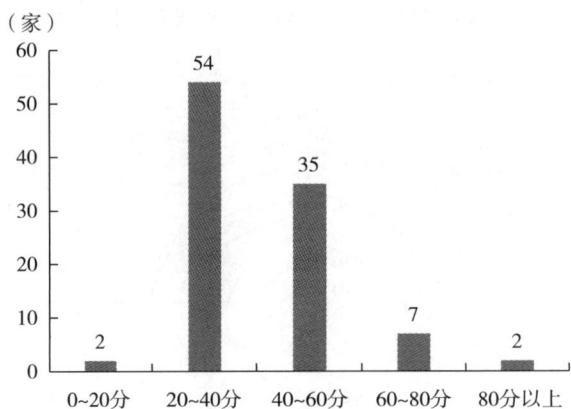

图 3-5 四川省开发区政务服务指标得分情况

2019 年《世界银行营商环境报告》指出，中国营商环境总体得分 73.64 分，提高 8.64 分，总体排名比去年上升 32 位，位列第 46 名，为《世界银行营商环境报告》发布以来中国最好的名次。两项统计数据发现，四川省超过一半开发区的政务服务水平较低。可以看出，四川省开发区政务服务水平与中国整体政务服务水平还存在一定差距。

（1）开办企业。2018 年，四川省开发区开办企业的平均得分为 46.67 分。其中，23 家（23%）开发区的得分在 70~100 分，44 家（44%）开发区的得分在 30~70 分，33 家（33%）开发区的得分在 0~30 分（见图 3-6）。统计发现，在 100 家开发区样本中，开发区开办企业的手续平均为 18 项，开办企业的时间平均为 5 个工作日，成本和最低实缴资本等人均收入占比数据披露较少。可以看出，四川省开发区承诺开办企业的时间较短，但是手续流程较多，开办企业的政务服务水平有待进一步提升。

（家）

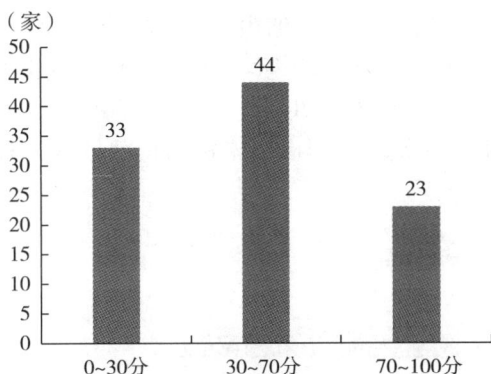

图 3-6 四川省开发区开办企业三级指标得分情况

（2）获得施工许可。"获得施工许可"是世界银行衡量营商环境的重要指标之一。在世界银行衡量营商环境的所有 10 个指标中，"获得施工许可"指标涵盖流程相对较多、办理时间相对较长且涉及部门相对较广，因此企业和政府均对此指标额外重视。

2018 年，四川省开发区获得施工许可的平均得分为 34.97 分，仅有 8 家（8%）开发区的得分在 70~100 分，38 家（38%）开发区的得分在 30~70 分，54 家（54%）开发区的得分在 0~30 分（见图 3-7）。可以看出，四川省开发区在获得施工许可方面得分较低，四川省开发区还应切实加强施工许可管理工作，规范施工许可证的审批行为和程序，提高审批效能，实施网上申报、审批、汇总与核查，为企业申请施工许可创造良好服务条件。

（家）

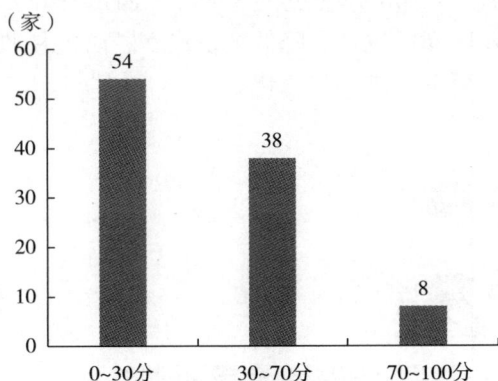

图 3-7 四川省开发区获得施工许可三级指标得分情况

（3）获得电力。"获得电力"指标反映的是企业获得电力供应的难易程度，主要测评一个企业获得永久性电力连接的手续、时间、成本，以及供电可靠性和电费透明度指数，用来衡量一个地方的电力营商环境。2018 年，四川省开发区获得电力的平均得分为 33.03 分，10 家（10%）开发区的得分在 70 ~ 100 分，40 家（40%）开发区的得分在 30 ~ 70 分，50 家（50%）开发区的得分在 0 ~ 30 分（见图 3 – 8）。四川省开发区获得电力指标的得分较低，有较大的进步空间。

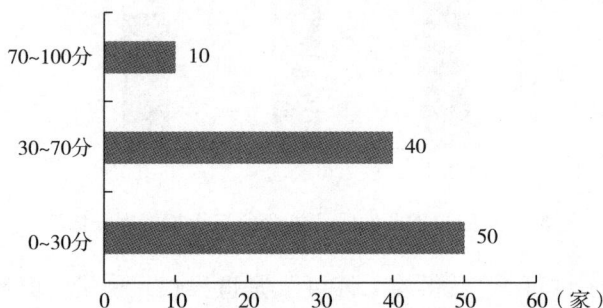

图 3 – 8　四川省开发区获得电力三级指标得分情况

（4）纳税。纳税指标具体分为纳税时间、纳税次数、总税率和社会缴款率及税后流程指标 4 个具体指标，以评估企业在纳税过程中付出的时间与费用成本。自世界银行首次推出营商环境报告以来，在纳税指标项下共记录了有关国家和地区开展的 473 项改革，改革数量名列第二，仅次于简化开办企业要求指标，由此可见各国和地区对优化纳税以改善营商环境的重视程度。

2018 年，四川省开发区获得电力的平均得分为 36.36 分，13 家（13%）开发区的得分在 60 分及以上，9 家（9%）开发区的得分在 40 ~ 60 分，78 家（78%）开发区的得分在 0 ~ 40 分（见图 3 – 9）。四川省开发区纳税指标的得分相对较低，四川省开发区降低税负、降低纳税成本、防范税收风险、提高纳税服务满意度等纳税营商环境有待进一步优化。

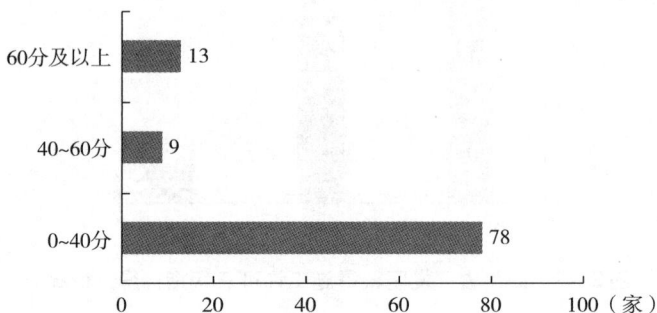

图 3 – 9　四川省开发区纳税三级指标得分情况

案例 3-1：四川省广安经济技术开发区税收优惠政策

在广安经济技术开发区投资可享有新一轮西部大开发政策、国家商务部定点扶持政策、川渝合作示范区政策等系列优惠政策。

第一，西部大开发政策。企业所得税减按 15% 征收：国家鼓励类产业的内资企业和外商投资企业，减按 15% 的税率征收企业所得税。

第二，川渝合作示范区政策。财税政策：国家对示范区建设给予一定的支持。中央财政将符合条件的公益性项目国债转贷资金转为拨款。经认定符合条件的高新技术企业，按照相关规定减按 15% 的税率征收企业所得税。投融资政策：中央安排的公益性项目，免除县以下（含县）配套资金；设立邓小平故里发展基金；支持重庆、成都金融机构设立分支机构；支持广安积极稳妥发展民间融资。

2. 四川省开发区普遍注重营商环境管理机制创新

开发区通过体制机制创新，完善管理制度和政策体系，有助于进一步增强开发区功能优势，提高行政管理效能，从而加强对开发区工作的指导和监督，营造有利的政策环境，开创开发区持续健康发展的新局面。

2018 年，四川省开发区营商环境可持续发展中的管理机制指标平均得分为68.80 分。其中，36 家（36%）开发区的得分在 80 分以上，36 家（36%）开发区的得分在 60~80 分，17 家（17%）开发区的得分在 40~60 分，10 家（10%）开发区该项指标得分在 20~40 分，仅有 1 家（1%）开发区政务服务指标得分在0~20 分（见图 3-10）。可以看出，四川省开发区营商环境管理机制水平较高，普遍注重营商环境管理体制机制创新，加强营商环境行政管理职能。

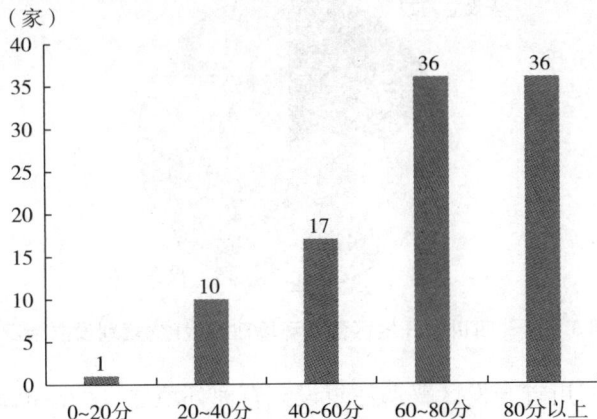

图 3-10 四川省开发区营商环境管理机制指标评价情况

（1）营商环境建设战略/规划。园区在改善区域投资环境、引进外资、促进产业结构调整和发展经济等方面发挥积极的辐射、示范和带动作用，成为城市经济腾飞的助推器。园区发展战略规划包括功能扩展、环境优化、产业升级以及可持续的产业链经济规划。2018 年，四川省开发区营商环境建设战略/规划的平均得分为 77.65 分。其中，76 家（76%）开发区的得分在 60 分及以上，9 家（9%）开发区的得分在 40~60 分，15 家（15%）开发区的得分在 0~40 分，即有 15 家开发区营商环境建设战略/规划评级为 C 级（40 分以下），9 家开发区评级为 B 级（40~60 分），有 76 家开发区评级为 A 级（60 分及以上）（见图 3 - 11）。统计发现，78 家（78%）开发区设立了营商环境建设战略，22 家（22%）开发区未设立营商环境建设战略或规划（见图 3 - 12）。

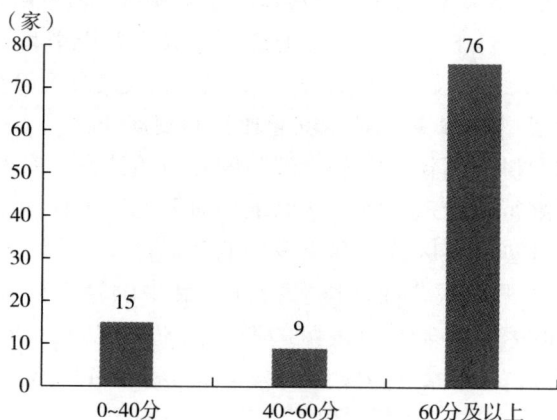

图 3 - 11　四川省开发区营商环境建设战略/规划得分情况

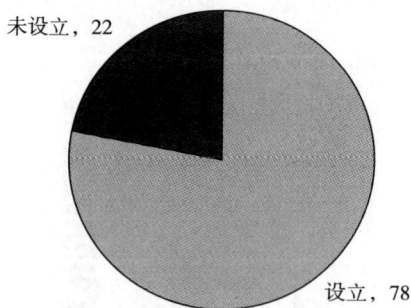

图 3 - 12　四川省开发区营商环境建设战略/规划设立情况

可以看出，四川省开发区普遍注重设立营商环境建设的战略或规划，提供开发区内营商环境建设未来明确的目标及方向，进而从容地应对市场变化并抓住发展机遇，有利于改进决策方法，提高风险控制能力和市场应变能力，最终提升开发区营商环境可持续发展的持久竞争力。

案例 3 - 2：四川省绵阳经济技术开发区的规划布局

绵阳经济技术开发区（以下简称经开区）发展定位明确，规划布局清晰。绵阳经开区坚持"兴一个园区，建一座城市"的理念，着力"产城一体、园城一体"发展，奋力打造宜业宜商宜居的城市新区和产业新城。绵阳经开区以"核心区主攻新型工业、滨江新区繁荣第三产业、丘区发展生态休闲观光农业"为总体发展思路，加快构建"一区两团三带多片"的发展布局，即以城南新区为主体，以塘汛和松垭场镇两个产城一体组团为双核，打造沿江高端商业商住与现代服务功能带、沿路（绵三路）高端制造与新型工业化功能带、沿山旅游休闲与生态观光功能带和多片区域的特色商贸区。奋力打造"二基地四中心"，即把绵阳经开区建成为西部数字家电产业化基地、国家军民融合示范发展基地和科技创新中心、产业服务中心、现代商贸中心、旅游休闲中心。

（2）营商环境建设推进机构。园区设置营商环境推进机构是通过负责园区日常事务工作从而推进营商环境建设。常见的模式有集中管理型模式（如设置管理委员会）、企业型管理模式（如建立开发公司组织园区内的经济活动，并承担部分政府职能如协调职能等）、混合型模式（如既设立园区管委会又成立投资开发公司）等。

2018 年，四川省开发区营商环境建设推进机构的平均得分为 62.08 分。其中，53 家（53%）开发区的得分在 60 分及以上，7 家（7%）开发区的得分在 40~60 分，40 家（40%）开发区的得分在 0~40 分，即有 40 家开发区营商环境建设战略/规划评级为 C 级（40 分以下），有 7 家开发区评级为 B 级（40~60 分），有 53 家开发区评级为 A 级（60 分及以上）（见图 3-13）。可以看出，四川省开发区大部分设立营商环境建设的组织架构，通过职责明确的组织机构具体推进营商环境的日常工作。

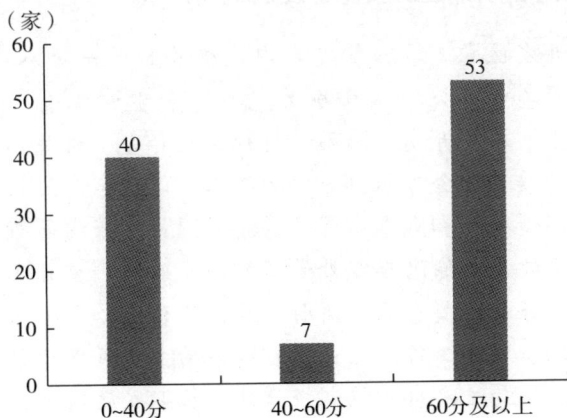

图 3 - 13　四川省开发区营商环境建设推进机构得分情况

统计发现，59 家（78%）开发区设立了营商环境推进机构，41 家（22%）开发区未设立营商环境建设推进机构（见图 3 - 14）。其中，高新区和经开区的营商环境管理推进机构有较大的差异，经开区在组织架构上更侧重于通过政策优惠来达到经济增长的目的，行政主导性较强，业务主体以管委会的内设机构为主，比如，经发局、招商促进局、国土规划建设局是经开区经济建设与产业发展的核心机构，经开区发展的驱动力仍主要来自行政主体。高新区更侧重于自主知识产权与科技成果的转化，组织架构综合了政府与企业的特征，业务主体逐渐向高新技术企业、产学研平台、研究中心、创新创业中心及平台公司下移，使高新区创新发展的动力更多地来自市场主体。可以看出，四川省不同类型的开发区由于发展定位不同，在发展要求与战略方面存在差异，而在战略与职能方面的区别则决定了组织结构上的差异。

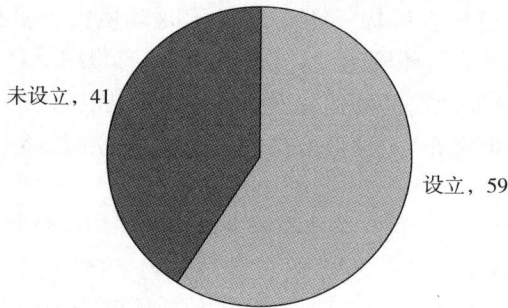

图 3 - 14　四川省开发区营商环境建设推进机构设立情况

案例 3 - 3：四川省成都经济技术开发区机构设置

成都经济技术开发区党工委、管委会内设机构为"一办八局"，如图 3 - 15 的所示。党工委、管委会办公室（含机关党委）负责党工委、管委会文秘、信息、文书、组织人事、人才开发、群团、目标管理督查、机关后勤事务、机关财务、对外联络、对外接待和会务承办等方面的工作。汽车产业投资服务局负责统筹和履行全区汽车制造项目和汽车商贸、物流、博览、专卖等投资促进工作。现代工业投资服务局主要负责除汽车以外的新型工业项目、重点工程机械等投资促进工作。项目建设服务局主要负责招商引资后，项目进区开工建设至项目建成投产前所有环节的协调、服务工作。企业发展服务局主要负责项目建成投产后的后续服务工作。统筹发展局主要负责编制经开区中长期发展规划、承担经开区建设发展、重大事项等战略问题调查研究。区域合作局主要负责经开区跨国、跨区域和与周边区市县对外交流合作可行性研究。汽车研发和贸易博览投资服务局负责制定汽车产业的研发创新、创意设计和电子电器等经济投资促进发展战略、工作计划并组织实施。物流管理服务局负责组织编制龙泉驿区现代物流业发展战略、政策措施并组织实施。

图 3-15 成都经济技术开发区机构设置

（3）招标投标管理。招标投标、政府采购等公共资源交易是否公开公平公正高效，是衡量一个地方营商环境是否优良的重要指标。2018 年，四川省开发区营商环境招标投标管理的平均得分为 56.76 分。其中，48 家（48%）开发区的得分在 60 分及以上，7 家（7%）开发区的得分在 40～60 分，45 家（45%）开发区的得分在 0～40 分，即 45 家开发区营商环境建设战略/规划评级为 C 级（40 分以下），7 家开发区评级为 B 级（40～60 分），48 家开发区评级为 A 级（60 分及以上）（见图 3-16）。可以看出，四川省开发区营商环境招标投标管理总体上得分较低，还应进一步提高对招标投标行为的监管效能，规范市场运作，为优化营商环境提供规范高效廉洁的招投标服务。

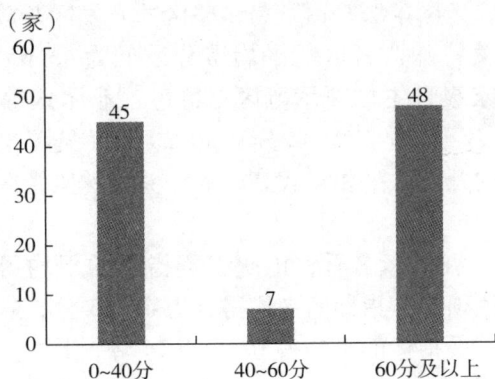

图 3-16 四川省开发区营商环境招标投标管理得分情况

（二）开放发展指标评价分析

开放合作是开发区发展的关键。2019 年 1 月，《四川省开发区发展规划（2018—2022 年)》提出，要进一步优化投资环境，加大招商引资力度，积极融入全球产业链、价值链和创新链，不断提升开发区集聚要素和参与国内外产业分工的能力，发挥开放合作主平台作用。

2018 年，四川省开发区的开放发展指标的平均得分为 60.87 分。从开发区属性来看，省级开发区的营商环境平均得分为 61.66 分，国家级开发区的开发区管理平均得分为 58.11 分（见图 3 – 17），四川省省级开发区开放发展水平略高于国家级开发区的开放发展水平。

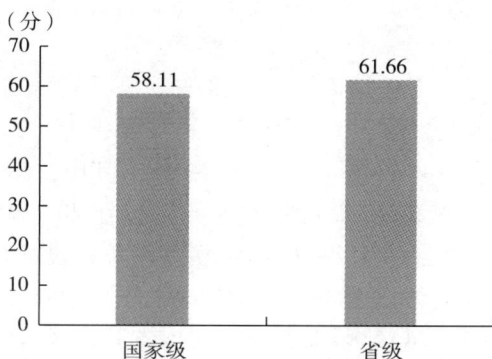

图 3 – 17　四川省开发区开放发展指标按属性划分平均得分情况

从开发区类型来看，国家级自由贸易试验区的开发区开放发展指标平均得分最高为 79.25 分，海关特殊监管区的平均得分最低为 43.65 分，高新区、经开区、国家级新区、国家级自主创新示范区、特色工业园区等的平均得分分别为 57.89 分、64.14 分、71.73 分、55.92 分和 56.20 分（见图 3 – 18）。这表明，国家级自主贸易试验区的开放水平相对较高，而海关特殊监管区的开放水平有待进一步提升。

从开发区管理的二级指标来看，招商引资指标的平均得分为 59.96 分，其中，国家级开发区在该项二级指标的平均得分为 49.43 分，省级开发区的平均得分为 62.94 分。产业发展指标的平均得分为 62.24 分，其中，国家级开发区在该项二级指标的平均得分为 71.13 分，省级开发区的平均得分为 59.73 分。可以看出，四川省开发区普遍制定开放的政策，营造开放包容的优质营商环境，吸引并引导高质量产业落地，但是具体政策的落实方面仍有一定的提升空间。

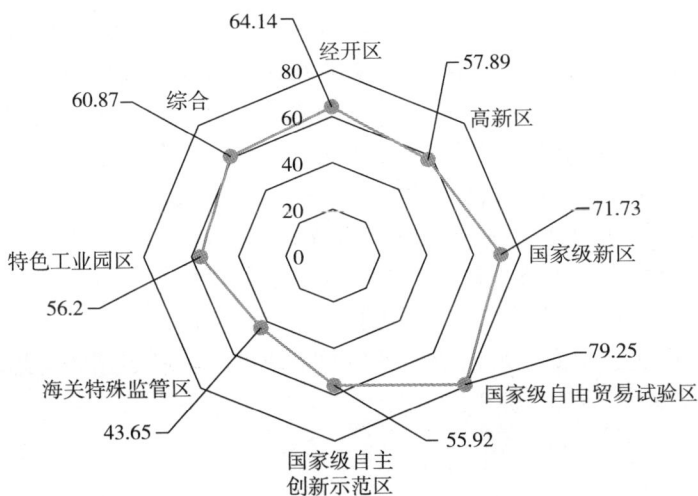

图 3 – 18   四川省开发区开放发展指标按类型划分平均得分情况

1. 招商引资政策较为完整

2018 年, 国务院发布的《国务院关于积极有效利用外资推动经济高质量发展若干措施的通知》提出, 致力于实行高水平投资自由化便利化政策, 对标国际先进水平, 营造更加公平透明便利、更有吸引力的投资环境。

2018 年, 四川省开发区营商环境可持续发展中的招商引资指标平均得分为 59.96 分。其中, 18 家 (18%) 开发区的得分在 60 ~ 80 分, 29 家 (29%) 开发区的得分在 80 分以上, 21 家 (21%) 开发区的得分在 40 ~ 60 分, 32 家 (32%) 开发区该项指标得分在 20 ~ 40 分, 没有开发区政务服务指标得分在 0 ~ 20 分 (见图 3 – 19)。

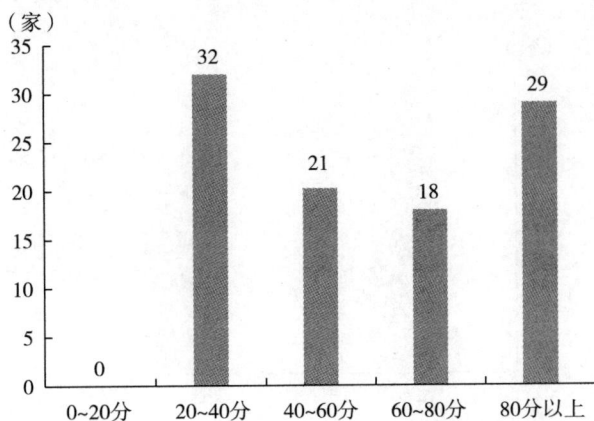

图 3 – 19   四川省开发区招商引资指标得分情况

　　根据统计可知，四川省多半开发区制定了丰富的招商引资政策，在营造公平、透明、对标国际的投资营商环境上多有建树；但是也需注意，四川省开发区在招商引资时，对于产业链长、附加值高的企业可以制定更多的吸引政策。

　　（1）四川省开发区普遍制定多种招商政策。2018 年，四川省开发区招商政策的平均得分为 62.81 分。其中，58 家（58%）开发区的得分在 50～100 分，42 家（42%）开发区的得分在 0～50 分（见图 3－20）。由此可见，在 100 家开发区样本中，半数以上的开发区有三个方面以上的特色产业发展、产业链招商和招商奖励的政策文件。四川省开发区普遍重视招商工作，结合产业发展方向，采取以商招商、产业链招商、靶向招商等多种招商措施，制定招商优惠政策。

（家）

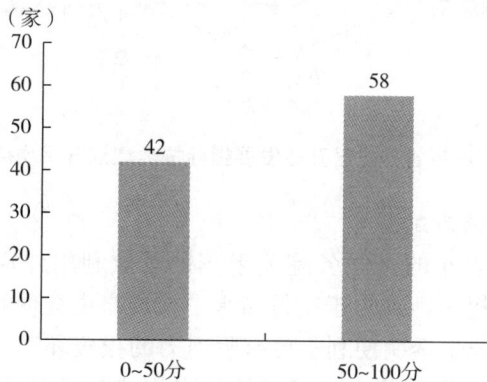

图 3－20　四川省开发区招商政策三级指标得分情况

　　（2）提高引进项目质量工作有一定提升空间。2018 年，四川省开发区提高引进项目质量的平均得分为 53.32 分。其中，47 家（47%）开发区的得分在 50～100 分，53 家（53%）开发区的得分在 0～50 分（见图 3－21）。由此可见，在 100 家开发区样本中，将近半数的开发区有 3 个方面以上的引进产业链长附加

（家）

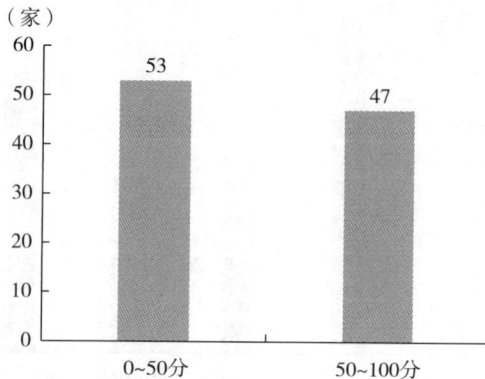

图 3－21　四川省开发区提高引进项目质量三级指标得分情况

值高项目、环保项目和特色项目的措施，例如，设定定期对接部门、定期走访特定行业的企业、整合资源聚焦以商引商等。但仍有半数的开发区"招大引优"的意识不足，提高引进项目质量的工作还有一定的提升空间。

案例3-4：四川省双流经济开发区三举措狠抓精准招商

四川省双流经济开发区贯彻落实《四川省开发区发展规划（2018—2022年)》要求，创新招商引资方式，围绕产业链，以商招商，做到招大引优。主要举措为：

（1）组建专业化招商队伍。优化招商机制，整合专业招商队伍，制订定期对接部门、联系院校、走访企业工作计划，捕捉有价值招商信息。

（2）精准聚焦产业链招商。围绕构建适航产业生态圈目标，对接成都航宇、中电熊猫等龙头企业，重点引进通威10GW高效组件、国家电网城市充换电运营等项目。

（3）持续推动以商招商。拜访伟创力、拜耳等世界500强企业和电子科大等产业园，通过以企招商，重点瞄准引进成都中建材500MW碲化镉薄膜太阳能电池产业基地、成都百德邮政智能终端设备第二生产基地等项目。

2. 四川省开发区普遍具有产业转型升级意识

2016年，国务院印发的《"十三五"国家战略性新兴产业发展规划》表明，中国迫切需要加强统筹规划和政策扶持，全面营造有利于新兴产业蓬勃发展的生态环境，创新发展思路，提升发展质量，加快发展壮大一批新兴支柱产业，推动战略性新兴产业成为促进经济社会发展的强大动力。2018年，四川省政府发布的《关于优化区域产业布局的指导意见》要求，依托国家级园区、省级园区、国家新型工业化示范基地，着力打造新一代信息技术、高端装备制造、优质白酒、钒钛新材料四大世界级产业集群，推动产业集聚集群发展；落实主体功能区规划，引导各地加快产业布局调整优化，强化区域间产业协同合作，构建特色鲜明、布局集中、配套完善的现代产业体系。

2018年，四川省开发区营商环境可持续发展中的产业发展指标平均得分为62.24分。其中，28家（28%）开发区的得分在80分以上，30家（30%）开发区的得分在60～80分，18家（18%）开发区的得分在40～60分，24家（24%）开发区该项指标得分在20～40分，没有开发区政务服务指标得分在0～20分（见图3-22）。根据统计可以发现，四川省开发区普遍具有产业转型升级的意识，制定了多种产业升级政策，培育新型战略型支柱产业。

（家）

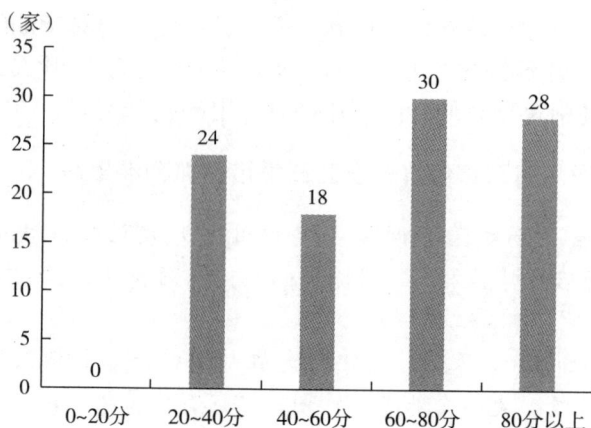

图3-22　四川省开发区产业发展指标得分情况

3. 产业转型升级政策较全面

2018年，四川省开发区产业转型升级政策的平均得分为67.66分。其中，59家（59%）开发区的得分在66～100分，14家（14%）开发区的得分在33～66分，27家（27%）开发区的得分在0～33分，（见图3-23）。由此可见，在100家开发区样本中，所有开发区均制定并披露了构建产业生态圈、培育新经济、主导产业发展、重点项目推进等产业转型升级政策，且半数以上的企业制定了4个方面以上的政策，如：培育主业突出、核心竞争力强、带动力明显的优质企业等；组建了工业创新联盟，引入专业机构，搭建公共服务平台；开辟"绿色通道"服务重点项目；打造特色经济品牌等。总体来说，四川省开发区产业转型升级政策较为全面。

（家）

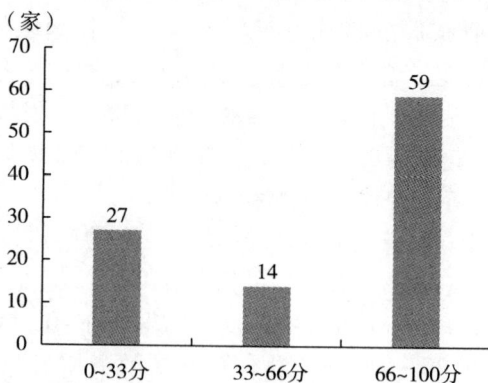

图3-23　四川省开发区产业转型升级政策三级指标得分情况

（三）绿色发展指标评价分析

开发区的可持续发展要建立在绿色环保的基础之上。2019年1月，《四川省开发区发展规划（2018—2022 年)》提出要坚持生态优先、绿色发展，将生态文明理念融入开发区建设、运营和管理的各方面，合理布局生产、生活和生态空间，积极推行低碳化、循环化、集约化发展，不断提高开发区可持续发展能力。

2018 年，四川省开发区绿色发展指标的平均得分为 47.72 分。从开发区属性来看，省级开发区的营商环境平均得分为 46.40 分，国家级开发区的开发区管理平均得分为 52.40 分（见图 3-24)，四川省国家级开发区开放发展水平略高于省级开发区的绿色发展水平。

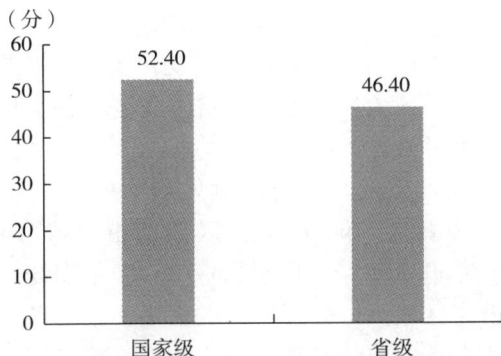

图 3-24 四川省开发区绿色发展指标按属性划分平均得分情况

从开发区类型来看，国家级新区的开发区绿色发展指标平均得分最高为 82.92 分，海关特殊监管区的平均得分最低为 30.69 分，高新区、经开区、国家级自由贸易试验区、国家级自主创新示范区、特色工业园区等的平均得分分别为 57.77 分、47.63 分、64.95 分、70.86 分和 41.70 分（见图 3-25)。这表明，国家级新区的绿色发展水平相对较高，而海关特殊监管区的绿色发展水平有待进一步提升。

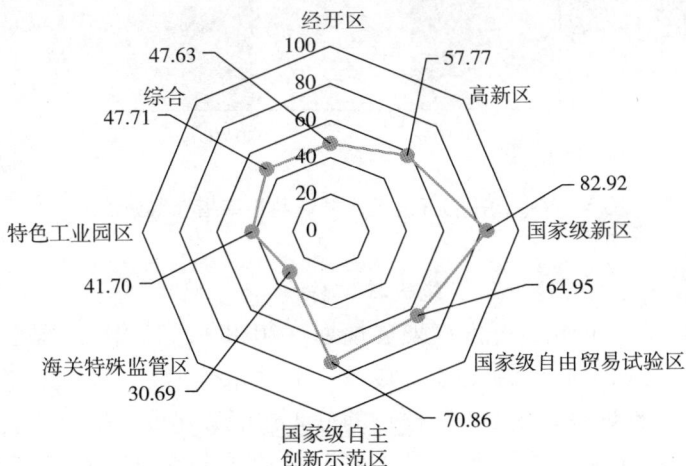

图 3-25 四川省开发区绿色发展指标按类型划分平均得分情况

从开发区管理的二级指标来看，园区水循环利用率指标的平均得分为45.13分，其中，国家级开发区在该项二级指标的平均得分为38.95分，省级开发区的平均得分为46.87分。园区节能减排指标的平均得分为56.20分，其中，国家级开发区在该项二级指标的平均得分为50.89分，省级开发区的平均得分为57.70分。可以看出，四川省开发区普遍具有绿色环保、节约资源、节能减排的意识，但在具体的措施制定方面仍处于成长阶段，还有一定的发展空间。

1. 四川省开发区园区水循环利用工作仍有提升潜力

2019年1月，《四川省开发区发展规划（2018—2022年）》提出，开发区要加强节约用水管理，落实最严格水资源管理制度，实行水资源消耗总量和强度双控；推进园区循环化改造，大力发展循环经济，促进废物交换利用、能量梯级利用、水资源分类利用和循环使用。

2018年，四川省开发区营商环境可持续发展中的水循环利用率指标平均得分为45.13分。其中，70家（70%）开发区该项指标得分在0～50分，30家（30%）开发区的得分在50～100分（见图3-26）。根据统计可知，四川省开发区制定水循环政策的开发区较少，公开披露的大多不足三条。园区的水循环利用工作仍有提升潜力，水资源的节约和循环利用政策有待丰富。

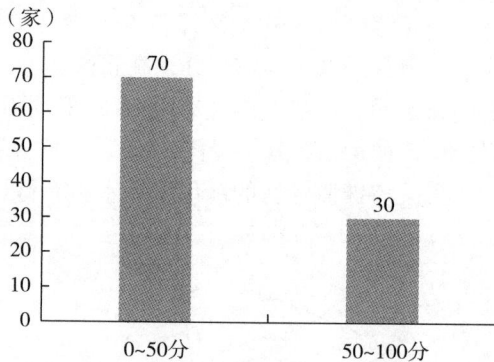

图3-26 四川省开发区水循环利用率指标得分情况

2. 四川省开发区普遍开展节能减排工作

2019年1月，《四川省开发区发展规划（2018—2022年）》提出，开发区要加强节能减排降碳；加大尾矿、工业废渣、矿井水等大宗工业"三废"和余热、余压综合利用，推进冷、热、电三联供的分布式能源建设；推进节能降耗，实行能源消费总量和强度双控；推行用能权有偿使用和交易，积极参与碳排放权交易。

2018 年，四川省开发区营商环境可持续发展中的节能减排指标平均得分为
56.20 分。其中，37 家（37%）开发区该项指标得分在 66～100 分，29 家
（29%）开发区的得分在 33～66 分，34 家（34%）开发区该项指标得分在 0～33
分（见图 3－27）。

由此可知，四川省开发区具有优化产业和能源结构、发展循环经济的意识，
能够做到制定相关政策并进行公开披露。2018 年，四川省开发区普遍制定了节
能减耗、绿色金融等节能减排政策，且半数以上开发区制定了三个方面以上的相
关措施，包括优化能源结构、发展循环经济、加强污染物减排等。

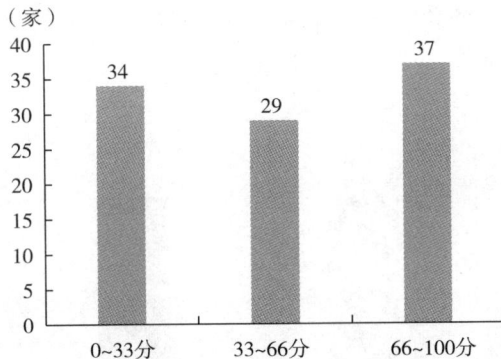

图 3－27 四川省开发区节能减排指标得分情况

案例 3－5：四川成都武侯工业园区多管齐下防治大气污染

四川省成都武侯工业园区针对园区内的化工企业，采取多种措施，从源头上
减少废气和烟尘的产生，减霾降污。

在排污方面，园区使用清洁能源天然气，确保燃烧尾气可以直接达标排放；
对园区内规模以上食堂油烟应安装净化效率高的油烟净化设施，确保油烟达标
排放。

针对化工企业生产中可能出现的化学品挥发、泄漏造成大气污染的问题，武
侯工业园区要求各企业尽量减少危险化学品储存量，企业内危险化学品储存不得
构成重大危险源，采用配送制，做到"用多少，送多少"。另外，园区对各个工
厂区域内的储罐区、化学品储藏区应加强日常管理，做好通风设施，做好安全工
作，尽可能地减轻化学品挥发、泄漏及其他原因的跑、冒、滴、漏现象，以减轻
由于挥发、泄漏或安全事故导致的大气环境污染。

（四） 创新发展指标评价分析

开发区要想实现高效率、高质量发展，必须要倾斜支持科技创新，强化人才支撑。2019 年 1 月，四川省人民政府办公厅印发《关于促进全省开发区改革和创新发展的实施意见》指出，四川省要引导各地开发区科学把握功能定位，明确发展方向，突出发展重点，形成布局合理、错位发展、功能协调的开发区区域发展格局。因此，创新发展对于四川省开发区的发展和定位具有重要作用。

2018 年，四川省开发区创新发展指标的平均得分为 67.85 分。从开发区属性来看，省级开发区的创新发展平均得分为 66.82 分，国家级开发区的创新发展平均得分为 71.49 分（见图 3-28），四川省国家级开发区创新发展水平略高于省级开发区的创新发展水平。

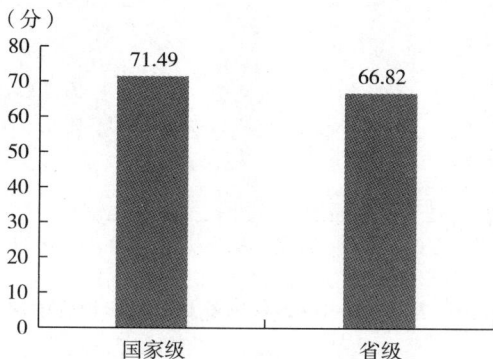

图 3-28　四川省开发区创新发展指标按属性划分平均得分情况

从开发区类型来看，高新区的创新发展指标平均得分最高为 77.69 分，海关特殊监管区的平均得分最低为 42.62 分，经开区、国家级新区、国家级自由贸易试验区、国家级自主创新示范区、特色工业园区等的平均得分分别为 68.19 分、64.68 分、72.97 分、69.70 分和 64.83 分（见图 3-29）。这表明，高新区的创新发展水平相对于其他开发区类型的创新发展水平较高，而海关特殊监管区的创新发展水平有待进一步提升。

从创新发展的二级指标来看，科技创新指标的平均得分为 82.54 分，其中，国家级开发区在该项二级指标的平均得分为 87.68 分，省级开发区的平均得分为 81.10 分。人才服务指标的平均得分为 58.04 分，其中，国家级开发区在该项二级指标的平均得分为 60.69 分，省级开发区的平均得分为 57.3 分。可以看出，四川省开发区普遍通过科技创新的方式来提升开发区的创新发展水平，但是开发区人才服务绩效水平有待进一步提升。

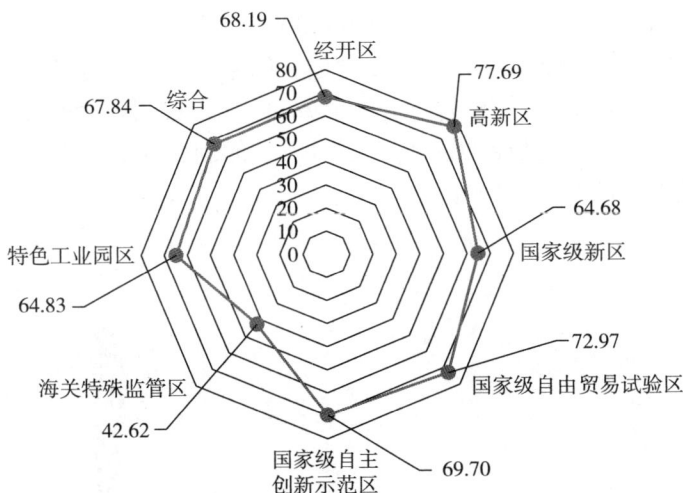

图 3 - 29 四川省开发区创新发展指标按类型划分平均得分情况

1. 四川省开发区科技创新水平较高

2016 年，中共中央国务院印发《"十三五"国家科技创新规划》，主要明确"十三五"时期科技创新的总体思路、发展目标、主要任务和重大举措，是国家在科技创新领域的重点专项规划，是中国迈进创新型国家行列的行动指南。

本报告中科技创新指标反映的是四川省开发区在创新补贴政策、知识产权服务、园区创新中心三个方面的指标表现情况。2018 年，四川省开发区营商环境可持续发展中的科技创新指标平均得分为 82.54 分。其中，47 家（47%）开发区的得分在 80 分以上，24 家（24%）开发区的得分在 60 ~ 80 分，22 家（22%）开发区的得分在 40 ~ 60 分，7 家（7%）开发区该项指标得分在 20 ~ 40 分，没有开发区科技创新指标得分在 0 ~ 20 分（见图 3 - 30）。据统计发现，四川省超过一半开发区的科技创新水平较高，这对提升四川省企业创新能力具有重要作用。

（1）四川省开发区创新补贴政策较多，但仍需进一步完善。创新补贴政策是国家、各级政府和开发区为支持园区内企业快速发展、高质量发展所制定的各项关于创业资金、税收优惠、创业培训及指导的政策，主要包括各类科技奖项、专项产业基金、新兴产业创投基金、创新创业补贴、创业培训以及创业导师服务等。

2018 年，四川省开发区的创新补贴政策指标的平均得分为 59.87 分。其中，44 家（44%）开发区的得分在 70 ~ 100 分，29 家（29%）开发区的得分在 30 ~

70分，27家（27%）开发区的得分在0～30分（见图3-31）。统计发现，在100家开发区样本中，39家开发区有设立创新创业服务奖、给予创新补贴两个方面及以上的政策，19家开发区有以下两个方面的创新补贴政策，34家开发区没有披露创新补贴政策。可以看出，四川省开发区的创新补贴政策较多，但是一些开发区的创新补贴政策有待完善。

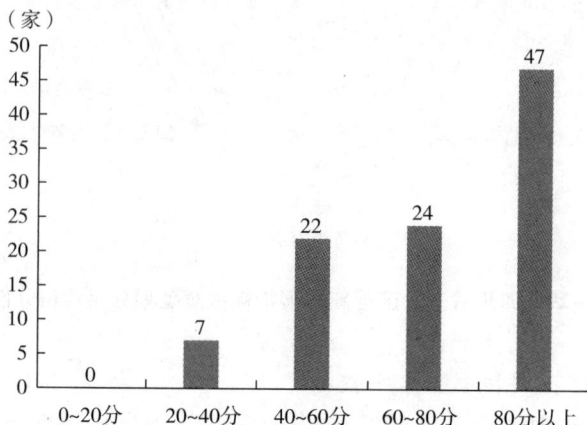

（家）

图3-30　四川省开发区科技创新指标得分情况

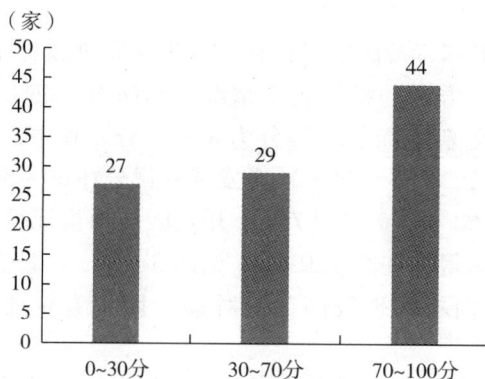

（家）

图3-31　四川省开发区创新补贴政策三级指标得分情况

案例3-6：四川金堂工业园区创新补贴政策力度大

金堂工业集中发展区以节能环保产业为主导产业，针对技术创新的补贴政策数量多，且力度也大。

对新获得"国家级企业技术中心""技术创新示范企业"荣誉的企业，给予一次性 100 万元的奖励；对新获得"省级企业技术中心"荣誉的，给予一次性 20 万元的奖励。对新获得国家"质量标杆"称号的企业，给予一次性 50 万元的奖励；对新核定的国家工业产品质量控制和技术评价实验室，给予一次性 30 万元的奖励。对战略性新兴产业中小企业研发的重大创新型产品，给予最高 50 万元一次性的奖励；对我市重点技术创新成果产业化项目，按不超过企业技术研发投入的 20% 给予最高 200 万元补助。

（2）超 50% 开发区注重提供知识产权服务。四川省开发区的知识产权服务主要包括政策解读、法律辅导、专利管理、维权咨询等。知识产权服务水平在推动四川省开发区的创新发展中具有重要作用。

2018 年，四川省开发区知识产权服务指标的平均得分为 47.45 分。其中，27 家（27%）开发区的得分在 70~100 分，33 家（33%）开发区的得分在 30~70 分，40 家（40%）开发区的得分在 0~30 分（见图 3-32）。统计发现，在 100 家开发区样本中，67 家开发区提供了知识产权服务，包括政策解读、法律辅导、专利管理、维权咨询等方面的举措，四川省超一半的开发区注重为企业提供知识产权服务。

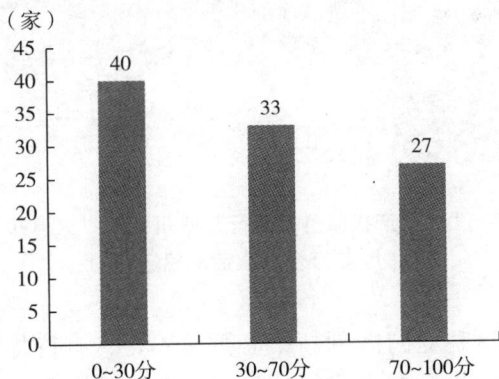

（家）

图 3-32　四川省开发区知识产权服务三级指标得分情况

案例 3-7：四川省成都高新区获批建设全国首个"知识产权新经济示范园区"

2019 年，"知识产权服务万里行"四川站暨"天府知识产权服务万企行"活动启动仪式在成都高新区菁蓉汇举行，见图 3-33。活动现场，成都高新区获国家知识产权局授牌"知识产权新经济示范园区"。

知识产权新经济是以强化知识产权创造、保护和运用为重点，以助力新技术、新组织、新模式、新业态、新价值等新经济加快发展为目标，体现知识产权与新经济深度融合的经济形态。成都高新区以国家知识产权示范园区为载体，开展知识产权新经济示范园区建设，构建知识产权新经济产业化培育体系，完善知识产权新经济金融生态体系，优化知识产权新经济营商环境，探索打通知识产权创造、保护、运用、管理和服务全链条，促进知识产权与新经济融合发展。

成都高新区将力争到2022年实现知识产权贯标企业超过350家、每万人口有效发明专利拥有量达到230件、拥有高价值专利培育中心20个，基本建成知识产权要素鲜明、创新资源富集、新经济生态链健全、新经济产业发展迅速的新型园区，推动知识产权新经济示范园区建设形成可复制可推广的经验。

图3－33　"知识产权服务万里行"四川站暨"天府知识产权服务万企行"活动现场

（3）四川省开发区建立园区创新中心数量不足，有待加强。2018年，四川省开发区园区创新中心指标的平均得分为57.77分。其中，43家（43%）开发区的得分在70~100分，20家（20%）开发区的得分在30~70分，37家（37%）开发区的得分在0~30分（见图3－34）。统计发现，在100家开发区样本中，43家开发区建立园区创新中心，57家开发区未建立园区创新中心。四川省开发区还需提升建立园区创新中心的意识，通过设立园区创新中心搭建综合性科技服务平台，从而为企业提供项目引进、成果孵化、知识产权、投资引导、项目咨询等专业化科技创新服务。

（家）

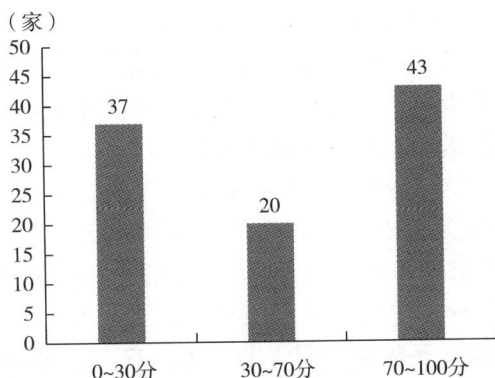

图 3 – 34 四川省开发区园区创新中心三级指标得分情况

2. 四川省开发区人才服务水平稍低，有待提升

2018 年，中共中央、国务院办公厅印发的《关于分类推进人才评价机制改革的指导意见》提出，致力于推进各地区、各部门建立科学的人才分类评价机制，树立正确用人导向、激励引导人才职业发展、调动人才创新创业积极性、加快建设人才强国。

本报告中人才服务指标反映的是四川省开发区在区内人才培养的资助政策和人才配套服务两个方面的指标表现情况。2018 年，四川省开发区营商环境可持续发展中的人才服务指标平均得分为 58.04 分。其中，23 家（23%）开发区的得分在 80分以上，24 家（24%）开发区的得分在 60 ~ 80 分，24 家（24%）开发区的得分在40 ~ 60 分，27 家（27%）开发区该项指标得分在 20 ~ 40 分，2 家（2%）开发区人才服务指标得分在 0 ~ 20 分（见图 3 – 35）。据统计发现，四川省超过一半开发区的人才服务绩效水平较低，四川省开发区的人才服务绩效水平有待提升。

（家）

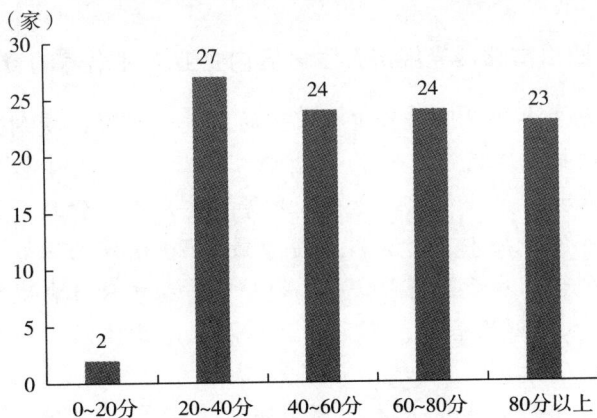

图 3 – 35 四川省开发区人才服务指标得分情况

（1）四川省开发区区内企业人才培养的资助政策较多。四川省开发区区内企业人才培养的资助政策主要包括设立人才专项基金、贷款贴息补助、奖补、人才绿色通道等，资助政策对于提升四川省开发区人才服务水平具有重要作用，能落实吸引人才战略和促进四川省开发区高质量发展。

2018 年，四川省开发区的区内企业人才培养的资助政策平均得分为 59.87 分。其中，42 家（42%）开发区的得分在 70 ~ 100 分，28 家（28%）开发区的得分在 30 ~ 70 分，30 家（30%）开发区的得分在 0 ~ 30 分（见图 3 – 36）。统计发现，在 100 家开发区样本中，73 家开发区存在设立人才专项基金、贷款贴息补助、奖补、人才绿色通道等至少 1 项资助举措，27 家没有披露任何人才培养的资助政策。可以看出，四川省大多数开发区注重设立人才培养资助政策，但是一些开发区的人才培养政策有待完善。

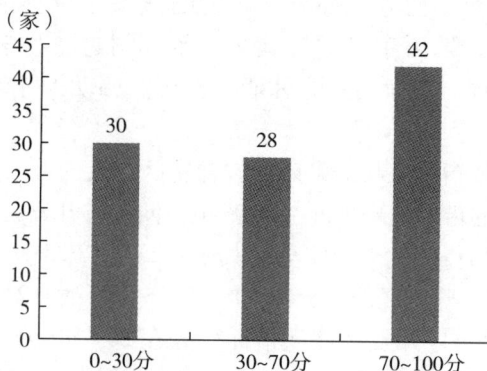

图 3 – 36　四川省开发区创新补贴政策三级指标得分情况

案例 3 – 8：四川富顺晨光经济开发区区内企业人才培养的资助政策完善

四川富顺晨光经济开发区一直重视人才的引进和培育，受到市委市政府人才培养资助政策的扶持。市政府发布了"盐都人才新政"，"打包"推出十条具体措施，对高层次人才、产业人才、返乡人才等群体分类强化政策扶持，对到自贡创新创业的国内外优秀人才（团队）可给予最高 2000 万元的综合资助，对首次认定或新设立的平台可给予最高 100 万元的补助，人才来自贡城镇落户实行"零门槛"，筹建高端人才创投基金，"1 + X"多层次、立体式、全方位人才支持政策体系正在形成。

（2）四川省大多数开发区人才配套服务较为完善，但仍需提升。四川省开发区人才配套服务主要包括提供落户安家、子女入学、配偶就业等。四川省开发区通过人才配套服务的改善，提升开发区的人才吸引力。

2018 年，四川省开发区的人才配套服务平均得分为 58.84 分。其中，44 家（44%）开发区的得分在 70～100 分，27 家（27%）开发区的得分在 30～70 分，29 家（29%）开发区的得分在 0～30 分（见图 3-37）。统计发现，在 100 家开发区样本中，69 家开发区提供落户安家、子女入学、配偶就业等至少 1 项配套服务，31 家没有披露任何人才配套服务信息。可以看出，四川省大多数开发区的人才配套服务较为完善，但是一些开发区的人才配套服务水平有待提高。

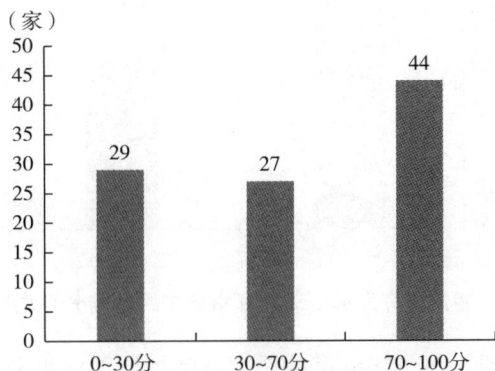

图 3-37 四川省开发区人才配套服务三级指标得分情况

案例 3-9：四川乐山沙湾经济开发区实施"引才"工程

四川乐山沙湾经济开发区以不锈钢、钒钛钢、机械为主导产业，设立地点在乐山市沙湾区，核准面积为 611.17 公顷。开发区拓宽招贤渠道，实施"引才"工程，引进人才本人及其配偶、子女、父母户口可随调随迁；引进具有硕士学位或副高职称以上的人员其配偶的工作，原属机关、事业单位在编人员由组织人事部门予以对应安置；其子女的就读，可在全区范围内择校，免收择校费；引进人才由用人单位按规定参加各项社会保险，享受相应社会保险待遇。

（五）协调发展指标评价分析

开发区要想实现与企业的协调发展，必须要提高生活服务配套水平和提升开发区企业人才的就业质量。2019 年 1 月，四川印发《关于促进四川省开发区改革和创新发展的实施意见》指出，开发区需要扩面提质，协调发展。坚持以协调统筹发展，围绕构建"一干多支、五区协同"区域发展新格局，完善开发区布局和功能，提高质量和效益。而生活服务配套和就业质量的提升对于开发区与企业的协调发展具有重要作用。

2018 年，四川省开发区协调发展指标的平均得分为 58.89 分。从开发区属性来看，省级开发区的协调发展平均得分为 59.48 分，国家级开发区的协调发展平均得分为 56.79 分（见图 3 – 38），四川省国家级开发区协调发展水平略低于省级开发区的协调发展水平。

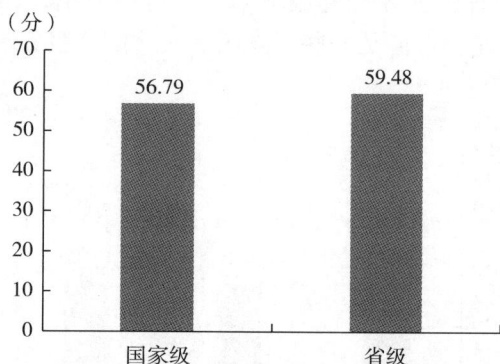

图 3 – 38　四川省开发区协调发展指标按属性划分平均得分情况

从开发区类型来看，国家级新区的协调管理指标平均得分最高为 84.99 分，国家级自由贸易试验区的平均得分最低为 33.67 分，经开区、高新区、国家级自主创新示范区、海关特殊监管区、特色工业园区等的平均得分分别为 61.85 分、49.73 分、73.13 分、34.19 分和 59.37 分（见图 3 – 39）。这表明，国家级新区的协调发展水平相对较高，而国家级自由贸易试验区的协调发展水平有待进一步提升。

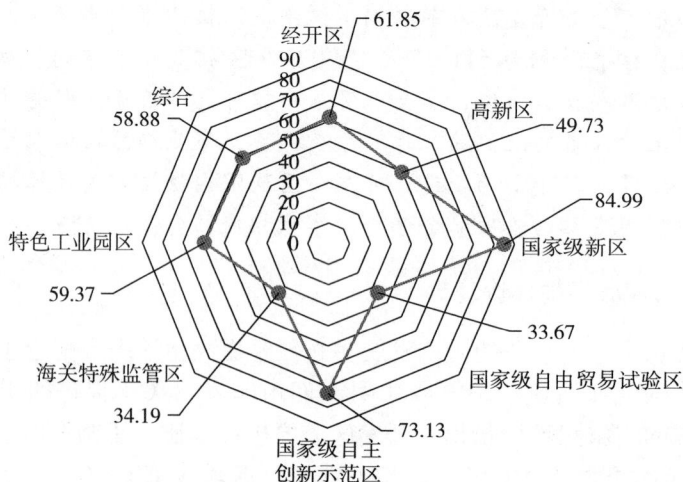

图 3 – 39　四川省开发区协调发展指标按类型划分平均得分情况

从协调发展的二级指标来看，生活服务配套指标的平均得分为 60.86 分，其中，国家级开发区在该项二级指标的平均得分为 52.48 分，省级开发区的平均得分为 63.22 分。就业质量指标的平均得分为 58.04 分，其中，国家级开发区在该项二级指标的平均得分为 61.10 分，省级开发区的平均得分为 55.73 分。可以看出，四川省开发区主要通过完善生活服务配套的方式来提升开发区的协调发展水平，但是开发区人才的就业质量有待进一步提升。

1. 四川省开发区生活服务配套较完善

2019 年 1 月，四川省人民政府办公厅印发的《关于促进全省开发区改革和创新发展的实施意见》指出，四川省开发区要提高综合承载能力。加强开发区基础设施建设，推动企业非生产性配套设施集中建设，完善开发区信息、技术、物流等公共服务平台，加快建设智慧园区。因此完善开发区的生活服务配套对促进四川省开发区协调发展具有重要作用。

本报告中生活配套服务指标反映的是四川省开发区在提供园区交通安全、保障性住房、通信服务、水电气服务等方面的指标表现情况。2018 年，四川省开发区营商环境可持续发展中的生活服务配套指标平均得分为 60.86 分。其中，40 家（40%）开发区的得分在 80 分以上，8 家（8%）开发区的得分在 60～80 分，10 家（10%）开发区的得分在 40～60 分，39 家（39%）开发区该项指标得分在 20～40 分，3 家（3%）开发区科技创新指标得分在 0～20 分（见图 3－40）。据统计发现，四川省超过一半开发区的生活服务配套水平较高，生活配套服务趋于完善。这表明，四川省开发区比较注重建设良好的人居环境，促进产城有机融合，从而建立产业兴旺、生态宜居、充满活力的现代化城市开发区。

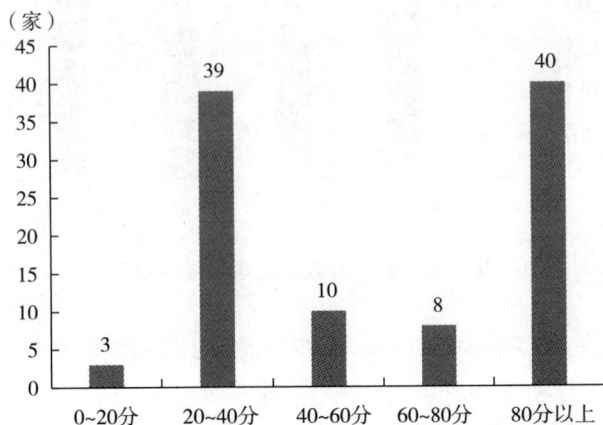

图 3－40　四川省开发区生活服务配套指标得分情况

2. 四川省开发区就业质量较高，但仍有进一步提升空间

2019 年 1 月，四川省人民政府办公厅印发的《关于促进全省开发区改革和创新发展的实施意见》指出，四川省开发区要强化人才支撑，实施新型企业家培养计划，依托国内外名校等培养基地，为开发区培养优秀企业家及后备人才队伍；进一步完善以开发区企业为主体、职业院校为基础的技能人才培养体系，加快培养实用型、操作型技能人才。因此，四川省开发区提升就业质量是落实强化人才支撑的重要举措，能促进全省开发区改革和创新发展。

本报告中就业质量指标反映的是四川省开发区园区在引导劳动者参加职业技能培训和园区扶持自主创业，如提高小额贷款限额、扩大利息补贴范围、创业奖励等举措的表现情况。2018 年，四川省开发区营商环境可持续发展中的就业质量指标平均得分为 39.54 分。其中，26 家（26%）开发区的得分在 80 分以上，18 家（18%）开发区的得分在 60~80 分，18 家（18%）开发区的得分在 40~60 分，38 家（38%）开发区该项指标得分在 20~40 分，科技创新指标得分在 0~20 分的开发区数量为 0（见图 3-41）。据统计发现，四川省超过一半开发区的就业质量较高。可以看出，四川省开发区的就业质量较高，对提高四川省开发区协调发展水平具有重要作用。

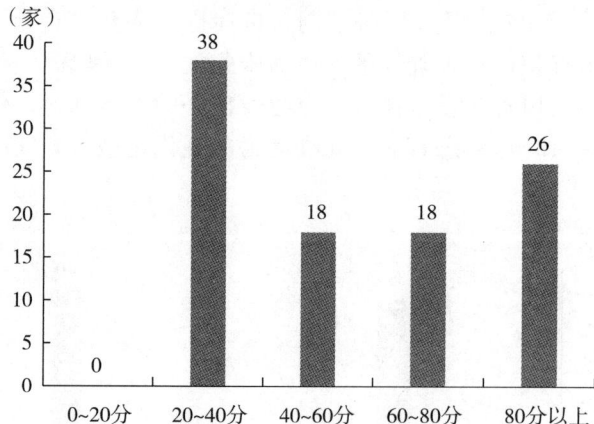

图 3-41 四川省开发区就业质量指标得分情况

（1）四川省开发区引导劳动者参加职业技能培训举措较丰富。2018 年，四川省开发区的引导劳动者参加职业技能培训平均得分为 55.48 分。其中，34 家（34%）开发区的得分在 70~100 分，35 家（35%）开发区的得分在 30~70 分，31 家（31%）开发区的得分在 0~30 分（见图 3-42）。统计发现，在 100 家开发区样本中，98 家开发区存在开展技能培训讲座、免费技能培训班、培训大讲堂等至少 1 项职业技能培训举措，有 2 家没有披露任何引导劳动者参加职业技能培训。可以看出，四川省大多数开发区通过引导劳动者参加职业技能培训来提升开发区人才的就业质量，职业技能培训举措较丰富。

（家）

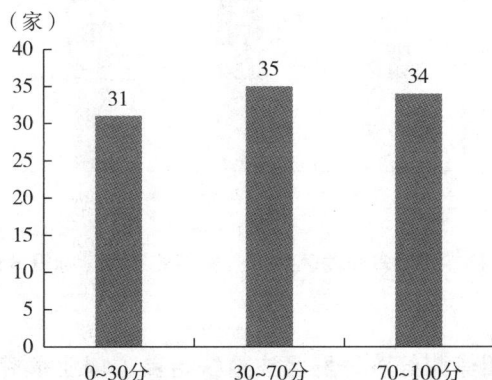

图 3 - 42 四川省开发区引导劳动者参加职业技能培训三级指标得分情况

案例 3 - 10：四川犍为经济开发区开展劳动保障业务培训

四川犍为经济开发区位于石溪镇、孝姑镇、新民镇，核准面积 56.67 公顷，以竹浆纸、建材、机械为主导产业。开发区开展劳动保障业务培训，主要包括《工伤处理相关法律实务》《劳动保障监察》《企业劳动用工法律风险防控实务》和《社会保险经办业务》四大板块的培训内容。在培训中，开发区对部分法律条款进行了详细解读，还引用了很多真实具体的事例予以佐证。通过培训帮助新的劳资工作者快速进入角色，帮助企业避免用工纠纷。

（2）四川省开发区扶持自主创业的举措较多。2018 年，四川省开发区的扶持自主创业平均得分为 60.26 分。其中，45 家（45%）开发区的得分在 70 ~ 100 分，33 家（33%）开发区的得分在 30 ~ 70 分，22 家（22%）开发区的得分在 0 ~ 30 分（见图 3 - 43）。统计发现，在 100 家开发区样本中，67 家开发区存在提高小额贷款限额、扩大利息补贴范围、创业奖励等至少 1 项扶持自主创业的举措，有 33 家没有披露任何扶持自主创业的举措信息。可以看出，四川省大多数开发区扶持自主创业的举措较多，包括高层次人才政策、落户政策、安居政策、创业扶持政策、大学生最低年薪指导标准、就业扶持援助及服务政策等具体的自主创业扶持政策。

（家）

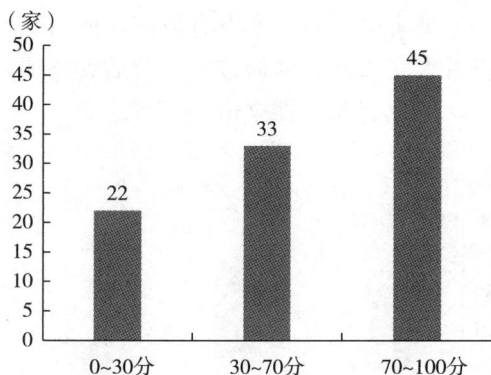

图 3 - 43　四川省开发区扶持自主创业三级指标得分情况

案例 3 - 11：四川崇州经济开发区注重扶持自主创业举措

到 2020 年，成都崇州经济开发区工业集中发展区规划建设用地面积将达到 13.3 平方千米，工业区内重点发展家具、装修装饰材料、制鞋"三大百亿产业"。

开发区扶持自主创业的举措主要包括：①对符合融资条件的企业，崇州市中小企业信用担保有限公司积极提供融资服务和信用担保，并免收担保费；②运用财政税收，对入驻开发区且符合产业发展方向的企业、大项目和总部经济，视情况给予财税激励。

（六）共享发展指标评价分析

开发区的可持续发展必须具有共享意识，联动多个利益相关方共同受益，共享发展成果。2019 年 1 月，《四川省开发区发展规划（2018—2022 年）》提出，要加强统筹协调，建设全省开发区"云平台"，支持园区企业共享创新平台、通用设备、数据资源和技术人员等。鼓励各经济区的开发区在招商引资、人才培训交流和承接产业转移上建立长效合作机制，促进上下游产业协作互动，探索产业共育、利益共享和设施共建的合作模式。

2018 年四川省开发区共享发展指标的平均得分为 59.81 分。从开发区属性来看，省级开发区的营商环境平均得分为 56.96 分，国家级开发区管理平均得分为 69.93 分（见图 3 - 44），四川省国家级开发区共享发展水平略高于省级开发区的共享发展水平。

（分）

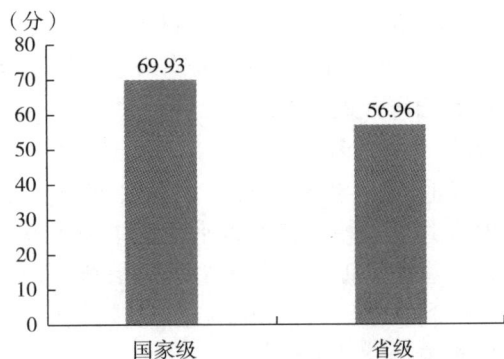

图 3 - 44　四川省开发区共享发展指标按属性划分平均得分情况

从开发区类型来看，国家级自由贸易试验区的开发区共享发展指标平均得分最高为 93.30 分，海关特殊监管区的平均得分最低为 35.86 分，高新区、经开区、国家级新区、国家级自主创新示范区、特色工业园区等的平均得分分别为77.59 分、58.97 分、86.38 分、54.19 分和 53.16 分（见图 3 - 45）。这表明，国家级自由贸易试验区的共享发展水平相对较高，而海关特殊监管区的共享发展水平有待进一步提升。

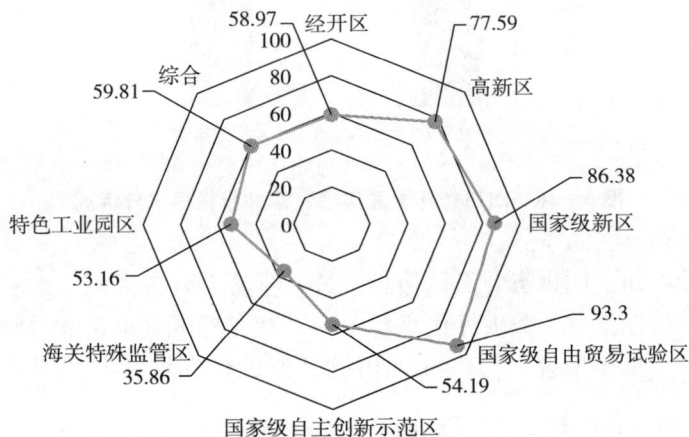

图 3 - 45　四川省开发区共享发展指标按类型划分平均得分情况

从开发区管理的二级指标来看，园区信息资源共享指标的平均得分为 58.65分，其中，国家级开发区在该项二级指标的平均得分为 68.27 分，省级开发区的平均得分为 55.94 分。园区公共平台建设指标的平均得分为 60.97 分，其中，国家级开发区在该项二级指标的平均得分为71.60分，省级开发区的平均得分为57.98分。可以看出，四川省开发区普遍具有共享资源、搭建公共平台的意识，利益相关方沟通及合作的工作开展较好。

1. 信息资源共享工作开展较好

2017年5月，国务院印发《政务信息系统整合共享实施方案》致力于更好地推动政务信息系统整合共享，解决长期以来困扰中国政务信息化建设"各自为政、条块分割、烟囱林立、信息孤岛"的问题，紧紧围绕政府治理和公共服务的改革需要，以最大限度地利企便民，让企业和群众少跑腿、好办事、不添堵为目标，加快推进政务信息系统整合共享。

2018年，四川省开发区营商环境可持续发展中的信息资源共享指标平均得分为58.65分。其中，54家（54%）开发区的得分在50~100分，46家（46%）开发区该项指标得分在0~50分（见图3-46）。

（家）

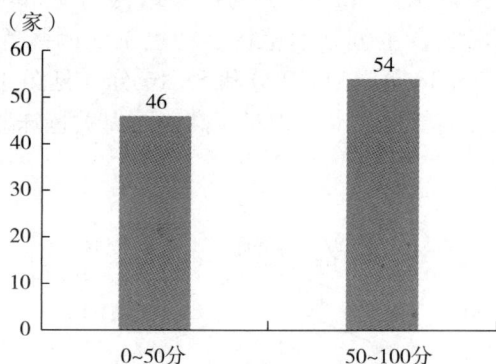

图3-46　四川省开发区信息资源共享指标得分情况

根据统计可知，四川省开发区信息资源共享意识较为普遍，大多能在官网等公开渠道设立政务信息、数据库信息等专栏，并有专区收集企业反映的问题，并进行及时反馈。总体来说，2018年四川省开发区信息资源共享意识较强，工作开展较好。

2. 重视公共平台建设工作

2018年7月，国务院印发《国务院关于加快推进全国一体化在线政务服务平台建设的指导意见》，致力于深入推进"放管服"改革，全面提升政务服务规范化、便利化水平，更好地为企业和群众提供全流程一体化在线服务，推动政府治理现代化，加快建设全国一体化在线政务服务平台。

2018年，四川省开发区营商环境可持续发展中的公共平台建设指标平均得分为60.97分。其中，52家（52%）开发区的得分在50～100分，48家（48%）开发区该项指标得分在0～50分（见图3-47）。

（家）

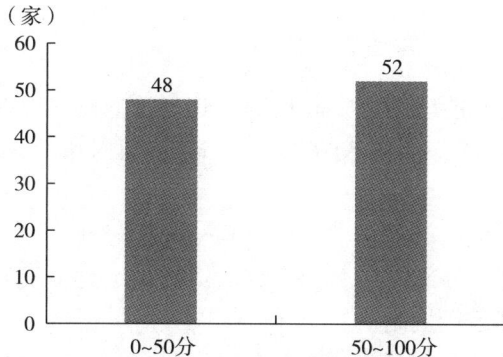

图3-47 四川省开发区公共平台建设指标得分情况

根据统计可知，四川省开发区普遍具有搭建公共平台，带动上下游产业链，政企研多方合作的意识，半数以上开发区在公开渠道披露了2个以上方面的措施。总体来说，2018年四川省开发区公共平台建设的意识较强，较为重视利益相关方交流合作的工作。

案例3-12：四川成都双流经济开发区整合资源搭建平台助力企业发展

《四川省开发区发展规划（2018—2022年)》提出，要优化开发区企业设立、项目审批、设施配套、投资服务等流程，在开发区率先打造"互联网＋政务服务"，完善一体化在线公共服务体系。成都双流经济开发区在网站上设置园区动态、政策文件、通知公告、企业建议、企业简介、园区通讯录、纪律监督七大服务板块，收集并解决企业反映问题124个，推送政策咨询等信息300余条次。

此外，园区定期邀请各级领导、专家学者、企业家座谈交流，开设"名家讲堂""专家—企业面对面"等活动，为园区企业在技术研发、经营管理等方面提供咨询服务，助力企业发展。

二、发展建议

经过前面的总体评价情况，本报告提出可以通过优化管理机制、推动科技创新、优化产业结构、加强园区绿色发展等具体措施进一步优化四川省开发区营商环境，积极回应国家开发区发展战略，并针对四川省发展特色，有针对性地优化四川省开发区营商环境，提升营商环境可持续发展的水平。

（一）优化管理体制，营造制度环境

第一，优化机构职能。结合实际情况，选择适宜的体制机制改革思路，通过合理调整机构职能，压缩合并交叉职能，确保机构精简高效，有效提高行政效能。

第二，创新用人机制。遵循"公开平等、双向选择、竞争择优、合理配置"原则，通过公开选聘、外部招聘、内部直聘等方式，建立竞争择优、运转高效的干部选拔聘任和管理运行机制。

第三，激发人员活力。可以建立与开发区经济、社会发展相适应的具有激励性的薪酬分配制度，鼓励多劳多得，并遵循"保障基薪、突出绩效、彰显激励"的基本原则，以"为岗位付薪、为业绩付薪、为贡献付薪"作为设计导向，按照"以岗定薪、以责定薪、奖优罚劣、绩薪相适"的最终目标进行薪酬管理。

第四，优化绩效考核。以促进完成工作任务和工作目标为目的，以部门（单位）职能和岗位职责为基础，以重点工作计划为载体，依托以 KPI 为核心的全面考核体系，实现由主观评价向量化考核转变。

（二）促进开放发展，服务"一带一路"

开放正在成为新一轮西部大开发最大的变量和最强劲的动能。以四川省为代表的西部城市，因为"一带一路"倡议而极大地强化了在国家开放全局中的门户地位和枢纽功能。因此，四川省需要促进开放发展，服务"一带一路"建设。

第一，提升对外贸易便利化水平。推动国际商贸城市场采购贸易方式试点模式，进一步集聚产业资源，引领四川省乃至西部地区产品和产业融入全球市场，增强参与国际贸易竞争力，着力打造"买全球卖全球""买全川卖全球""买全球卖全川"的内外贸一体化区域性国际贸易中心，全力营造开放发展的市场化营商环境。

第二，畅通物流通道行动。主动对接海关，努力畅通中亚、中欧通道，拓展南亚、东南亚和"一带一路"沿线国家物流通道。结合实际需要，增开中亚、中欧及"一带一路"沿线国家专列，为参与国际贸易的市场主体提供更加便捷的物流通道。

第三，促进市场信息共享。组织企业参加广交会、东盟博览会等各类展销、展览会；在四川省、全国范围内和东南亚部分国家宣传推介市场采购贸易；组织

企业参加"万企出国门"等活动，搭建区域城市合作平台，不断开拓国际市场。

（三）优化产业结构，增强经济活力

第一，创新招商引资新手段。从基础设施建设、物流交通投入、产业转移承接、投资环境优化等方面打造良好的外资发展环境。同时灵活开展"以商招商、专题招商"，把"双招双引"更好地结合起来，打造"人才＋资本＋项目"的招商引资新模式。

第二，实现引资项目新突破。在当前中美贸易战的背景下，开发区要充分提升开放型经济质量，有效拓展并利用外资，结合自身产业发展需求，把握市场导向型外商直接投资日益增长的良好机遇，大力发展战略型新兴产业，建立健全全产业链招商名录，进行精准招商，吸引承接一批先进制造业和现代服务企业。

第三，加大资金支持力度。鼓励和支持区内重点对外开放企业发展，考虑在外经贸专项资金、招商引资专项资金等方面给予倾斜和支持，营造稳定公平透明的发展环境，优化外商投资导向，充分结合地域特点延伸对外投资领域，优化经济结构，开拓发展空间，进一步激发经济活力，通过体制机制创新，有效缓解区内民营企业融资难题，助推企业进一步创新发展。

（四）推动科技创新，提高生产效率

第一，落实国家科技创新政策。深入研究国家在科技奖励、科技人才、科技金融与税收、科技计划管理、科技成果与知识产权、国际科技合作、企业条件与高新技术产业化、科技经费与财务等方面的相关政策，结合省市科技政策，围绕开发区现有科技产业基础，出台相应的支持政策，为区内科技企业创新发展提供完善的政策保障。

第二，完善技术创新体系，优化创新创业环境。建立健全科技企业、科研人才、科研成果转化、专利及知识产权等专项资金支持政策，强化公共科技配套服务，加强区内科技孵化器、众创空间平台建设和发展，支持通过产学研合作等方式，建设技术研发机构、工程实验室、重点实验室、院士工作站、研发中心等。

（五）加强绿色发展，提升可持续性

第一，提高废物废水利用效率。提高工业固废再生循环利用比例，通过搭建园区固废交换平台在整体上促进固废的流转，实现固体废弃物的优化配置和高效利用；促进企业之间水资源梯级使用，尤其是重化工企业与电厂之间，建设运营中水回用系统及各生产单元的水循环处理系统，强化冷却水输配和设置管理，提高水循环利用率。

第二，构建循环经济产业链。加快产业结构调整，促进园区产业结构优化升级，形成"传统产业高酸化、优势产业集群化、新兴产业规模化"的产业发展格局，按照"横向耦合、纵向延伸、循环链接"原则，围绕主导产业构建循环经济产业链条，促进项目间、企业间、产业间及园区内外的循环链接和耦合共生，推动园区循环经济形成较大规模。

第三，支持绿色发展先进技术。绿色园区的建设对节能、节水、环保、资源综合利用等方面的需求较高，尤其是对先进技术的要求高，要加大对节能环保产业中涌现的高效变频技术、复合除尘脱硝技术、资源无害化回收技术、高效余热交换利用技术等绿色发展先进技术的支持力度，为园区高水平的绿色发展提供支撑。

第四章 专题报告

一、优化营商环境，服务"一带一路"建设和国际产能合作

四川是支撑"一带一路"建设和长江经济带发展的战略纽带与核心腹地，既是连接中国西南西北、沟通南亚东南亚中亚的重要交通走廊，也是西部地区最大的消费市场、要素市场，发挥着重要的经济集聚、物资集散作用。随着"一带一路"建设持续深入推进，四川正由内陆腹地变为开放前沿。优化四川营商环境与"一带一路"建设和国际产能合作是相辅相成的。"一带一路"建设和国际产能合作是优化四川营商环境的重要机遇，同时，优化四川营商环境也有利于吸引和培育壮大国际化企业，提升国际化企业可持续竞争力。本节内容聚焦四川营商环境的现状，基于现状挑战，提出提升四川营商环境的对策建议，推动四川营商环境法制体系进一步完善，竞争中性市场环境加快形成，政策执行更加透明公开，政务服务更加便捷高效，打造国际化营商环境的着力点，激发市场活力和社会创造力，更好地服务"一带一路"建设和国际产能合作。

（一）四川营商环境与"一带一路"建设之间的关系

优化四川营商环境与"一带一路"建设和国际产能合作是相辅相成的。"一带一路"建设和国际产能合作是优化四川营商环境的重要机遇，提供了更多国际市场的机会，吸引企业投资和发展壮大，更有利于四川营商环境的提升；"一带一路"建设和国际产能对企业的国际竞争力提出更高的要求，需要更好配套的营商环境，更有助于优化四川营商环境。同时，优化四川营商环境有利于吸引和培育壮大国际化企业，提升国际化企业可持续竞争力，更好地服务"一带一路"

建设和国际产能合作。

优化四川营商环境有利于吸引和培育壮大国际化企业。开发区企业无一例外地要经历开办企业、办理施工许可、获得电力、产权登记、获得信贷、投资保护、合同执行、破产办理和纳税，同时，企业"引进来""走出去"涉及跨境贸易成本等，这些环节都构成了营商环境的基本内容。因此，对于企业而言，仅有资金和技术远远不够，营商环境是不容忽视的因素。缺少良好的营商环境，开发区企业生存和发展将难以推进。

优化四川营商环境有利于更好地服务"一带一路"建设和国际产能合作。通过改善营商环境为"一带一路"建设打造全方位、综合性和持久性的合作条件，不仅有利于输出优势产品、产能和服务，换取国际市场、资源和技术，加快培育一批优质企业和品牌，推动四川制造、技术、标准、品牌"走出去"，还可以推动供给侧结构性改革，拓展外部发展空间，构建开放型经济新体制，促进省内经济持续的健康发展，进而缩小与发达经济体在管理制度上的差距，实现全方位改善发展环境的目标。

优化四川营商环境有利于提升国际化企业可持续竞争力。随着"一带一路"建设和国际产能合作的推进，企业将面临日趋复杂和严峻的市场环境。持续优化四川营商环境，将有效提升各类企业所处环境的公平性和透明度，为活跃各类市场主体、激发经济增长动能创造富有竞争力的软环境。

（二）四川营商环境现状分析

随着中国经济进入高质量发展阶段，营商环境的重要性日益凸显。营商环境建设是一项法规、政策、效率、理念等要素新旧更迭、交互作用的系统工程，全面系统深化改革是优化营商环境的不竭动力。2013 年以来，四川先后出台了多项优化营商环境的政策文件，推进政府职能转变，持续深化"放管服"改革，促进民营经济健康发展，聚焦企业群众关切，加快构建公平正义的法治环境，着力营造竞争中性的市场环境，持续建设公开透明的政策环境，全力打造便捷高效的政务环境，进一步提升四川省营商环境国际化、法治化、便利化水平。

1. 政务环境

全面对标国内外先进城市，营商环境政策制定逐步完善。四川省把 2019 年确定为"营商环境提升年"，全面对标国内外先进城市，印发了《四川省深化"放管服"改革优化营商环境行动计划（2019～2020 年）》（以下简称《行动计划》），主要从法治环境、市场环境、政策环境和政务环境 4 个方面进行优化提升。子文件包括 5 个专项行动方案，提出了 73 项具体措施，聚焦四川省营商环境当前存在的一些薄弱环节。这是四川省近年来深化"放管服"、改革优化营商环境最重要的政策之一，为提升营商环境国际化、法治化、便利化水平发挥重要作用。

大力推进政务服务事项网上办理，营商环境政务服务水平显著提高。全面整合政务服务资源与数据，构建了多层次、全覆盖、一体化的四川网上政务服务平台。推动与企业密切相关的政务服务事项，纳入网上政务服务平台公开运行，推行网上受理、网上办理、网上反馈。推进线上线下政务服务融合发展，整合线下服务实体，实现实体办事大厅统一使用网上政务服务平台办理政务服务事项，更好地服务国际化企业。

然而，企业开办程序多耗时长，营商便利度有待进一步提高。尽管企业开办必备流程环节由原来的10多个环节精简至工商登记、刻制公章、申领发票、社会保险登记4个环节，开办时间最短已压缩至11.5天，但仍高于经合组织高收入经济体平均耗时的8.5天，证件办理手续有待进一步精简。

2. 企业发展环境

积极推进减税降费，降低国际化企业融资难度。推行出口退（免）税无纸化申报，取消实际经营额不超过定额的定额个体工商户年度汇总申报，将小微企业财务报表由按月报送改为按季报送。修订《中西部地区外商投资优势产业目录》，争取更多产业列入目录。统一增值税小规模纳税人标准，实施增值税税率下调1%和未抵扣完进项税额一次性退还。2018年累计实现减免税额超千亿元。

但是，企业运行成本仍然较高，给企业运营造成较大负担。2018年，省工商局营商环境调查显示，25.0%的企业认为涉企经营服务收费给企业造成了较大负担，反映属于市场价格范畴的经营性收费存在监管不到位的情况；另外，还存在行政审批流程透明度不高，部门之间衔接不畅等情况。45.3%的被调查企业在办理行政审批事项前对办理流程不了解或仅了解一些，办理流程不清晰、不透明现象较为普遍。

3. 法治环境

创新市场监管方式，积极构建法治化营商环境。在加强知识产权保护上，依托已经成立的四川自贸区法院和知识产权审判庭等司法资源，加强与国内外知名高校合作，以知识产权审判庭升级成为知识产权法院为突破，推进国际仲裁机构、知识产权交易机构落户，探索知识产权综合管理改革；在模式创新上，首创了知识产权类型化案件要素式快审机制，针对销售行为侵权的知识产权类型化案件创新"两表指导，审助分流"的庭审模式，将案件审理时间从140天缩减为70余天，切实增强了新区企业融入"一带一路"建设的信心；在法治服务平台构建上，积极推进"一带一路"国际贸易调解中心、"一带一路"外国法查明中心等机构的落地，为企业融入"一带一路"建设提供了有力的法治保障。

但是，法治保障水平不足，行政和司法保护供给与产权保护需求存在差距。市县两级知识产权行政机关被并入相关机构，缺乏独立性。在司法诉讼结案速度、司法诉讼对知识产权有效性维持程度满意度调查中，对这两项满意的企业仅占 26.3% 和 28.9%。办理破产时间长，破产回收率低。办理破产所需时间达 1.7 年，破产回收率为 36.9%，仅为经合组织高收入经济体（71.2%）的一半；诉讼成本为 22.0%，明显高于经合组织高收入经济体的 9.1%。

4. 市场环境

简化办税流程，投资贸易环境持续改善。发布全省纳税人"最多跑一次清单"和"全程网上办清单"，推行出口退（免）税无纸化申报，将小微企业财务报表由按月报送改为按季报送。推行新办纳税人"套餐式"服务，全省范围内实现100%的办税服务厅通办所有税收业务。通过建设国际贸易"单一窗口"，实施"一次申报、分步处置"通关模式，系统自动审核放行比率不断提高，口岸整体货物通关时间压缩了1/3。

但是，公平竞争市场环境培育不足，行业准入仍有诸多限制。民营企业难以进入电信、油气田勘探、电力等垄断行业。据全国营商环境评价调查显示，70%以上的民营企业家认为权益保护不平等，35%以上认为在市场准入上被差别对待，50%以上认为审批手续繁多、程序复杂，40%以上认为有关部门怕担责任、不愿作为。多头监管、重复检查现象较为突出。在接受过检查的企业中，认为检查次数过多的企业数量占比42.3%，认为存在重复检查的企业数量占比达64.4%。

（三）提升营商环境的对策建议

营造国际一流营商环境，是顺应国际形势新变化和国内改革发展新趋势的必然要求，关系国家长远发展，对促进当前经济平稳健康运行具有十分重要的意义。基于此，本报告提出以下建议和对策，推动四川营商环境法制体系进一步完善，竞争中性市场环境加快形成，政策执行更加透明公开，政务服务更加便捷高效，打造国际化营商环境的着力点，激发市场活力和社会创造力，更好地服务"一带一路"建设和国际产能合作。

一是聚集国际资源，建设协作共赢的开放环境。努力推进地方外事与国家外交互动，邀请更多的外国政要、高官及驻华大使来访，通过高访聚焦全球目光；发挥"中国—欧洲中心"等载体的集聚作用，吸引更多的国家在四川设立签证中心，以及更多的外国地方城市代表、非政府国际组织在川落户；充分利用各类国际运输通道，提升口岸通关便利性，不断扩大对外贸易的规模；同时，积极举办各类国际重大展会、节庆、赛事等活动，进一步提升国际交流水平，主动与国际对标接轨。

二是对标国际先进城市，重构高效便捷政务服务体系。便利化政务服务体系，是打造国际化政务服务环境的重要条件之一。继续深化"放管服"改革，进一步精简行政审批事项，优化程序，优化商事制度，将清单化管理模式落到实处，真正做到政府部门全面履行职能。大力推行"互联网＋政务服务"，积极推进网上审批平台建设，不断提高政府服务效能。

三是加强知识产权保护，建设公平正义的法治环境。进一步完善现有的地方性法规和规章，特别是健全知识产权保护机制，努力形成与国际通行做法相衔接的现代法规制度体系；开展政府运作和行政执法的对外交流与合作，提高政府部门和公共机构的国际化运作水平。

四是提高市场服务能力，营造竞争中性的市场环境。优化市场准入机制，制定内外资企业一视同仁政策；加快建立统一公共信用信息平台，促进社会信用体系建设；引进培育市场各类中介机构，构建起功能齐全、服务全面的企业服务体系，提高市场服务能力；大力实施相关人才计划，创新人才供给，形成人才汇聚高地；通过产学研协同创新平台建设，支持科技创新，促进科技成果就地转化；通过开展金融全产业链招商，扩大中小微企业贷款补偿资金池和民营企业应急周转金规模等，进一步优化金融产品，扩大金融供给支撑实体经济发展。

五是提升国际化水平，构建包容和谐的社会环境。探索"以外管外"新模式，创新涉外管理服务体系；引导与鼓励教育、医疗等基本公共服务增强国际交流与学习，引进国际知名的教育、医疗机构，提升基本公共服务国际化水平；加强国际社区建设，为国际人群提供良好的城市居住环境；大力发展四川天府文化，打造城市品牌，建设世界文化名城，提升城市文化软实力。

二、园区绿色发展研究——以苏州工业园区为例

改革开放以来，中国经济的腾飞让世界侧目，中国已成为世界第二大经济体。目前，中国经济已由高速增长阶段转向高质量发展阶段，为实现可持续发展、减少经济增长带来的环境影响，中国已坚定不移地走向以绿色发展推动生态文明建设的道路。园区作为产业发展的主要载体，对产业集聚与绿色治理协调发展提出了更高要求。因此，园区绿色发展具有重要现实意义，对中国生态文明建设、经济高质量可持续发展至关重要。本节系统分析了园区绿色发展存在的问题与意义，提出了园区绿色发展建议，并通过苏州工业园区案例为园区绿色发展提供启示。

（一）园区绿色发展的现状

绿色园区是突出绿色理念和要求的生产企业和基础设施集聚的平台，侧重于

园区内工厂之间的统筹管理和协同链接。

园区绿色发展，要在园区规划、空间布局、产业链设计、能源利用、资源利用、基础设施、生态环境、运行管理等方面贯彻资源节约和环境友好理念，从而实现布局集聚化、结构绿色化、链接生态化等。园区绿色发展重点工作包括加强土地节约集约化利用水平，推动基础设施的共建共享，在园区层级加强余热余压废热资源的回收利用和水资源循环利用，建设园区智能微电网，促进园区内企业废物资源交换利用，补全完善园区内产业的绿色链条，推进园区信息、技术服务平台建设，推动园区内企业开发绿色产品、主导产业创建绿色工厂，龙头企业建设绿色供应链等。

1. 中国园区绿色发展政策

目前，中国已出台一系列从园区绿色发展建设到园区绿色发展评价的政策。早在 2012 年 4 月，国家发展和改革委员会与财政部便发布了《关于推进园区循环化改造的意见》，要求把园区改造成为"经济快速发展、资源高效利用、环境优美清洁、生态良性循环"的循环经济示范园区。

2015 年，国务院首次提出绿色制造体系，强调"发展绿色园区，推进工业园区产业耦合，实现近零排放"。到 2020 年，建成千家绿色示范工厂和百家绿色示范园区。2015 年 12 月，生态环境部（原环境保护部）、商务部与科技部出台的《国家生态工业示范园区标准》，致力推动工业领域生态文明建设，规范国家生态工业示范园区的建设和运行。

2016 年 7 月，中国工业和信息化部发布的《工业绿色发展规划（2016～2020 年）》提出，以企业集聚化发展、产业生态链接、服务平台建设为重点，推进绿色工业园区建设。2016 年 9 月，中国工业和信息化部、国家发展和改革委员会、科技部、财政部联合发布的《绿色制造工程实施指南（2016～2020 年）》提出，选择一批基础条件好、代表性强的工业园区，推进绿色工业园区创建示范。随后，工信部办公厅《关于开展绿色制造体系建设的通知》发布了绿色园区评价要求。工信部、国家标准委联合印发了《绿色制造标准体系建设指南》，要求加快绿色园区等重点领域标准制修订，促进园区转型升级。

2. 园区绿色发展存在的问题

在肯定园区建设为中国经济发展做出突出贡献的同时，也应认识到许多园区仍处于粗放型的发展阶段，一味追求招商引资、产值、出口额等数量的增加，同时，园区缺乏建设经验和标准规范，园区绿色和可持续发展面临严峻挑战，阻碍着园区转型升级。

（1）产业集聚程度低，资源利用率低下。园区是产业集约发展的重要载体，通过产业集聚可以实现企业集约化生产，提高资源利用效率。但目前，许多园区只是利用廉价土地、税收优惠政策或劳动力价格等优势简单地将企业聚集在一起，功能定位、专业化分工不清晰，产业间缺乏关联度，产业集聚程度较低，一些基础设施无法共享，资源无法在企业间循环利用，导致资源利用率低下，大量资源浪费，对园区绿色发展造成阻碍。

（2）基础设施建设滞后，绿色发展动力不足。完善环境保护、公共服务等基础设施的建设是实现绿色招商、做好环境保护工作、建设绿色园区的基础和保障。环保基础设施的建设有利于降低生产过程中污染物排放并提高资源能源利用效率，但目前受资金与理念的制约，许多园区环保基础设施投入不足，建设滞后。例如，有的园区污水收集管网没有建成，有的建了污水收集管网却没有进行雨污分流，还有的园区没有基础污水处理厂、废气集中回收处理设施或者有害废弃物处置设施等。薄弱的环保基础设施制约了园区环保工作的开展，不利于园区绿色发展。此外，仍有部分园区商业、住宅以及公共服务等配套设施不足，不能与城市功能区、居民生活区、办公区有效衔接，产业与城市功能未能实现协调发展，造成园区的可持续发展动力不足。

（3）环境问题较突出，未实现经济与环境协调发展。由于园区是生产集中区域，也是各类污染物集中产生或排放的区域，因此，园区生态环境面临着巨大的压力。中国经济高速发展驱动园区追逐短期利益，不计环境成本，忽视生态环境保护。园区在发展过程中环境管理能力和治理水平跟不上经济发展步伐，这导致工业园区污染问题显著，一度引发社会各界关注。

（4）缺乏绿色发展管理机制。绿色发展所涵盖的内容和实施的范围均较为广泛，要将绿色发展落到实处，相关的制度、规范等显得尤为重要。随着中国生态文明建设的推进，园区管理部门及企业已对绿色发展有了清晰的认识与了解，但园区绿色管理制度、规范、评价体系等较为缺失。各地政府在推动园区绿色发展过程中缺乏管理依据与方向，企业缺乏技术依据与指南。

3. 园区绿色发展的意义

园区绿色发展顺应了国家新发展理念，在推动产业升级、提高资源利用率、改善生态环境、创造绿色竞争力方面具有重要意义。

园区绿色发展，有利于推动产业升级。园区绿色发展可通过低能耗、高效益、低污染、优化资源利用等方式，实现产品绿色化和生产过程清洁化，推动传统产业绿色转型和结构重组，进一步优化园区产业结构。

园区绿色发展，有利于提高资源利用率。资源浪费严重且综合利用率低，将对经济发展带来重大影响。园区绿色发展促使企业节能、节水、节地、节材，最大限度地降低园区资源消耗，降低企业生产成本，提高企业绩效。通过园区绿色发展促进企业间相互利用废弃物，构建起企业间循环经济产业链，改变粗放的资源利用方式，提高园区资源产出率。

园区绿色发展，有利于改善园区生态环境。园区绿色发展可使企业污染处理方式由对污染的末端治理，转向全过程污染预防与控制的污染治理方式，最大限度降低环境污染。同时，绿色发展实行循环经济模式，通过企业间的废弃物、能源相互利用，使园区"废气、废水、废渣"等得到综合利用与无害化处理，减少"三废"排放量，实现园区生态环境的改善。

园区绿色发展，有利于打造绿色竞争力。一方面，园区绿色发展可推动园区环境质量持续改善、深化简政放权、创新园区环境监管机制、强化园区服务保障，形成转职能、提效能、激活力、促发展、优服务、强监管的园区新型管理，为园区创造绿色竞争力，优化园区营商环境，从而吸引更多企业落户。另一方面，随着消费者绿色消费意识的增强，实行绿色生产与绿色营销也逐步成为企业竞争力的重要组成部分。园区绿色发展带动区内企业协同发展，降低了企业资源消耗与治理污染成本，树立了良好的企业社会形象，满足了消费者的绿色需求，提升了企业新的经济增长点。同时，绿色发展也有利于企业通过环保的非关税壁垒，进入发达国家市场，获得国际竞争优势。

（二）园区绿色发展建议

1. 完善管理体制机制，加强园区规划布局

设立园区绿色发展组织机构，制定责任清单与考核机制。园区绿色发展工作的实施必先明确组织机构和工作职能，避免因分工不明确而造成职能冲突和利益冲突。绿色发展组织机构应配备管理人员与专职工作人员进行园区绿色发展工作计划的制定、执行及监督。管理人员应在园区管委会的直接指导下负责园区绿色发展工作的开展。园区管委会可负责编制绿色发展责任清单，根据清单任务进行年度考核，并将考核结果纳入绩效考核体系。

明确园区发展规划。园区还应根据国家及地方政府对绿色园区建设的相关规划，编制符合本区发展特征的绿色园区规划细则。对于新建园区，需要进行科学分析论证，明确各地块的空间环境及景观控制要求，编制控制性详细规划。对于已建成园区的调整，应根据已有园区总体规划，制定专项调整规划，提前做好园区土地拆迁等工作。

2. 优化产业结构，提升产业聚集度

推进土地集约使用，明确产业转型途径。首先，园区应清退科技含量低、土地利用率低、占用资源多的"落后"企业，使园区要素资源得到最优配置；其次，园区应大力培育具有节能环保、高性能、高附加值的优质绿色产品，引进各类新技术、新工艺及新设备，改造高耗能、高污染的传统产业，降低资源、能源消耗水

平，减少对环境的破坏；最后要在充分考虑资源、环境、市场、区域产业分布特点等因素的情况下，明确园区发展的主导产业，培育专业特色鲜明的产业优势，并与区域内上下游产业相互关联，形成具有较强竞争力的产业链和产业集群。

3. 加强环保与公共服务基础设施建设

加强基础设施建设。园区环保基础设施包括污水收集与处理、固体废弃物处置、环境监测、环境事故应急设施等。环保基础设施建设宜与园区总体发展规划布局相适应，与园区同步规划、同时建设，与园区企业同步运行，并进行实时监控。此外，园区还应加强对公共服务配套设施的建设，如人才公寓、职工宿舍、购物中心、医院等。园区自身良好的基础设施和生活服务能吸引一大批高素质人才的集聚，而人才集聚的同时，又能进一步推动园区生产和生活配套设施的完善，这种良性循环也为园区绿色发展提供动力。

4. 加强生态环境保护力度

在生态环境保护方面，一是建立健全环境保护制度，提高管理部门对环境的监管能力，增强对园区企业的约束力。二是提高生态环境环保价值观，在园区各部门及企业间开展环保专题培训，使园区各部门及企业充分意识到保护园区环境的责任与义务，积极投入到园区生态环境保护的建设中。三是加大清洁生产改造力度，运用清洁生产技术，实施末端治理向全过程控制的清洁生产改造，并在全园区内推行。四是完善环境监测体系，加大对企业环保措施执行情况的检查力度，同时建立预防和应急程序，对潜在的环境事故或紧急情况提出切实可行的措施。五是设立园区绿色专项资金，用于主导产业培育、技术改造创新、节能降耗、中小企业扶持等方面的补助和奖励，激活企业绿色发展动能，提升企业绿色发展积极性。

5. 提升园区信息透明度

提高园区产业发展、环境保护等信息透明度。为满足政府对园区各项数据的监督需求、社会公众及企业对园区绿色发展动态的信息需求，园区应及时、准确地公开各项信息与数据，提升园区透明度。园区管委会可在官方网站开设园区绿色发展专栏，或通过新媒体社交账号定期发布园区绿色发展的推进和管理工作情况。同时，鼓励企业制定年度环境报告，并通过园区信息平台进行发布。

（三）园区绿色发展实践——以苏州工业园区为例

1. 园区概况

苏州工业园区地处中国沿海经济开放区与长江三角洲经济发展带的交会处，于1994年2月经国务院批准设立，是中国和新加坡两国政府的重要合作项目。目前，园区基本形成以电子信息和装备制造业为主导产业，以生物医药、纳米技术和云计算为战略性新兴产业的"2+3"产业发展格局。

2018 年，苏州工业园区在全国经开区综合考评中位居第一，在全国百强产业园区排名第三，在国家高新区评价中排名第六。园区还先后获评国家循环经济试点园区、低碳工业园区试点、绿色园区示范和能源互联网示范园区等称号。2019 年是苏州工业园区成立的第 25 年。一直以来，苏州工业园区积极贯彻落实国家绿色发展和生态文明建设战略，注重绿色发展顶层设计，创新绿色发展体制机制，构建绿色发展生态体系，为园区绿色发展提供了宝贵的经验。

2. 园区绿色发展举措

苏州工业园区以生态文明建设为指导，以推进转变经济发展方式为主线，立足空间布局、能源利用、资源利用、基础设施、绿色产业、生态环境以及运行管理等多个领域，以绿色发展的能力建设和管理创新体系为依托，走出一条绿色发展新路径，如图 4 - 1 所示。

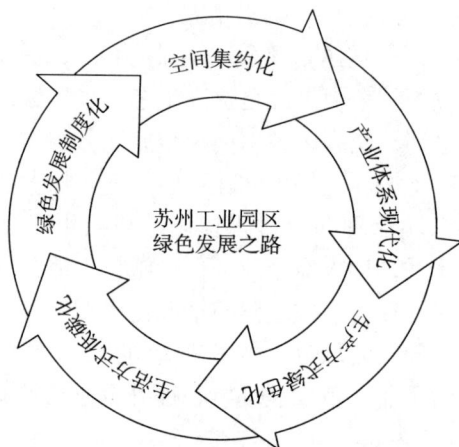

图 4 - 1　苏州工业园区绿色发展之路

（1）推进空间布局集约化。苏州工业园区从建区之初就摒弃单一发展的工业模式，始终坚持"先规划后建设""先地下后地上"的理念，通过科学的开发程序实现各种资源要素的集约高效利用。园区注重科学布局工业、商业、居住等城市功能，构成了广覆盖、多层次、全方位的科学规划体系。

积极探索经济发展、城市建设、土地利用、生态环保等"多规融合"，实施城市更新、"退二优二"工程（指在产业结构调整中，逐步将"三低一多"，即科技含量低、土地利用率低、产值低、占用资源多的"落后"企业清退，让更多的要素资源倾向高科技、高产值、高质量企业），建立差别化的土地资源分配制度，研究制定工业用地二次转让、产业项目用地等资源管理新办法，不断完善资源集约利用机制，有效提升城市发展的持续性和竞争力。具体规划如图 4 - 2 和图 4 - 3 所示。

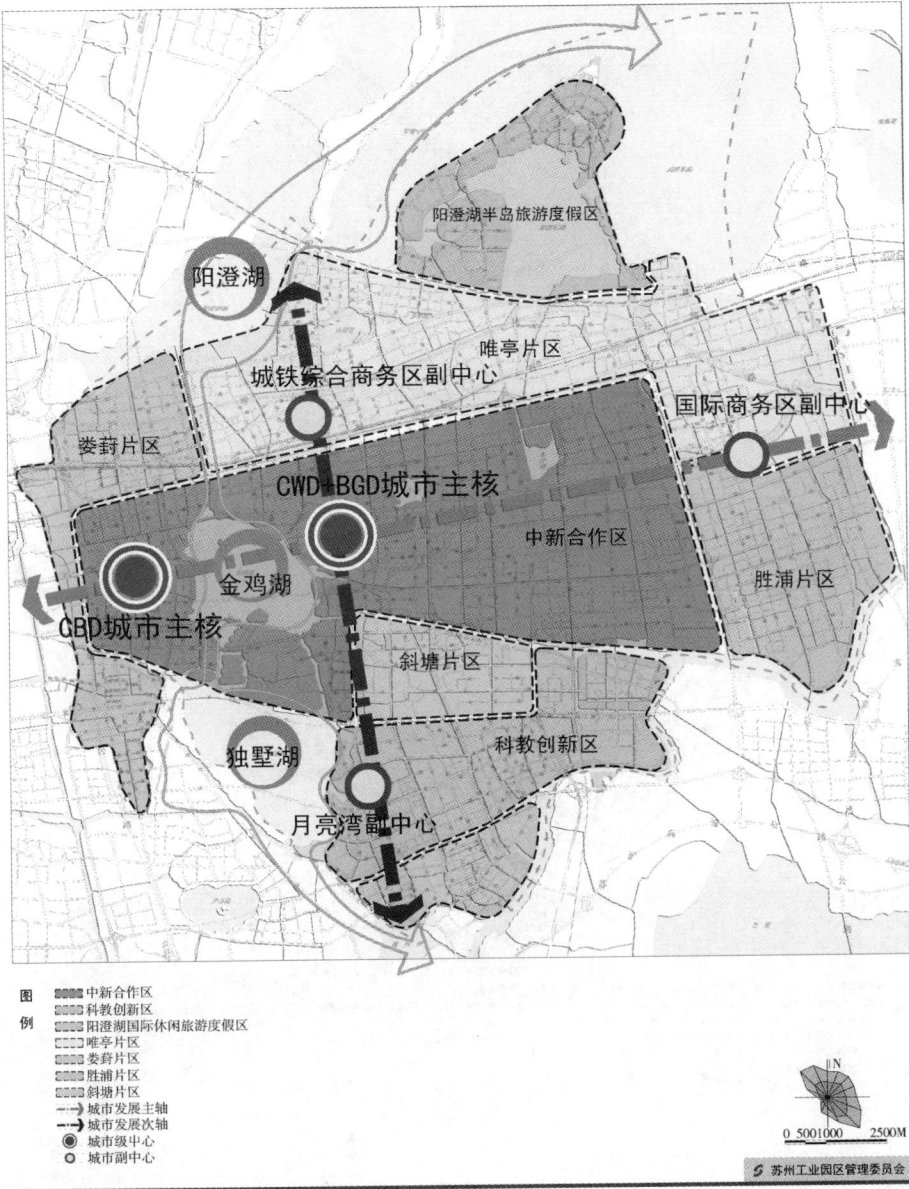

阳澄湖半岛旅游度假区

阳澄湖

城铁综合商务区副中心

唯亭片区

娄葑片区

CWD+BGD城市主核

国际商务区副中心

金鸡湖

中新合作区

CBD城市主核

胜浦片区

斜塘片区

独墅湖

科教创新区

月亮湾副中心

图
例
- 中新合作区
- 科教创新区
- 阳澄湖国际休闲旅游度假区
- 唯亭片区
- 娄葑片区
- 胜浦片区
- 斜塘片区
- 城市发展主轴
- 城市发展次轴
- 城市级中心
- 城市副中心

N

0 5001000   2500M

苏州工业园区管理委员会

图 4 - 2 2012 ~ 2030 年苏州工业园区总体规划（空间结构规划图）

资料来源：苏州工业园区管委会，http：//www.sipac.gov.cn。

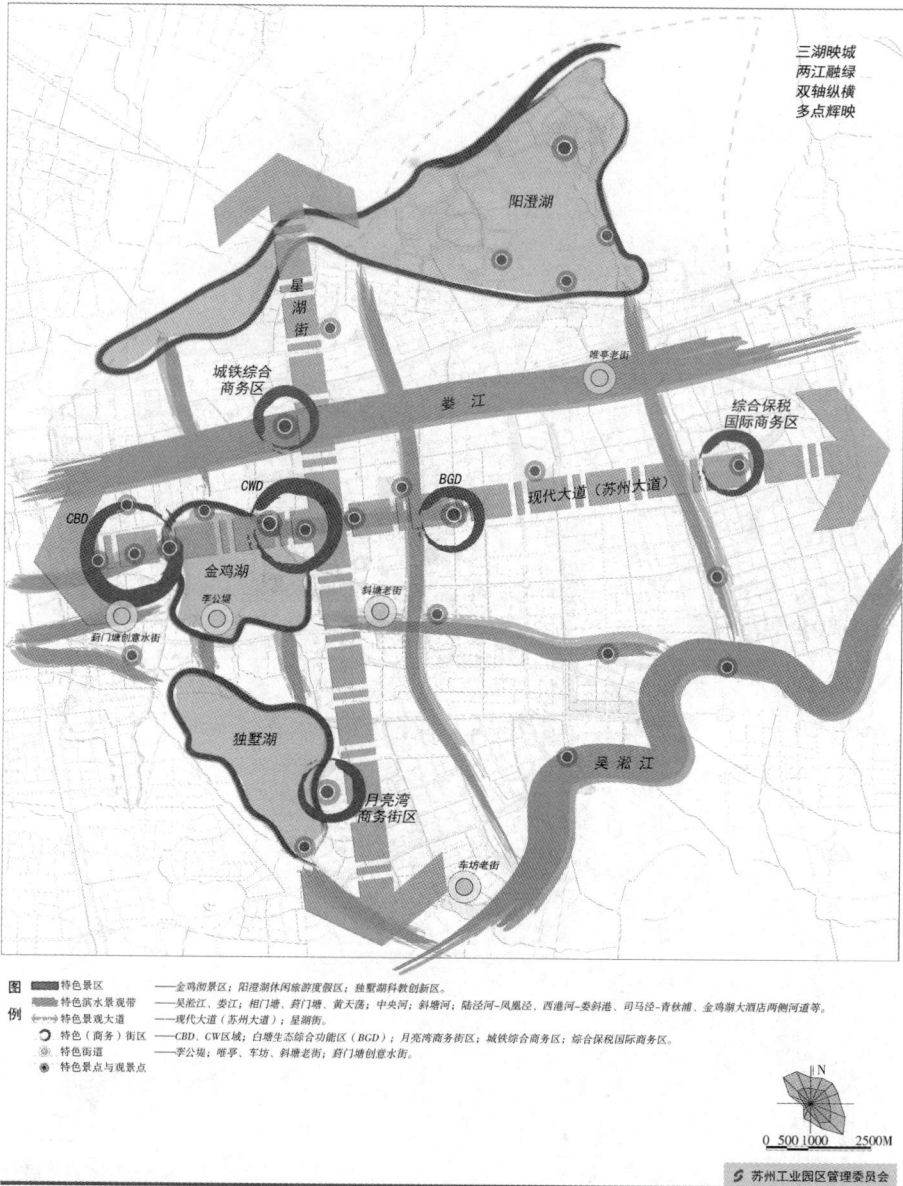

图 4-3 苏州工业园区总体规划（空间景观规划图）

资料来源：苏州工业园区管委会，http：//www.sipac.gov.cn。

（2）推进产业体系现代化。苏州工业园区在开发建设初期，坚持"开发与保护并重、源厂与基础设施先行"理念，超前建设了一批重大基础设施和水、电、气、热等大型源厂，创造了良好的投资环境，吸引了一大批高科技企业落户。

随着区域大开发、大建设、大发展的全面展开，按照"产城融合"理念，推进生产、生活、生态的协调联动与融合发展，园区成立了中新生态科技园，大力引进培育生态环保、绿色节能等产业，并将生态环保理念贯穿于开发建设、招商引资、生产生活等各个领域。

进入产业转型升级的重要发展阶段，苏州工业园区坚持"亲商亲民"的理念，实施制造业升级、服务业倍增、科技创新跨越、生态文明优化等行动计划，工业模式由劳动密集型逐渐转向资本密集型和技术密集型，逐步形成集聚化、特色化、高端化的现代产业体系。

当前，在"开放创新"理念的推动下，园区积极推进战略型新兴产业向更高层次发展，谋划布局战略型先导产业向产业集群方向发展，构筑起电子信息、机械制造两大主导产业与生物医药、人工智能、纳米技术应用三大特色新兴产业组成的"2+3"产业体系。

（3）推进生产方式绿色化。在推进循环经济试点方面，苏州工业园区设立环保引导资金，引导企业在生产全程中，开展清洁生产、中水回用、节能降耗和减污增效等循环经济试点。构建以电子废弃物回收综合利用为主体的静脉产业链，先后引进一批高水平资源回收企业，园区一般工业废弃物综合利用率超过98%，安全处置率和危险废物处理处置率均达100%。

在推广新能源利用方面，苏州工业园区推动区内企业建设光伏发电项目，建成并网发电的20个光伏项目；全面推广使用LED等高效照明光源产品；2007年以来，新建小高层以下住宅和改扩建公共建筑均安装太阳能热水系统。与此同时，推进智能电网建设，鼓励合同能源管理模式，超过100家企业参与项目试点，逐步构建起数字化电网体系。图4-4展示的是苏州工业园区青剑湖社区联合国网江苏省供电力有限公司在青剑湖商业中心广场开展光伏发电宣传。

在建设重大循环型基础设施方面，苏州工业园区开展水污染防治行动计划，先后投资300余亿元，建成"污水厂—污泥干化厂—热电厂—集中供热制冷中心"四位一体的循环型基础设施。产业链如图4-5所示，基础设施布局如图4-6所示。

图4-4 光伏发电宣传现场

资料来源：苏州工业园区管委会，http：//www.sipac.gov.cn/。

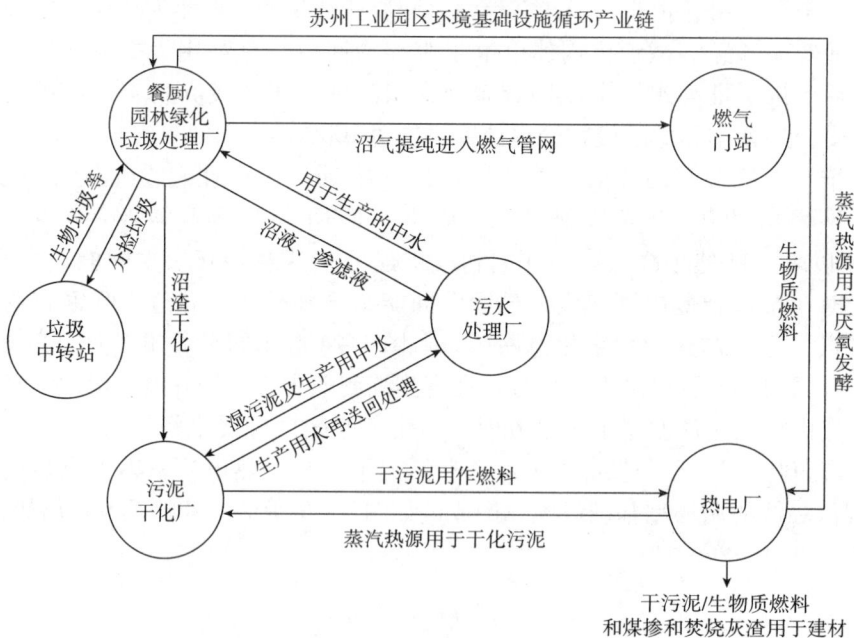

图4-5 苏州工业园区基础设施循环产业链

资料来源：苏州工业园区管委会，http：//www.sipac.gov.cn/。

图 4 - 6 苏州工业园区环境保护基础设施分布

资料来源：苏州工业园区管委会，http://www.sipac.gov.cn/。

同时，苏州工业园区通过废弃物资源化循环利用，年均削减化学需氧量（COD）排放量 24638 吨、氨氮 1643 吨、总磷 301 吨、二氧化碳 8000 吨、二氧化硫 70 吨和氮氧化物 70 吨。在苏州市率先实现污水全收集、雨污全处理和管网全覆盖。

（4）推进生活方式低碳化。苏州工业园区大力发展绿色建筑，以独墅湖科教创新区、中新生态科技城等区域为重点，积极推广以节能环保、自然采光、雨水收集为特色的绿色建筑，累计已有 94 个项目通过各级绿色建筑认证、7 个项目取得绿色建筑运行标识。

园区积极开展环境综合治理，高标准建设十余个大型公共绿地和一批主干路网与河道绿化景观工程，绿化覆盖率达 45%，初步形成"一环、三湖、四园、六带、十二苑"的生态园林新城区。此外，苏州工业园区还相继开展"263"环保专项行动和"基层大走访、问题大普查、环境大整治、管理大提升"四大行动，抓好环保督查问题整改。严格实施污染物排放总量控制和行业准入限制，建成大气自动监测站两座、水质自动监测站两座，实现 PM2.5、臭氧、有机物等环境空气特征因子的在线监测和数据的实时发布。

园区积极完善公共交通网络，推广普及电动汽车，通过"以桩促车、以车引桩"，目前已累计建设电动汽车充电桩 1590 个（见图 4－7），投放清洁能源和新能源汽车 2000 余辆；建成智能公交系统，实现公交车辆的统一调度、统一管理、实时定位和站点预报。累计建成公共自行车站点 400 余个、投放公共自行车 1 万余辆。

图 4－7　电动汽车充电桩进了玲珑湾小区

资料来源：苏州工业园区管委会，http：//www.sipac.gov.cn/。

（5）推进绿色发展制度化。苏州工业园区已制定出台《苏州工业园区环境保护引导资金管理办法》《苏州工业园区建筑节能与绿色建筑专项引导资金管理办法》《苏州工业园区节能专项资金管理暂行办法》《中新生态科技城绿色建筑管理办法》等政策文件，规范指导区内企业、社区、学校、居民等积极参与生态文明建设。

园区设立每年 5000 万元的环保引导资金和 1500 万元的节能与循环经济引导资金，鼓励支持节能环保重点示范项目 430 余项，累计投入资金约 300 亿元。

园区建立以园区管委会主任为组长的生态文明建设工作领导小组，形成由环保、经济发展、规划建设部门牵头，各单位和部门协同配合的工作体系。例如，由规建委负责推进绿色建筑建设，国土部门将节约用地和推广生态住宅作为工作重点，社会事业部门、教育部门和各街道则积极开展绿色社区、绿色学校的创建工作，共同为生态文明建设夯实组织保障。

园区重视环保全过程管理，在项目引进中严格设置环保规划准入控制关、环保审批一票否决关、项目建设污染预防关、项目投产环保验收关和企业排污实时监管关"五道关口",坚决将污染消除在"源头"。

3. 苏州工业园区对工业园区绿色发展启示

苏州工业园区在新形势下,主动谋求发展新机遇,加快转型升级和绿色发展,在绿色发展理念融入、产业结构优化、坚持协同发展、管理制度方面为园区绿色发展、转型升级树立了新典范,如图4-8所示。

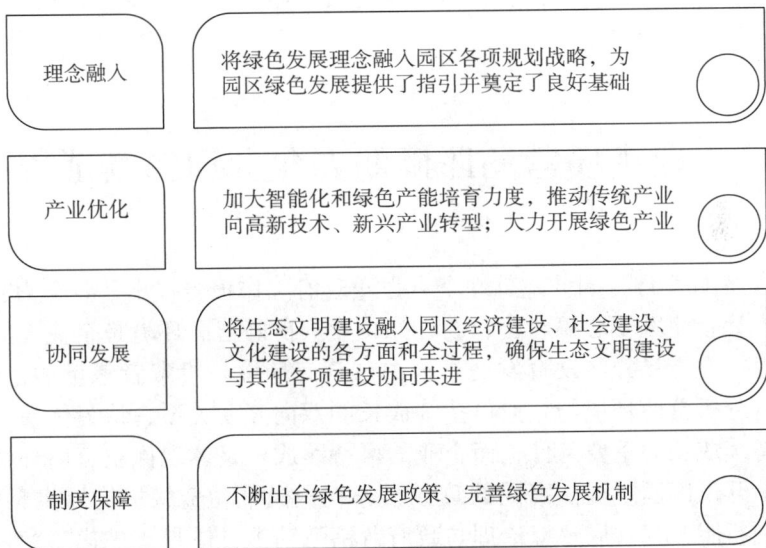

理念融入	将绿色发展理念融入园区各项规划战略,为园区绿色发展提供了指引并奠定了良好基础
产业优化	加大智能化和绿色产能培育力度,推动传统产业向高新技术、新兴产业转型;大力开展绿色产业
协同发展	将生态文明建设融入园区经济建设、社会建设、文化建设的各方面和全过程,确保生态文明建设与其他各项建设协同共进
制度保障	不断出台绿色发展政策、完善绿色发展机制

图4-8 园区绿色发展主要内容

(1)加强理念融入。新形势下,苏州工业园区进一步强调"以生态文明建设为指导,以推进转变经济发展方式为主线,立足空间布局、能源利用、资源利用、基础设施、绿色产业、生态环境以及运行管理等多个领域,以绿色发展的能力建设和管理创新体系为依托,推进高水平绿色园区的建成"的绿色理念,并将其融入园区各项规划战略中,为园区绿色发展提供了指引并奠定了良好基础。

(2)注重产业优化。苏州工业园区致力于加大智能化和绿色产能培育力度,推动传统产业向高新技术、新兴产业转型。25年来,园区产业结构不断优化,电子信息、机械制造为主的主导产业逐步向高端化、智能化方向发展,形成了具有一定竞争力的产业集群。生物医药、纳米技术应用、云计算三大战略性新兴产业也逐渐兴起。同时,大力开展节约型机关、绿色家庭、绿色学校、绿色社区等创新活动,推广普及绿色建筑,加强商贸物流、现代服务等新型绿色产业,实现了经济效益、生态效益与社会效益的有机统一。

(3)坚持协同发展。苏州工业园区坚持以重大问题为导向,抓住影响绿色发展的关键问题,集中资源解决生态保护和环境治理中的一系列突出问题。此外，园区还将生态文明建设融入园区经济建设、社会建设、文化建设的各方面和全过程，确保生态文明建设与其他各项建设协同共进，更好地推动了园区绿色发展新格局的形成。

（4）强化制度保障。苏州工业园区建立了以园区管委会主任为组长的生态文明建设工作领导小组，并不断出台绿色发展政策、完善绿色发展机制，充分利用政策研究、媒体宣传、志愿者行动、专题培训等方式，引导干部、企业、群众提高绿色发展意识与水平。

三、以优质营商环境助力企业可持续成长

2019 年 3 月 5 日，国务院总理李克强做政府工作报告提出，要努力打造良好营商环境，让企业家安心搞经营、放心办企业。良好营商环境是企业发展的重要前提，同时，在市场经济发育发展过程中，营商环境是投资者考量的重要因素。本报告通过分析营商环境与企业可持续成长的双向互动关系，认为优质营商环境是企业可持续成长的重要条件，而企业的可持续成长是体现优质营商环境水平的重要标志，开发区通过提供高效的政务服务、积极推动金融机构提供融资服务、提供科技创新服务、开展环境治理与政府营销活动等具体举措优化营商环境，促进经济社会环境的协调可持续发展，推动实现企业的可持续成长。最后，本节将为优化营商环境助力企业可持续成长提出具体建议。

（一）优质营商环境与企业可持续成长

1. 营商环境

世界银行认为，营商环境是指一个企业在开设、经营、贸易活动、纳税、关闭及执行合约等方面遵循政策法规所需要的时间和成本等条件[①]。国家发展改革委借鉴世界银行营商环境标准，从衡量企业全生命周期、反映城市投资吸引力、体现城市高质量发展水平三个维度，体现中国特色、国际可比的营商环境。也有学者认为，营商环境是指企业在开设、经营、贸易活动、纳税、关闭及执行合约等方面遵循政策法规所需的时间和成本等条件，可以细分为政府环境、法治环境、市场环境、国际化环境、企业发展环境和社会化服务环境等[②]。由此可以看出，多数研究更多遵循世界银行对营商环境的定义，以世界银行对营商环境的定

---

① 世界银行：《2019 年世界银行营商环境报告》。
② 杨继瑞，周莉. 优化营商环境：国际经验借鉴与中国路径抉择［J］. 新视野，2019（1）：40 – 47.

义作为权威。

打造优质高效的营商环境，需要突出问题导向、需求导向、结果导向，聚焦企业、群众和基层关切，不断加强自我改革和自我完善，促进管理体制机制创新，提供良好的融资支持，充分营造创新的氛围，加强生态环境保护推动绿色发展，从而促进经济社会和自然环境的协调可持续发展，持续激发市场主体活力和社会创造力，为推动企业可持续发展与经济高质量发展提供强有力支撑。

2. 企业可持续成长

首先，企业成长所需要的基本资源主要有人力、财力、物力、市场、设备与技术五种。企业成长的要素一般包括资本、技术、人才、企业制度、管理与组织创新，因此，企业成长需要技术环境、人力资源环境、金融环境、投资环境、市场需求环境等，还有政策、法制、社会评价、公平竞争、社会信誉等社会发展软环境。其次，"百年老店""基业长青"也是众多企业共同追求的目标，企业的可持续成长或者说实现永续经营是企业自身经营的核心目标。企业的可持续成长离不开经济社会环境的协调可持续发展，企业的可持续成长与经济社会环境的协调可持续发展之间必然有非常密切的内在联系。企业实现可持续成长需要与时俱进、不断创新，只有适应技术与社会环境的变化，才能使企业在激烈的市场竞争中不断成长和可持续的发展。

3. 优质营商环境与企业可持续成长的关系

良好的营商环境既是一个地区经济发展硬环境和软环境的综合体现，也是吸引力、竞争力，更是创造力、驱动力。企业与营商环境之间的基本关系，是在局部与整体的基本构架之下的相互依存和互动的动态平衡关系。公平、法治、高效、廉洁的优质营商环境，是推动和扶持企业发展最有效率的因素，优质的营商环境有利于推动经济社会环境协调发展，从而促进企业可持续成长。而企业实现可持续成长对经济社会发展具有良好的促进作用，进而体现其所在地营商环境具有良好的软硬环境条件，从而吸引其他企业的入驻。因此，优质营商环境是企业实现可持续成长的重要条件，而企业的可持续成长是体现企业所在地优质营商环境水平的重要标志。

（1）优质营商环境是企业可持续成长的重要条件。营商环境是一个地区发展快慢、好坏的生命线。营商环境的好坏、优劣，直接关系企业的生存和发展。企业与营商环境之间存在密切联系，营商环境是企业赖以生存的基础。并且，优质的营商环境有利于提高办事效率，降低企业的运营成本，为企业提供技术创新、研发、人才、技术、信息、资金来源等企业竞争条件，并通过对环境保护、社会发展等可持续发展环境的支持促进企业经济社会和自然环境的协调发展，为企业的可持续成长提供良好的环境，因此，优质的营商环境是企业实现可持续成长的重要条件。

（2）企业可持续成长是优质营商环境的重要标志。良好营商环境是一个国家和地区经济软实力的重要体现，是提高综合竞争力的重要方面，是建设现代化经济体系、促进高质量发展的重要基础，也是政府提供公共服务的重要内容。一个地区营商环境的优劣直接影响着区域内资本、企业的去留和市场主体的活力，更影响着对外招商引资的成效，从而对本地区经济发展、财税收入、社会就业情况等产生重要影响。

营造良好的营商环境是企业实现可持续成长的重要条件，优质营商环境可以吸引科技创新企业资本、技术等要素流入，推动企业创新能力提升；助力企业加快完成产业转型升级任务，加快企业新旧动能接续转换；帮助企业通过政府良好的服务意识、法治意识，与政府保持新型政商关系，推动良好沟通。企业可持续成长不仅有利于实现企业自身永续经营发展，更有利于推动企业所在地区内的经济增长与综合竞争力的提升，反映出企业所在地区内的便捷高效、公平竞争、稳定透明的营商环境水平，是体现优质营商环境的重要标志。

（二）优质营商环境如何提升企业可持续竞争力

1. 高效政务服务降低企业运营成本

随着服务型政府建设和"放管服"改革的深入，"一窗通办""一网通办""最多跑一次"等政务服务改革不断深化推进，政务中心行政职能的重要地位日益凸显，其服务水平直接影响着人民群众的满意度。通过高效的政务服务优化营商环境，有利于提高办事效率，更重要的是可以降低企业运营中的"两种成本"——生产经营性成本和制度性交易成本。第一，降低企业的生产经营性成本，就是帮助企业减轻负担、甩掉一些不必要的税费包袱。通过减税降费，重点降低企业税收负担，明显降低企业社保缴费负担，使企业尽可能地压降经营成本，缓解资金压力。第二，降低制度性交易成本，制度性交易成本多是隐性的，大多表现在时间与人力成本，通过优化营商环境，提升市场主体的效率与积极性；简化审批事项和流程，促进企业线上办理、一次解决，并营造公平竞争的市场秩序，降低企业办理行政事宜的时间和成本。

案例4-1：国网四川省电力公司改善电力营商环境，大幅提升"获得电力"感知

2018年底，国务院组织开展营商环境评价。结果显示，四川省"获得电力"指标跃升至第12，在该省七个评价指标中排名第一。近年来，国网四川省电力公司认真践行"人民电业为人民"的企业宗旨，不断创新服务举措，优化服务流程，畅通服务渠道，着力改善电力营商环境，大幅提升"获得电力"感知。

紧紧围绕"简政放权、放管结合、优化服务"的总体思路，制定出台《持续优化营商环境提升供电服务水平两年行动计划》，全面开展"三省+三零"服务（省力、省时、省钱，零上门、零审批、零投资），让客户办电享受实惠、便利和舒心。

第一，在办电成本上做"减法"，让客户得实惠。将电网建设出资界面向客户延伸，减少客户出资。低压小微企业，全部免费接入；省级工业园区高压大中型企业，免费将配套线路架设至客户红线。

第二，在办电环节和资料上做"减法"，让客户享便利。大力推广线上服务，实现客户办电"业务线上申请、信息线上流转、进度线上查询、服务线上评价"，精简流程环节。提供预约上门服务，现场收集客户需求、办电资料。全面推行不停电作业，加快办电速度。

第三，在服务手段上做"加法"，让客户更舒心。变"事前审批"为"事中管控""事后评价"，高效响应客户需求。现场查勘实行"班车制"，供电方案制定实行"备案制"和"联合会审制"。配套工程全面推行"典型设计"和"标准化物料"。专业协同为客户提供市场化交易指导、能效诊断等综合能源服务，最大限度降低用电成本。

第四，在办电信息公开上做"加法"，实现阳光透明。通过营业厅、95598网站、掌上电力APP等多种途径主动公开业务办理流程、电价政策和收费标准。加强微信、支付宝等线上缴费推广，足不出户缴纳电费比例超过40%。充分利用95598服务平台功能，及时发布停送电信息、通报服务情况。加大投诉举报查处力度，对典型案例进行视频曝光。

2. 优质融资服务缓解企业融资困难

金融是优化营商环境的重要力量，提升金融服务水平是营商环境建设的重要内容。在去杠杆、去产能、供给侧结构性改革的转型期背景下，融资难融资贵仍然是一些企业反映最普遍、最强烈的问题。面对企业在营商环境中负担仍需降低、融资难融资贵等系列短板问题，推动金融机构提供以下优质融资服务，优化营商环境，缓解企业融资困难：

第一，提供优质信贷支持。通过进一步改革银行风险防控指标体系和绩效考核办法，完善尽职免责机制，对优质企业放宽不良贷款率硬性约束，明确制定优质企业贷款总量在信贷总规模的最低比重，鼓励引导银行等金融机构加大对优质企业的资金投放。

第二，创新金融服务及产品。创新企业抵押担保形式，优化知识产权质押融资的产品设计、担保模式和管理方式。开展与金融机构的深度合作，加强金融机构和监管部门对新经济、新产业、新行业的了解与研究，支持金融机构科学设定授信审批条件，加快特色融资产品的开发与推广。打造银行端的供应链金融服务平台，完善并推广应收账款融资业务。做大融资担保基金，制定奖补机制和政策，引导担保机构与银行业务联动、风险分担，降低贷款利率和担保费率，降低融资成本，提高融资效率。

第三，降低企业融资成本。政府性融资担保基金优先为符合条件的小微企业提供低费率的担保支持。差异化制定贷款利率下降目标，确保银行发放的小微企业贷款平均利率较相关政策出台前有明显降低。明确银行等金融机构减免服务收费的具体项目和减免额度。探索利用大数据等新兴技术手段完善征信机制，降低银企间建立信任的成本。

第四，解决企业续贷过桥困难。对有市场、有前景、有技术竞争力的民营企业延长贷款期限至两年以上，减少过桥不利影响。建立抽贷断贷监管机制，设立抽贷断贷行为的前置会商机制、投诉举报途径和惩戒措施。

案例4-2：成都市经济开发区成功举办中小企业融资服务洽谈会

2019年6月4日，成都经开区中小企业融资服务洽谈会暨科创板专题培训会在龙泉驿区成功举办。龙泉驿区政府、区内相关部门负责人、中小企业代表、银行等金融机构代表共200余人参会。本次会议旨在搭建金融机构与企业的对接合作平台，进一步缓解中小企业融资难、融资贵问题，优化营商环境，助力民营经济高质量发展，激发区域经济发展新动能。

金融学专家四川大学唐英凯教授进行了《中小企业成长战略变迁与融资模式创新》主题演讲，有针对性地提出了中小企业融资模式建议。中国工商银行、中国建设银行、中国银行三家银行代表现场宣讲，为参会企业推介了多项特色融资产品。国泰君安证券四川分公司代表解读了科创板政策、审核细则以及IPO实务等内容，加深了企业对科创板的认知。中国银行等6家银行与区内企业现场签约，涉及授信额度达8.8亿元，预计形成总授信额度逾40亿元。

下一步，成都市经济开发区（龙泉驿区）将继续高度重视民营中小企业发展，不断建立健全信息共享机制，积极引导新型融资模式探索，大力推动实体经济与金融业共同繁荣。

3. 创新服务增强企业创新发展能力

企业高质量发展，离不开科技创新与人才培养。优化营商环境，提供科技创新、人才支撑、创新平台等创新服务，有助于抢占创新制高点，提升企业竞争力。营造"大众创业、万众创新"的氛围，让创新成为驱动发展的新引擎，激发全社会创造活力，促进科技与经济深度融合，建设具有国际竞争力的人才高地。

一是科技引领。通过扶持企业建立技术研究中心等载体，加大新技术、新工艺、新产品研发力度，提高企业关键核心技术创新能力；构建产学研金介政"六位一体"协同创新模式，鼓励企业向国内外高校、科研院所预订科技成果，通过科学研究支持企业创新。

二是人才支撑。一切创新最终都要落实到人才。通过人才引进、培养、发展、服务保障等体制机制改革和政策创新，积极引进各类高端人才和创新创业团队，营造企业吸引人才的良好环境；通过引进善于组织科研团队、能够统筹要素配置、掌握核心技术成果的"高精尖缺"人才，促进企业发展从"投资扩张型"向"创新驱动型"转变。

三是平台建设。通过建立产业研究院、研发中心等公共服务创新平台，建立以企业为主体、市场为导向、产学研深度融合的技术创新体系，集聚高端创新资源要素，不断提升企业创新浓度。

4. 环境治理推动企业实现绿色发展

推动形成绿色发展方式和生活方式是贯彻新发展理念的必然要求。通过引导环保企业入驻、带动投资环保产业、绿色金融产品创新、开展环境治理等一系列环保服务，优化生态环境领域营商环境，推动企业践行绿色发展理念，有助于保护生态环境，推动经济社会和环境高质量发展。

第一，通过加强环保项目审批，把好企业准入关，在环保手续办理、环评网上申报和环评报告编制上加强专业指导，引导环保产业或者环保项目入驻，提高引进项目的质量。

第二，出资设立"环保产业发展基金"，通过子基金群带动社会资本，投资重点环保企业、科技型中小企业，支持企业污染治理和产业发展。

第三，探索绿色信贷、绿色债券等绿色金融产品和绿色金融服务模式创新，对企业的绿色环保技术提供支持，助推企业实现绿色发展，引领营商环境的优化升级。

第四，加强环境监督和落实。首先，遵循"优胜劣汰"的政策导向，对环境治理已达到高水平的企业，在环评、总量控制等政策上予以更大的支持，为其更好地发展创造条件。其次，认真梳理各项环保规章制度，优化管理机制和工作方法，帮助企业解决危废出路难等问题。最后，通过加强沟通协调，鼓励企业通过绿色供应链工作带动上下游产业共同提高环境保护水平，为生态文明建设添砖加瓦。

案例4-3：成都市经济技术开发区坚持绿色发展，打造美丽成都"经开区样板"

近年来，成都经济技术开发区坚持以人为本，把绿色发展理念贯穿经济社会发展全过程，成功创建国家级生态区。厚植生态优势，发展绿色经济，促进经济与生态协调发展、人与自然和谐相处，着力打造美丽成都的"经开区样板"。

坚持规划先行，把绿色发展贯穿始终。制定绿色发展规范，持续将环境质量改善作为全面建成小康社会和高质量建设"先进汽车智造区、美好生活品质城"的重要目标之一，纳入全区"十三五"整体规划，印发《关于推进绿色发展建设美丽龙泉驿的实施意见》《成都市龙泉驿区关于进一步加强环境保护工作的意见》等系列文件，明确全面推进绿色发展和环境保护的总体目标、重点任务和保障措施。

明确产业发展方向，找准发展定位。制定《成都绿色智能汽车产业功能区总体规划》，重点招引节能新能源汽车等先进汽车和高端装备项目。设计投资强度、建筑密度、产出强度、环境准入4项约束指标，在环境准入方面，主要污染物的排放严格执行国家或地方排放标准。

坚持生态综合整治，进一步提高环境质量。强化施策改善大气环境质量，深入实施大气污染防治"650"行动和"治霾十条"。2018年，空气质量优良天数达261天，大气主要污染物PM10和PM2.5浓度同比分别下降16.8%、12.0%，超额完成市级考核目标，大气环境质量目标考核排名全市第一。

成都经济技术开发区将生态文明建设与经济发展、产业转型升级、治理体系和治理能力现代化协同共进，积极开展绿色实践，扎实推进美丽宜居公园城市建设，促进经济与生态协调发展。

5. 政府营销助力企业推动品牌建设

政府在优化营商环境的工作实践中，通过改革促进向营销性政府转变，增强城市营销意识，建立营销机制，开展品牌营销工作，塑造城市特色品牌，帮助企业推动品牌建设，提升企业品牌竞争力，获得更多的市场机会。

第一，发掘城市特色，实施品牌战略。政府在打造城市品牌过程中，借助城市环境创新提升城市品牌，借助知名企业品牌塑造城市品牌，借助强势产业开发城市品牌，推动城市精神文明建设烘托城市品牌。

第二，制定营销战略，实现持续发展。为了使自身资源和能力与市场环境相适应，加强应变能力和竞争能力，制定长期性、全局性和方向性的规划，促进实现持续发展。

第三，采用整合营销，推广城市品牌。确定发展目标、品牌核心以及品牌识别系统、城市品牌体验建设规划之后，通过设立展会等多方位、立体式的传播渠道开展营销传播，推广特色品牌，开拓全新市场。

案例4-4：第十七届中国西部国际博览会新闻发布会在成都召开

第十七届中国西部国际博览会（以下简称西博会）于9月20日至24日在成

都召开。西博会深度融入"一带一路"建设、长江经济带发展、新一轮西部开发开放等国家战略，形成了全局思维和国际视野，是服务"一带一路"建设、推动经济全球化的国际性盛会，也是宣传四川"四向拓展、全域开放"立体全面开放新态势和推动新一轮西部高水平对外开放的标志性展会。

西博会作为国家机制性大型涉外展会和承接"一带一路"建设的全国区域性展会平台，通过专业化办展、品牌化经营、市场化运作、国际化拓展，积极推动"一带一路"建设，促进对外开放，展示四川特色企业品牌，推动四川及四川企业全面融入全球经济格局，积极开拓国际市场，发展更高层次开放型经济，为促进高质量发展做出贡献。

图4-9 第十七届中国西部国际博览会新闻发布会

（三）优化营商环境提升企业可持续竞争力的建议

1. 完善政策法规体系

优化营商环境"法治化"工作是推进法治政府建设中的"重中之重"。优化营商环境，需要全面完善政策法规体系，促进营商环境法治化建设。

第一，建立政策法规营商环境影响审查机制。一方面，对于现有法律法规和政策措施中涉及影响营商环境的规定，及时开展修订或向国家层面提出修改建议；另一方面，新的地方法规、政府规章、规范性文件和政策措施出台前，在进行合法性审查和公平竞争审查的同时，对是否存在影响企业开办、增加企业负担、妨碍企业经营等营商环境影响开展审查。

第二，提升政策法规灵活性。增加市人大对地方法规、市政府对政府规章立法计划工作的灵活性，在出现上级新政策、新要求情况下，对急需新立、修改的法规，能够不受已经确定的年度立法计划的限制，及时予以立项启动。

2. 拓宽企业融资渠道

帮助企业突破当前融资难的关键就在于地方政府要积极协调金融机构与企业之间的关系，帮助企业拓宽融资渠道，作企业坚强的后盾。

第一，设立中小企业专项扶持金融机构或部门。引导商业银行打破以往传统的国家、国有银行、金融资源配置结构的三位一体体系，在地区商业银行内部成立专门的中小企业、民营企业信贷部门，重点服务于中小企业和个体商户。

第二，设立企业信贷补偿基金。政府牵头设立助保金、贷款风险补偿基金、信用保证基金等多样化的融资担保措施或平台，"政府＋企业＋银行＋第三方担保机构"共同参与，促进信息共享、风险分担。

第三，扩展新型融资模式。除原有的传统融资模式以外，可以对企业品牌、知识产权、科技获奖等无形资产予以评级，对产业链上下游的合同、票证、应收等票证类资产予以评级，综合企业信息管理系统的评级数据，在更广的范围内，为企业提供更宽广的融资模式。

3. 吸引科技创新人才

第一，注重提高人才政策质量。应加强对人才工作的调研，充分了解科技人才所思所想和实际需求，并从战略上和制度上进行突破，制定符合发展形势和人才需要的科技人才政策。对原有的政策进行合并，对不符合当前形势的人才政策及时进行调整，提高人才政策制定的科学性和针对性，并形成政策调整的长效机制，通过整合协调的职能部门统筹推进，确保人才政策作用发挥。

第二，注重科技人才团队建设。在引进高层次人才的同时，重视团队建设，将人才团队建设作为吸引人才的重点，促使人才创新合力与优势互补，组成整体层次高、分工明确、具有一致性和互补性的团队，有利于发挥人才集聚效应，形成突出成果。

第三，建立健全科技人才激励保障机制。针对科技创新人才科研工作强度大、创造性强、出成果难的特点，要建立健全与社会主义市场经济体制相适应、与工作绩效挂钩，鼓励创新、宽容失败的分配机制和奖励机制，以水平和贡献为导向，充分调动科技创新人才的积极性、主动性和创造性。

4. 强化政府服务理念

李克强总理在《政府工作报告》中提到，要想企业所想、急企业所急，抓好各项政策落实，消除制约企业发展的各种障碍，增强企业信心和竞争力。因此，优化营商环境还需要有力有效推动扶持政策落地，全心全力助力企业发展。

第一，加大宣传力度，推动政策知晓面全覆盖，增强"信心"。充分利用广播电视、报刊、网络等媒体进行系列报道，在新闻媒体上开设专题专栏，刊播稿件；开展涉企政策措施汇编，组织各级各部门专题学习培训，并深入园区和企业开展政策宣传解读。

第二，聚焦热点难点，探索完善政策落实兑现途径，激发"决心"。探索"谁出政策谁兑现"模式，细化分解具体工作，逐项明确牵头责任单位、责任人及联系方式并印发通知到各企业，广泛接受社会监督；设置惠企政策"一窗受理"兑现窗口，推动办理的政策措施实行"一窗受理"、受办分离。

第三，强化服务理念，持续构建新型政商关系，促使"安心"。建立完善领导干部常态联系企业代表人士、企业、商（协）会制度，定期开展现场调研、及时协调解决企业发展中的困难和问题；建立民营经济企业法律服务中心和工作站，打通为企业家提供法律服务的"最后一公里"。

第四，强化监督执纪，实现督查考核硬性约束，确保"放心"。将政策措施贯彻落实工作作为年度工作的重要考核内容，按月开展工作调度，按季度进行通报；在政府12345市民服务热线开设企业服务热线专区，完善企业需求快速响应和涉企问题快速调处机制，推动问题解决。

企业篇

第五章　总报告

本报告以公开信息收集为研究的资料数据来源，考虑到信息披露的一致性是评价研究的重要基础，在信息披露方面上市公司由于有监管要求和自身管理水平相对较高而信息披露相对充分，因此，本报告以 2018 年中国企业 500 强中四川企业及在上海证券交易所、深圳证券交易所上市的共 100 家四川企业为样本开展数据收集与分析研究。其中，有 13 家中国企业 500 强中的四川企业，61 家在深圳证券交易所上市及 26 家在上海证券交易所上市。样本研究的时间范围为 2018 年 6 月至 2019 年 6 月。

样本企业的所有制分布情况为 9 家中央国有企业、19 家地方国有企业、55 家民营企业、2 家外资企业、5 家公众企业、10 家其他企业。

样本企业的行业分布情况为设备制造行业 11 家、房地产建筑行业 6 家、金融行业 3 家、公用事业行业 11 家、化工行业 13 家、家电建材行业 5 家、交通运输行业 4 家、农林牧渔行业 2 家、汽车制造行业 5 家、文化旅游行业 3 家、商业贸易行业 5 家、食品饮料行业 7 家、信息技术行业 13 家、医药制造行业 6 家、有色金属行业 6 家。

研究发现 1：四川企业可持续竞争力整体处于成熟阶段，并且呈现持续上升趋势

研究发现，2018 年四川企业可持续竞争力的平均得分为 66.41 分，其中 2 家（2%）的企业评级为 AAAAA，4 家（4%）的企业评级为 AAAA，23 家（23%）的企业评级为 AAA，35 家（35%）的企业评级为 AA，27 家（27%）的企业评级为 A；4 家（4%）的企业评级为 BBB，3 家（3%）的企业评级为 BB，2 家（2%）的企业评级为 B；没有企业评级为 C。处于成熟阶段（60~80 分）的企业有 89 家（89%），处于成长阶段（40~60 分）的企业有 9 家（9%），相较于 2017 年的成熟阶段 85 家（85%），成长阶段 14 家（14%），四川企业可持续竞争力整体处于成熟阶段，并且有逐渐上升的趋势。

研究发现2：超过95％的四川企业普遍树立了可持续发展意识，近九成四川企业制定可持续发展战略，但四川企业整体可持续公司治理水平亟须提升

研究发现，96家（96％）四川企业不同程度地将"创新""协调""绿色""开放""共享""诚信""发展""股东/投资者""员工""客户""社区""环境"等可持续发展关键词融入企业使命或价值观，这表明四川企业已经普遍树立了创新、协调、绿色等可持续发展的理念意识，并在企业使命和价值观中得到充分的体现，以指导企业自身可持续发展的方向。并且，有88家（88％）四川企业制定了可持续发展战略，这说明四川企业更加注重可持续发展理念的落地执行，制定和实施有利于经济、社会、环境协调平衡可持续发展的企业整体发展战略或规划。

但是，几乎没有四川企业设置专门的社会责任组织架构，形成制度文件，并通过社会责任专项培训进行能力建设，这说明四川企业的整体可持续公司治理水平较低。企业开展可持续发展治理有利于保证资源和信息流通的有序性，更有效地实现其可持续发展价值。四川企业为了提升可持续竞争力，在普遍树立可持续发展意识的基础上，其可持续公司治理水平还需进一步提升。

研究发现3：四川企业可持续经济价值效果显著，合规运营能力有进一步提升的空间

经济价值创造能力是企业可持续竞争力的核心，有效的合规管理有助于企业应对不确定性、风险和机会，保护和增加股东价值，降低未预期损失和声誉损失。研究发现，2018年，四川企业可持续经济价值指标平均得分为49.86分，其中4家（4％）的企业评级为AAAA，3家（3％）的企业评级为AAA，4家（4％）的企业评级为AA，12家（12％）的企业评级为A；26家（26％）的企业评级为BBB，20家（20％）的企业评级为BB，12家（12％）的企业评级为B；3家（3％）的企业评级为CC。其中，四川企业经营业绩指标的平均得分为70.78分，表明四川企业在经营业绩方面表现非常突出。

同时，企业与客户、企业与供应链上下游企业通过建立良好的合作关系，有利于提升价值链整体的发展实力和发展潜力，增强企业的市场竞争力和影响力。2018年，提升客户满意指标平均得分为42.11分，供应链合作指标平均得分为42.72分，合规运营指标的平均得分为34.67分。数据表明，四川企业在提升客户满意和供应链合作方面表现较好，合规运营方面表现一般，合规运营能力有进一步提升的空间。

研究发现4：四川企业普遍注重员工发展与安全生产，但社区关系管理水平有待加强

研究发现，2018年，四川企业社会可持续社会价值指标平均得分为45.05分，其中2％（2家）的企业评级为AAAAA，1％（1家）的企业评级为AAAA，

2%（2 家）的企业评级为 AAA，5%（5 家）的企业评级为 AA；25%（25 家）的企业评级为 BBB，17%（17 家）的企业评级为 BB，7%（7 家）的企业评级为 B；24%（24 家）的企业评级为 CCC，10%（10 家）的企业评级为 CC，5%（5 家）的企业评级为 C。

其中，支持员工成长指标平均得分为 53.67 分，支持社区发展指标平均得分为 25.93 分，参与社会公益指标平均得分为 42.43 分，安全生产运营指标平均得分为 48.67 分。这表明四川企业普遍比较注重支持员工成长、安全生产和参与社会公益，但是与社区的互动交流机制及社区关系管理水平有待进一步加强。

社区关系管理是企业为促进改善与运营所在地社区关系而建立的一套与社区沟通协调的管理机制，包括设立社区关系协调员、社区意见申诉渠道、社区沟通会、社区共建等方面。四川企业需要提升社区关系管理水平，处理好与当地社区良好的沟通关系，赢得当地社区的理解、信任与支持，塑造负责任形象，实现互利共赢、共同发展。

研究发现 5：四川企业可持续环境价值方面表现较好，环境绩效有所改善

研究发现，2018 年四川企业可持续环境价值指标平均得分为 40.39 分。其中，1 家（1%）的企业评级为 AAAAA；1 家（1%）的企业评级为 AAAA，1 家（1%）的企业评级为 AAA，6 家（6%）的企业评级为 AA，6 家（6%）的企业评级为 A；16 家（16%）的企业评级为 BBB，10 家（10%）的企业评级为 BB；16 家（16%）的企业评级为 CCC，11 家（11%）的企业评级为 CC。与去年相比有所上升，这表明四川企业更加关注可持续环境价值的创造，注重加强在绿色经济、环境管理及"三废"管理等领域的投入，四川企业整体的环境绩效有所改善和提升。

其中，环境管理指标平均得分为 43.78 分，"三废"管理指标平均得分为 41.72 分，绿色经济指标平均得分为 30.55 分。并且从行业属性的二级指标看，医药制造、食品饮料、设备制造等行业在绿色经济指标中的表现较为突出；有色金属、食品饮料在环境管理指标中的表现突出；化工行业、汽车制造行业在"三废"管理指标中的表现较为突出。四川省有色金属、食品饮料行业需要在开采、加工、生产、物流、消费等产业全生命周期中注重环境保护，而良好的环境管理有利于形成一种常态机制持续开展环境保护；四川省化工行业、汽车制造行业尤其需要注重在加工生产过程中的废气、废水和废物的管理，降低生产加工过程中对环境的负面影响。

研究发现 6：四川企业普遍注重信息披露与品牌塑造，但是发布社会责任报告的企业较少

研究发现，2018 年四川企业可持续品牌塑造指标平均得分为 40.39 分。其中，有 4 家（4%）的企业评级为 AAAAA，4 家（4%）的企业评级为 AAAA，9 家（9%）的企业评级为 AAA，11 家（11%）的企业评级为 AA，4 家（4%）的企业评级为 A；17 家（17%）的企业评级为 BBB，13 家（13%）的企业评级为 BB，4 家（4%）的企业评级为 B；19 家（19%）的企业评级为 CCC。

其中，在三级指标得分中，信息披露渠道指标平均得分为 63.95 分，品牌影响力指标平均得分为 53.78 分。这表明四川企业的信息披露渠道较广泛，品牌影响力较强。四川企业普遍通过官方网站、微博、微信、新闻发布会等渠道进行信息披露，并且四川企业各自依据自身企业的行业或特色属性开展品牌管理与品牌传播，形成了一批有自身品牌特色的企业，如舍得酒业、新希望和新乳业等四川企业。

另外，企业社会责任报告是企业非财务信息披露的重要载体，是企业与利益相关方沟通的重要桥梁，企业通过发布社会责任报告有利于促进与利益相关方的沟通交流，提升品牌的负责任形象。四川企业发布社会责任报告指标平均得分为 35.16 分，仅有少数四川企业发布了社会责任报告，这表明四川企业认识到发布社会责任报告重要性的意识需要进一步提高。

研究发现 7：四川企业营商环境"获得感"还有进一步提升的空间

营商环境到底好还是坏，作为市场主体的企业最具发言权。2018 年四川企业营商环境体验平均得分为 30.76 分，其中，没有企业的评级为 AAAAA，7 家（7%）的企业评级为 B，14 家（14%）的企业评级为 CCC。

其中，产业政策匹配度指标平均得分为 45.51 分，产业发展环境体验平均得分为 32.71 分，政务服务环境体验平均得分为 15.89 分。这表明，四川企业整体的产业政策匹配度较好，但是以公开渠道收集的四川企业对资源、市场、人才等产业发展环境和政务服务环境的相关评价信息较少，根据现有的评价信息来看，四川企业整体对产业发展环境和政务服务体验的"获得感"还有进一步提升的空间，给所在地企业带来更好的营商环境体验。

第六章　技术报告

一、企业可持续竞争力理论

企业可持续竞争力理论是基于企业动态能力理论和可持续发展理论等理念发展起来的，以可持续竞争力的"四面体模型"为其基本构成维度与关键要素。本部分从什么是可持续竞争力、企业可持续竞争力的理论架构、可持续竞争力的阶段划分三个方面对企业可持续竞争力进行了阐述。可持续竞争力评价方法侧重于企业与社会环境的关系，将竞争力从企业内部扩展到企业外部。本章节系统阐述了企业可持续竞争力的评价方法。首先，说明企业可持续竞争力评价指标体系的构成；其次，确定企业可持续竞争力评价指标体系（试行）的赋值赋权；最后，对评价实施的流程进行简要介绍。

（一）什么是企业可持续竞争力

可持续发展是全球社会普遍关注的核心问题，2015 年，联合国发布了《2030年可持续发展议程》，提出了 17 个可持续发展目标，可持续发展成为世界各国共同的发展目标。可持续发展理论自身也从最初提出时以保护环境、减少资源使用为主，发展到以经济、社会、环境的协调可持续发展为核心。企业在人类活动中占据极其重要的地位，其生产经营活动是否符合可持续发展的原则和要求，决定了人类可持续社会价值创造目标能否实现。同时，企业理论的研究是以企业的永续经营为基本假设的，"百年老店""基业长青"也是众多企业共同追求的目标。因而，企业的可持续成长或者说实现永续经营是企业自身经营的核心目标。

企业的可持续成长离不开经济社会环境的协调可持续发展，企业的可持续成长与经济社会环境的协调可持续发展之间必然有非常密切的内在联系。企业竞争力理论是分析研究企业如何能够在市场竞争中生存发展的内在逻辑。该理论基于对企业竞争力理论的研究与分析，可以对企业可持续成长与外部的经济社会可持续环境价值创造之间的关系与逻辑进行解释，为建立两者之间的作用关系模型提供基础与证据。

企业竞争力理论在30多年的发展中，从以波特的产业结构论为基础理论到以资源基础论为基础理论，并进一步从企业内部和外部两个方面进行了扩展与深化。其中，企业内部的理论发展沿着资源基础论—核心能力论—知识基础论—动态能力论的路线发展；企业外部的理论发展沿着虚拟企业—战略联盟—产业集群—社会网络的路线发展。上述理论主要从企业自身的独特资源知识技能和外部组织形态、市场机会选择等角度来研究企业竞争力问题，它们能够较好地解释企业短期内在市场上处于优势地位的原因。但在企业外部环境发生剧烈变化，或进入陌生的市场环境中后，企业原有的竞争力因内外部因素的变化往往无法继续保持，需要进行创新与调整，才能够与新的内外部环境相匹配，可持续竞争力的概念就是针对这一情况下企业如何建立和保持竞争优势而提出的。

企业的成长是其自身的决策和经营活动与外部社会环境互动的结果，传统的竞争力理论将两者割裂开来分别进行研究，难以全面客观把握企业持续经营的内外部影响因素，也无法全面分析其内在的发展规律。因此，需要将企业的可持续竞争力分析作为研究企业可持续成长的主线，同时将内部因素与外部因素整合起来，分析企业如何有效管理影响其竞争力的内外部因素，从而构建能够全面解释企业可持续成长与经济社会环境协调可持续发展的内在联系和逻辑关系。

研究认为，可持续竞争力是指企业具有的独特的整合内部外部资源、协调内外部关系，依据市场与技术变化趋势对产品、业务与组织管理进行创新的知识、方法和技能，使企业能够持续最大化地创造经济、社会、环境综合价值，构建并持续保持竞争优势，实现企业与经济社会环境协调可持续发展的能力。

其中，通过组织、管理与产品创新适应乃至引领外部市场环境的变化，保持市场领导地位是目的；整合内外部资源、协调内外部关系是手段。这都需要将企业与其生存发展的外部环境整合起来进行考虑。知识、方法与能力（技能）是可持续竞争力的核心，而对这些知识在组织内部与外部的创造、转移、应用及与利益相关方建立价值共识是可持续竞争力的实现路径。这一路径在企业的经营管理实践中表现为三个层次：首先是形成对企业与社会的共同价值的认知，即市场机会把握与风险识别；其次是沟通优化，通过有效的沟通建立更大程度的内外部共识，形成企业成长的内外部合力；最后是推进企业的内外部协同创新，将企业的创新发展和内部战略目标与外部社会关键利益相关方的期望要求进行充分整合，实现社会化的协同创新，即将企业的可持续成长与经济社会环境的协调可持续发展紧密结合，将企业目标与经济社会环境发展目标有机结合，从满足社会发展的需要中实现企业的盈利与持续成长。上述三个层面的企业行为在实践中是同步发生的，也就是说这三个方面共同推动了企业可持续竞争力的形成。

根据国际社会责任标准 ISO26000 的观点，企业社会责任的根本目的是致力于可持续发展，即通过履行社会责任促进企业与经济社会环境的协调可持续发展。因此，本报告将企业开展社会责任管理、履行社会责任的行为视同企业培育可持续竞争力的行为。

（二）企业可持续竞争力的理论架构

基于前面对企业可持续竞争力概念的分析，结合可持续发展与企业竞争力的相关理论，以及对中国企业履行社会责任推进可持续发展的实践经验的总结，我们设计了"企业可持续竞争力四面体"理论模型。

企业可持续竞争力的核心是企业的价值创造能力。依据可持续发展理论，可持续发展是包括可持续经济价值创造、可持续社会价值创造与可持续环境价值创造三个维度的协调，与之对应的企业价值创造也必然包括经济价值创造、社会价值创造、环境价值创造。企业的生产经营活动也确实同时对经济、社会和环境三个方面产生着正面或负面的影响。所谓可持续价值创造，就是企业生产经营活动产生的正面影响大于其产生的负面影响，以实现最大化正面影响、最小化负面影响。而对正面影响与负面影响的界定则随着社会环境的变化而进行调整。

因此，企业可持续竞争力的基础是实现经济、社会、环境三个维度的可持续价值创造。企业在实现上述三个维度的价值创造过程中，必须形成客观全面的价值认知。所谓价值认知，是指意识到企业面临的市场机会是什么，可能遇到的风险在哪里，从而通过抓住市场机会、规避管控风险进而把握企业价值创造的方向与目标，构建企业的可持续成长目标与战略。协同创新是企业落实可持续成长战略目标过程中的核心环节，通过将企业内外部资源与需求进行整合创新，落实战略目标的要求；沟通优化是企业在生产经营活动全流程、全周期中都必须重视和有效开展的工作，通过充分有效的沟通全面识别内外部需求、建立更高程度的共识、促进外部利益相关方形成对企业行为的全面了解，是企业可持续成长目标实现的重要方法。

基于以上理论分析，"企业可持续竞争力四面体"理论模型由一个三棱锥体构成，其中的三个底边分别是可持续经济价值创造、可持续社会价值创造、可持续环境价值创造，三个侧边分别是价值认知、协同创新、沟通优化，三棱锥的顶点是企业可持续竞争力。该模型表达的逻辑思想是经济、社会、环境三个维度的可持续价值创造必须通过价值认知、协同创新和沟通优化才能够实现，其最终的目标是建立企业的可持续竞争力，如图 6-1 所示。

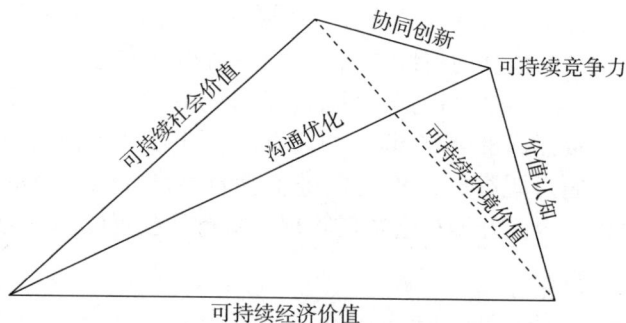

图 6-1　"企业可持续竞争力四面体"理论模型

基于企业可持续竞争力的四面体模型，我们可以发现，企业的可持续成长是其内部高效的生产经营活动与外部的社会和市场多层次需求有机结合，实现持续价值创造与创新的过程。要有效实现这个结合，就需要企业从基本价值理念、社会责任落地、社会互动沟通、跨组织边界创新合作、市场创新机会识别、全面风险管理等方面着手，全面改进提升企业经营管理的思想、制度、流程与商业模式，推动技术创新、管理创新与社会创新发展的有机结合。

这一模型在企业中要得到充分运用，就需要对现有企业履行社会责任情况和可持续成长状况进行分析评价，这是构建企业可持续竞争力必须首先完成的重要工作。

（三）企业可持续竞争力的阶段划分

企业可持续竞争力的形成与发展受到许多内外部因素的影响，其实际的竞争力水平随着企业的管理能力、创新能力等内外部因素匹配度的提高和经营绩效的改善而不断增强，是一个发展变化的过程。同时，不同行业、不同区域的企业的内外部条件不同，其可持续竞争力的水平会有一定的差别，这是企业竞争力复杂性的反映，属于正常的现象。企业可持续竞争力评价得分的高低不完全代表企业的优劣，而是对企业可持续成长能力的综合判断。

因此，本报告借鉴产业发展研究的方法，对企业可持续竞争力按照总体得分水平进行阶段划分，主要分为初创、成长、成熟、卓越四个阶段。

1. 初创阶段

处于可持续竞争力初创阶段的企业的基本特征是企业已经对可持续发展有了一定的认知，树立了履行社会责任、实现可持续发展的理念，明确了增强可持续竞争力的目标，在经济、社会、环境价值创造和社会沟通与创新方面开始普及认识、推动工作，但工作成效尚未显现，工作的覆盖范围也不全面。处于该阶段企业的对应评价得分在 0~40 分。

2. 成长阶段

处于可持续竞争力成长阶段的企业的基本特征是企业对可持续发展与企业自身成长的关系有了较为深入全面的认识，开始制定企业社会责任或可持续发展的战略规划或工作计划，将可持续竞争力提升作为企业的重点工作，在经济、社会、环境可持续价值创造方面开始形成系统的推进思路与路径，工作成效已经开始显现，工作的覆盖范围遍及企业的各个重要领域，但总体成效仍然有待提高。处于该阶段企业的对应评价得分在 40～60 分。

3. 成熟阶段

处于可持续竞争力成熟阶段的企业的基本特征是企业的可持续发展理念已经非常成熟，制定了系统完善的企业可持续发展战略规划并得到有效实施，企业通过提升可持续竞争力在生产经营各个方面都取得了很好的成效，推动可持续发展在企业内部成为全员的共识，企业在外部发展环境营造方面也初步取得效果，形成了企业可持续成长的整体氛围和产业链条，企业的持续创新能力、社会价值认同等方面均有明显提高，已经形成了可持续竞争力。处于该阶段企业的对应评价得分在 60～80 分。

4. 卓越阶段

处于可持续竞争力卓越阶段的企业的基本特征是企业形成了从可持续发展理念到实践的系统工作机制和职责要求，并在企业内部的各部门、各岗位得到全面的应用，成为员工的自觉行动，通过主动充分的沟通，企业与利益相关方建立了全面的价值共识，可持续发展成为企业与利益相关方的共同行动，企业的可持续成长能力显著提高，经营绩效与管理水平突出，成为行业企业的标杆。处于该阶段企业的对应评价得分在 80～100 分。

二、企业可持续竞争力评价方法

我们依据企业可持续竞争力理论，构建了企业可持续竞争力评价体系，开展四川企业的可持续竞争力评价研究。以下内容将从指标构建、赋值赋权和评价流程三个方面对评价体系进行介绍。

（一）指标构建

本报告基于"企业可持续竞争力四面体"理论模型，根据中国可持续企业竞争力建设的现实水平和经营管理的实际情况，并结合营商环境与可持续竞争力的关系，按照实质性与完整性相结合、目标导向与外部期望相结合、科学性与实践性相结合、一般性与特色性相结合、实用性与前瞻性相结合、定量与定性相结合六个原则，优化形成了包括 6 个一级指标、23 个二级指标和 68 个三级指标的企业可持续竞争力评价指标体系。

1. 指标构建原则

本报告基于"企业可持续竞争力四面体"理论模型，通过对国内外企业竞争力、可持续发展及社会责任指标的最新理论研究、标准指南、成功案例进行参考借鉴，以促进企业生产经营活动中实现经济、社会、环境价值的持续创造为核心，构建企业可持续竞争力的指标体系，剖析企业持续保持核心竞争力的主要影响因素。指标体系构建的基本原则如下：

（1）实质性与完整性相结合原则。实质性，即可持续竞争力评价指标应涉及企业运营过程中对各利益相关方产生实质性影响的各个方面，以确保利益相关方能够根据指标所反映的信息做出判定、决策和行动。在确保实质性原则的前提下，必须保证评价指标体系的完整性，以体现企业识别并理解其可持续发展中具有实质性的方面，从而确保指标体系的详尽、具体和准确。

（2）目标导向与外部期望相结合原则。评价指标体系构建的最终目的是推进企业的可持续发展。在坚持以促进企业可持续发展为目标导向的同时，评价指标体系的构建还必须反映利益相关方对企业的合理期望和要求，尤其是核心利益相关方的诉求，这将有利于企业进一步改进自身的运营管理。

（3）科学性与实践性相结合原则。科学性体现在科学的理论指导、科学的构建方法、科学的指标选取等方面。在此前提下，评价应当结合中国企业的具体实践，包括：在企业可持续竞争力理论指导下，根据企业的运营实践将社会责任内容具体化；在科学构建指标体系方法的指引下，结合中国企业现有运营管理流程和方法确定可持续竞争力评价指标体系构建的具体方法。

（4）一般性与特色性相结合原则。可持续竞争力是一个相对宽泛的概念，既包括可持续经济价值创造，也包括可持续环境价值创造和可持续社会价值创造。从利益相关方来看，企业可持续竞争力要求企业必须与政府、客户、供应商、商业伙伴、社区等所有利益相关方建立良好的合作与互动。可持续竞争力评价指标体系的构建必须能够反映企业上述不同方面的绩效表现，并能与各利益相关方进行有效的沟通。

（5）实用性与前瞻性相结合原则。实用性，即指标的可得性、可操作性和可比性。这要求可持续竞争力评价指标体系的构建应充分考虑指标数据在日常运营中便于获取，数据的采集在技术、投资和时间要求上也是可行的。同时，各项指标应该具有纵向可比性和横向可比性。纵向可比性意味着指标在时间维度上具有可比性，目的是反映企业可持续竞争力绩效进步的情况；横向可比性意味着能与同行进行有意义的比较，目的是通过对比来客观评价企业自身的可持续竞争力的水平。这就要求指标要有规范性和延续性，所选取的指标尽量向国际通行的规范指标靠近。此外，可持续竞争力评价指标体系的构建还必须具有一定的前瞻性。由于企业未来经营的内外部环境及运营内容和重点都可能发生变化，可持续竞争力评价指标体系必须能够前瞻性地考虑这些因素，评价体系要保持先进性，就必须提出一些体现未来发展趋势的指标。

（6）定量与定性相结合原则。要能全面和深入反映企业在某领域的表现，除了选取结果性指标以体现企业可持续竞争力的绩效外，还应该选择制度性指标以反映企业可持续运营管理的制度保障情况，选取过程性指标以反映企业的行为表现和具体行动。从指标特点来看，结果性指标一般是定量指标，即使有一些是定性指标也可以通过转换方法予以量化，但制度性指标和过程性指标大多数是定性指标，用量化的方法不能准确地表达指标的定义。因此，在构建评价指标体系的过程中，应坚持采用定性指标与定量指标相结合的方法，以确保指标体系的完整性和表达的准确性。

2. 指标体系

根据"企业可持续竞争力四面体"模型，本评价研究将可持续发展治理、可持续经济价值、可持续社会价值、可持续环境价值、可持续品牌塑造五个维度作为可持续竞争力的一级指标，并最新融入加分项营商环境体验指标形成六个一级指标维度，构成了由6个一级指标、23个二级指标和68个三级指标构成的三层次指标体系（见表6-1）。指标体系的指标主要有以下几种来源：

（1）现有管理指标。该类指标通过对企业现有管理指标进行梳理、分类，按照特定的标准挑选出来。

（2）现有管理指标的衍生指标。该类指标是在企业现有管理指标基础上衍生出来的，包括企业的运营活动对经济的间接影响等，是利益相关方对企业履行社会责任、增强可持续竞争力的核心关注点，也是全面反映企业竞争力绩效的重要内容。

（3）国内外可持续发展标准、倡议和指南。该类指标主要借鉴国内外可持续发展标准、倡议或指南，包括ISO26000、全球报告倡议GRI及全球报告倡议《可持续发展报告指南》等。

（4）企业当前的可持续发展推进管理实践。该类指标，如利益相关方满意度指标是过去企业在管理中没有涉及的，但对于企业加强利益相关方参与是非常重要的，故纳入指标体系。

（5）营商环境与企业可持续竞争力的关系。该类指标主要依据营商环境对企业的全生命周期内的经营活动产生影响的各个因素，从企业评价角度，以产业政策匹配度、产业发展环境体验和政务服务体验三个维度体现企业营商环境体验度。

表6-1 企业可持续竞争力指标

一级指标	二级指标	三级指标
可持续发展治理	可持续发展理念	融入企业使命或价值观；融入企业愿景
	可持续发展战略	可持续发展战略；可持续发展规划
	可持续发展治理	组织机构；制度建设
	可持续发展能力建设	专项培训；知识管理
	可持续发展管理投入	专项预算；专兼职人员
可持续经济价值	企业经营业绩	营业收入；净利润
	企业经济影响	缴纳税收；就业数量
	提升客户满意	保障消费者权益；产品质量管理；改善客户服务；客户满意度
	价值链合作	反不正当竞争；合同履约率；供应商合作；银企合作；其他合作伙伴
	合规运营	合规管理体系；合规能力建设
可持续社会价值	支持员工成长	员工薪酬待遇；社保缴纳率；反歧视；职业安全健康；员工体检率；员工培训投入；职业成长；员工关爱；员工满意度
	支持社区发展	社区共享发展；社区关系管理
	参与社会公益	公益管理；对外捐赠支出占比；员工志愿者
	安全生产运营	安全生产管理；应急管理；安全生产投入
可持续环境价值	环境管理	环保理念和政策；环境管理体系；环保投入
	"三废"管理	废水管理；废气管理；固体废弃物管理
	绿色经济	循环经济；绿色金融；绿色制造；绿色服务
可持续品牌塑造	信息披露	信息披露渠道；官网社会责任信息发布数量；发布社会责任报告；发布财务报告
	相关方参与	股东关系管理；组织举办的利益相关方活动
	品牌塑造	品牌管理；品牌活动；品牌影响力
营商环境体验	产业政策环境体验	产业政策匹配度
	产业发展环境体验	资源；市场；人才
	政务服务环境体验	服务意识；服务效率；服务措施

（二）赋值赋权

评价采用专家打分法对可持续竞争力的一级指标、二级指标和三级指标的权重进行赋权，根据不同指标的特征和定量定性情况进行赋值。

1. 指标赋值赋权

以德尔菲法确定一级指标、二级指标和三级指标的权重，并由多位专家对同一指标根据收集的资料，依据打分标准对被评价企业进行打分，根据平均值确定每个指标的具体得分。

2. 评价指标体系

通过对企业可持续竞争力指标赋权赋值后，就得到了企业可持续竞争力评价体系（见表 6-2）。表 6-3 所示为企业可持续竞争力评价等级划分标准。

表 6-2　企业可持续竞争力评价体系

一级指标	一级指标权重（％）	二级指标	二级指标权重（％）	三级指标	三级指标权重（％）
可持续发展理念	20	可持续发展理念	20	融入企业使命或价值观	50
				融入企业愿景	50
		可持续发展战略	20	可持续发展战略	50
				可持续发展规划	50
		可持续公司治理	20	组织机构	50
				制度建设	50
		可持续能力建设	20	专项培训	50
				知识管理	50
		可持续发展管理投入	20	专项预算	50
				专兼职人员	50
可持续经济价值	20	企业经营业绩	20	营业收入	50
				净利润	50
		企业经济影响	20	缴纳税收	50
				就业数量	50
		提升客户满意	20	保障消费者权益	25
				产品质量管理	25
				改善客户服务	30
				客户满意度	20
		供应链合作	20	反不正当竞争	30
				合同履约率	22
				供应商合作	16
				银企合作	16
				其他合作伙伴	16
		合规运营	20	合规管理体系	50
				合规能力建设	50

一级指标	一级指标权重（%）	二级指标	二级指标权重（%）	三级指标	三级指标权重（%）
可持续社会价值	15	支持员工成长	40	员工薪酬待遇	11
				社保缴纳率	11
				反歧视	14
				职业安全健康	11
				员工体检率	7
				员工培训投入	11
				职业成长	14
				员工关爱	8
				员工满意度	13
		支持社区发展	20	社区共享发展	50
				社区关系管理	50
		参与社会公益	15	公益管理	50
				对外捐赠支出占比	30
				员工志愿者	20
		安全生产运营	25	安全生产管理	40
				应急管理	30
				安全生产投入	30
可持续环境价值	15	环境管理	50	环境管理体系	33
				环保投入	33
				环保理念和政策	33
		"三废"管理	25	废水管理	33
				废气管理	33
				固体废弃物管理	33
		绿色经济	25	循环经济	25
				绿色金融	25
				绿色制造	25
				绿色服务	25
可持续品牌塑造	20	信息披露	33	信息披露渠道	20
				官网社会责任信息发布数量	20
				发布社会责任报告	30
				发布财务报告	30

一级指标	一级指标权重（%）	二级指标	二级指标权重（%）	三级指标	三级指标权重（%）
可持续品牌塑造	20	相关方参与	33	股东关系管理	50
				组织举办的利益相关方活动	50
		品牌塑造	33	品牌管理	33
				品牌活动	33
				品牌影响力	33
营商环境体验	20	产业政策环境体验	33	产业政策匹配度	100
		产业发展环境体验	33	资源	33
				市场	33
				人才	33
		政务服务环境体验	33	服务意识	33
				服务效率	33
				服务措施	33

表6-3 企业可持续竞争力评价等级划分标准

等级		等级相对应分数段
A	AAAAA	80分以上（含80分）
	AAAA	75~80分（含75分）
	AAA	70~75分（含70分）
	AA	65~70分（含65分）
	A	60~65分（含60分）
B	BBB	50~60分（含50分）
	BB	45~50分（含45分）
	B	40~45分（含40分）
C	CCC	30~40分（含30分）
	CC	20~30分（含20分）
	C	20分以下

（三）评价流程

本评价的具体工作流程可以分为计划与部署、评价指标体系开发、评价实施、总结与反馈四个阶段，并细分为 10 个步骤，分别是组建评价小组、编制评价实施方案、基础理论研究、指标体系的开发、确定指标赋值规则、确定指标赋权规则、指标信息收集、编制企业可持续竞争力指数、编制评价报告及成果发布（见图 6 - 2）。

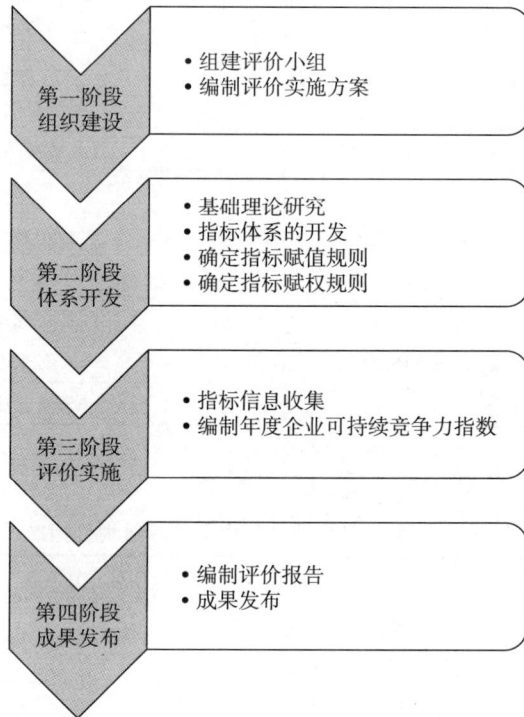

图 6 - 2　企业可持续竞争力评价的步骤

为满足企业信息的可获得性和评价信息的可靠性要求，研究对象以四川上市公司为样本。研究基于企业可持续竞争力理论与四川上市公司的实际情况优化了评价体系，在前期准备阶段完善了评价信息收集规则，在信息收集阶段明确了评价信息收集范围，在信息审核阶段加强了评价信息准确性的审核把关，通过数据分析与计算汇总得到了四川企业可持续竞争力指数的最终结果。

1. 评价信息收集范围

本报告收集了四川上市公司 100 强的基本信息，主要通过"国泰安数据服务中心"开发的中国上市公司研究系列数据库和"Wind 咨询"开发的中国上市公司数据库获取。

全部四川上市公司的可持续竞争力相关指标的信息主要通过这些企业在2018年发布的企业社会责任报告、企业财务报告、企业官方网站及国内外媒体对企业的报道材料获取。四川上市公司的负面指标信息主要通过上交所、深交所、政府部门网站等检索获取。

2. 评价信息审核工作

此次评价的信息审核工作是对所收集信息的真实性、全面性及依据所收集到的信息开展的指标赋值的准确性进行审核把关。

对收集到的信息的真实性进行审核，保证了从样本企业收集到的信息均符合评价指标的要求；对收集到的信息的全面性进行审核，是保证从不同渠道获取的企业可持续竞争力指标信息得到充分整合，从而最大限度地避免信息的缺失，提高信息的完整性；对指标的赋值情况进行审核，保证了每个指标的得分能够满足企业可持续竞争力指标要求与信息的一致，从而保证了指标赋值的准确性，如针对同一个三级指标，不同上市公司的赋值水平不因行业特性而有所不同，以保证赋值水平的一致性和评价结果的可比性。

第七章　评价报告

2018 年，四川企业可持续竞争力的平均得分为 66.41 分，其中 2 家（2%）的企业评级为 AAAAA，4 家（4%）的企业评级为 AAAA，23 家（23%）的企业评级为 AAA，35 家（35%）的企业评级为 AA，27 家（27%）的企业评级为 A；4 家（4%）的企业评级为 BBB，3 家（3%）的企业评级为 BB，2 家（2%）的企业评级为 B；没有企业评级为 C。四川企业可持续竞争力整体处于成熟阶段，并且有逐渐上升的趋势。

从行业角度看，可持续竞争力建设水平突出的有农林牧渔、公用事业、食品饮料、化工、设备制造等行业，文化旅游、交通运输、房地产建筑、汽车制造等行业平均得分较低，其中，可持续竞争力综合平均得分最高的是农林牧渔行业，得分 74.57 分，最低的是文化旅游行业，得分 58.29 分（见图 7-1）。农林牧渔行业与水、土地、森林等自然环境资源息息相关，更加需要注重可持续发展，保护生态环境；文化旅游业更多强调经济效益，容易忽视文化旅游资源的脆弱性和不可再生性，其保护文化、合理开发资源等可持续发展意识有待进一步提升。

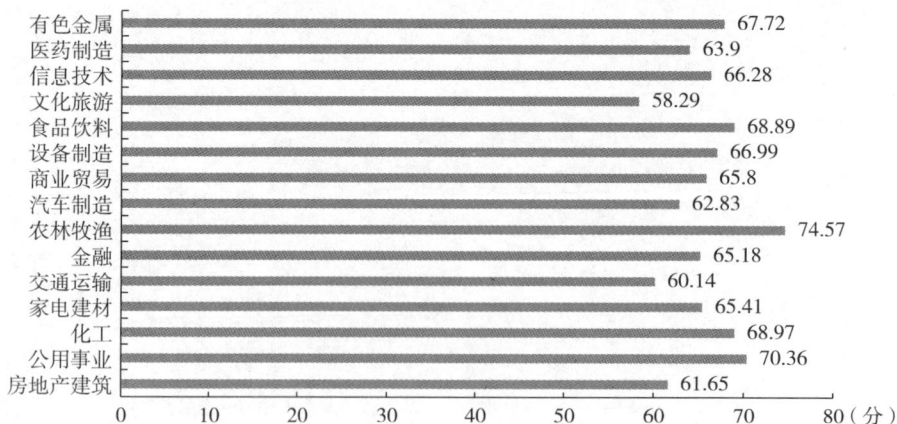

图 7-1　四川企业各行业可持续竞争力平均得分情况

从所有制的角度看，公众企业、地方国有企业、外资企业、中央国有企业在可持续竞争力建设方面表现最为出色，其他类型的行业企业得分差距很小，基本处于同一水平（见图7-2）。

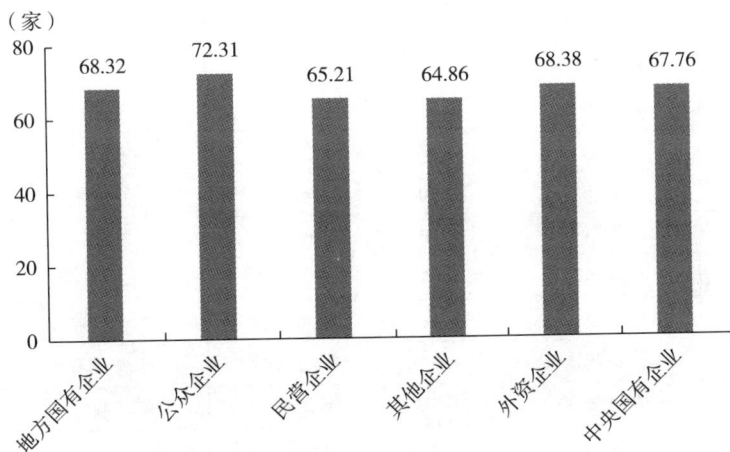

图 7-2 四川各所有制企业可持续竞争力平均得分情况

2018 年，四川企业可持续竞争力评价处于卓越阶段（80~100 分）的企业有兴蓉环境、乐山电力 2 家，处于成熟阶段（60~80 分）的有广安爱众、新希望、硅宝科技、天齐锂业等 89 家，处于成长阶段（40~60 分）的有高新发展、成都银行、蓝润实业等 9 家，具体得分和所属行业情况如表 7-1 所示。

表 7-1 2018 年四川企业可持续竞争力评价企业

证券简称	所属行业名称	综合得分	证券简称	所属行业名称	综合得分
兴蓉环境	公用事业	83.49	长城动漫	文化旅游	66.48
乐山电力	公用事业	80.85	科新机电	设备制造	66.35
广安爱众	公用事业	77.89	和邦生物	化工	66.27
新希望	农林牧渔	77.62	水井坊	食品饮料	66.21
攀钢钒钛	有色金属	77.19	四川长虹	家电建材	66.19
千千味业	食品饮料	76.76	四川路桥	房地产建筑	66.15
硅宝科技	化工	74.96	中光防雷	信息技术	66.06
明星电力	公用事业	74.72	创维数字	信息技术	66.04
卫士通	信息技术	74.55	豪能股份	汽车制造	65.88

证券简称	所属行业名称	综合得分	证券简称	所属行业名称	综合得分
富森美	商业贸易	73.14	四川九洲	信息技术	65.83
汇源通信	设备制造	72.74	运达科技	信息技术	65.58
天齐锂业	有色金属	72.67	东材科技	化工	65.51
蓝光发展	房地产建筑	72.50	浩物股份	汽车制造	65.36
岷江水电	公用事业	72.33	红旗连锁	商业贸易	65.26
国金证券	金融	72.03	新筑股份	设备制造	64.89
天味食品	食品饮料	71.90	三泰控股	信息技术	64.56
新城投资	公用事业	71.80	华西证券	金融	64.53
四川成渝	交通运输	71.77	迈克生物	医药制造	64.44
天原集团	化工	71.68	振芯科技	信息技术	64.39
东方电气	设备制造	71.55	川大智胜	信息技术	64.35
通威集团	农林牧渔	71.52	科伦药业	医药制造	64.34
川环科技	汽车制造	71.47	利尔化学	化工	64.14
云图控股	化工	71.07	华西能源	设备制造	63.94
北化股份	化工	70.85	四川金顶	家电建材	63.75
川润股份	设备制造	70.55	舍得酒业	食品饮料	63.39
茂业商业	商业贸易	70.55	大通燃气	公用事业	63.31
金路集团	化工	70.35	峨眉山	文化旅游	63.26
利君股份	设备制造	70.07	成都路桥	房地产建筑	62.97
福蓉科技	信息技术	70.05	鹏博士	信息技术	62.75
丹甫环境科技有限公司	设备制造	69.94	大西洋	设备制造	62.72
国光股份	化工	69.16	泰合健康	医药制造	62.70
川投能源	公用事业	69.00	旭光股份	信息技术	62.25
达威股份	化工	68.72	天翔环境	设备制造	62.20
中科信息	信息技术	68.58	金石东方	医药制造	62.18
环能科技	公用事业	68.54	康弘药业	医药制造	62.08
富临精工	汽车制造	68.46	海特高新	设备制造	62.02
宏达股份	有色金属	68.39	富临运业	交通运输	62.00
新乳业	食品饮料	68.39	华西集团	房地产建筑	61.74
依米康	家电建材	68.27	山鼎设计	家电建材	61.61

证券简称	所属行业名称	综合得分	证券简称	所属行业名称	综合得分
四川美丰	化工	68.26	德胜钒钛	有色金属	61.18
五粮液	食品饮料	68.18	易见股份	交通运输	60.61
西昌电力	公用事业	67.98	西部资源	有色金属	59.92
泸天化	化工	67.86	高新发展	房地产建筑	59.29
雅化集团	化工	67.83	成都银行	金融	58.99
贝瑞基因	医药制造	67.70	川威集团	商业贸易	52.78
泸州老窖	食品饮料	67.45	蓝润实业	房地产建筑	47.27
吉峰科技	商业贸易	67.28	川投集团	交通运输	46.19
帝欧家居	家电建材	67.27	ST印纪	文化旅游	45.12
银河磁体	有色金属	66.98	ST升达	公用事业	44.05
创意信息	信息技术	66.68	ST集成	汽车制造	42.98

一、可持续发展治理指标评价分析

四川企业可持续发展治理主要包括四川企业可持续发展理念及可持续发展战略等，它是体现四川企业在运营中是否注重可持续发展理念及可持续公司治理水平的重要指标。2018 年四川企业可持续发展治理指标平均得分为 35.96 分，就得分分布情况来看，其中有 5 家四川企业得分在 60～80 分，有 30 家四川企业得分在 40～60 分，有 58 家四川企业可持续发展治理指标得分在 20～40 分。总体上来说，93% 的四川企业能够在日常运营管理中融入可持续发展治理理念（见图 7 -3）。

从行业属性来看，40%（6 个）的行业平均得分超过四川所有行业平均得分，分别是公用事业（50.53 分）、有色金属行业（48.34 分）、家电建材行业（47.95 分）、农林牧渔业（43.53 分）、食品饮料行业（38.13 分）及医药制造行业（35.12 分）。而其他行业平均得分排名较为落后，但大都保持在 25 分以上（见图 7 -4）。其中，公用事业可持续发展治理行业平均得分排名最高，说明公用事业在坚定承担为居民、企事业单位提供公共产品的社会责任方面表现良好，且能够做到在日常运营和管理中积极融入可持续发展理念，推动实现可持续发展。

（家）

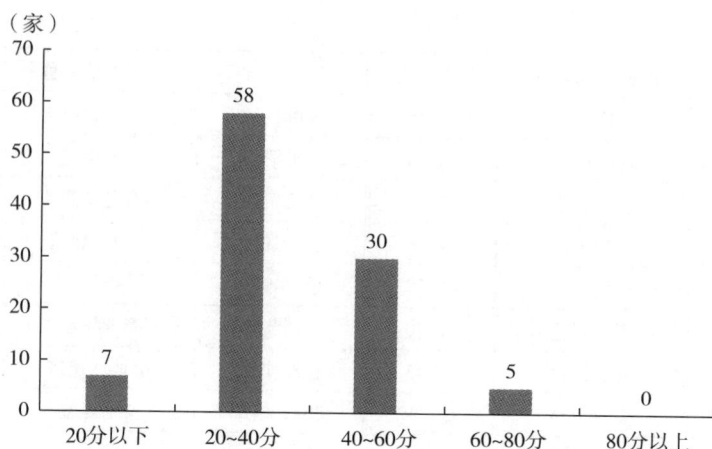

图7-3 四川企业可持续发展治理指标得分分布

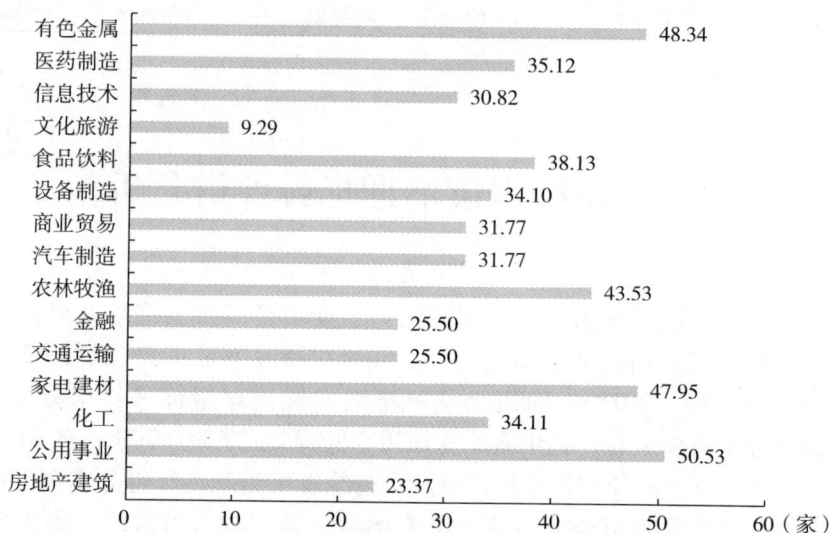

图7-4 四川企业可持续发展治理指标得分行业分布

（一）四川企业可持续发展理念普遍发展较好

2018年，有26家（26%）四川企业的可持续发展理念指标得分在80分以上，30家（30%）四川企业可持续发展理念指标得分在60～80分，而31家（31%）四川企业可持续发展理念指标得分在40～60分。就得分分布情况来看，95%的四川企业能够自觉将透明、道德、诚信、奉献等可持续发展原则融入四川企业的愿景、使命和价值观中，并在内外部沟通和日常经营中传递公司的责任理念（见图7-5）。

（家）

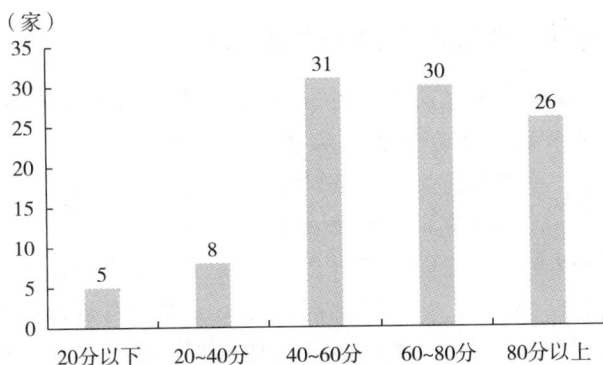

图 7－5　2018 年四川企业可持续发展理念指标得分企业分布

　　从行业属性来看，除文化旅游和有色金属行业外，其他行业内所有四川企业可持续发展理念均在四川企业使命或价值观中有所体现，其中行业平均得分超过四川企业可持续发展理念平均得分的行业有 8 个，分别是有色金属行业（71.42分）、食品饮料行业（65.17 分）、设备制造行业（66.34 分）、商业贸易行业（71.44 分）、农林牧渔行业（89.58 分）、家电建材行业（84.64 分）、化工行业（65.38 分）及公用事业（78.57 分）。其中，农林牧渔业对自然资源和环境保护的依存度较其他行业更高，因此该行业可持续发展理念指标行业平均得分最高，超过其他行业平均得分（见图 7－6）。

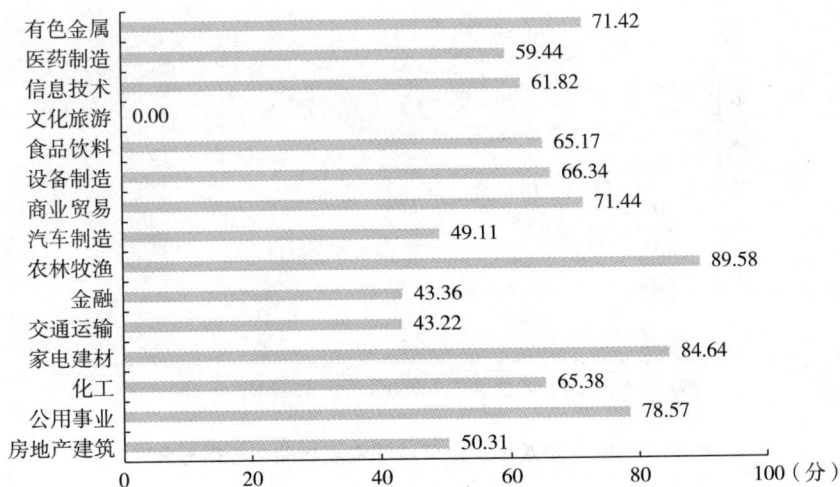

图 7－6　2018 年四川企业可持续发展理念指标得分行业分布

案例 7 - 1：兴蓉环境注重与利益相关方沟通

成都市兴蓉环境股份有限公司是中国大型水务环保综合服务商，拥有70年供水经验、30年污水处理经验，主要从事自来水生产与供应、污水处理、再生水利用、污泥处置、垃圾渗滤液处理和垃圾焚烧发电等业务，集投资、研发、设计、建设、运营于一体，拥有完善的产业链。

兴蓉环境坚持以发展为导向，提升资本价值。高度重视股东、合作伙伴、客户等利益相关方的合法权益，恪守满足利益相关方期望与诉求的原则，以发展为导向，建立健全内部管控制度，提高公司治理水平，并与各方积极合作沟通，推动实现互利共赢。

（二）四川企业可持续发展战略制定情况良好

1. 可持续发展战略

可持续发展战略是同步提升四川企业、国家和社会竞争力的一种发展模式，随着市场环境瞬息万变，这种发展模式逐渐成为四川企业的必然选择。2018年，四川企业可持续发展战略指标得分在80分以上的有22家，有11家四川企业可持续发展战略指标得分在60~80分，得分在40~60分的四川企业有33家。从得分分布情况来看，有84家（84%）四川企业制定了有利于经济、社会、环境协调平衡可持续发展的四川企业整体发展战略，或规划了相关可持续发展战略（见图7-7）。

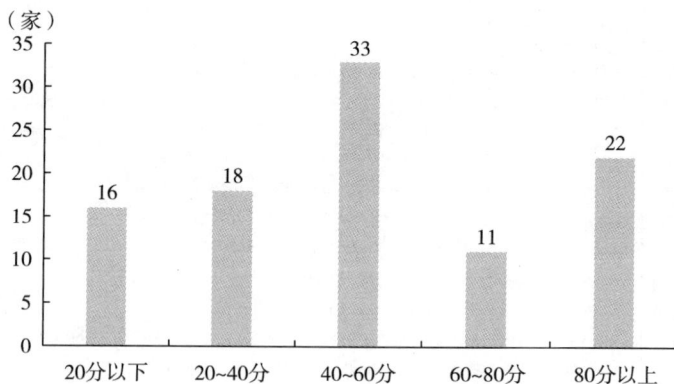

图 7 - 7 2018 年四川企业可持续发展战略指标得分分布

从行业属性来看，文化旅游业、房地产建筑行业、化工行业、交通运输业及商业贸易行业五个行业的可持续发展指标平均得分处于20~40分，信息技术行业、设备制造行业、汽车制造行业、农林牧渔行业、金融业及家电建材六个行业的平均得分在 40~60 分，医药制造行业、食品饮料行业、有色金属行业及公用事业四个行业平均得分在 60~80 分。其中，超过所有行业可持续发展战略指标平均得分的行业有八个，分别是有色金属行业（72.27 分）、医药制造行业（60.39 分）、食品饮料行业（66.72 分）、汽车制造行业（50.96 分）、农林牧渔业（53.55 分）、金融业（53.93 分）、家电建材行业（54.01 分）及公用事业（77.60 分），如图 7-8 所示。

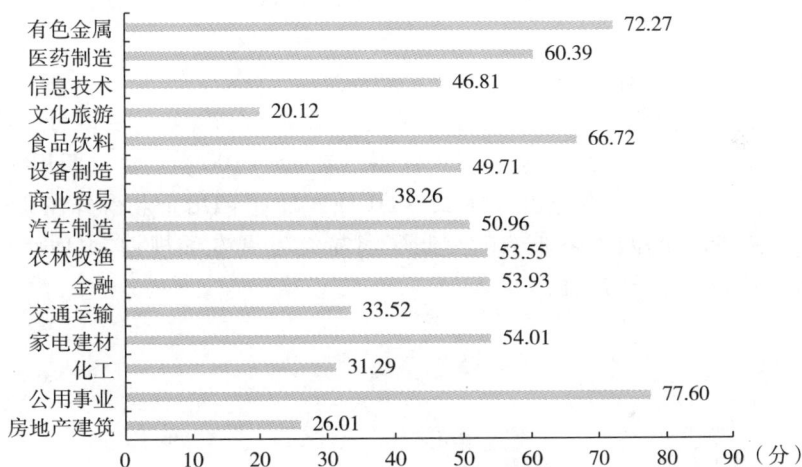

图 7-8　2018 年四川企业可持续发展战略指标得分行业分布

案例 7-2：四川新希望制定社会责任战略

四川企业的发展是追求自身经济价值增长的过程，也是不断满足社会公众期望的过程。新希望认为，社会责任应当与公司的发展战略和日常运营紧密结合，这是推动公司不断向前的根本。新希望致力于做对行业和社会发展最有价值的四川企业。

新希望将保护环境、协调发展等可持续发展理念融入使命，制定保护客户、员工、合作伙伴等利益相关方的健康安全的社会责任目标，制定发展员工价值、营造和谐商业环境、实现合作者共赢、使四川企业价值最大化的社会责任战略（见图 7-9）。

图 7 - 9　新希望社会责任管理

2. 可持续发展规划

四川企业的可持续发展规划指标的平均得分为 42.99 分，从得分分布来看，没有四川企业的得分为 0，31 家四川企业得分在 75 ~ 100 分，9 家四川企业得分在 50 ~ 75 分，19 家四川企业得分在 25 ~ 50 分，41 家四川企业得分在 0 ~ 25 分。总体来看，有 59% 的四川企业专门编制了可持续发展专项规划，且规划中的部分内容得到执行（见图 7 - 10）。

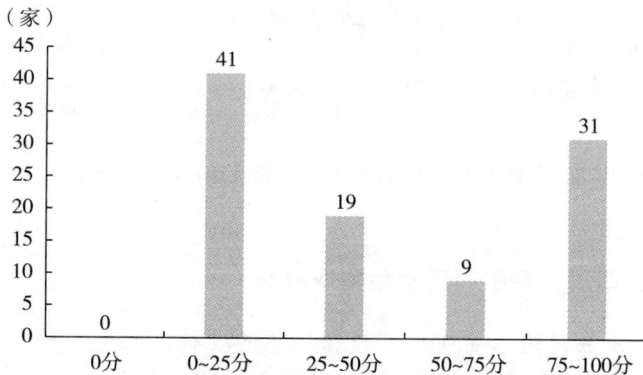

图 7 - 10　2018 年四川企业可持续发展规划指标得分分布

从企业所有制属性来看，2018 年四川公众企业可持续发展规划指标平均得分最高，分数高达 70.59 分，四川中央国有企业、四川地方国有企业及四川其他企业的平均得分较高，均在 50 分以上，四川外资企业和四川民营企业的平均得分较为落后，分别为 36.70 分和 34.99 分（见图 7 - 11）。

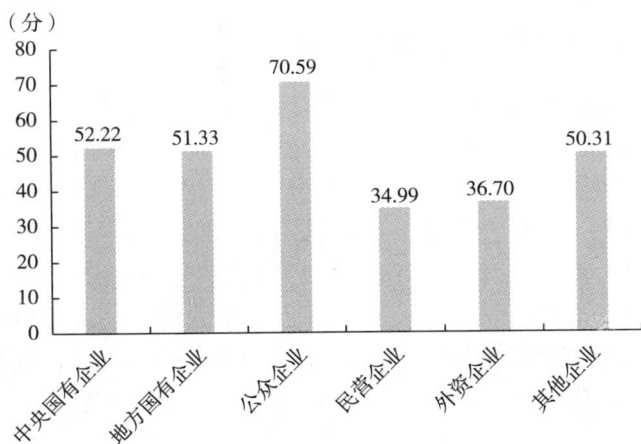

（分）

图7-11　四川企业可持续发展规划按所有制得分分布

案例7-3：乐山电力制定"以人为本、服务民生、绿色发展"可持续发展规划

公司积极打造"安全可靠、运行灵活、标准统一、经济高效"的电气水网络，提高服务质量，为客户创造价值，为股东创造财富，为员工创造幸福，合作共赢，和谐发展，为地方经济社会可持续发展贡献力量。

公司把消费者、环境、员工、社区、合作伙伴、投资者、政府和慈善公益作为关键利益相关方，界定对其应履行的责任，识别各利益相关方的关注点，确定责任目标，与各利益相关方建立和谐互信关系（见图7-12）。

图7-12　乐山电力可持续发展规划

（三）可持续公司治理水平有待进一步提升

可持续公司治理水平是四川企业将可持续发展理念运用到运营实践和管理工作的具体体现，也是评价四川企业可持续公司治理工作成效的重要指标。2018年，四川企业可持续公司治理指标平均得分为22.69分，从得分分布情况来看，有3家四川企业得分在80分以上，有2家四川企业得分在60~80分，有11家四川企业得分在40~60分，有28家四川企业得分在20~40分，有56家四川企业得分在20分以下。总体来说，44%的四川企业在运营过程中能够建立必要的组织体系和工作机制以保证公司社会责任理念得以贯彻，同时保证社会责任战略和目标得以落实（见图7-13）。

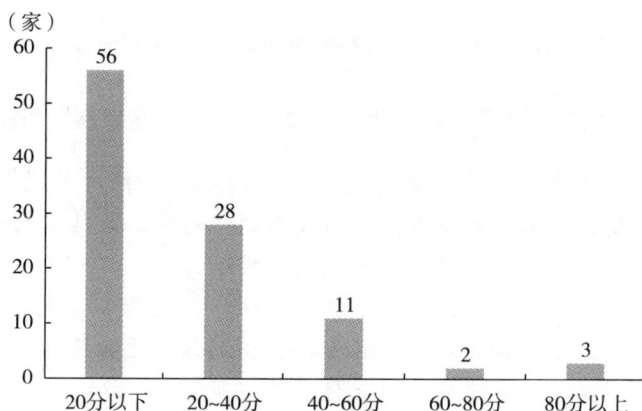

图7-13　四川企业可持续公司治理指标得分分布

从行业属性来看，四川省15个行业都建立了必要的组织体系或工作机制以保证公司社会责任理念得以贯彻，但可持续公司治理水平不高，所有行业可持续公司治理平均得分都分布在40分以下。其中，7个行业平均得分在20分以下，8个行业平均得分在20~40分。具体来看，金融行业的可持续发展公司治理指标平均得分最高，为36.53分，这可能与金融行业在日益复杂的金融风险和逐渐完善的金融监管环境下，在可持续公司治理和监管力度上有所加强有关。商业贸易排名仅次于金融行业，平均得分为35.91分，有色金属行业、医药制造行业及公用事业行业的平均得分分别为34.93分、33.98分和32.18分，而其他行业的平均得分相对落后，特别是文化旅游业可持续公司治理指标的平均得分仅为6.43分，远远落后于其他行业的平均水平（见图7-14）。文化旅游业对自然环境和人文环境的依赖较强，但利润相对其他行业来说相对偏低，因此可持续发展治理可能会造成文化旅游业较大的成本负担，从而导致该行业平均得分较低。

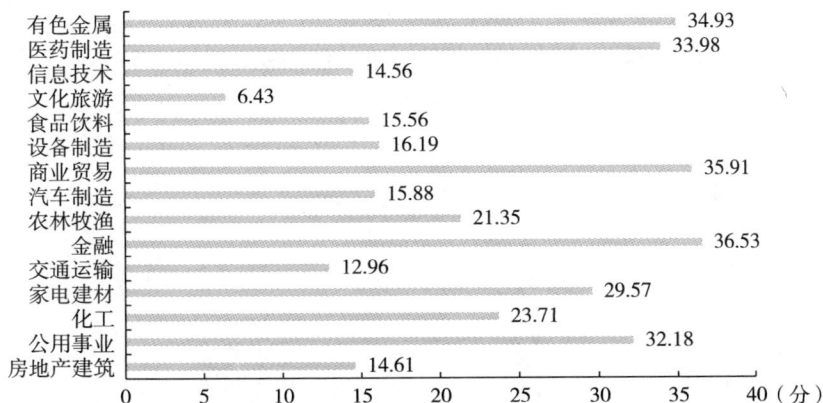

图 7－14　四川企业可持续公司治理指标得分行业分布

从企业所有制属性来看，四川公众企业可持续公司治理指标平均得分最高，且所有类型中超过四川企业可持续公司治理指标平均得分的分别是四川公众企业（25.10 分）、四川民营企业（24.12 分）；而四川中央国有企业、四川地方国有企业、四川外资企业及四川其他企业的平均得分相对落后，分布在 20 分左右。但从总体上看，四川企业可持续公司治理水平不高，有待进一步提升（见图 7－15）。

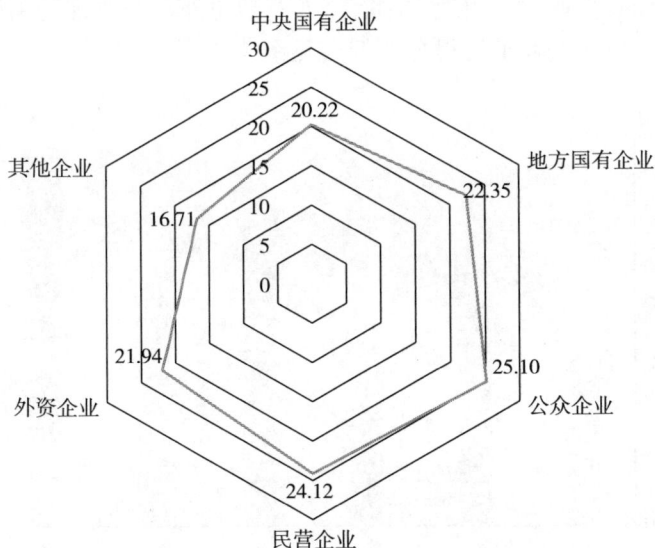

图 7－15　四川可持续公司治理指标按所有制得分分布

1. 可持续发展组织机构

从可持续发展组织机构指标得分分布来看，仅有 3 家四川企业得分在 75 分以上，没有四川企业得分分布在 50~75 分，有 19 家四川企业得分分布在 25~50 分，有 78 家四川企业得分分布在 0~25 分，说明绝大多数四川企业没有专门成立可持续发展领导机构，在实际工作中仅涉及少量可持续发展事务（见图 7-16）。

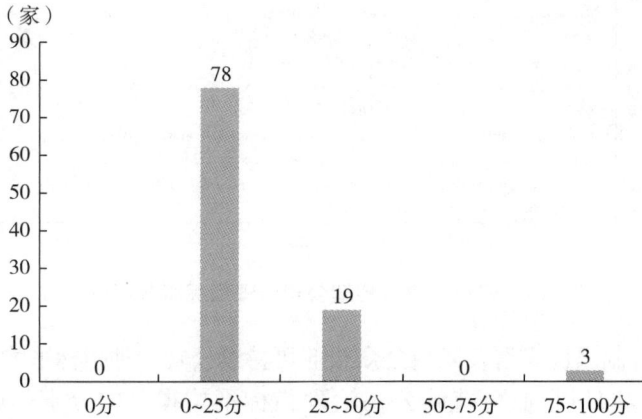

图 7-16　四川企业可持续发展组织机构指标得分分布

从企业所有制属性来看，四川其他企业的可持续发展组织机构指标平均得分最高，而四川民营企业、四川地方国有企业及四川外资企业排名稍后，四川中央国有企业和四川公众企业平均得分最低（见图 7-17）。

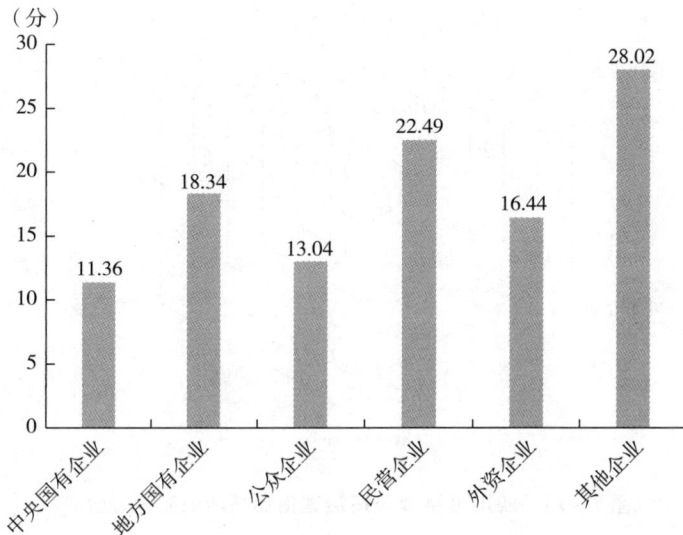

图 7-17　四川可持续发展组织机构指标按所有制类型得分分布

案例 7-4：康弘药业构建社会责任工作小组以完善可持续发展管理体系

康弘药业为进一步完善可持续发展管理体系，提升在生产经营过程中的社会责任管理水平，颁布了《社会责任管理制度》，该制度对社会责任管理人员组织架构、职责进行了明确，对集团社会责任报告撰写流程及发布要求进行了规范。其中，社会责任工作小组的组长由柯尊洪董事长担任，并分别对社会责任工作小组其他成员进行了职责分工（见图 7-18、表 7-2）。

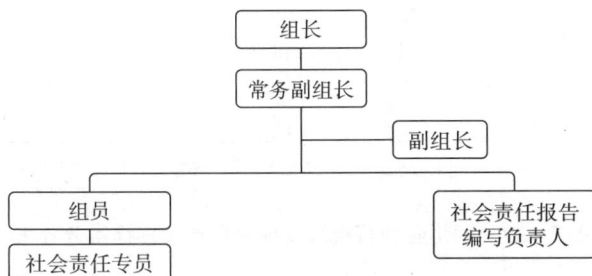

图 7-18 康弘药业社会责任工作小组架构

表 7-2 康弘药业社会责任工作小组成员及职责

成员	职责
组成	负责统筹集团及各子公司的社会责任体系建设与报告认证工作
常务副组长	负责集团企业社会责任体系建设与报告评级的全面管理
副组长	负责指导、监督、检查"各一级部门（含各独立二级部门）、各子公司"的社会责任工作开展、报告撰写及评级准备的全过程
组员	本单位社会责任工作第一责任人，直接负责所辖部门的社会责任工作开展、报告撰写及评级准备，并指导本部门"社会责任专员"开展工作
社会责任专员	归管于部门组员，负责组织、收集和提报本部门资料工作
社会责任报告撰写负责人	由市场部、工程中心、人力资源部、外务部、行政部负责人共同组成社会责任报告编写组，负责"集团社会责任报告"的编写工作

2. 可持续发展制度建设

从可持续发展制度建设指标得分来看，17 家（17%）四川企业得分在 75 分以上，1 家（1%）四川企业得分在 50～75 分，16 家（16%）四川企业得分在 25～50 分，66 家（66%）四川企业制度建设指标得分在 0～25 分，没有四川企业制度建设指标得分为 0，说明所有四川企业都专门制定了可持续发展推进制度的文件，总体来看，34%的四川企业制定的相关可持续发展推进制度文件内容较为详细，以可持续发展管理为主要内容（见图7-19）。

（家）

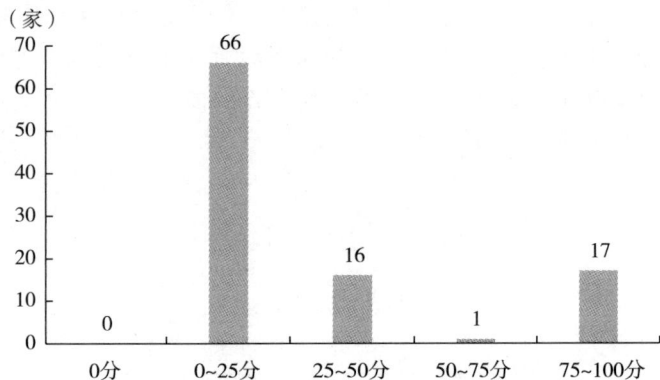

图7-19　四川企业可持续发展制度建设指标得分分布

从企业所有制属性来看，四川公众企业可持续发展制度建设指标平均得分最高，为54.78分，四川地方国有企业及四川其他企业的平均得分位居前列，分别为42.75分和39.61分，而四川民营企业、四川外资企业及四川中央国有企业的平均得分远低于排名第一的四川公众企业平均得分水平，分别为23.75分、19.26分及12.77分（见图7-20）。

（分）

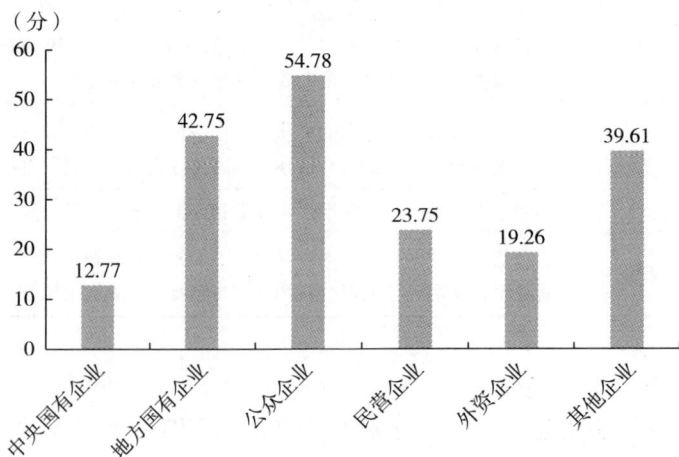

图7-20　四川可持续发展制度建设指标按所有制类型得分分布情况

（四）可持续能力建设情况亟须改善

可持续能力建设是四川企业实现可持续发展目标能力的重要体现，包括四川企业提升员工可持续发展责任意识、理论知识、实践经验和思维眼界的一系列工作，包括可持续发展专项培训、可持续发展外部交流和可持续发展知识管理三个方面。2018 年，四川可持续能力建设指标的平均得分为 24.35 分，从得分分布情况来看，有 2 家（2%）四川企业得分在 80 分以上，有 4 家（4%）四川企业得分在 60～80 分，有 17 家（17%）四川企业得分在 40～60 分，有 16 家（16%）四川企业得分在 20～40 分，有 61 家四川企业的得分在 20 分以下。总体来说，39% 的四川企业开展了可持续能力建设活动（见图 7-21），总体上四川企业可持续能力建设情况不理想，亟须得到改善。

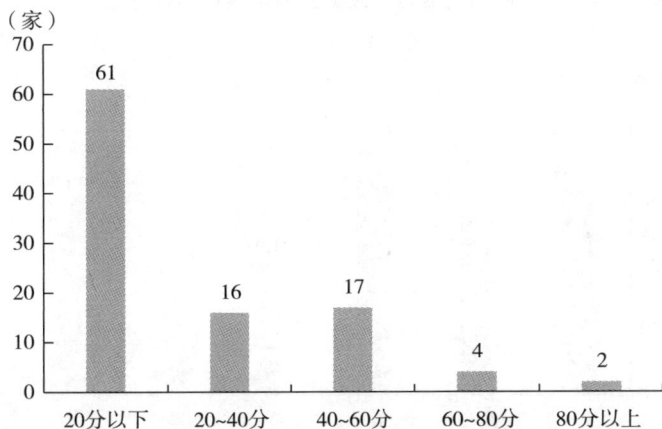

（家）

图 7-21　四川企业可持续能力建设指标得分四川企业分布

从行业属性来看，业内所有公司都进行了相关可持续发展专项培训、可持续发展外部交流和可持续发展知识管理。其中，公用事业可持续能力建设指标行业平均得分为 48.12 分，在所有行业平均得分中排名第一。家电建材行业平均得分为 43.68 分，略低于公用事业，在所有行业中得分排名第二。而农林牧渔、有色金属及化工行业平均得分接近，分别为 29.79 分、28.11 分及 27.53 分。其他行业的平均得分远低于排名第一的公用事业，平均得分均分布在 20 分以下（见图 7-22）。

从企业所有制属性来看，四川公众企业可持续能力建设指标平均得分最高，为 38.54 分，四川中央国有企业排名第二，平均得分 32.33 分。四川其他企业平均得分大多分布在 20～30 分（见图 7-23）。

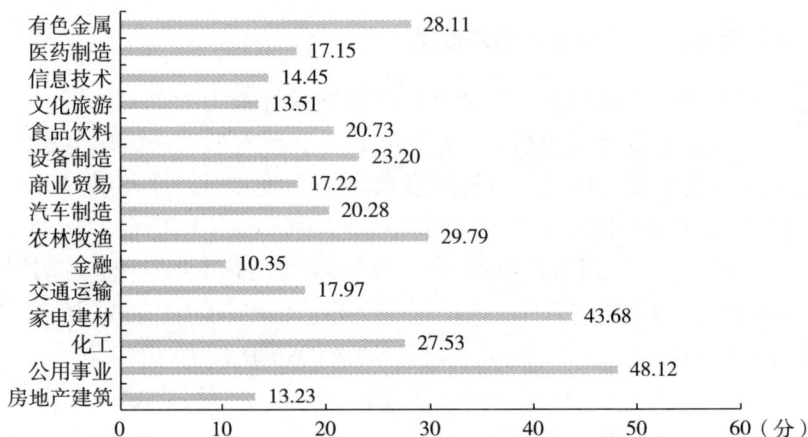

图7-22　四川企业可持续能力建设指标得分行业分布

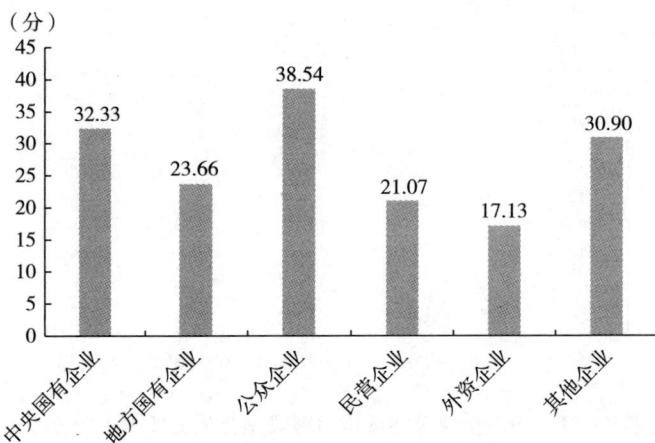

图7-23　四川企业可持续能力建设指标按所有制类型得分分布情况

1. 可持续发展专项培训

可持续发展专项培训是指四川企业组织公司领导层或员工开展的针对可持续发展工作的专项培训，它是评价四川企业可持续发展专项培训覆盖率及形式多样性等的重要指标。2018年，可持续发展专项培训这项三级指标的平均得分为27.57分。从得分分布情况来看，没有四川企业得分是0，说明所有四川企业在近三年内至少开展过一次可持续发展专项培训。66家（66%）四川企业得分在0~25分，16家（16%）四川企业得分在25~50分，1家（1%）四川企业得分在50~75分，17家（17%）四川企业得分超过75分。总体来说，34%的四川企业在近三年内至少召开过两次可持续发展转型培训，培训对象覆盖范围较广，培训方式包括专家讲座、圆桌讨论、情景模拟等多种形式（见图7－24）。

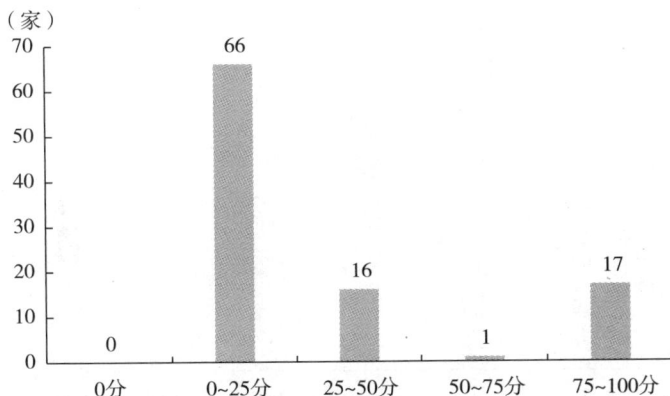

图7－24 四川企业可持续发展专项培训指标得分分布情况

从行业属性来看，超过四川企业可持续发展专项培训指标平均得分的行业有六个，分别是公用事业（73.26分）、农林牧渔行业（51.68分）、家电建材行业（43.68分）、商业贸易行业（33.24分）、汽车制造行业（33.24分）、化工企业（27.10分）及设备制造行业（28.55分），其他行业平均得分均低于25分。总体来说，四川企业可持续发展专项培训存在改进的空间（见图7－25）。

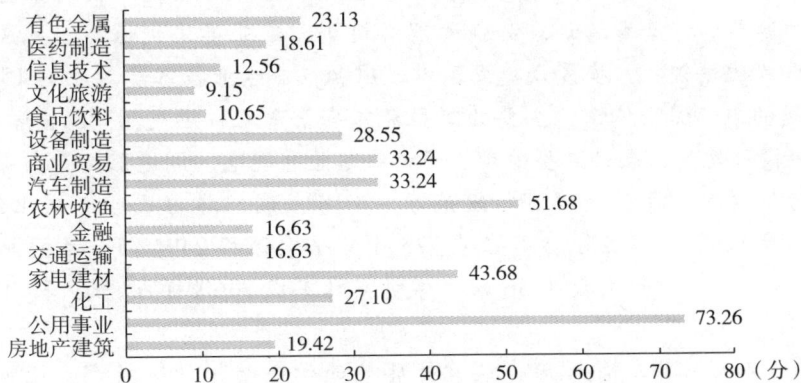

图7－25 四川企业可持续发展专项培训指标得分行业分布

从企业所有制属性来看，四川公众企业及四川中央国有企业在可持续发展专项培训指标上平均得分最高，分别为44.50分和42.39分，四川其他企业居于其后，得分为 39.28 分，而四川地方国有企业和四川民营企业则排名落后，平均得分为 25.16 分和 22.98 分，四川外资企业平均得分最低，与其他所有制类型平均得分之间有较大差距，平均得分为 9.44 分（见图 7－26）。

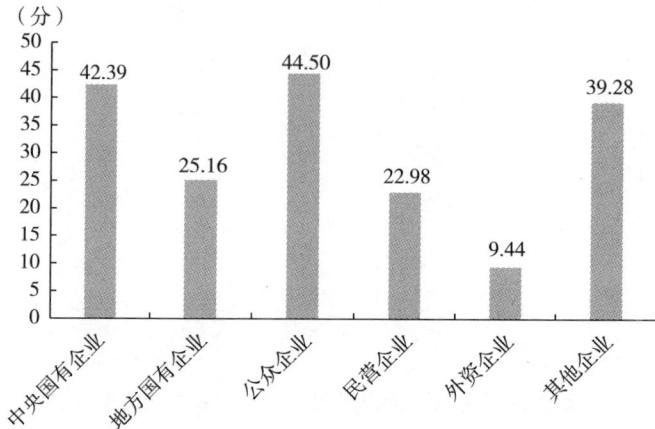

（分）

图 7－26　四川企业可持续发展专项培训指标按所有制类型得分分布

案例 7－5：广安爱众重视职工培训

广安爱众高度重视职工的培训工作，设有完善的培训制度，从员工入职伊始即开展系统的培训，做到多样性、专业性培训不间断。2018 年公司举行了形式多样、种类丰富的各类培训，加强管理类培训、专业类培训课程，完成 435 场次、5403 人次培训。广安爱众建立了以通用和行业专业技术类为主的 15 个序列 58 个专题的内部课程体系，主要为工程施工安全管理、燃气用 PE 管焊接技术、给水安装设计规范、表计选型管理、停电线路验电规范、调速器运行与维护、变电站运行与维护、污水处理运行规范等。2018 年网络学习平台正式上线推广，共租赁账号 1000 个，实际启用账号 775 个，平台课程 2494 门，访问总次数为 36761 人次，人均访问次数为 36 次；学员累计完成 73608 门课程，人均完成 74 门课程。

通过加强党委中心组学习，认真开展"两学一做"学习教育，扎实学习党章和习近平总书记系列讲话，将《关于共产党员、党组织违反党的政治纪律行为的处分规定》《中国共产党廉洁自律准则》《中国共产党纪律处分条例》等内容列入中心组和各级党组织集中必学篇目，深入贯彻落实市委"两转一提一抓"活动，教育党员干部受警醒、明底线、知敬畏，不断增强拒腐防变能力。

2. 可持续发展知识管理

可持续发展知识管理是指四川企业安排专人对可持续发展知识、经验、案例的定期整理、更新和共享。四川企业通过可持续发展知识管理能够将可持续发展管理系统化和常规化。2018 年，可持续发展知识管理这项三级指标的平均得分为 20.63 分。从得分分布来看，没有四川企业的可持续发展知识管理指标得分为 0 分，说明所有四川企业至少安排了 1 名员工负责可持续发展知识管理。有 78 家四川企业得分在 0～25 分，15 家四川企业得分在 25～50 分，有 2 家四川企业得分在 50～75 分，得分在 75 分以上的四川企业有 5 家。总体来说，有 22% 的四川企业在安排员工负责可持续发展知识管理的基础上，能够以多种形式在公司内传播可持续发展相关知识理论，确保员工在日常生活中能够随时获取并及时应用所需要的可持续发展知识（见图 7－27）。

（家）

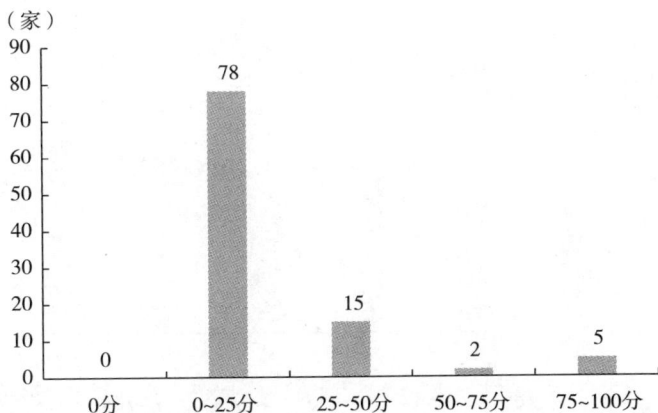

图 7－27　四川企业可持续发展知识管理指标得分分布

从行业属性来看，行业可持续发展知识管理三级指标平均得分超过四川企业平均得分的行业有六个，分别是家电建材行业（46.09 分）、化工行业（31.27 分）、有色金属行业（23.48 分）、食品饮料行业（23.39 分）、公用事业（20.85 分）及农林牧渔业（20.64 分）。其他行业的平均得分相对落后，大体分布在 20 分以下（见图 7－28）。

从企业所有制属性来看，四川各种所有制类型企业可持续发展知识管理指标的平均得分差距不大，总体上维持在 20～30 分，其中四川公众企业平均得分最高，为 31.18 分，而四川其他企业、四川外资企业、四川民营企业平均得分接近，分别为 23.00 分、20.99 分及 20.12 分，四川地方国有企业和中央国有企业平均得分略低，分别为 19.32 分和 17.98 分（见图 7－29）。

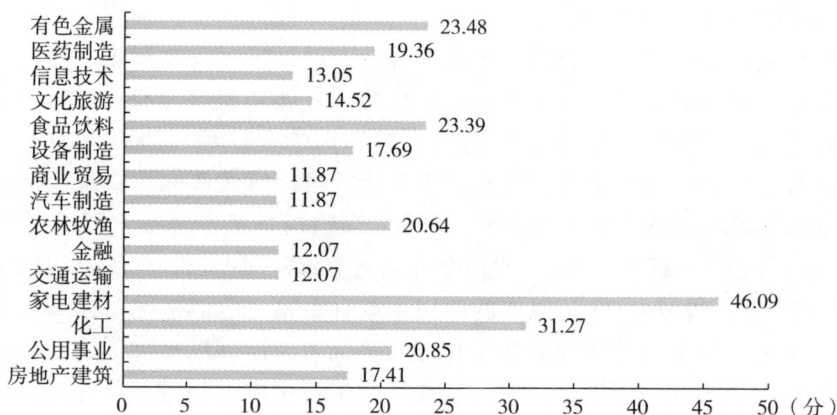

图7-28　四川企业可持续发展知识管理指标得分行业分布

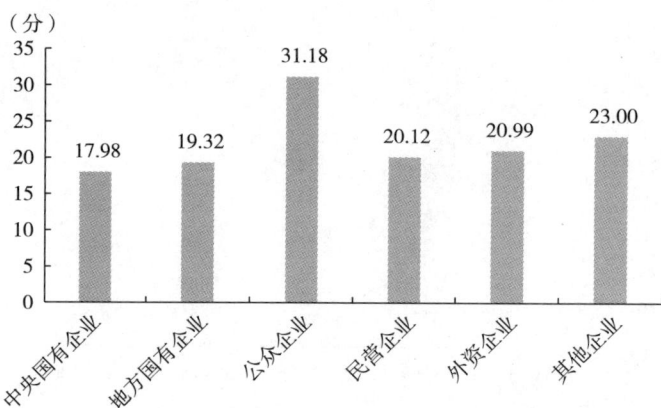

图7-29　四川企业可持续发展知识管理按所有制类型得分分布

案例7-6：康弘药业通过多种方式加强可持续发展知识的管理

康弘药业坚持诚信、互动、平等的原则，建立健全利益相关方沟通参与机制。重视加强与利益相关方的沟通和交流，积极履行对各利益相关方的责任。

第一，设立内刊——社会责任专题。康弘内刊《时代康弘》开设社会责任专题栏目，传播和宣贯社会责任理念，定期发布公司社会责任相关工作动态。

第二，在网站中开设社会责任专栏。康弘药业在公司网站中特别增设社会责任专栏，官方网站覆盖集团在创新、产品、传播中所做的社会责任和企业文化方面的工作和成绩。

第三，举办行业论坛会议。康弘药业在用药安全、疾病预防科普等方面，积极参与行业内国际国内学术会议，为安全合理使用产品奠定了基础，同时与社会、公众等相关方建立了有效的沟通。

（五）可持续发展管理投入普遍不足

可持续发展管理投入能够体现四川企业为推进可持续发展工作所提供的资源保障，2018 年，四川企业可持续发展管理投入指标平均得分 18.63 分。从得分分布情况来看，有 3 家四川企业得分在 60 ~ 80 分，有 6 家四川企业得分在 40 ~ 60 分，有 20 家四川企业得分在 20 ~ 40 分，有 71 家四川企业得分在 20 分以下。总体来看，只有 29% 的四川企业在推进可持续发展工作上能够给予相对充足的资源保障，可见四川企业可持续发展管理投入普遍不足（见图 7 - 30）。其中，可持续发展管理投入得分最高的四川企业是西部资源，得分为 61.75 分，主要是因为该企业相对其他四川企业的可持续发展专项预算较高，但绝对数额仍然不高，导致四川企业可持续发展管理投入整体表现较差。

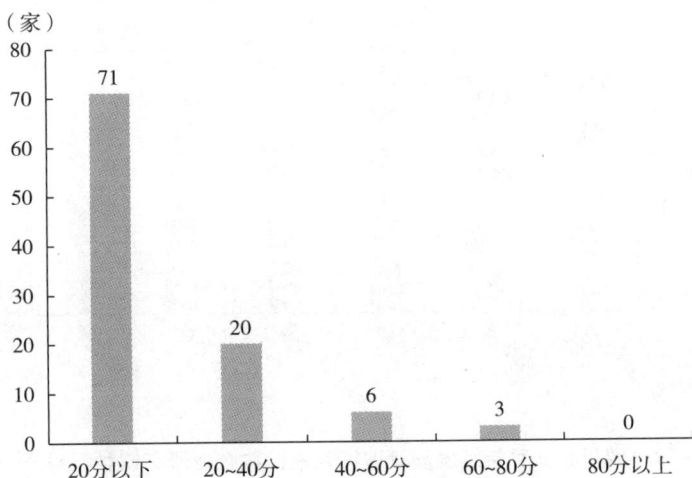

图 7 - 30　四川企业可持续发展管理投入指标得分分布

从行业属性来看，业内所有公司都在可持续发展工作上有所投入的行业有 15 个，其中有色金属行业可持续发展管理投入指标平均得分最高。所有行业中，平均得分超过四川企业平均得分的行业有六个，分别为有色金属行业（40.16 分）、金融行业（31.62 分）、家电建材行业（22.97 分）、食品饮料行业（21.58 分）、农林牧渔业（21.27 分）及化工行业（19.47 分）。其他行业的平均得分相对较低，大多分布在 20 分以下（见图 7 - 31）。

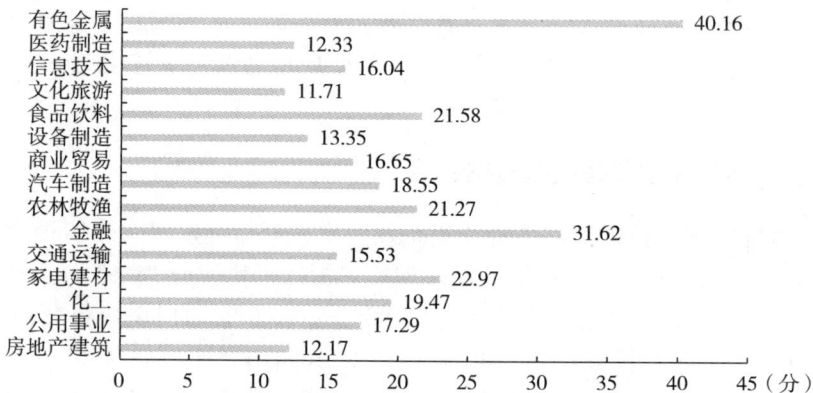

图7-31　四川企业可持续发展管理投入指标得分行业分布

从企业所有制属性来看，各种所有制类型的四川企业平均得分差别不大，基本上维持在20分左右，其中四川中央国有企业平均得分相对较高，为20.43分。总体来说，四川企业可持续发展管理投入不足，尚存在改进的空间（见图7-32）。

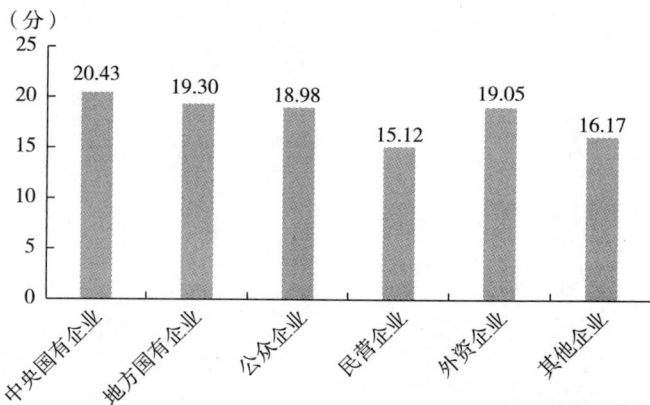

图7-32　四川企业可持续发展管理投入指标按企业所有制类型得分分布

1. 可持续发展专项预算

可持续发展专项预算是指四川企业为可持续发展推进工作安排的专项资金预算，表现为四川企业在可持续发展专职部门和人员的日常运营以及可持续发展实践活动中提供的相关专项费用等。可持续发展专项资金预算这项三级指标的平均得分为19.27分。从得分分布来看，有4家四川企业得分超过75分，有2家四川企业得分在50~75分，有19家四川企业得分在25~50分，有75家四川企业得分在0~25分，没有四川企业得分为0分，说明所有四川企业都安排了可持续发展专项资金预算（见图7-33）。

（家）

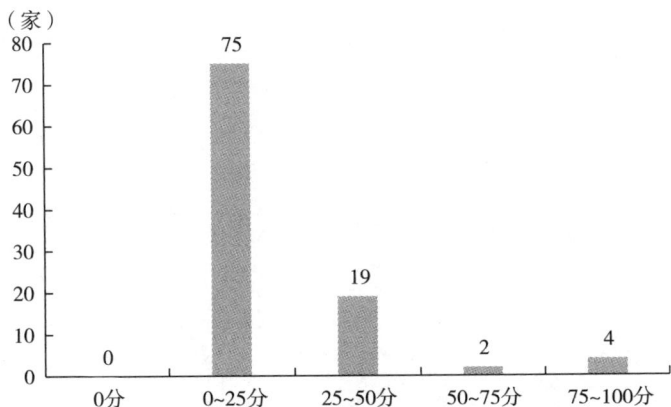

图 7－33　四川企业可持续发展专项资金预算指标得分分布

　　从行业属性来看，有色金属行业的可持续发展专项资金预算指标平均得分最高，为 48.82 分，而其他行业的平均得分则远落后于有色金属行业，大体分布在 25 分以下。平均得分超过四川企业平均得分的行业有六个，分别是有色金属行业（48.82 分）、农林牧渔业（25.99 分）、家电建材行业（25.31 分）、化工行业（23.10 分）、公用事业（22.94 分）及信息技术行业（20.12 分）。总体来说，四川企业可持续发展专项资金预算指标得分不高，基本上没有建立年度社会责任专项资金预算，仅临时对需要在社会责任工作上的花费实行申报（见图 7－34）。

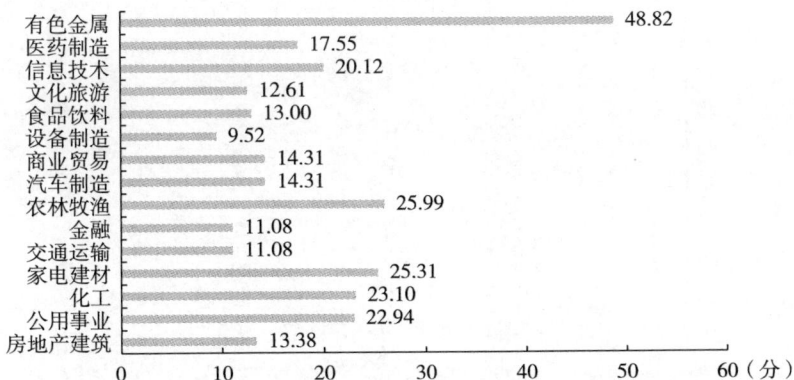

图 7－34　四川企业可持续发展专项资金预算指标行业分布

　　从企业所有制属性来看，四川民营企业可持续发展专项资金预算指标平均得分最高，为 21.75 分，其次为四川中央国有企业，平均得分为 19.43 分，四川其他企业平均得分为 17.07 分，四川地方国有企业、四川公众企业和四川外资企业平均得分相对较低，分别为 15.45 分、13.99 分及 10.72 分（见图 7－35）。

（分）

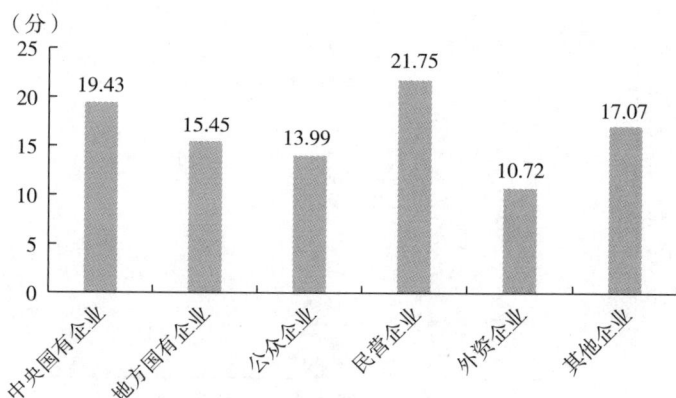

图 7-35 四川企业可持续发展专项资金预算指标按所有制类型得分分布

2. 可持续发展专兼职人员

可持续发展专兼职人员是指公司专职从事可持续发展推进工作的员工，对这一指标的评价取决于公司是否有专职人员、人员是否具备可持续发展专业知识或工作背景、专职人员是否固定等。2018年，四川企业可持续发展专兼职人员这项三级指标的平均得分为18.52分。从得分分布来看，有3家四川企业得分在75分以上，有1家四川企业得分在50~75分，有17家四川企业得分在25~50分，有79家四川企业得分在0~25分，没有四川企业得分为0，说明所有四川企业都至少有1名可持续发展专职人员或兼职人员（见图7-36）。

（家）

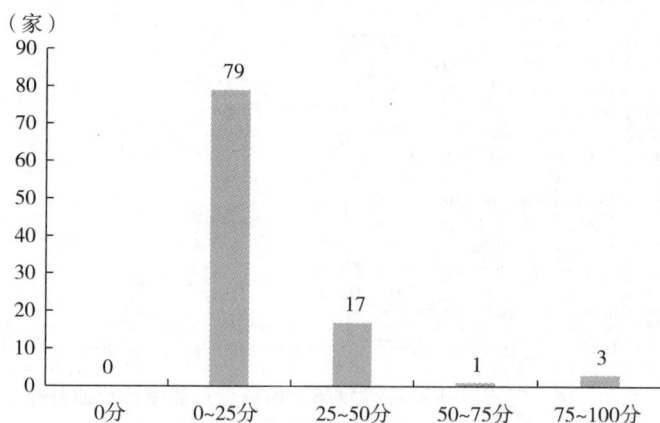

图 7-36 四川企业可持续发展专兼职人员指标得分分布

从行业属性来看，食品饮料行业在可持续发展专兼职人员指标上平均得分为27.83分，在所有行业中排名第一，这可能与食品饮料行业在食品安全上要求较高，且食品监管制度比较完善有关。而有色金属行业、农林牧渔业、文化旅游业及化工行业的平均得分略低于食品饮料行业，分别为 25.70 分、23.60 分、21.84 分及 21.39 分，其他行业的平均得分较低，大体上分布在 15 分左右（见图 7 - 37）。

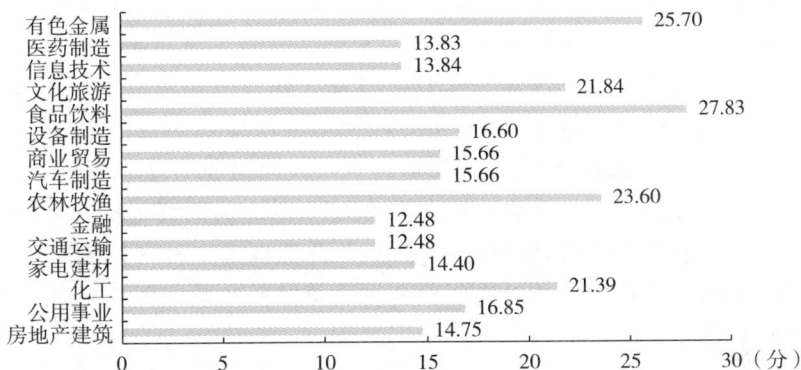

图 7 - 37　四川企业可持续发展专兼职人员指标得分行业分布

从企业所有制属性来看，四川地方国有企业可持续发展专兼职人员指标平均得分最高，为 27.07 分，四川公众企业和四川外资企业平均得分略低于四川地方国有企业，得分分别为 19.73 分和 19.23 分，而四川民营企业、四川其他企业及四川中央国有企业的平均得分则远低于四川地方国有企业，分别为 16.78 分、15.87 分及 13.23 分。总体上来说，各种所有制类型的平均得分分布在 25 分左右（见图 7 - 38）。

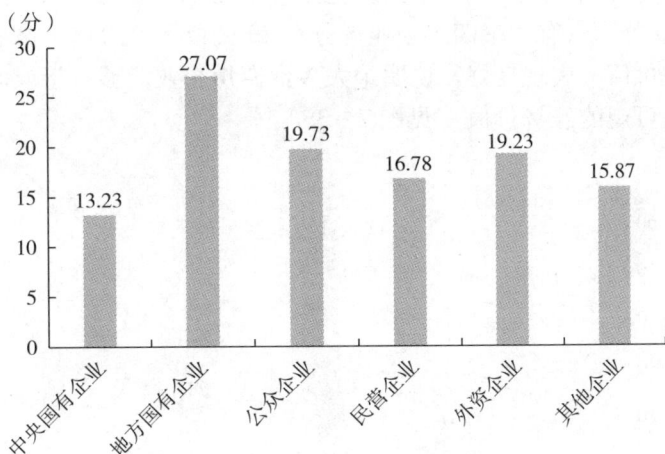

图 7 - 38　四川企业可持续发展专兼职人员指标按所有制类型得分分布

案例 7 - 7：天齐锂业设置专职人员开展社会责任工作

天齐锂业设立专职社会责任部门，由总裁直接领导，并配备三名专职人员负责天齐锂业的可持续发展战略规划及日常管理工作。报告期内在公司内部形成了纵向联动、横向联合的可持续发展责任工作机制，有效促进了各项社会责任工作的开展，包括维护股东、债权人的合法权益，践行责任采购，完善客服体系，确保产品质量和安全生产，保障员工权益，重视生态和环境保护，通过精准扶贫、四川企业员工志愿服务和社区建设项目，推动文化交流，与利益相关方在经济、社会和环境等领域携手共创可持续价值。

2018年，天齐锂业社会责任部明确了"以风险防控为基础保障力，以价值创造为内生驱动力，以品牌影响为外在影响力"的社会责任战略，在外部专业机构的指导下开展了社会责任管理体系建设工作，明确了"对内促管理，对外促沟通"的部门定位，通过同各部门建立长效沟通协作的方式，将社会责任工作切实融入公司的日常经营活动中。

二、可持续经济价值指标评价分析

可持续经济价值是四川企业生产经营活动直接或间接创造的有利于社会经济可持续发展的经营绩效及税收、就业、技术溢出等社会效应。2018年，四川企业可持续经济价值指标平均得分为49.87分。从得分分布情况来看，有23家四川企业得分在60~80分，有57家四川企业得分在40~60分，有16家四川企业得分在20~40分，只有4家四川企业得分在20分以下。总体上来看，四川企业在可持续经济价值上表现良好，说明绝大多数四川企业能够直接或间接为社会可持续发展创造可观的经济价值（见图7-39）。

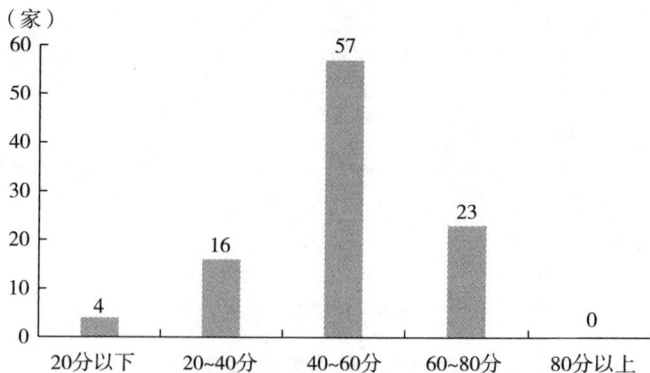

图7-39 四川企业可持续发展经济价值指标得分分布

从行业属性来看，所有行业的平均得分都分布在 40～60 分。其中，家电建材行业平均得分最高，达 59.38 分，说明家电建材行业在创造税收和解决就业方面成效明显。金融行业和交通运输行业次之，平均得分均为 59.05 分，信息技术行业、化工行业及农林牧渔业的平均得分接近，分别为 56.24 分、55.99 分及 55.08 分。其他行业的平均得分相对较低，但都在 40 分以上（见图 7 - 40）。

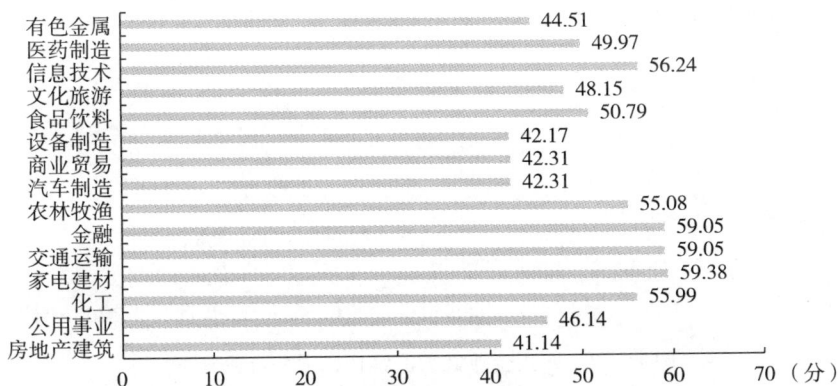

图 7 - 40　四川企业可持续发展经济指标得分行业分布

（一）四川企业经营业绩表现良好

四川企业经营业绩是四川企业生产经营直接创造的价值，具体体现为四川企业的营业收入和净利润表现。2018 年，四川企业经营业绩指标平均得分为 70.78 分。就得分分布来看，82 家（82%）四川企业经营业绩指标得分在 60 分以上，说明大体上四川企业在营业收入和净利润上表现良好（见图 7 - 41）。

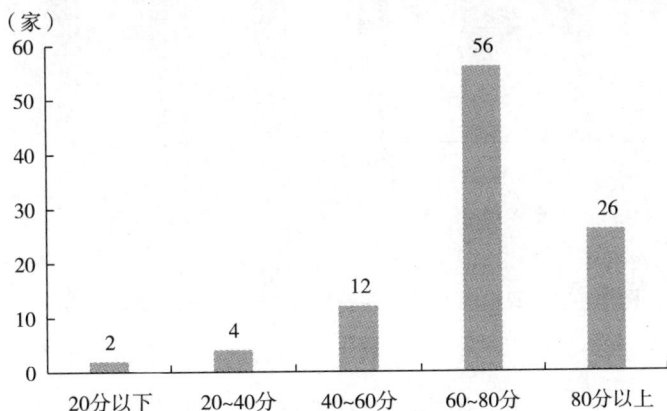

图 7 - 41　四川企业经营业绩指标得分分布

从行业属性来看，13 个（86.7%）行业的四川企业经营业绩指标平均得分在 60 分以上。其中，农林牧渔业的平均得分为 86.04 分，在所有行业中平均得分最高。医药制造行业平均得分略低于农林牧渔业，为 82.33 分。其他行业的平均得分相对落后，但大多高于 60 分（见图 7-42）。

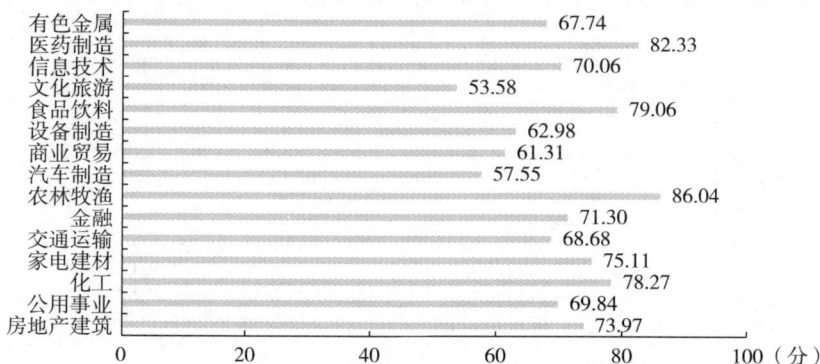

图 7-42　四川企业经营业绩指标得分行业分布

从企业所有制属性来看，除四川民营企业外，其他所有制类型的四川企业经营业绩平均得分均在 60 分以上，特别是四川外资企业平均得分高达 81.57 分（见图 7-43）。

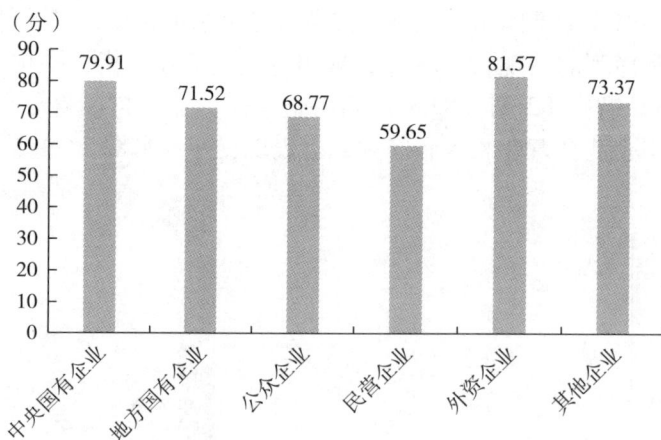

图 7-43　四川企业经营业绩指标按所有制类型得分分布

1. 营业收入

四川企业营业收入这项三级指标平均得分为 75.52 分。从得分分布来看，只有 2 家四川企业的营业收入得分在 50 分以下，有 52 家四川企业得分在 50～75

分，有 46 家四川企业得分在 75 分以上（见图 7 - 44）。因此，98% 的四川企业的营业收入在 1000 万元以上且在 2018 年有所提升，其中 46% 的四川企业营业收入在 10 亿元以上。

（家）

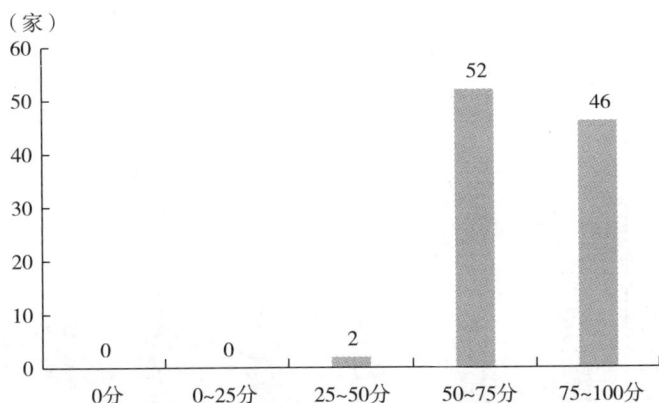

图 7 - 44　四川企业营业收入指标得分分布

从行业属性来看，所有行业的营业收入指标平均得分均在 60 分以上，其中农林牧渔行业的营业收入平均得分最高，为 90.50 分，说明农林牧渔行业平均营业收入在 500 亿元以上。有色金属行业和房地产建筑行业的平均得分排名也较为靠前，得分分别为 82.67 分和 82.33 分，其他行业的平均得分排名虽然相对落后，但绝对平均得分仍然在 60 ~ 80 分。总体上来说，四川企业的营业收入得分较高（见图 7 - 45）。

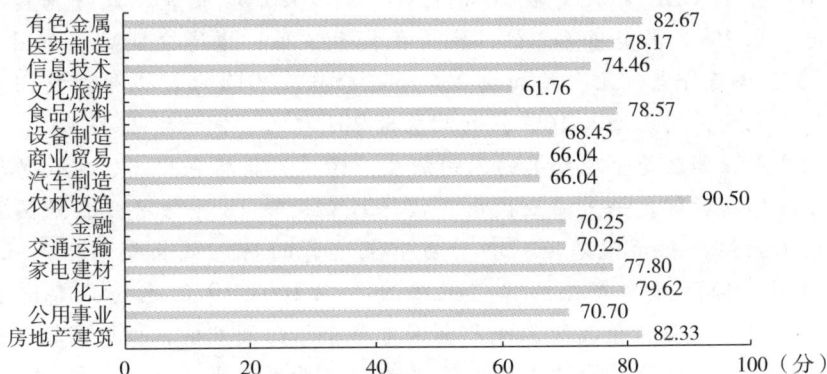

图 7 - 45　四川企业营业收入指标得分行业分布

从企业所有制属性来看，所有类型的四川企业平均得分均高于 60 分，其中，四川外资企业的平均得分最高，为 80.50 分，其次为四川地方国有企业，平均得分为 79.26 分，而四川中央国有企业、四川公众企业及四川民营企业的平均得分接近，分别为 74.22 分、74.20 分和 73.69 分。四川其他企业平均得分最低，但也高于 60 分，说明四川企业经营收入方面表现良好（见图 7－46）。

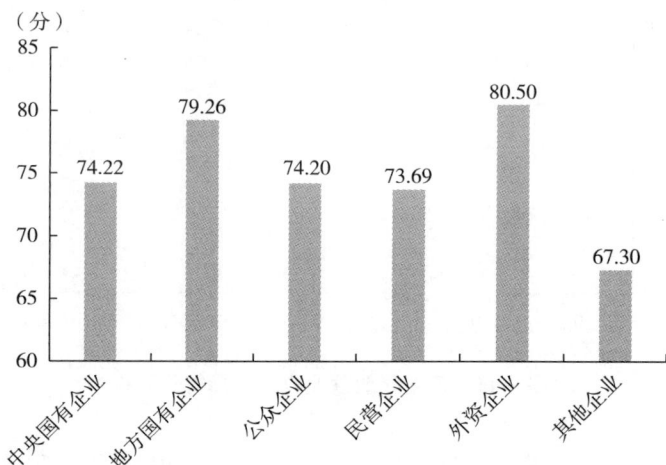

图 7－46　四川企业营业收入指标按所有制类型得分分布

案例 7－8：五粮液 2018 年营业收入逐年递增，极大促进当地经济发展

四川五粮液在 2018 年营业收入逐年递增，为宜宾的经济增长做出了巨大贡献。2018 年宜宾 GDP 首次突破 2000 亿元，达 2026.37 亿元，总量居全省第 4 位，增速为 9.2%，居全省第 2 位，比上年提升 3 位；增速分别高于全国、全省 2.6 个、1.2 个百分点，比上年加快 0.4 个百分点。2018 年，五粮液集团实现销售收入 931 亿元，同比增长 16%，利润总额 201 亿元，同比增长 41%。

五粮液产业园区是全球知名的以白酒生产为主，集特色生态、文化体验、工业旅游于一体的国际化一流产业园区。园区规划面积 18 平方公里，是国家国优名酒新型工业化产业示范基地、四川省重点培育的特色成长型千亿产业园区。2018 年 6 月，园区主导产业品牌"五粮液"以 1607.19 亿元的品牌价值入选2018 中国 500 强最具价值品牌，也是全国首个千亿白酒产区，被中国轻工业联合会、中国酒业协会持续授予"中国白酒之都""世界十大烈酒产区"荣誉称号，使宜宾"中国酒都"的地位更加巩固。

2. 净利润

净利润指标体现了四川企业净利润的数量及增长趋势。2018 年四川企业净利润这项三级指标平均得分为 68.74 分。从得分分布来看，有 40 家四川企业得分在 75 ~ 100 分，有 42 家四川企业得分在 50 ~ 75 分，有 16 家四川企业得分在 25 ~ 50 分，有 2 家四川企业得分在 0 ~ 25 分。总体上来说，82% 的四川企业年度利润较上年有所增加（见图 7 – 47）。

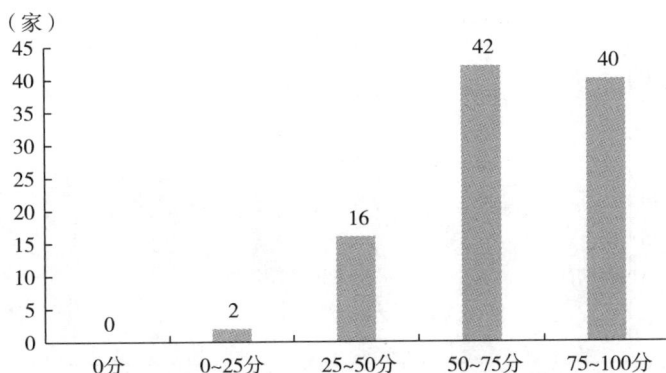

图 7 – 47 四川企业净利润指标得分分布

从行业属性来看，66.7%（10 个）的行业四川企业净利润指标平均得分在 60 分以上，其中医药制造行业的平均得分最高，为 86.49 分，其次为农林牧渔业，平均得分为 81.58 分，在所有行业中排名第二。其他行业的净利润指标平均得分均低于上述两个行业，但大体分布在 50 ~ 75 分（见图 7 – 48）。

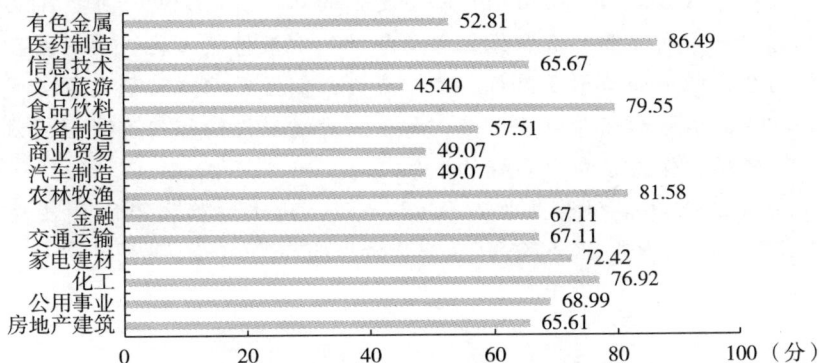

图 7 – 48 四川企业净利润指标得分行业分布

从企业所有制属性来看，除四川其他企业类型外，其他所有制类型的四川企业平均得分均在 60 分以上。其中，四川外资企业的净利润平均得分最高，为 82.63 分，四川地方国有企业次之，分数略低于外资四川企业，达到 80.55 分，而四川中央国有企业、四川公众企业和四川民营企业平均得分接近，分别为 72.51 分、68.84 分和 63.85 分（见图 7 - 49）。

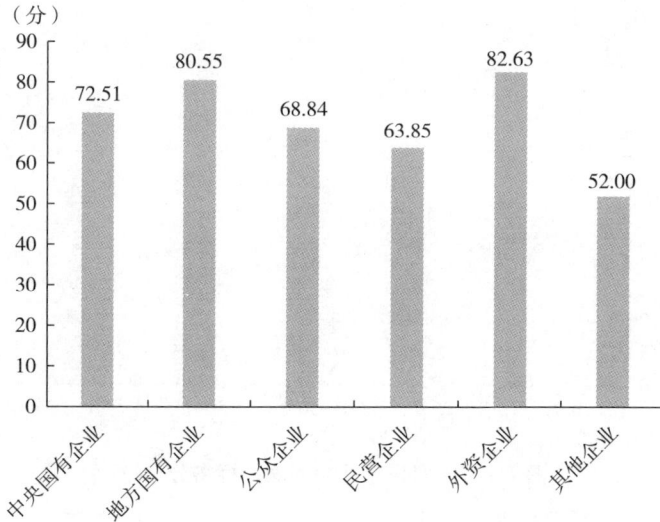

（分）

图 7 - 49　四川企业净利润指标按所有制类型得分分布

案例 7 - 9：四川西昌电力提升经营业绩，筑牢履责基础

良好的经营状况是四川西昌履行社会责任的基础。过去的一年，电力体制改革深入推进，一系列降低电价和优化营商环境的政策持续落地，面对复杂严峻的外部经济形势，四川西昌承压前行，克难奋进，以坚定构建坚强电网为目标，努力提升内控管理水平和优质服务水平，加强对外增供促销和内部减损增效，全力谋发展、拓市场，保持了稳中向好的发展趋势。

四川西昌 2018 年实现营业收入 9.45 亿元，同比增长 2.79%；实现净利润 7068.33 万元，同比增长 58.52%；资产负债率为 56.44%（见图 7 - 50）。

（亿元）

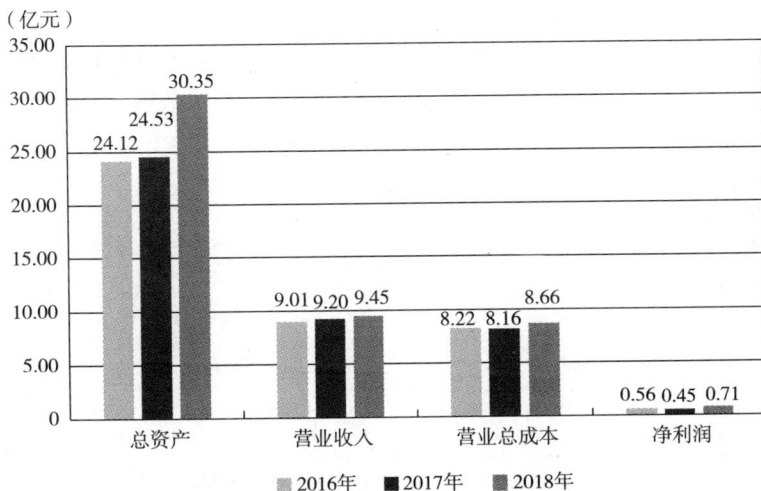

图 7 –50　西昌电力 2018 年财务绩效

（二）四川企业经济影响表现良好

四川企业经济影响是四川企业生产运营活动对社会经济环境的间接影响，包括对国家税收的贡献和对社会就业的贡献等。2018 年，四川企业经济影响指标平均得分为 57.65 分。就得分分布情况来看，有 6 家四川企业得分在 80 分以上，有 48 家四川企业得分在 60~80 分，有 27 家四川企业得分在 40~60 分，有 14 家四川企业得分在 20~40 分，有 5 家四川企业得分在 20 分以下。总体上来看，有 54% 的四川企业得分超过 60 分，四川企业在税收和就业上有相当贡献，经济影响表现良好（见图 7 –51）。

（家）

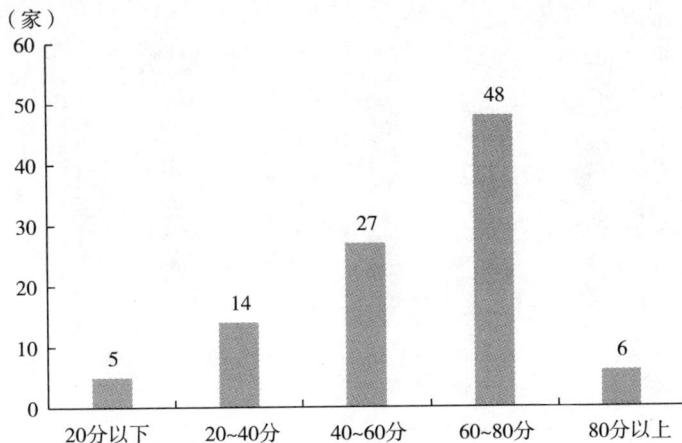

图 7 –51　四川企业经济影响指标得分分布

从行业属性来看，有六个行业的平均得分在 60 分以上，其中农林牧渔业平均得分最高，为 82.16 分，医药制造行业排名第二，平均得分为 76.08 分，其他行业的平均得分略低，但大多维持在 40~65 分，总体上来说，各行业经济影响表现良好（见图 7-52）。

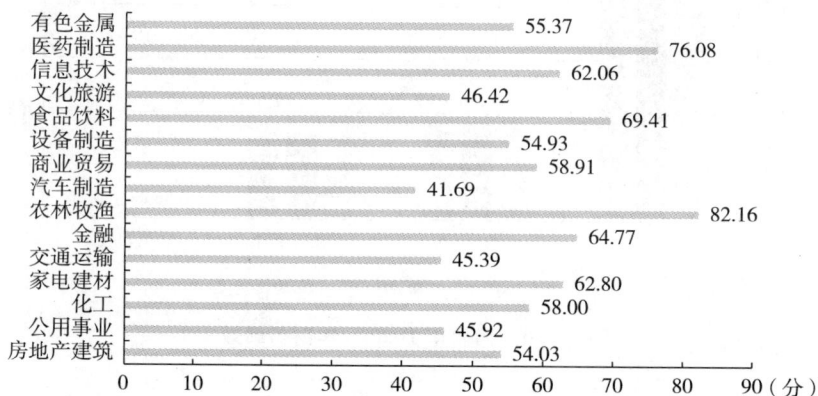

图 7-52　四川企业经济影响指标得分行业分布

从企业所有制属性来看，不同所有制类型的四川企业平均得分接近，基本上分布在 40~70 分，其中四川外资企业平均得分最高，为 67.66 分。四川中央国有企业次之，平均得分为 65.07 分，四川公众企业的平均得分为 59.25 分，在各种所有制类型中排名第三。而四川其他企业、四川地方国有企业及四川民营企业排名相对落后，平均得分分别为 54.21 分、48.05 分和 40.68 分（见图 7-53）。

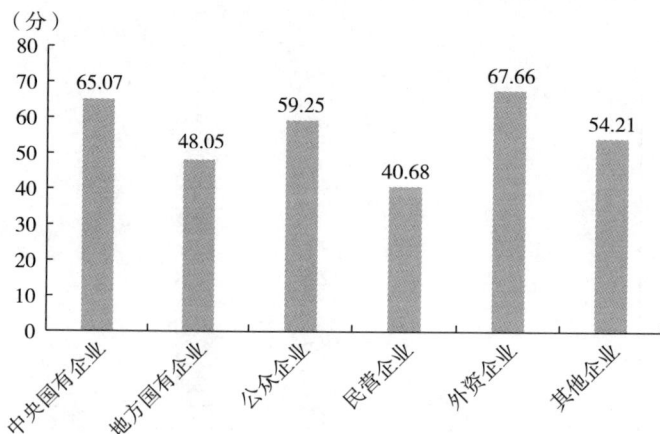

图 7-53　四川企业经济影响指标按所有制类型得分分布

1. 缴纳税收

缴纳税收是评价一个四川企业经营活动所产生的经济影响最明显有效的指标。2018 年四川企业缴纳税收三级指标平均得分为 69.86 分。从得分分布来看，有 76% 的四川企业得分在 60 分以上，其中有 54 家（54%）四川企业缴纳税收平均得分在 80 分以上，说明四川企业对税收贡献较大（见图 7 – 54）。

（家）

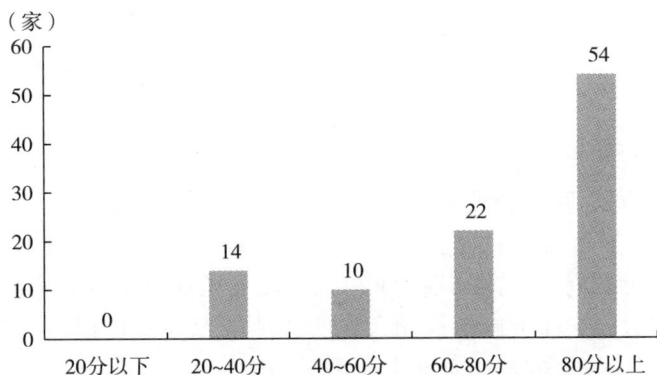

图 7 – 54 四川企业缴纳税收指标得分分布

从行业属性来看，11 个（73.3%）行业的缴纳税收指标平均得分在 60 分以上，其中农林牧渔业平均得分为 86.55 分，在所有行业中排名第一，这与农林牧渔业 2018 年营业收入较高有关。医药制造行业排名次之，平均得分为 82.35 分，而食品饮料行业、化工行业、信息技术行业的平均得分接近，分别为 75.33 分、73.10 分和 72.75 分，其他行业的平均得分较低，但除了商业贸易行业、汽车制造行业及公用事业外，平均得分基本保持在 60 分左右（见图 7 – 55）。

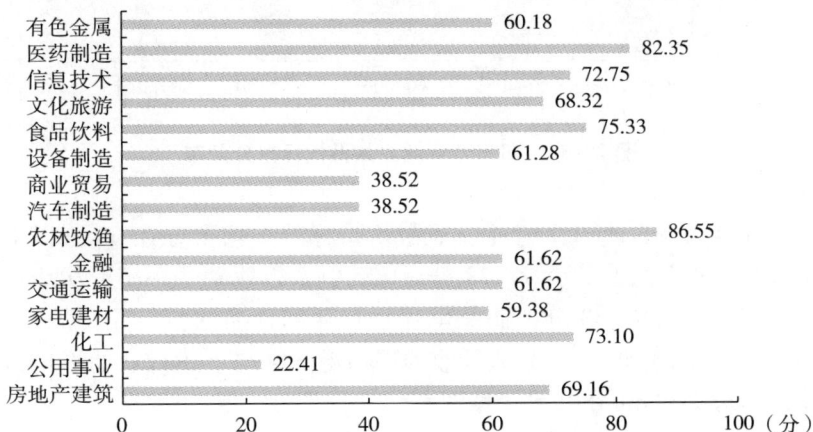

图 7 – 55 四川企业缴纳税收指标得分行业分布

案例 7 - 10：四川西昌电力依法履行纳税义务

多年来，四川西昌电力严格遵守国家税收法律法规，认真履行纳税人的权利和义务，按时全额申报缴纳各项税金。2018 年，四川西昌电力按照国家税收法规的要求，不断完善自身纳税管理制度，依法合规地进行税务登记、保管凭证、设置账簿和纳税申报等纳税有关工作，如实向税务机关报告四川西昌电力生产经营状况和落实税收政策情况，确保四川西昌电力依法纳税、诚信经营，积极回报国家、社会和人民。2018 年，四川西昌电力累计上缴税费 10817. 39 万元，同比增加 6. 05%。

2. 就业数量

就业数量体现了四川企业通过招工解决地方就业所做出的贡献。2018 年四川企业就业数量这项三级指标的平均得分为 51. 91 分，其中，有 37% 的四川企业得分在 60 分以上，有 10 家四川企业的就业数量指标得分超过 80 分（见图 7 - 56）。说明大多数四川企业能够雇用运营所在地的工人，且招纳应届生的指标逐年增加，部分表现较好的四川企业有雇用贫困户、残疾人等弱势群体的政策。

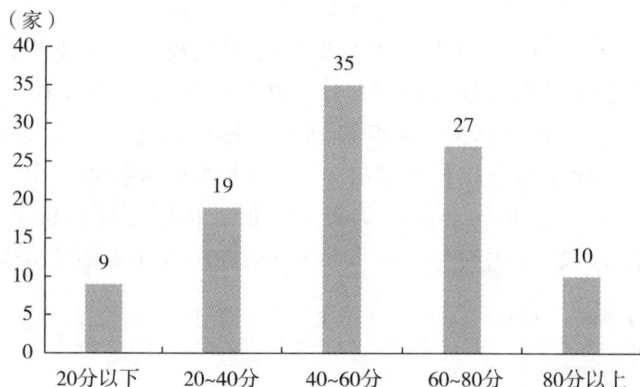

图 7 - 56　四川企业就业数量指标得分分布

从行业属性来看，有五个行业就业数量指标的平均得分在 60 分以上，其中农林牧渔业平均得分最高，为 77. 78 分，医药制造行业和公用事业次之，平均得分分别为 69. 81 分和 69. 43 分，而家电建材行业和食品饮料行业平均得分接近，分别为 66. 22 分和 63. 49 分。其他行业的平均得分则与上述行业的平均得分差距较大，平均得分均在 60 分以下（见图 7 - 57）。

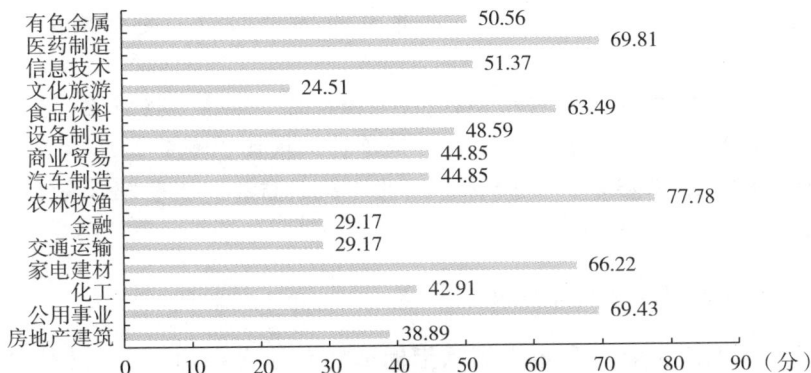

图 7 –57　四川企业就业数量指标得分行业分布

从企业所有制属性来看，不同所有制类型的四川企业平均得分都分布在40～60分，其中四川地方国有企业和四川中央国有企业平均得分较高，分别为 56.90 分和 55.19 分，其他类型所有制的四川企业平均得分则相对落后（见图 7 –58）。

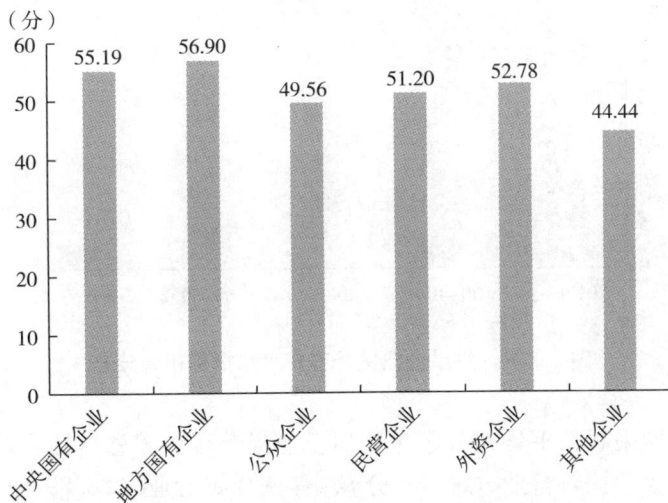

图 7 –58　四川企业就业数量指标按所有制类型得分分布

案例 7 –11：康弘药业坚持平等雇用，促进当地就业

康弘药业建立多元化招聘渠道吸引人才，公正对待不同国籍、民族、年龄、性别及文化背景的员工。积极联系社会各级组织，支持促进残疾人员就业。

公司建立健全招聘管理制度，确保人员招聘的平等性、公平性。实行全员劳动合同制，100%与员工签订劳动合同，保障员工权益。截至2018年，公司在职员工总数4382人，女性职工2095人。其中，副总监级以上管理人员117人，女性管理者42人，占比36%。

（三）提升客户满意表现一般

2018年，四川企业提升客户满意指标平均得分为42.11分。从得分分布来看，仅3家四川企业得分在80分以上，23家四川企业得分在60～80分，23家四川企业得分在40～60分，34家四川企业得分在20～40分，有17家四川企业得分低于20分，说明四川企业在提升客户满意方面表现一般，有待进一步加强（见图7-59）。

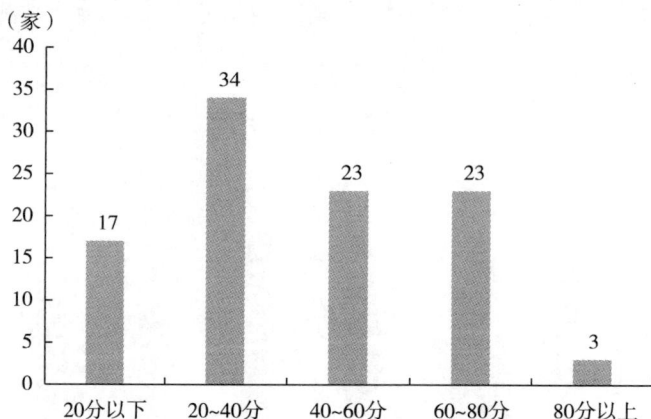

图7-59 四川企业提升客户满意指标得分分布

从行业属性来看，平均得分超过四川企业提升客户满意指标平均分的行业有六个，分别是食品饮料行业（66.68分）、有色金属行业（58.89分）、医药制造行业（51.42分）、化工行业（45.95分）、设备制造行业（45.15分）及公用事业（43.16分）。其他行业的平均得分则相对落后，总体来看，多半行业提升客户满意得分不高（见图7-60）。

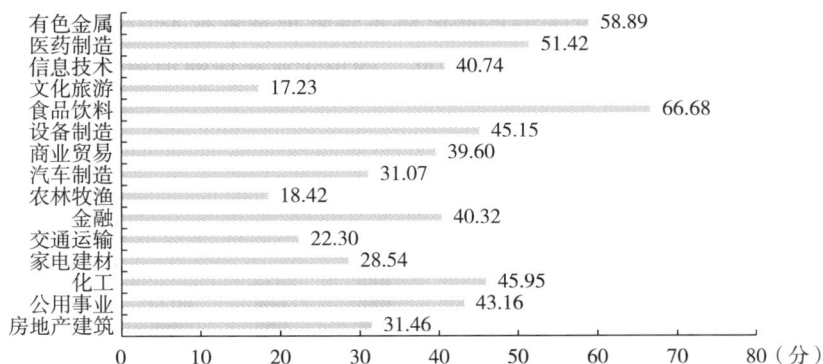

图 7 - 60　四川企业提升客户满意指标得分行业分布

从企业所有制属性来看，只有四川外资企业提升客户满意指标平均得分在 60 分以上，其他类型所有制的四川企业平均得分大体分布在 40～50 分（见图 7 - 61）。

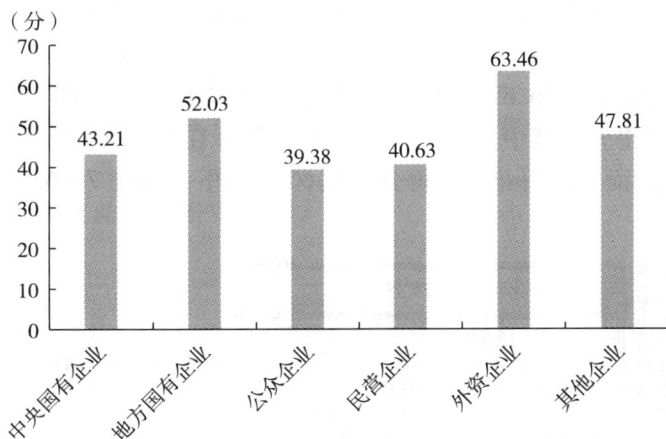

图 7 - 61　四川企业提升客户满意指标按所有制类型得分分布

1. 保障消费者权益存在较大改进空间

四川企业保障消费者权益这项三级指标平均得分为 38.08 分，其中没有四川企业得分为 0 分，说明所有四川企业都至少制定了保障消费者权益的制度和工作程序或组织了关于消费者隐私保护的承诺或管理。从得分分布还可以看出，有 54 家四川企业得分在 0～25 分，6 家四川企业得分在 25～50 分，23 家四川企业得分在 50～75 分，17 家四川企业得分超过 75 分（见图 7 - 62）。总体上来看，

说明四川企业都建有质量管理体系，产品合格率基本满足相关标准要求。其中，36 家四川企业得分在 0～25 分，11 家四川企业得分在 25～50 分，24 家四川企业得分在 50～75 分，29 家得分超过 75 分，说明 29% 的四川企业在建有质量管理体系的基础上，产品合规率很高，所有产品均通过国际或国内认证（见图 7－66）。

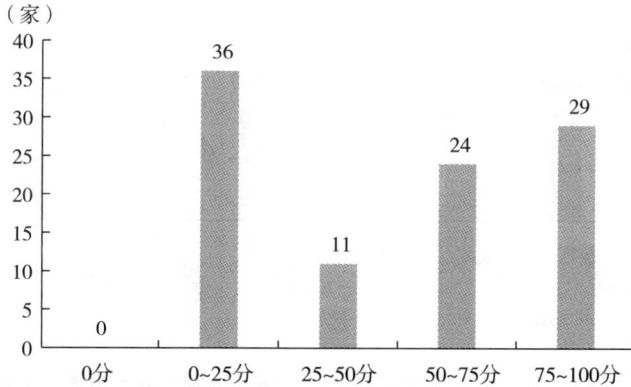

图 7－66　四川企业产品质量管理指标得分分布

从行业属性来说，有 40%（6 个）的行业产品质量管理指标平均得分超过四川所有四川企业平均得分，分别是有色金属行业（85.93 分）、食品饮料行业（74.84 分）、医药制造行业（60.46 分）、设备制造行业（59.42 分）、化工行业（56.49 分）及房地产建筑业（49.38 分）。总体上来说，多数行业的四川企业产品质量管理水平较高（见图 7－67）。

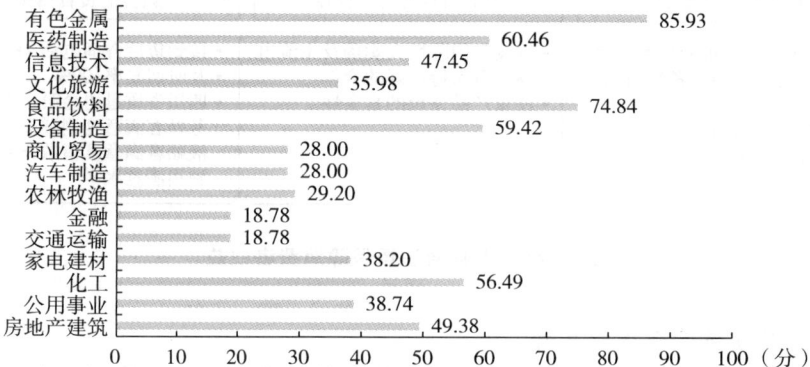

图 7－67　四川企业产品质量管理指标得分行业分布

从企业所有制属性来看，四川公众企业平均得分为 70.13 分，在各种所有制类型中排名第一，四川地方国有企业次之，平均得分为 52.51 分，而其他所有制类型的四川企业的平均得分接近，大多分布在 40 分左右（见图 7-68）。

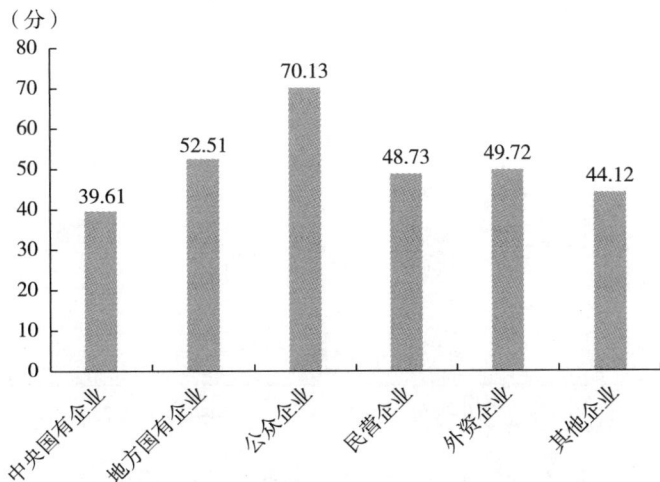

图 7-68 四川企业产品质量管理指标按所有制类型得分分布

案例 7-13：泸州老窖始终坚持保障产品质量

泸州老窖全面贯彻"十年品牌靠营销，百年品牌靠质量，千年品牌靠文化"的发展理念，强化公司质量监管部门作用，充实质量监管队伍，严守质量第一的生命线。不断健全完善四川企业标准体系，制定了严于国家标准的四川企业标准体系。借助国家酒检中心、国家包材检验中心等国家级质量监督平台，对公司各个系列产品进行严格检验把关，筑牢了质量安全的防火墙。充分运用信息技术，建立健全从田间到餐桌的全产业链质量溯源体系，真正"让中国白酒的质量看得见"。2018 年，公司荣获"全国产品和服务质量诚信示范四川企业""全国百佳质量诚信标杆示范四川企业""2018 年全国质量诚信标杆典型四川企业""放心产品示范单位"等荣誉。

3. 改善客户服务有待加强

改善客户服务体现了四川企业为客户提供优质服务的一系列管理体系和措施，它是评价公司建立客户服务的管理机制、完善管理机制，以及定期对服务人员进行培训、开展客户服务专题活动等的重要指标。2018 年四川企业改善客户服务这项三级指标的平均得分为 48.20 分。从得分分布来看，35 家四川企业得分高于 75 分，12 家四川企业得分在 50～75 分，12 家四川企业得分在 25～50 分，有 41 家四川企业得分在 0～25 分。总体上来说，35% 的四川企业具有成熟完备的客户服务体系，并将客户评价纳入对客服人员的绩效考核，且经常开展服务培训交流和专题活动（见图 7－69）。

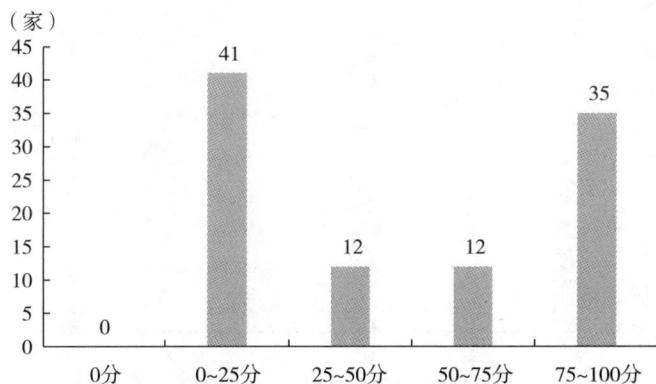

图 7－69　四川企业改善客户服务指标得分分布

从行业属性来看，46.7%（7 个）的行业改善客户服务指标平均得分超过所有四川企业平均得分，其中食品饮料行业平均得分为 76.99 分，在所有行业里得分最高。有色金属行业平均得分为 72.58 分，在所有行业里排名第二。其他行业的平均得分与排名较前的行业之间差距较大（见图 7－70）。

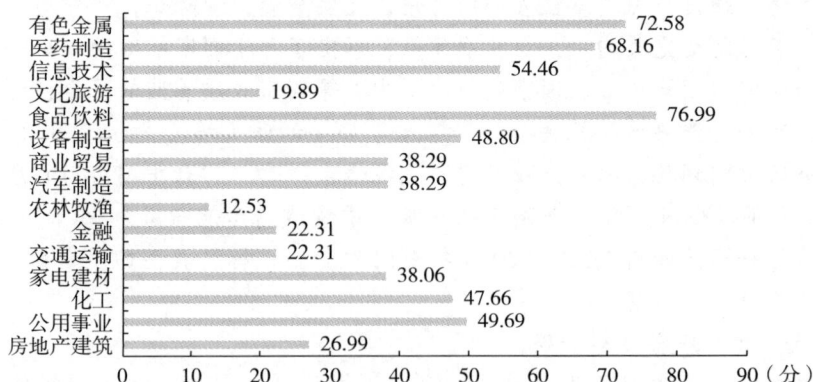

图 7－70　四川改善客户服务指标得分行业分布

从企业所有制属性来看，各种所有制类型的四川企业平均得分接近，其中四川外资企业和四川中央国有企业的平均得分在 60 分以上，分别为 66.11 分和 61.55 分，而其他类型所有制的四川企业平均得分较低（见图 7 - 71）。

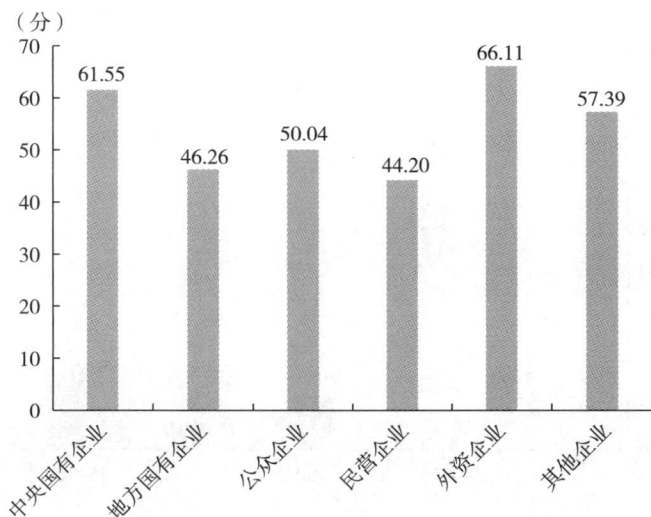

图 7 - 71 四川企业改善客户服务指标按所有制类型得分分布

案例 7 - 14：天齐锂业不断完善客户服务体系

天齐锂业遵循相关法律法规制定了产品和服务相关制度。作为全球领先的锂产品供应商，其致力于为客户提供优质的锂产品和配套服务，根据客户需求制定个性化的解决方案，通过技术创新和工艺优化给客户带来更高的效益。天齐锂业制定了完善的销售管理制度，以规范售前、售中、售后的服务流程，满足客户合法合理的诉求，共同提升企业的影响力和竞争力，实现互利共赢。

天齐锂业建立了规范高效的客户投诉处理机制，明确了客户投诉的标准化处理流程。销售部门积极响应客户的意见反馈和投诉，根据投诉内容由相关部门配合完成投诉事项的处理，在天齐锂业制度规定时间内进行调查并给予客户针对性解决措施。

4. **客户满意度表现一般**

客户满意度是指客户对某一产品或服务已满足其需求和期望的程度的意见，也是客户在消费或使用后感受到满足的一种心理体验。这项指标是评价客户关系可持续管理能力的可靠指标。具体来说，2018 年四川企业客户满意度三级指标平均得分为 31.42 分。从得分分布来看，有 19 家四川企业得分超过 75 分，6 家四川企业得分在 50~75 分，12 家四川企业的得分在 25~50 分，63 家四川企业的得分在 0~25 分。总体上来看，只有 19% 的四川企业建立了客户满意度调查的常态化机制，且在调查过程有标准化的流程和指标或有完善的投诉处理制度（见图 7-72）。

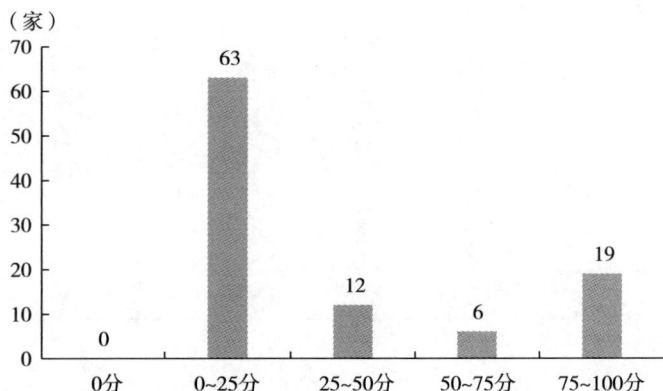

图 7-72 四川企业客户满意度指标得分分布

从行业属性来看，客户满意度指标平均得分超过所有四川企业平均得分的行业有四个，分别是公用事业（56.52 分）、食品饮料行业（47.26 分）、设备制造行业（43.32 分）及有色金属行业（36.85 分）。其他行业的平均得分都比较低。总体上来说，客户满意度表现一般（见图 7-73）。

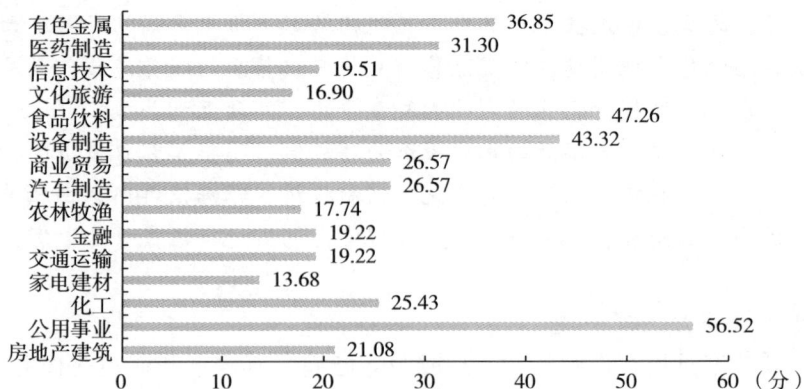

图 7-73 四川企业客户满意度指标得分行业分布

从企业所有制属性来看，四川外资企业的平均得分最高，为 52.14 分，四川中央国有企业次之，平均得分为 49.61 分，而四川地方国有企业、四川公众企业及四川其他企业的平均得分与上述两个行业的平均得分差距较大，分别为 33.75 分、29.80 分及 22.89 分（见图 7-74）。

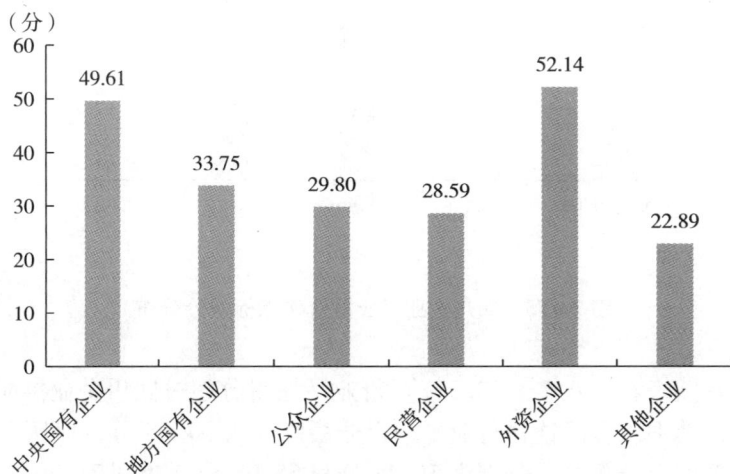

图 7-74 四川企业客户满意度指标按所有制类型得分分布

案例 7-15：天齐锂业坚持每年开展客户满意度调查

天齐锂业每年组织多部门联合开展一次客户满意度调查，通过收集客户意见及反馈信息相应改善工作和产品质量。天齐锂业建立了规范高效的客户投诉处理机制，明确了客户投诉的标准化处理流程。公司销售部门积极响应客户的意见反馈和投诉，根据投诉内容由相关部门配合完成投诉事项的处理，在公司制度规定时间内进行调查并给予客户针对性解决方案。

（四）供应链合作成效明显

供应链合作体现了四川企业在开展供应商合作及合作模式的多样性，以及支付给供应商的采购金额等方面推进可持续管理的程度。2018 年，四川企业供应链合作指标平均得分为 42.72 分，其中有 12 家四川企业得分在 20 分以下。总体上来说，88% 的四川企业在供应链合作中能够做到积极践行公平竞争的理念与政策或保证合同履约率等（见图 7-75）。

（家）

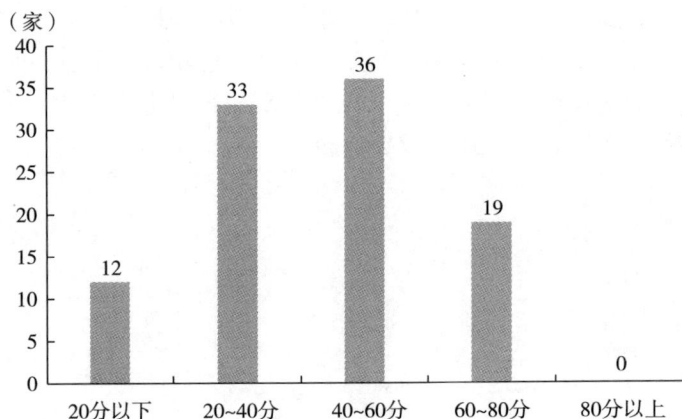

图7-75 四川企业供应链合作指标得分分布

从行业属性来看，八个（53.3%）行业平均得分超过四川企业供应链合作指标平均得分，其中以食品饮料行业平均得分最高，为64.08分，而医药制造业和农林牧渔业平均得分次之，分别为56.44分和55.98分（见图7-76）。

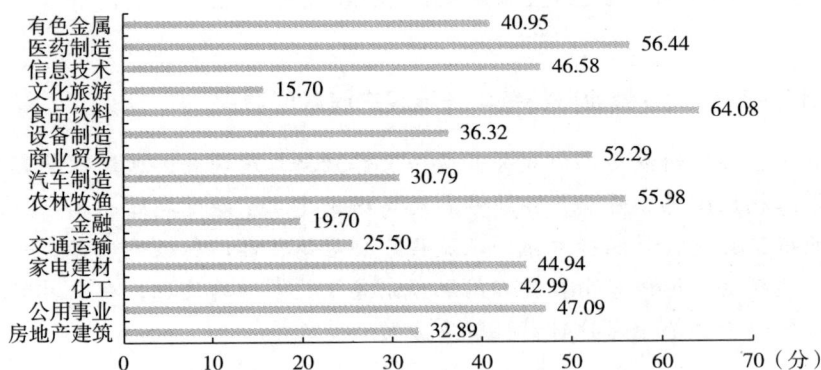

图7-76 四川企业供应链合作指标得分分布

从企业所有制属性来看，四川外资企业平均得分最高，为68.02分，其他所有制类型的四川企业平均得分接近，基本上在30~45分（见图7-77）。

（分）

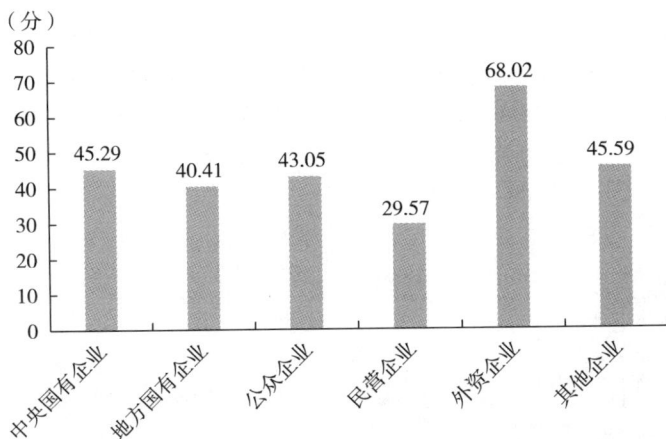

图 7 - 77　四川企业供应链合作指标按所有制类型得分分布

1. 反不正当竞争管理水平不高

反不正当竞争反映了四川企业在经营过程中能够自觉做到公平竞争的成效，具体体现在遵守国家有关法律法规，遵守行业规范和商业道德，自觉维护市场秩序，不采取阻碍互联互通、掠夺性定价、垄断渠道资源、不正当交叉补贴、诋毁同业者等不正当竞争手段。2018 年，反不正当竞争三级指标平均得分为 42.21 分，从得分分布来看，有 40 家四川企业的得分在 0 ~ 25 分，有 18 家四川企业的得分在 25 ~ 50 分，有 12 家四川企业的得分在 50 ~ 75 分，有 30 家四川企业的得分超过 75 分。总体上来看，40% 的四川企业虽然有反不正当竞争的相关政策，但政策内容比较原则和空泛，不具有可操纵性。只有 30% 的四川企业具备成体系的反不正当竞争的理念与政策，政策内容非常全面、充实、详尽，有政策落实的执行和监督机制（见图 7 - 78）。

（家）

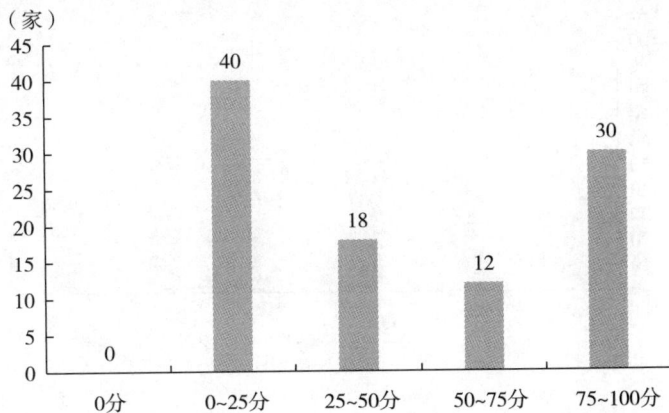

图 7 - 78　四川企业反不正当竞争指标得分分布

从行业属性来看，有五个行业的反不正当竞争指标平均得分超过所有四川企业的平均得分，其中尤以食品饮料行业平均得分最高，达 85.26 分，而高度竞争是食品饮料行业的明显特征，因此无论从行业规制还是从四川企业自身节约竞争成本的角度而言，该行业内部都趋于实现公平竞争的局面。而其他行业的平均得分均处于 60 分以下（见图 7－79）。

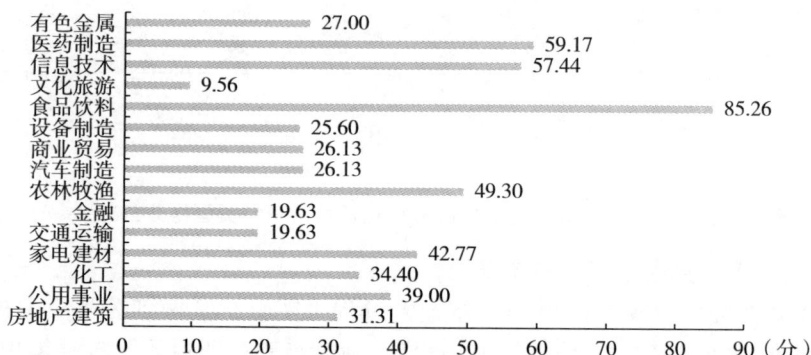

图 7－79　四川企业反不正当竞争指标得分行业分布

从企业所有制属性来看，四川外资企业的平均得分最高，为 87.63 分，这与四川外资企业在供应链审查上较为严格，且四川外资企业更加注重品牌的传播和口碑的培养有关。而其他所有制类型的四川企业平均得分都低于 60 分（见图 7－80），说明除四川外资企业的其他所有制类型的四川企业应加强反不正当竞争关系的管理，进一步推进公平竞争制度。

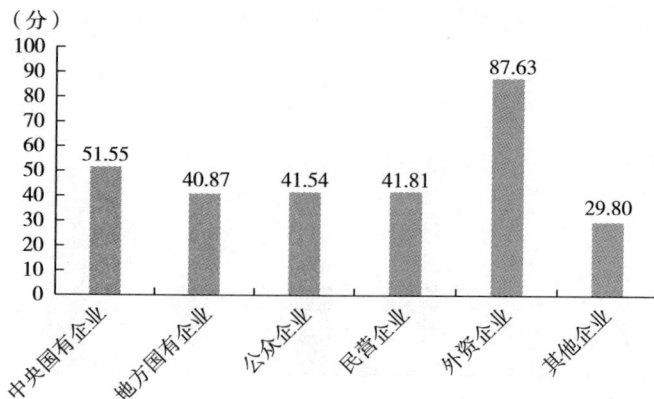

图 7－80　四川企业反不正当竞争指标按所有制类型得分分布

案例 7 –16：天齐锂业反舞弊和反商业贿赂举措

天齐锂业始终恪守商业道德，遵守国际法律法规，遵循高水平的商业道德准则，依据《中华人民共和国反腐败法》制定《反舞弊与举报制度》。通过工作中的交叉复核、管理运营管控、信息化体系搭建、岗位职责设置及审核程序完善等手段进一步降低舞弊风险。公司对商业贿赂保持"零容忍"的态度，致力于维护公平的竞争秩序。

天齐锂业承诺诚信经营，明确审计部为专门的纪律检查与投诉举报处理机构，依据制度规定对公司内部敏感事项进行监督和巡查，同时开展廉洁宣传工作，树立员工廉洁自律的价值观，要求项目关键人员签署《廉洁承诺书》，预防可能出现的舞弊风险。在报告期内，未发现商业贿赂或舞弊事件。

2. 合同履约率普遍不高

合同履约率是反映四川企业在运营过程中具备合同意识、遵守合同规则的重要指标。2018 年，四川企业合同履约率的平均得分为 36.56 分，说明总体上四川企业平均合同履约率不高，只达到 36.56%。其中，有 52 家四川企业得分在 0 ~ 25 分，说明超过一半的四川企业合同履约率不到 25%，只有 16 家四川企业的得分超过 75 分，即 16% 的四川企业合同履约率超过 75%（见图 7 –81）。

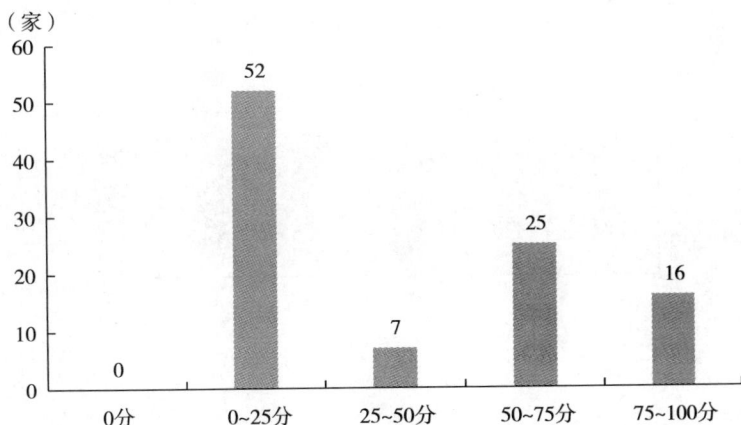

图 7 –81 四川企业合同履约率指标得分分布

从行业属性来看，农林牧渔业的平均得分最高，达 67.50 分，说明农林牧渔业在合同履约率上表现最好，这与农林牧渔业的利润空间较高从而违约成本较高有关。食品饮料行业次之，平均得分为 59.71 分，有色金属行业平均得分为 51.83 分，在所有行业中平均得分排名第三。而其他行业的平均得分与排名较前的行业之间差距较大，都保持在 50 分以下（见图 7 - 82）。

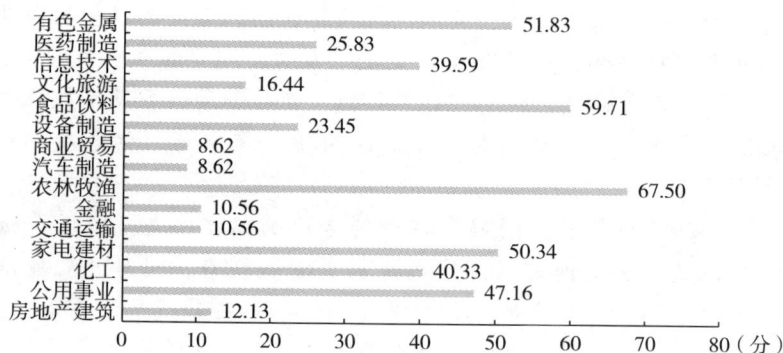

图 7 - 82　四川企业合同履约率指标得分行业分布

从企业所有制属性来看，四川外资企业的平均得分最高，平均合同履约率达 75.5%，这得益于四川外资企业合同约束意识较高且监管力度较强从而违约成本较大。其他类型所有制的四川企业平均得分均在 40 分以下（见图 7 - 83）。

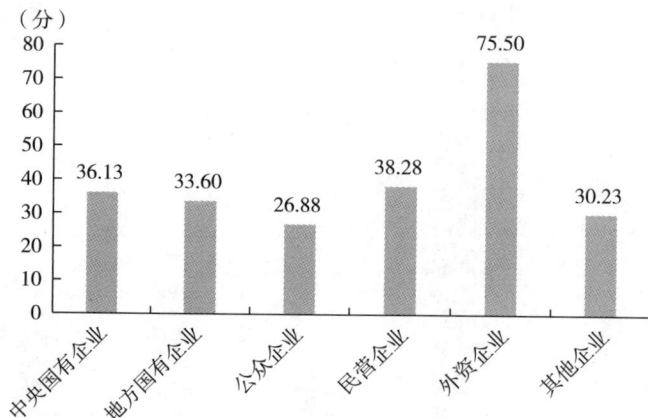

图 7 - 83　四川企业合同履约率指标按所有制得分分布

案例 7 - 17：康弘药业诚信经营，历年合同履约率达 100%

合同履约是合同管理的关键内容，做好合同履约管理是实现合同交易目的的决定性因素。康弘药业坚持诚信经营，注重合同履约。经济合同履约率在 2016 ~ 2018 年均达到 100%（见图 7 - 84）。

指标名称		2016年	2017年	2018年
资产总额	（亿元）	37.58	45.86	51.95
公司市值	（亿元）	380.04	414.22	229.47
销售收入	（亿元）	25.39	27.85	29.16
利润总额	（亿元）	5.68	7.63	7.99
净利润	（亿元）	5.00	6.44	6.95
纳税总额	（亿元）	5.02	5.51	5.58
捐赠总额	（亿元）	0.16	0.40	0.44
环保总投资	（亿元）	473.48	468.04	776.11
客户满意度	（％）	98.00	97.00	95.00
客户投诉解决率	（％）	100.00	100.00	100.00
经济合同履约率	（％）	100.00	100.00	100.00
申请专利数	（项）	25	18	23
授权专利数	（项）	13	23	29
药品抽检合格率	（％）	100	100	100
研发投入	（万元）	14626.96	34985.39	34886.19
研发人员数量	（人）	362	407	591

（经济绩效）

图 7 - 84 康弘药业 2016～2018 年经济绩效表现

3. 银企合作工作差距较大

银企合作对四川企业而言意义非凡，四川企业合理开展银企合作在给四川企业带来可观效益的同时，能够促进银企关系可持续发展。2018 年，四川企业银企合作这项三级指标的平均得分为 38.85 分。其中，有 19 家四川企业未披露相关银企合作信息或未开展银企合作工作。有 11 家四川企业得分在 0～25 分，有 37 家四川企业得分在 25～50 分，有 15 家四川企业得分在 50～75 分，有 18 家四川企业得分在 75 分以上，说明四川企业银企合作表现差距较大（见图 7 - 85）。

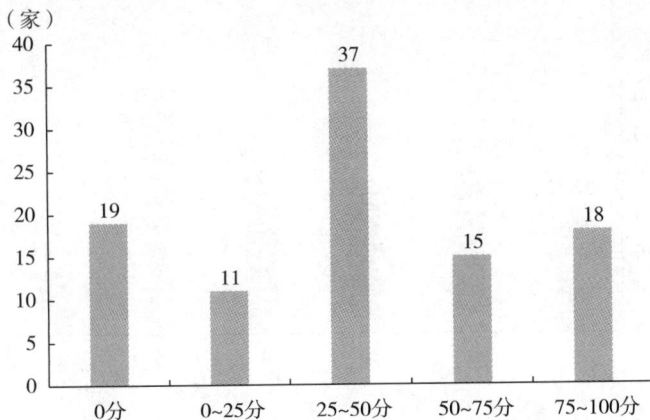

图 7 - 85 四川企业银企合作指标得分分布

从行业属性来看，除文化旅游行业外，所有行业都披露了银企合作的相关信息或开展了银企合作工作。其中，商业贸易行业和汽车制造行业平均得分最高，为60.42分，这是由于商业贸易行业和汽车制造行业资金流动性较大，从而对银企合作需求较强。公用事业行业次之，平均得分为57.18分，食品饮料行业平均得分略低于公用事业，为56.35分，其他行业的平均得分均在50分以下（见图7-86）。

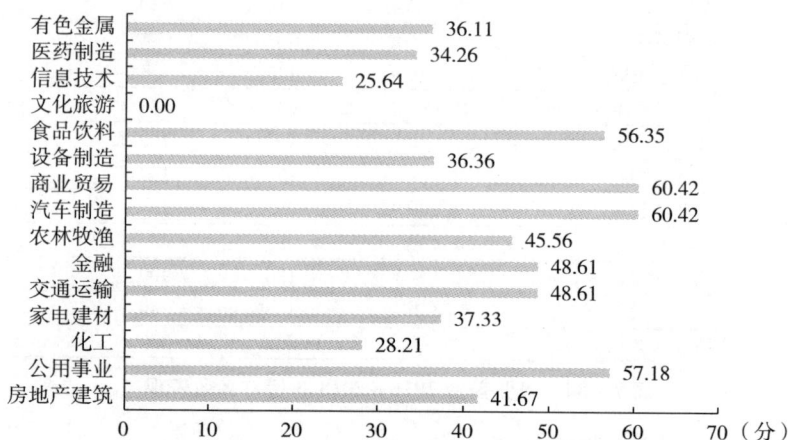

图7-86 四川企业银企合作指标得分行业分布

从企业所有制属性来看，四川外资企业在银企合作上表现较好，平均得分为57.78分，其次为四川地方国有企业，平均得分为43.27分，四川民营企业平均得分与四川地方国有企业接近，为42.18分，而四川公众企业、四川中央国有企业及四川其他企业平均得分与排名较前的所有制类型有较大差距，分别为33.33分、32.72分、16.67分（见图7-87）。

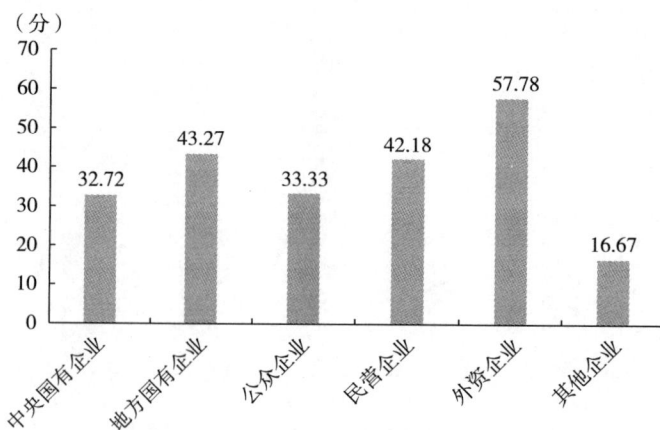

图7-87 四川企业银企合作指标按所有制类型得分分布

案例 7-18：舍得酒业促进银企合作，保护债权人权益

舍得酒业在追求股东利益最大化的同时，重视利益相关方的期望与要求，在保证财务状况稳定与公司资产、资金安全的基础上，兼顾债权人的利益。公司在各项重大经营决策过程中，均充分考虑了债权人的合法权益，不断完善沟通交流的方式和渠道，及时向债权人回馈与其债权权益相关的重大信息，严格按照与债权人签订的合同履行债务，与利益相关方分享发展机遇，共同应对挑战，实现股东利益与债权人利益的"双赢"。

舍得酒业凭借不断增长的业绩和稳健的财务结构，与各家商业银行建立了长期稳定的合作关系，获得较高的信用评级和较为优惠的贷款利率；同时，公司严格履行借款合同，按时向商业银行及债券持有人等债权人支付利息，充分保护了债权人利益，并给其带来了良好的收益。公司的债权人主要为各大商业银行，公司在银行的资信良好，从未发生过拖欠利息或逾期还款的情况。

4. 其他合作伙伴情况需要进一步改善

其他合作伙伴主要包括政企合作和产学研合作，即四川企业与政府间或与科研机构、高校间开展的战略合作或业务合作。2018 年，四川企业其他合作伙伴三级指标平均得分为 35.03 分。从得分分布来看，有 32 家四川企业未披露其他合作伙伴相关信息，有 5 家四川企业得分在 0~25 分，有 32 家四川企业得分在 25~50 分，有 14 家四川企业得分在 50~75 分，有 17 家四川企业得分在 75 分以上（见图 7-88）。说明四川企业与其他合作伙伴的合作状况有待进一步改善。

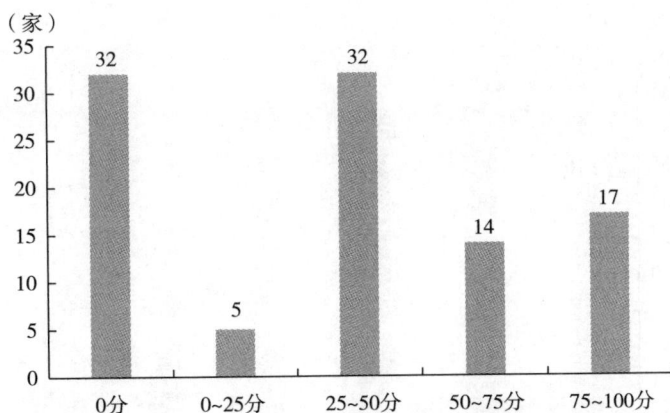

图 7-88 四川企业其他合作伙伴指标得分分布

从行业属性来看，除了医药制造行业外，其他行业的平均得分都在 60 分以下。其中，医药制造行业在其他合作伙伴这项指标上表现良好，平均得分为 80.56 分，这是由于医药制造行业本身发展对科研院校的研究成果依赖性较强，因而在产学研合作上表现较好。有色金属行业次之，平均得分为 52.78 分，与排名第一的医药制造行业差距较大（见图 7 - 89）。

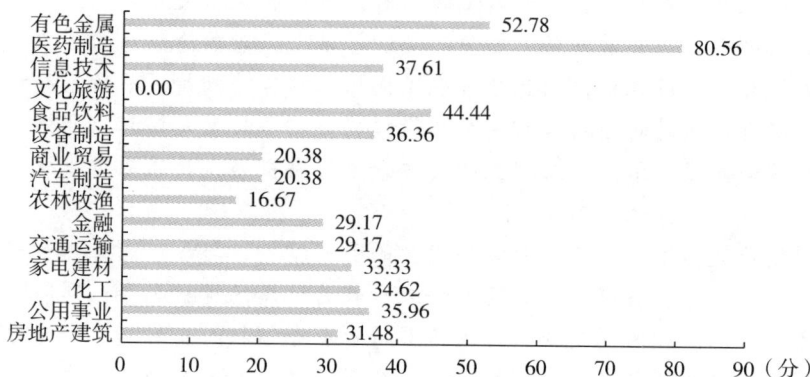

图 7 - 89　四川企业其他合作伙伴指标得分行业分布

从企业所有制属性来看，各种所有制四川企业平均得分接近，除四川地方国有企业和四川外资企业外，其他类型的所有制四川企业平均得分在 30 ~ 40 分。其中四川地方国有企业平均得分最高，为 43.74 分，这体现在四川地方国有企业对政企合作的依赖性较强。而四川外资企业平均得分为 25 分，在各种类型所有制四川企业中平均得分最低（见图 7 - 90），这可能与四川外资企业主要在其母国境内开展政企合作和产学研合作有关。

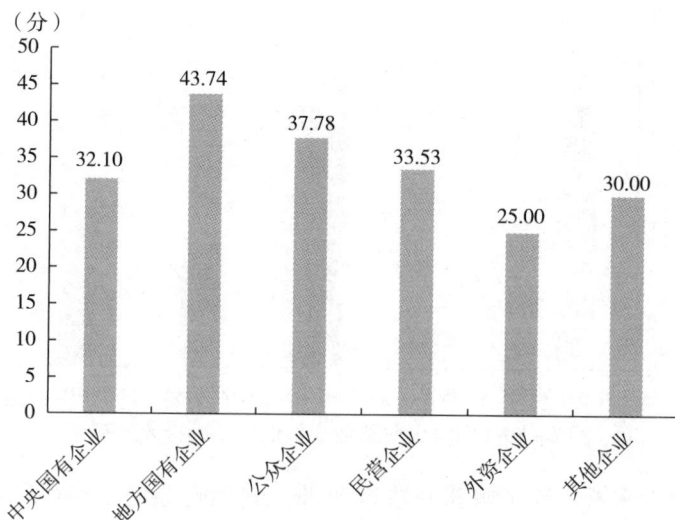

图 7 - 90　四川企业其他合作伙伴按所有制类型得分分布

案例7-19：康弘药业积极与媒体平台合作

康弘药业不断完善媒体沟通协作机制，搭建媒体合作平台，形成了从全国级、省级到行业媒体的合作梯队，与中央电视台、北京电视台、四川卫视、人民网、《健康报》、《医师报》、《医药经济报》等媒体不定期进行互动交流，积极推动康弘药业及成员企业同外部利益相关方媒体和公众的相互了解、沟通，营造更为理性、客观、友善的舆论环境，积极传播康弘药业行业品牌形象。

康弘药业以符合新闻规律准则陈述事实、表达立场、加强主动传播，同时走上了中央电视台《对话》、《健康之路》、财经新闻等全国知名栏目，提升了集团品牌和核心产品的品牌关注度，逐步树立了康弘药业专业、创新的品牌形象。2018年公司主动策划媒体传播35次，实现媒体曝光2822次。

5. 供应商合作发展态势较好

供应商合作反映了四川企业在开展供应商合作及合作模式的多样性，以及支付给供应商的采购金额等方面的具体表现。2018年，供应商合作指标的平均得分为63.64分，从得分分布来看，有13家四川企业未披露相关供应商合作信息，得分为0。总体上来说，81%的四川企业与供应商合作关系良好，在合作模式和支付采购金额等方面体现了可持续管理（见图7-91）。

（家）

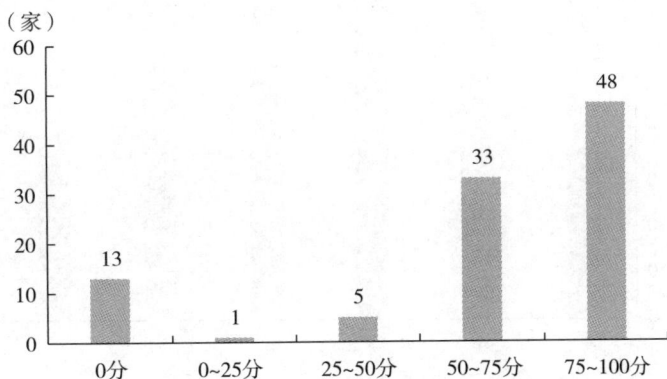

图7-91 四川企业供应商合作指标得分分布

从行业属性来看，46.7%（7个）的行业平均得分超过所有四川企业的平均得分，其中农林牧渔业和医药制造业排名靠前，平均得分分别为91.92分和90.24分，这与上述两个行业利润空间较大且供应商关系较稳定有关。化工行业次之，平均得分为83.53分。其他行业的平均得分与这三个行业相比差距较大，但总体来说，该指标的得分较高，供应商合作态势良好（见图7-92）。

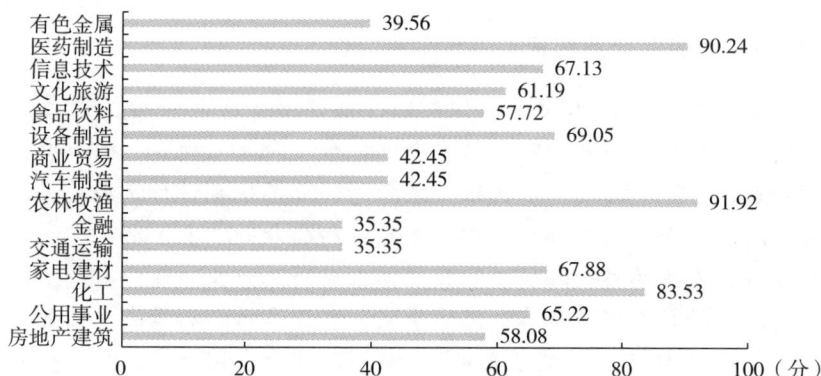

图 7 - 92　四川企业供应商合作指标得分行业分布

　　从企业所有制属性来看，不同类型所有制四川企业的平均得分差距不大，基本上在 70 分上下，其中四川公众企业平均得分最高，达 74.75 分，说明公众四川企业与供应商合作关系发展稳定性和可持续性最好（见图 7 - 93）。

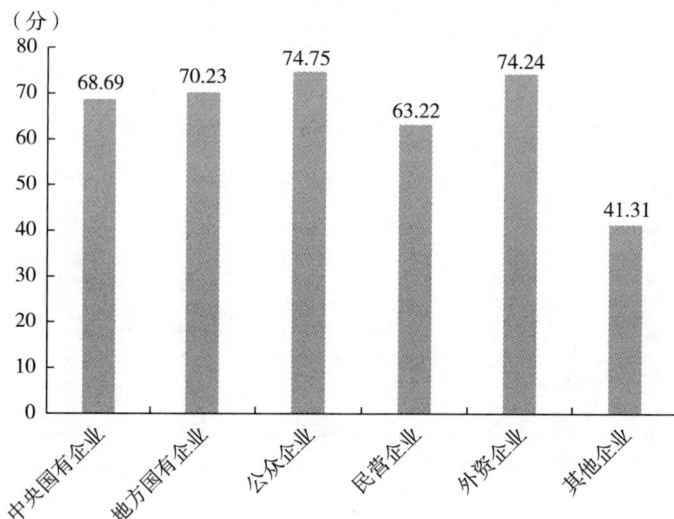

图 7 - 93　四川企业供应商合作指标按所有制类型得分分布

　　案例 7 - 20：四川科伦药业致力于打造与供应商互信、互惠、共赢的战略合作伙伴关系

　　四川科伦药业持续规范采购管理、采购流程。在《自律准则》中明确规定了对待供应商要遵循"相互尊重，平等互利；诚信至上，共同发展；以义生利，以德兴企"的准则。围绕这条准则和 GMP 相关规定,公司进一步制定了《采购控制管理规程》《分供方评定管理规程》《不合格品管理规程》《科伦药业采购询价管理办法》《科伦药业网络采购管理办法》《供应部关于〈四川科伦药业股份有限公司固定资产管理办法〉固定资产购置实施细则》和《采购人员行为规范和职业道德管理》等管理文件来规范与供应商的往来行为,以确保公司严格按照各项制度,公开、公平、公正地与各供应商进行交易。

与供应商交易保证相互公平。公司与各供应商根据国家有关法律法规,严格、平等地签订《采供合同》和《质量保证协议》,规范交易行为,按照合同约定及时支付货款。为遵循公司积极向上、廉洁自律的企业文化,倡导高标准商业道德规范,公司在对外签署采购合同时,同时签订《变更告知承诺书》《阳光协议》作为合同的附件,有效保护公司和供应商双方合法利益。

(五) 合规运营总体表现有待提升

2018 年,四川企业合规运营指标平均得分为 34.67 分。从得分分布来看,有42 家四川企业得分在 20 分以下,有 12 家四川企业得分在 80 分以上,有 4 家四川企业得分在 60 ~ 80 分,有 27 家四川企业得分在 40 ~ 60 分,有 15 家四川企业得分在 20 ~ 40 分。总体来看,有 58% 的四川企业能够制定和执行相关合规管理制度,建立合规管理机制,培育合规文化,防范合规风险 (见图 7 - 94)。

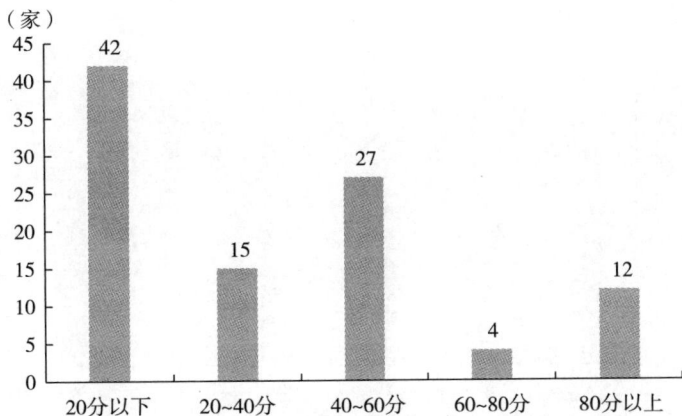

图 7 - 94 四川企业合规运营指标得分分布

从行业属性来看,金融业合规运营平均得分最高,为 74.13 分,这是因为合规经营是金融业持续发展的可靠途径。而金融业安全性、流动性、效益性三性统一的本质凸显了合规经营的重要性。食品饮料行业次之,平均得分为 69.02 分,其他行业的平均得分均在 40 分以下，说明总体上四川各行业合规运营表现一般（见图 7 - 95）。

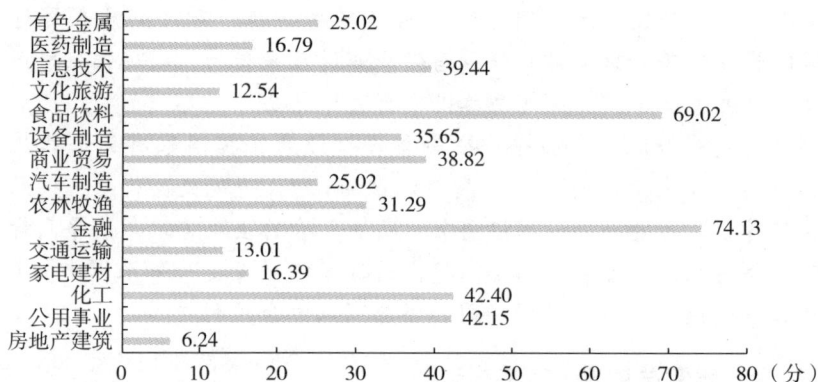

图 7 - 95　四川企业合规运营指标得分行业分布

从企业所有制属性来看，四川外资企业平均得分最高，为 64.66 分，这得益于四川外资企业合规运营体系较为完善且外部监管更严格和有效。其他类型所有制四川企业的平均得分都在 50 分以下。其中，四川地方国有企业平均得分最低，为 28.92 分（见图 7 - 96）。

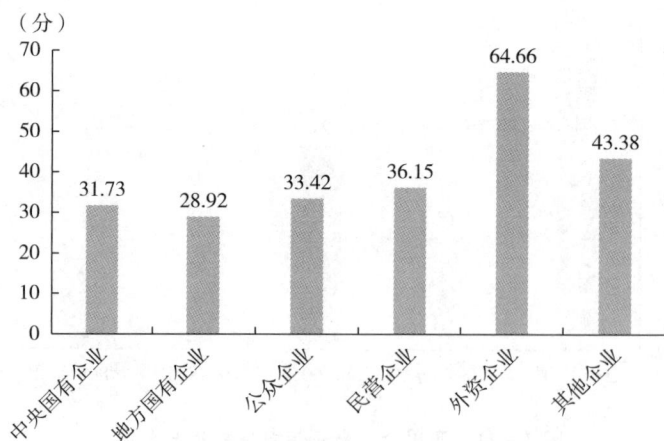

图 7 - 96　四川企业合规运营指标按所有制类型得分分布

1. 合规管理体系

合规运营是衡量四川企业履行法律责任的重要指标。四川企业合规管理体系这项三级指标的平均得分为 39.34 分。从得分分布来看，有 10 家四川企业得分为 0，说明这 10 家四川企业没有开展合规管理工作或没有合规管理的相关资料。有 40 家四川企业得分在 0～25 分，有 13 家四川企业得分在 25～50 分，有 11 家四川企业得分在 50～75 分，有 26 家四川企业得分在 75 分以上。总体来看，37%（37 家）的四川企业建立了合规管理机构，且机构在四川企业中发挥着非常关键的作用，有完善的、成体系的合规管理制度体系（见图 7－97）。

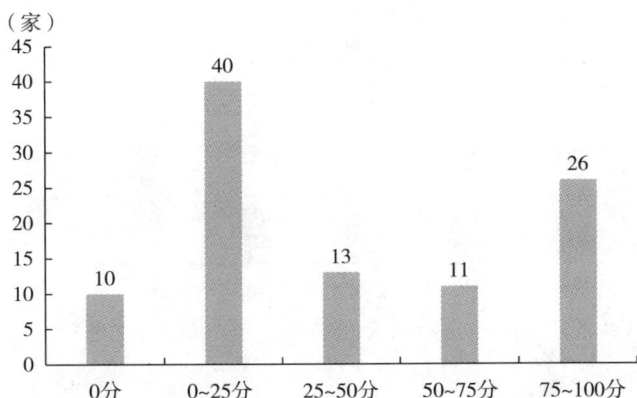

图 7－97 四川企业合规管理体系指标得分分布

从行业属性来看，只有 26.7%（4 个）的行业平均得分超过了所有四川企业平均得分，分别是食品饮料行业（72.23 分）、化工行业（62.31 分）、农林牧渔行业（54.38 分）及信息技术行业（49.17 分）。其他行业的平均得分基本分布在 20 分左右（见图 7－98）。

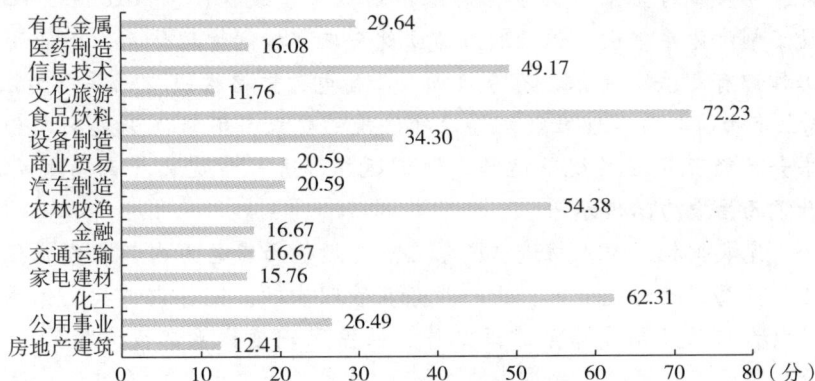

图 7－98 四川企业合规管理体系指标得分行业分布

从企业所有制属性来看，四川外资企业的平均得分最高，为 55.46 分，这与四川外资企业本身合规运营体系较为完善且外部监管更为严格有关。四川中央国有企业次之，平均得分为 46.42 分，四川公众企业平均得分与四川中央国有企业接近，为 41.67 分，其他类型所有制的四川企业平均得分均在 30 分以下（见图 7－99）。

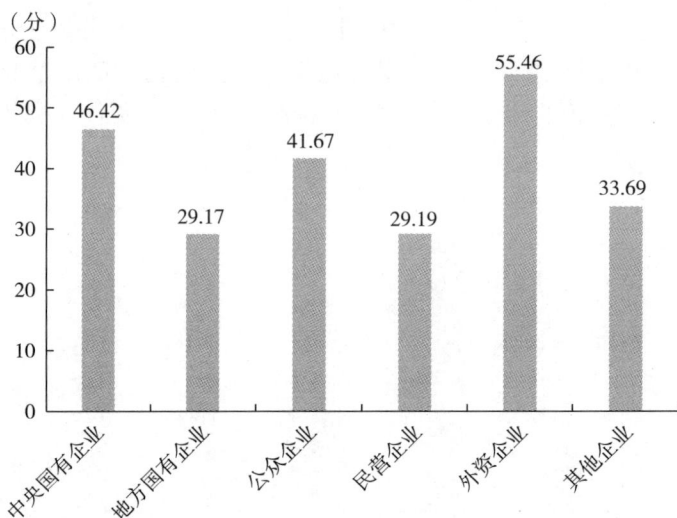

图 7－99　四川企业合规管理体系指标按所有制类型得分分布

案例 7－21：四川西昌电力不断完善公司治理，规范公司运作

运作科学、规范、系统、高效的公司治理是促进企业平稳快速发展、稳定回报投资者、切实履行企业社会责任的基本前提和重要保障。2018 年，西昌电力全面启动了制度体系建设工作，通过建立健全内部控制管理体系，促使西昌电力的各项工作都有"法"可依、有章可循。西昌电力严格按照《西昌电力法》《证券法》《上市西昌电力治理准则》等法律法规的要求，不断促进股东大会、董事会、监事会及经营管理层规范运作、协调运转，进一步优化了西昌电力治理结构，提升了西昌电力治理水平。

第一，完善内控，深入推进从严治企。为规范西昌电力内部业务流程，分解落实责任，提高风险防范能力，进一步夯实管理基础，完善内部控制体系，2018 年，西昌电力启动了制度体系建设工作。根据《制度体系建设方案》和《制度体系建设实施方案》要求，制度体系建设工作覆盖西昌电力所有部门，分两个阶段、14 个时间节点推进，包含了从梳理现行制度，到制定废、改、立计划，再到修订完善，最后履行审定程序所有阶段的工作要求。本轮制度体系建设工作完成后，西昌电力的内部控制管理体系将得到进一步完善，西昌电力的法人治理规范化运作水平将得到进一步提升。

第二，勤勉尽责，积极推进"三会"工作。2018年，西昌电力继续规范"三会一层"的运作，形成了一套相互制衡、行之有效的经营管理模式。报告期内，"三会"的召开、召集及审议决策程序均严格按照规定程序执行，各位董事、监事和高级管理人员均勤勉尽责，保证了西昌电力各项生产经营活动有序进行，切实维护了西昌电力及全体股东的利益。2018年度，西昌电力累计召开股东大会1次，审议议案8项；董事会4次，审议议案20项；监事会4次，审议议案13项；专门委员会7次，其中审计委员会3次，薪酬与考核委员会1次，提名委员会1次，战略委员会2次。

2. 合规能力建设

合规能力建设是评价四川企业为实现合规运营管理所进行的能力建设和管理培训的有效指标。2018年，四川企业合规能力建设三级指标的平均得分为32.33分。就得分分布情况来看，有10家四川企业未披露相关合规能力建设信息，有50家四川企业得分在0~25分，有13家四川企业得分在25~50分，有5家四川企业得分在50~75分，有22家四川企业得分在75分以上，总体来看，四川企业合规能力建设工作表现一般，27%的四川企业能够很好地开展合规管理培训或合规能力建设活动（见图7-100）。

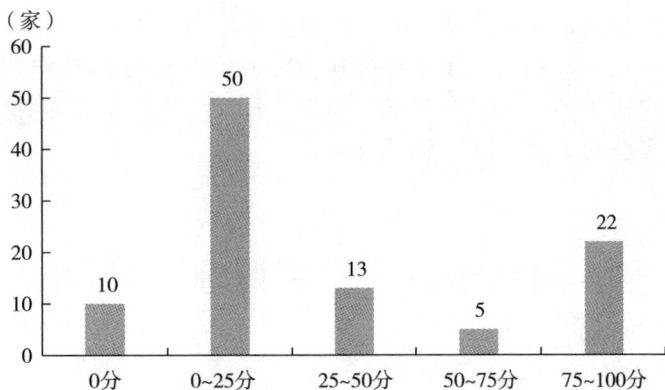

图7-100　四川企业合规能力建设指标得分分布

从行业属性来看，食品饮料行业合规能力建设指标平均得分最高，为69.03分，这是因为食品饮料行业业内竞争较大，因而加强行业合规培训是实现可持续发展的有力保障。公用事业平均得分与之接近，为 63.51 分。其他行业平均得分与上述两个行业差距较大，基本上在 40 分以下（见图 7 – 101）。

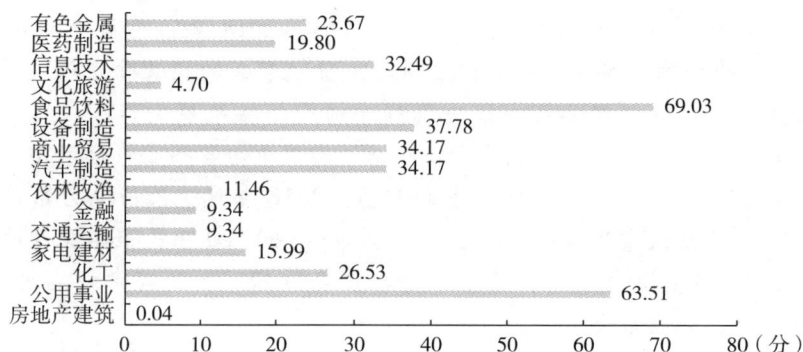

图 7 – 101　四川企业合规能力建设指标按所有制类型得分分布

案例 7 – 22：四川乐山电力不断完善内控制度并强化内控学习

2018 年，乐山电力持续对内部制度进行梳理，新建和完善内控制度和基本管理制度，主要包括《基建技改管理办法》及配套制度、《固定资产管理办法》、《招标采购管理办法》、《非招标采购管理办法》等多项公司重要内控制度。持续有效的内控制度建设促进了公司治理和内控建设管理水平的提升。公司内控制度已涵盖公司主要生产、经营管理等领域，并不断地进行优化、修改、完善，为公司防控风险、规范化管理奠定了重要基础。同时，公司强化内控学习，促进各级管理人员对制度的理解、掌握和执行；加强多种形式的监督检查和审计，对存在的管理缺陷加大整改力度，及时找差消缺。

三、可持续社会价值指标评价分析

2018 年，四川企业可持续社会价值指标的平均得分为 45.05 分，中位数为 46.14 分，标准差为 14.89。从可持续社会价值指标中的行业指标看，医药制造、公用事业、食品饮料等行业的平均得分分别为 51.29 分、56.21 分、50.43 分，表现较为突出，总体上看，各行业可持续社会价值指标的得分差距不大（见图 7 – 102）。

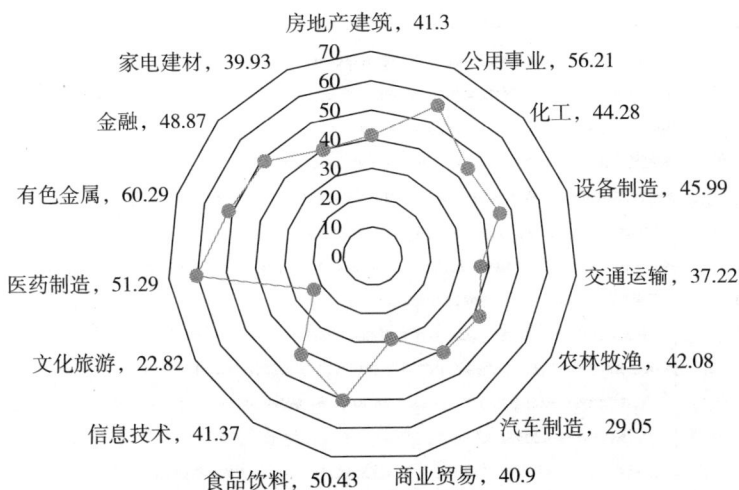

图 7 - 102 四川企业可持续社会价值指标分行业平均得分情况

从所有制角度看，公众企业、中央企业的平均得分分别为 53.23 分、51.31 分，表现比较突出，并且总体上看得分差距不大（见图 7 - 103）。

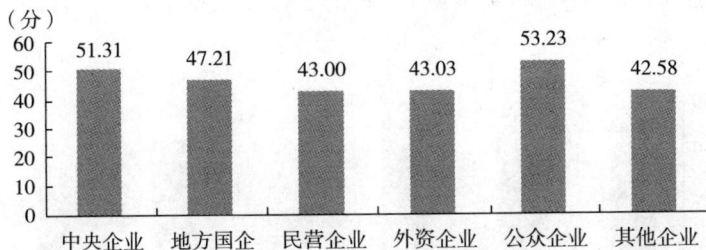

图 7 - 103 四川企业可持续社会价值指标按所有制平均得分情况

（一）普遍注重支持员工成长

2018 年，四川企业支持员工成长平均得分为 53.67 分，中位数为 54.18 分，标准差为 17.97。从行业指标看，农林牧渔、金融、商业贸易等行业更加注重员工的成长，但是食品饮料及信息技术行业仍有较大提升空间。从总体上看，四川企业各行业的支持员工成长工作差距不大（见图 7 - 104）。

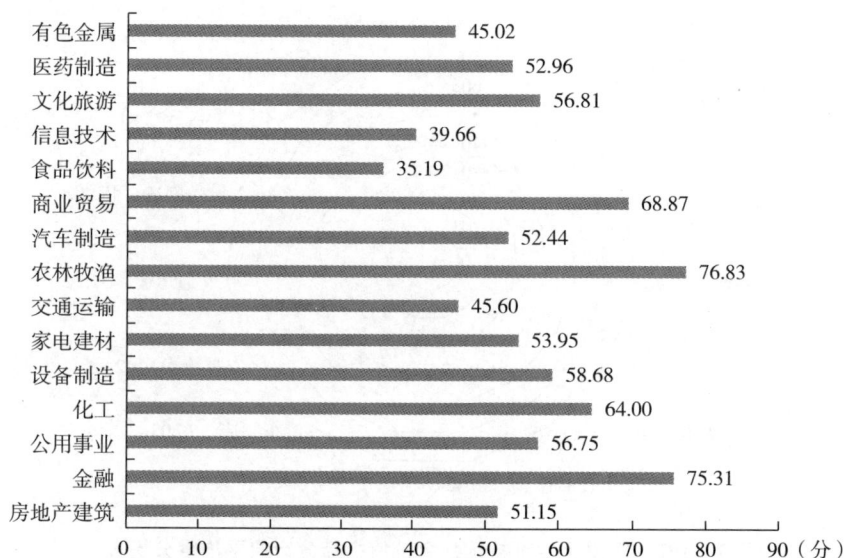

图7-104　四川企业各行业支持员工成长评价情况

四川企业支持员工成长从所有制的角度来看，中央企业、地方国企和民营企业得分居于前列，表现突出，其他所有制企业得分差距不大（见图7-105）。

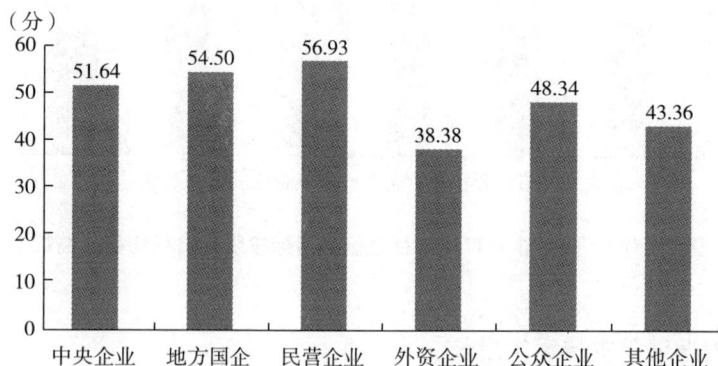

图7-105　四川企业支持员工成长按所有制评价情况

1. 普遍注重保障员工薪酬福利

2018年，四川企业员工薪酬待遇指标的平均得分是67.83分，其中有13家未披露相关员工薪酬待遇政策，占比13%，有50家（50%）企业得分在75~100分，有25家（25%）企业得分在50~75分，有12家（12%）企业得分在

25～50分，没有企业得分在0～25分（见图7－106）。得分在75分以上的企业主要分布在家电建材、有色金属、医药制造、化工、信息技术和农林牧渔等行业。近九成的四川企业建立健全员工薪酬待遇政策，员工工资高于当地最低工资标准，且具有合理的薪酬激励机制，保障了员工薪酬福利。

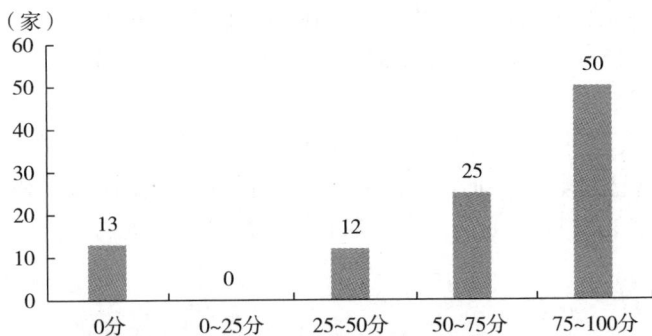

（家）

图7－106 四川企业员工薪酬待遇指标得分情况

2. 社保缴纳率较高

2018年，四川企业社保缴纳率指标的平均得分为77.41分，其中有4家未披露社保缴纳情况，占比4%，有70家（70%）企业得分在75～100分，有5家（5%）企业得分在50～75分，有15家（15%）企业得分在25～50分，有6家（6%）企业得分在0～25分（见图7－107）。得分在75分以上的企业主要分布在医药制造、农林牧渔、文化旅游、信息技术等行业。由此可见，四川企业总体为员工缴纳社保的意识较强，能够主动保障员工法定权益。

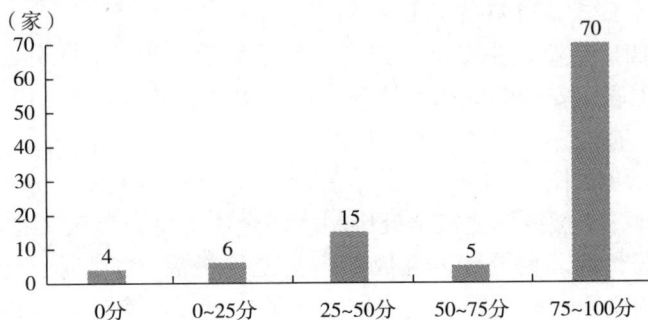

（家）

图7－107 四川企业社保缴纳率指标得分情况

3. 反歧视意识仍有提升空间

公平雇佣政策是企业保障员工权益，促进企业长期繁荣发展的保证。本指标主要评价四川企业在雇佣政策实施过程中，是否坚持公平、平等的原则，对女性、弱势群体、少数民族等没有歧视或偏见并给予平等的发展机会。2018 年，四川企业反歧视指标的平均得分是 55.05 分，其中有 28 家企业未披露反歧视相关情况，占比 28%，有 44 家（44%）企业得分在 75～100 分，有 14 家（14%）企业得分在 50～75 分，有 13 家（13%）企业得分在 25～50 分，有 1 家（1%）企业得分在 0～25 分（见图 7－108）。得分在 75 分以上的企业主要分布在家电建材、交通运输、文化旅游等行业，未披露反歧视信息的企业主要为医药制造、房地产建筑、信息技术等行业。总体而言，七成四川企业在招聘和晋级文件中没有歧视性政策，但六成企业在实际执行中存在歧视，公平雇佣工作仍有提升空间。

（家）

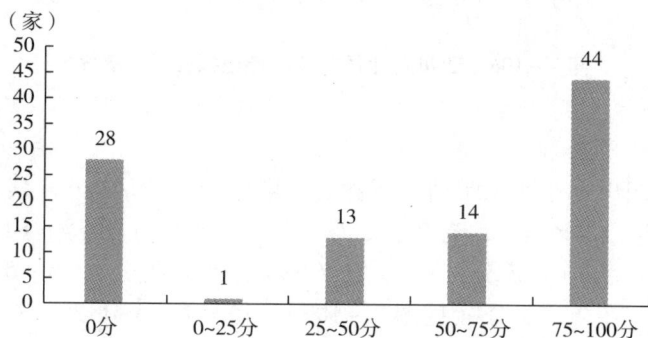

图 7－108　四川企业反歧视指标得分情况

4. 职业安全健康工作有待提升

2018 年，四川企业职业安全健康指标的平均得分为 40.93 分，其中有 10 家企业未披露员工职业安全健康相关情况，占比 10%，有 19 家（19%）企业得分在 75～100 分，有 38 家（38%）企业得分在 25～75 分，有 33 家（33%）企业得分在 0～25 分（见图 7－109）。得分在 25 分以上的企业主要分布在医药制造、有色金属等行业，未披露职业安全健康制度的企业主要分布在交通运输、农林牧渔、家电建材等行业。据统计，九成四川企业已经建立了职业安全健康管理体系，但六成四川企业的职业安全健康体系不够完善，没有通过国内或国际认证，职业安全健康工作有待提升。

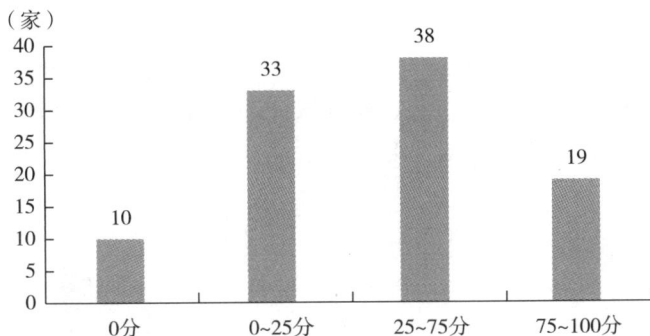

（家）

图 7 - 109 四川企业职业安全健康指标得分情况

5. 员工体检率仍有提升空间

2018 年，四川企业员工体检率指标的平均得分为 41.82 分，其中有 16 家企业未披露员工体检相关情况，占比 16%，有 23 家（23%）企业得分在 75 ~ 100分，有 8 家（8%）企业得分在 50 ~ 75 分，有 33 家（33%）企业得分在 25 ~ 50分，有 20 家（20%）企业得分在 0 ~ 25 分（见图 7 - 110）。得分在 75 分以上的企业主要分布在医药制造、商业贸易等行业，未披露员工体检相关情况的企业主要分布在文化旅游、房地产建筑、交通运输等行业。四川企业需要更多关注员工的身体健康状况，丰富员工体检指标，针对特殊工种提供专项体检等，提升员工体检工作的重视程度。

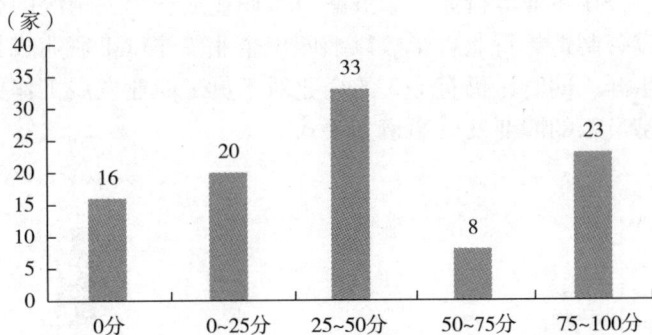

（家）

图 7 - 110 四川企业员工体检率指标得分情况

6. 普遍重视在员工培训上投入资源

2018 年，四川企业员工培训投入的平均得分为 68.25 分，其中有 12 家企业未披露员工培训投入情况，占比 12%，有 58 家（58%）企业得分在 75 ~ 100

分，有 16 家（16%）企业得分在 50～75 分，有 14 家（14%）企业得分在 25～50 分，没有企业得分在 0～25 分（见图 7－111）。得分在 75 分以上的企业主要分布在金融、医药制造、文化旅游、农林牧渔等行业。据此可知，四川企业普遍重视在员工培训上投入资源，建立起了多层次、系统性的培训计划。

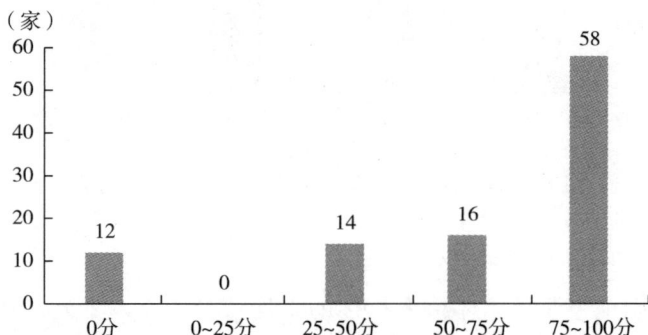

图 7－111　四川企业员工培训投入指标得分情况

7. 员工职业成长工作仍有提升潜力

2018 年，四川企业员工职业成长的平均得分是 53.35 分，其中有 32 家企业未披露员工职业成长情况，占比 32%，有 49 家（49%）企业得分在 75～100 分，有 11 家（11%）企业得分在 50～75 分，有 8 家（8%）企业得分在 25～50 分，没有企业得分在 0～25 分（见图 7－112）。得分在 75 分以上的企业主要分布在医药制造、公用事业等行业，未披露员工职业成长相关情况的企业主要分布在文化旅游、设备制造等行业。半数以上四川企业关注员工职业成长，帮助员工规划长期职业生涯；同时，仍有 1/3 的企业对于员工职业发展工作关注较少，可以更加注重丰富员工的职业发展通道和模式。

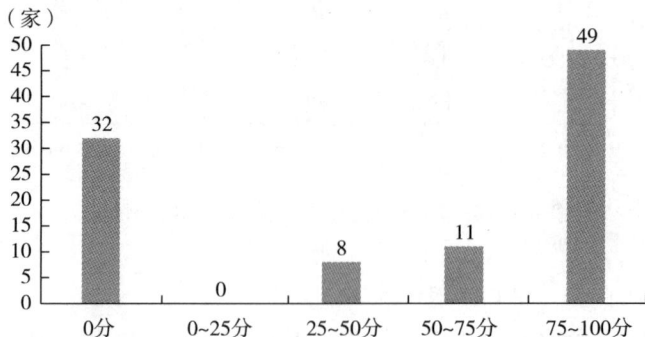

图 7－112　四川企业员工职业成长指标得分情况

8. 普遍重视员工关爱工作

2018年，四川企业员工关爱的平均得分是50分，其中有10家企业未披露员工关爱情况，占比10%，有37家（37%）企业得分在75~100分，有17家（17%）企业得分在50~75分，有14家（14%）企业得分在25~50分，有22家（22%）企业得分在0~25分（见图7-113）。得分在75分以上的企业主要分布在医药制造、有色金属等行业。总体来说，四川企业普遍关爱员工的生活状况，针对困难员工开展"爱心基金""关爱工程"等帮扶活动，针对退休员工开展慰问活动等。

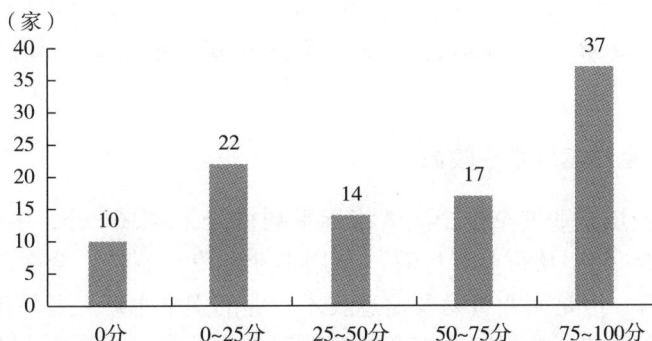

图7-113 四川企业员工关爱指标得分情况

9. 员工满意度调查有待加强

2018年，四川企业员工满意度的平均得分是28.01分，其中有10家企业未披露员工满意度情况，占比10%，有9家（9%）企业得分在75~100分，有20家（20%）企业得分在50~75分，有12家（12%）企业得分在25~50分，有49家（49%）企业得分在0~25分（见图7-114）。得分在50分以上的企业主要分布在公用事业、食品饮料等行业。四川企业对于员工满意度信息披露较少，尤其是金融、农林牧渔等行业企业员工满意度意识亟须提升。

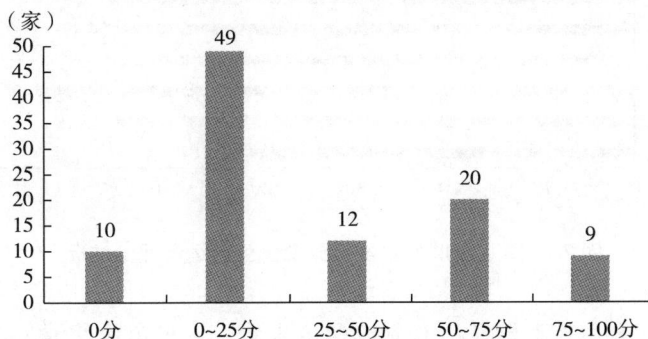

图7-114 四川企业员工满意度指标得分情况

案例 7 – 23：蓝光发展关爱员工健康，保障员工福利

蓝光发展认为，尊重和关心员工的个人利益是蓝光发展的立业之基。蓝光发展成立健康咨询室，员工在上班时间遇到身体不适、擦刮小伤等小毛病，可以得到专业医护人员的及时处理；此外，咨询室还收集员工健康方面的多重指标，包括员工的饮食习惯、锻炼习惯等，建立每位员工的健康管理档案，把关爱员工健康付诸行动。

此外，蓝光发展发布并实施了《蓝光员工爱心互助金机制》，成立"蓝光员工爱心互助金"，互助金的来源有员工日常捐赠、工会捐赠、团队捐赠等多种形式，将困难员工关爱活动以公司的长效帮助机制确定下来，为困难员工雪中送炭。

（二）安全生产运营水平较高

2018 年，四川企业安全生产运营指标平均得分为 48.67 分，中位数为 50.76 分，标准差为 24.45。从行业指标看，公用事业、汽车制造、金融等行业更加注重安全生产运营，但是商业贸易及信息技术行业的安全生产运营情况较差。从总体上看，四川企业各行业的安全生产运营情况差距不大（见图 7 – 115）。

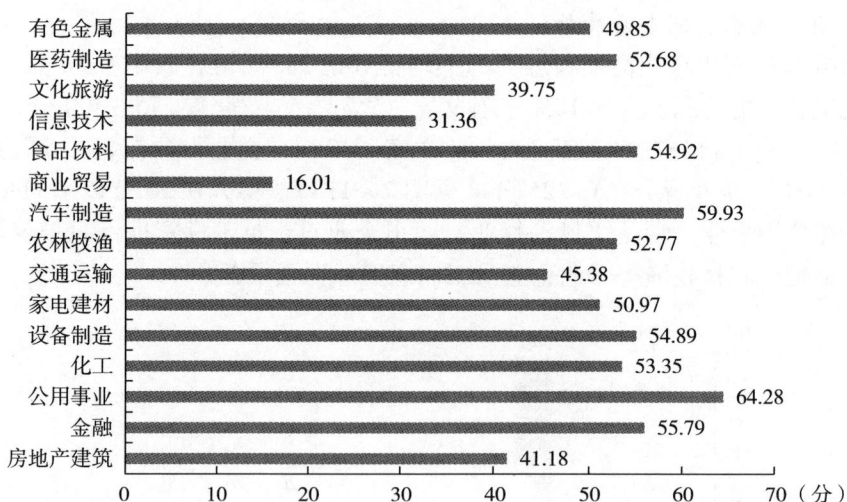

图 7 – 115　四川企业各行业安全生产运营评价情况

四川企业安全生产运营从所有制的角度来看，中央企业和地方国企得分居于前列，表现突出，其他行业得分差距不大（见图 7 – 116）。

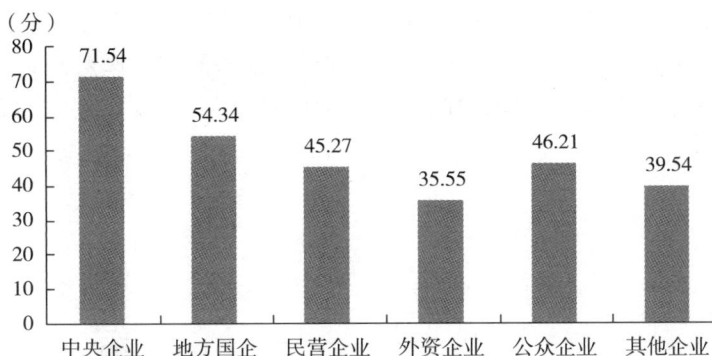

图 7 – 116　四川企业安全生产运营按所有制评价情况

1. 安全生产管理意识普遍较强

2018 年，四川企业安全生产管理的平均得分是 56.12 分，其中有 10 家企业未披露安全生产管理的情况，占比 10%，有 46 家（46%）企业得分在 75 ~ 100 分，有 25 家（25%）企业得分在 25 ~ 75 分，有 19 家（19%）企业得分在 0 ~ 25 分（见图 7 – 117）。得分在 75 分以上的企业主要分布在公用事业、房地产建筑等行业。四川企业普遍开展安全生产管理教育培训活动，强调安全生产红线，建立安全生产管理体系，安全生产管理意识较强。

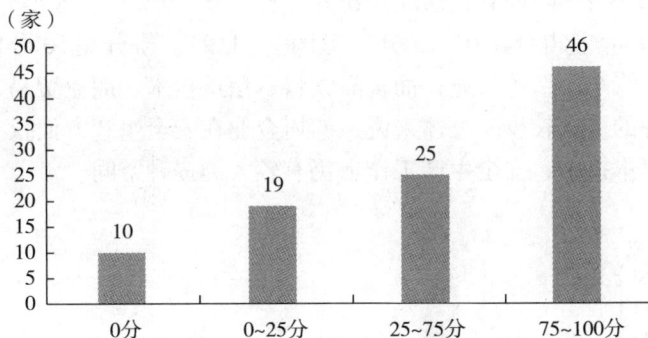

图 7 – 117　四川企业安全生产管理指标得分情况

2. 多半具有应急管理意识

2018 年，四川企业应急管理的平均得分是 50.91 分，其中有 10 家企业未披露应急管理的情况，占比 10%，有 38 家（38%）企业得分在 75 ~ 100 分，有 22 家（22%）企业得分在 50 ~ 75 分，有 6 家（6%）企业得分在 25 ~ 50 分，有 24

家（24%）企业得分在 0~25 分（见图 7-118）。得分在 75 分以上的企业主要为中央企业和地方国有企业，分布在食品饮料、设备制造、医药制造等行业。四川企业多半具有开展应急管理工作的意识，在日常工作中制订应急预案，并定期举办应急培训。

（家）

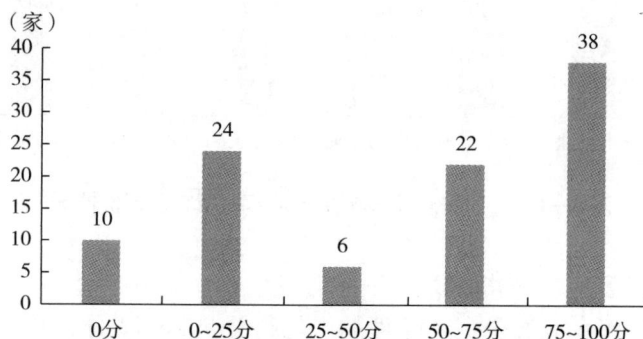

图 7-118　四川企业应急管理指标得分情况

3. 安全生产投入有较大提升空间

2018 年，四川企业安全生产投入的平均得分是 35.65 分，其中有 10 家企业未披露安全生产投入的相关情况，占比 10%，有 13 家（13%）企业得分在 75~100 分，有 27 家（27%）企业得分在 50~75 分，有 9 家（9%）企业得分在 25~50 分，有 40 家（40%）企业得分在 0~25 分（见图 7-119）。得分在 50 分以上的企业主要分布在金融、汽车制造等行业；而食品饮料、信息技术、商业贸易等行业在安全生产上投入资源的披露较少。总体来说，四川企业在安全生产方面投入的资金和人员数量较往年基本持平，安全生产工作上仍有较大的提升空间。

（家）

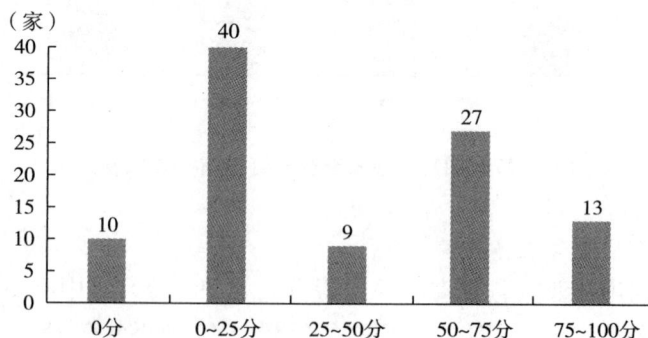

图 7-119　四川企业安全生产投入指标得分情况

案例 7 - 24：兴蓉环境加强应急管理，保障生产安全

兴蓉环境将安全放在首位，根据国家相关法律、法规及有关文件的要求，编制了包括《安全生产事故应急预案》《突发环境事件应急预案》等制度，并不断修订和完善。公司制订并不断修订应急预案，日常准备应急物资，不定期举办应急演练，并进行及时总结，形成了应急管理的闭环。此外，兴蓉环境通过了国家安全生产标准二级企业认证，2018 年全年未发生安全生产事故。

（三）社区关系管理有待加强

2018 年，四川企业支持社区发展指标平均得分为 25.93 分，中位数为 17.89 分，标准差为 20.33。从行业指标看，有色金属、食品饮料、医药制造、公用事业等行业更加注重支持社区发展，但是家电建材、商业贸易及文化旅游行业的社区支持情况较差。从总体上看，四川企业各行业的支持社区发展情况差距不大（见图 7 - 120）。

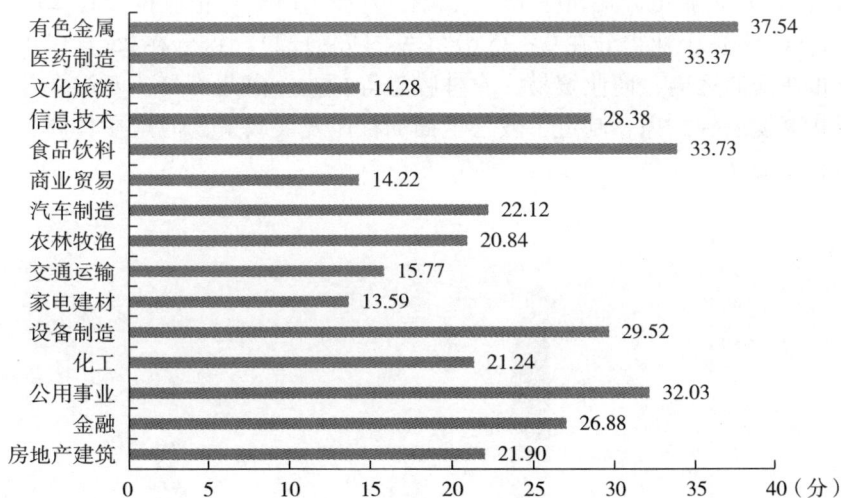

图 7 - 120　四川企业各行业支持社区发展评价情况

四川企业支持社区发展从所有制的角度来看，公众企业得分居于前列，表现突出，其他行业得分无明显差异（见图 7 - 121）。

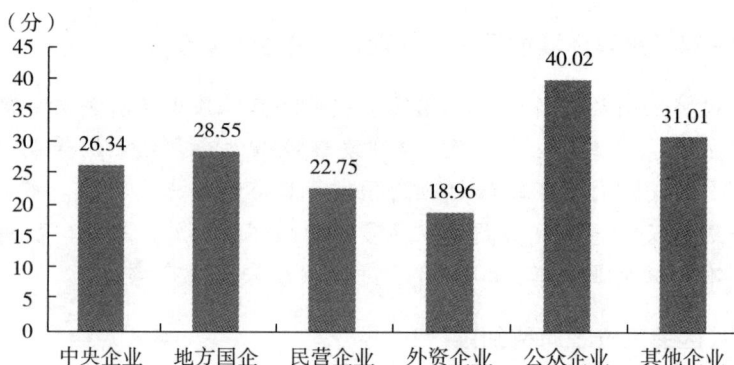

图 7 - 121　四川企业支持社区发展按所有制评价情况

1. 社区共享发展工作有待加强

2018 年，四川企业社区共享发展的平均得分是 27.15 分，其中 0 家（0%）企业未披露社区共享发展的相关情况，有 13 家（13%）企业得分在 75~100 分，有 5 家（5%）企业得分在 50~75 分，有 15 家（15%）企业得分在 25~50 分，有 67 家（67%）企业得分在 0~25 分（见图 7-122）。得分在 25 分以下的企业主要分布在交通运输、商业贸易、农林牧渔等行业。由此可见，四川企业均有社区企业共享发展的意识，制定了较为全面的社区发展政策，但是在具体工作的开展方面有待加强。

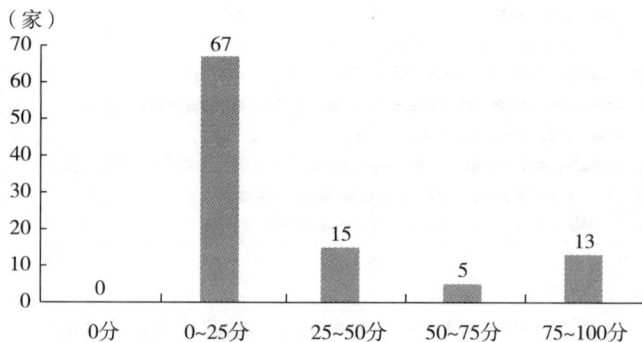

图 7 - 122　四川企业社区共享发展指标得分情况

2. 社区关系管理工作有待加强

2018 年，四川企业社区关系管理的平均得分是 22.89 分，其中 10 家企业未披露社区关系管理的相关情况，占比 10%，有 11 家（11%）企业得分在 75 ~

100 分，有 2 家（2%）企业得分在 50~75 分，有 15 家（15%）企业得分在
25~50 分，有 61 家（61%）企业得分在 0~25 分（见图 7-123）。得分在 25 分
以下的企业主要分布在汽车制造、文化旅游、家电建材等行业。由此可见，四川
企业设立了社区关系协调员和社区意见申诉渠道，但是在实际的沟通中很少发挥
作用，参与社区活动、沟通社区利益相关方等工作亟须加强，社区关系管理意识
有较大提升潜力。

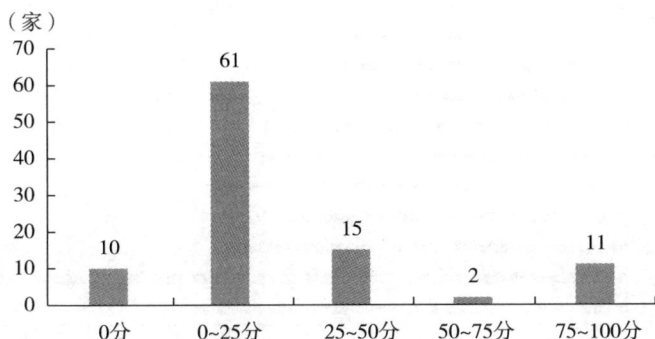

图 7-123　四川企业社区关系管理指标得分情况

案例 7-25：康弘药业精准扶贫，积极履行社会责任

康弘药业始终视回报社会为义不容辞的责任，大力推进当地贫困社区发展。
公司在甘肃省礼县成功建立贯叶金丝桃和淫羊藿种植示范基地 50 余亩，带动农
户推广种植贯叶金丝桃 100 余亩，建设康弘药材种植供应基地，为当地农户脱贫
致富提供发展合作项目，切实带动当地经济发展。

此外，康弘药业积极响应政府垃圾分类管理，向周边社区捐赠 20 组"四分
类"垃圾桶，并组织开展了"环保公益"宣传活动。公司志愿者通过问卷调查
的形式收集居民关注的环保问题，向居民普及环保公益知识，让居民充分了解垃
圾分类的重要性。公司积极协同医疗服务成员单位开展免费健康咨询、健康讲
座、临床诊疗、教学查房、心理咨询等社区健康关怀活动。2018 年，康弘药业
共组织义诊、公益健康讲座、健康咨询等公益活动 205 场次，向社会公益捐助
4422.94 万元，覆盖四川、江西、安徽、山东等省份。

（四）普遍注重参与社会公益

2018 年，四川企业参与社会公益指标平均得分为 42.43 分，中位数为 40.53
分，标准差为 23.22。从总体上看，四川企业各行业参与社会公益情况差距较大

（见图 7 - 124）。从行业指标看，医药制造、金融、食品饮料、有色金属等行业更加注重参与社会公益，但是文化旅游及商业贸易行业参与社会公益情况较差。总体来说，制造业和工业企业更加注重社会公益工作的开展。

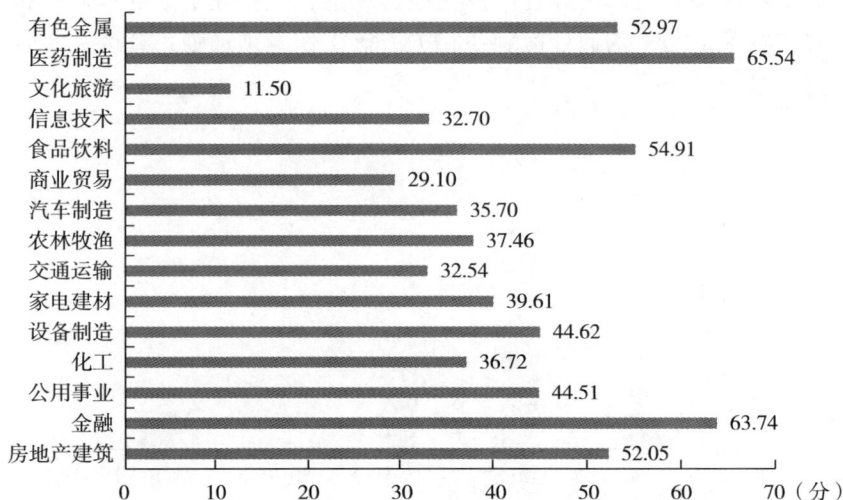

图 7 - 124　四川企业各行业参与社会公益评价情况

四川企业参与社会公益从所有制的角度来看，公众企业得分居于前列，表现突出，其他行业得分无明显差异（见图 7 - 125）。

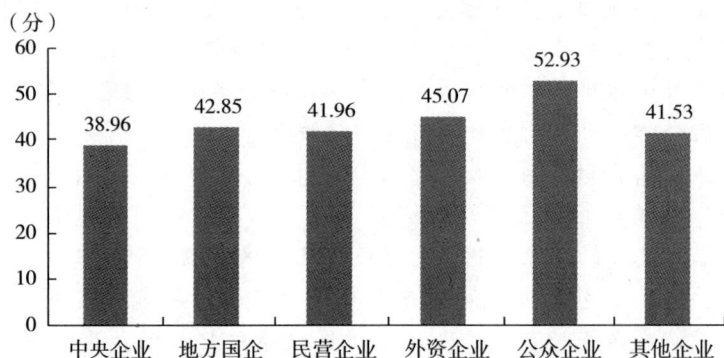

图 7 - 125　四川企业参与社会公益按所有制评价情况

1. 普遍参与公益事业

2018 年，四川企业公益管理的平均得分是 47. 70 分，其中 10 家企业未披露公益管理的相关情况，占比 10%，有 28 家（28%）企业得分在 75 ~ 100 分，有 24 家（24%）企业得分在 50 ~ 75 分，有 14 家（14%）企业得分在 25 ~ 50 分，有 24 家（24%）企业得分在 0~25 分（见图 7-126）。得分在 75 分以上的企业主要分布在金融、房地产建筑、医药制造等行业。九成四川企业制定了公益慈善的相关理念与政策，且设立了企业公益基金会，定期组织固定的公益项目。

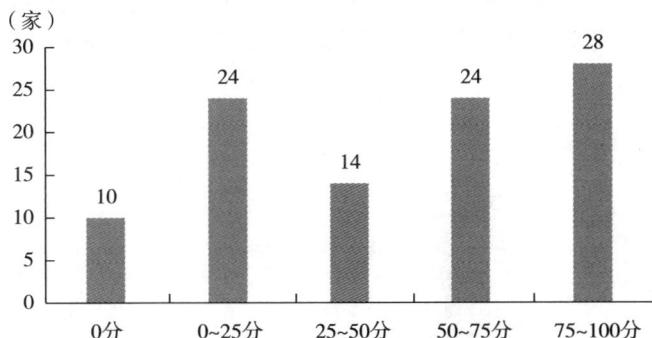

图 7-126　四川企业公益管理指标得分情况

2. 多数参与直接捐赠活动

2018 年，四川企业对外捐赠支出占比平均得分是 42.04 分，其中 40 家（40%）企业得分在 50~100 分，有 20 家（20%）企业得分在 25~50 分，有 40 家（40%）企业得分在 0~25 分（见图 7-127）。得分在 50 分以上的企业主要分布在金融、医药制造、食品饮料、有色金属等行业。总体来看，六成四川企业参与到直接捐赠的公益事业中，但对于捐赠的具体金额的披露程度则不尽相同，捐赠金额披露的透明度上仍有提升潜力。

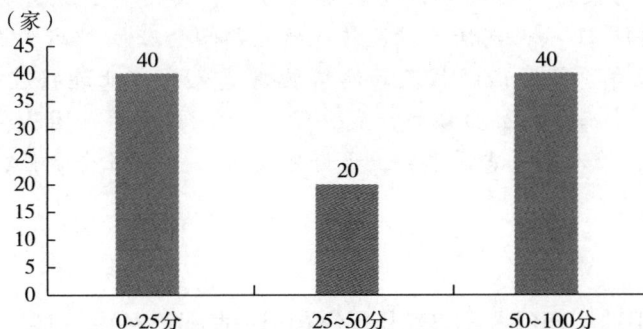

图 7-127　四川企业对外捐赠支出占比指标得分情况

3. 普遍具有组织员工参与志愿活动的意识

2018 年，四川企业员工志愿者指标的平均得分是 33.17 分，其中 10 家企业未披露员工参与志愿活动的相关情况，占比 10%，有 22 家（22%）企业得分在

75～100 分，有 5 家（5%）企业得分在 50～75 分，有 18 家（18%）企业得分在 25～50 分，有 45 家（45%）企业得分在 0～25 分（见图 7 - 128）。得分在 75 分以上的企业主要分布在医药制造、公用事业等行业；得分在 25 分以下的企业主要分布在农林牧渔、文化旅游及汽车制造等行业。九成四川企业具有组织或鼓励员工参与志愿服务活动的意识，志愿者活动在当地媒体和企业内部宣传中进行报道。

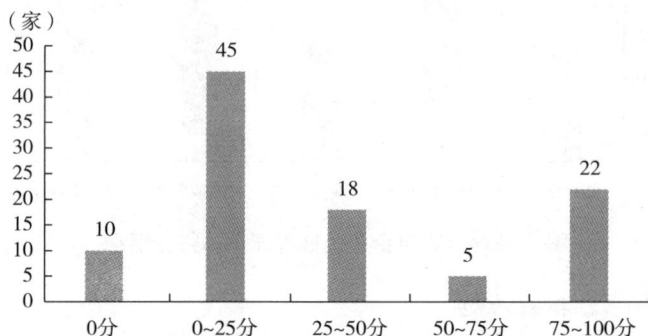

图 7 - 128　四川企业员工志愿者指标得分情况

案例 7 - 26：天齐锂业丰富公益参与方式，积极履行社会责任

天齐锂业积极投身公益事业，鼓励员工参加志愿服务，将企业的价值观贯彻于公益行为中，为促进社会的和谐发展贡献力量。2018 年，天齐锂业在海内外开展公益项目共计 21 项，包括"绿色传媒研究奖学金班"、"六·五"环境公益海报、数字化教育、普通话课程及西澳博物馆"天齐锂业连接展厅"项目等。公司还积极推动员工参与公益项目，成立了"天齐志愿者"团队，制定《天齐志愿服务手册》，推动全员志愿服务，更好地履行公司的社会责任，塑造良好的企业形象。

四、可持续环境价值指标评价分析

2018 年，四川企业可持续环境价值指标的平均得分为 40.39 分，中位数为 43.19 分，标准差为 18.04。从可持续环境价值指标中的行业指标看，有色金属、医药制造、食品饮料、化工等行业的平均得分分别为 51.42 分、53.26 分、49.34

分、48.93 分，表现较为突出，总体上看，各行业可持续环境价值指标的得分差距不大（见图 7 - 129）。

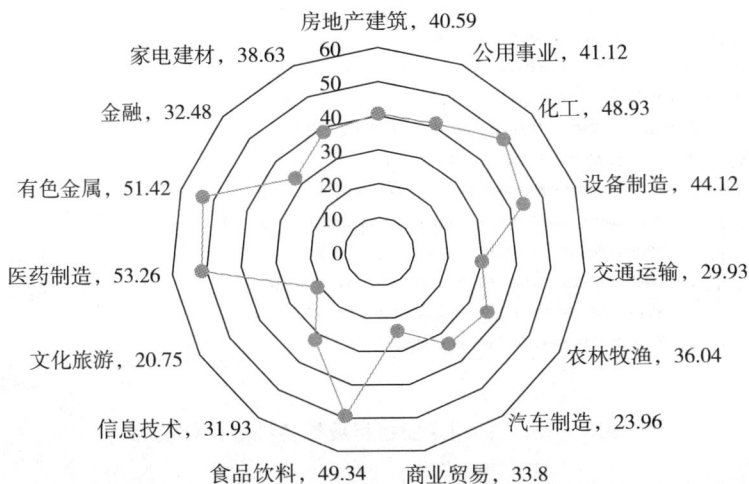

图 7 - 129 四川企业可持续环境价值指标分行业平均得分情况

从所有制角度看，公众企业、地方国企、中央企业的平均得分分别为 45.60 分、44.50 分、42.49 分，表现比较突出，并且总体上看得分差距不大（见图 7 - 130）。

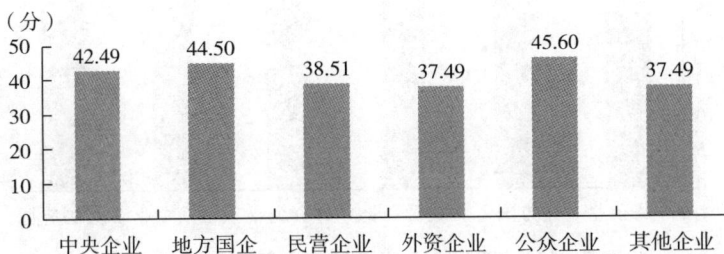

图 7 - 130 四川企业可持续环境价值指标按所有制平均得分情况

（一）绿色制造和绿色服务水平亟须提升

2018 年，四川企业绿色经济指标平均得分为 30.55 分，中位数为 24.03 分，标准差为 19.45。从行业指标看，医药制造、设备制造、公用事业、家电建材等行业更加注重企业在生产运营中的环境管理、污染减排和资源的循环利用，但是文化旅游、交通运输及汽车制造行业环保生产、节能减排的意识较差。从总体上看，四川企业各行业的绿色经济工作情况差距不大（见图 7 - 131）。

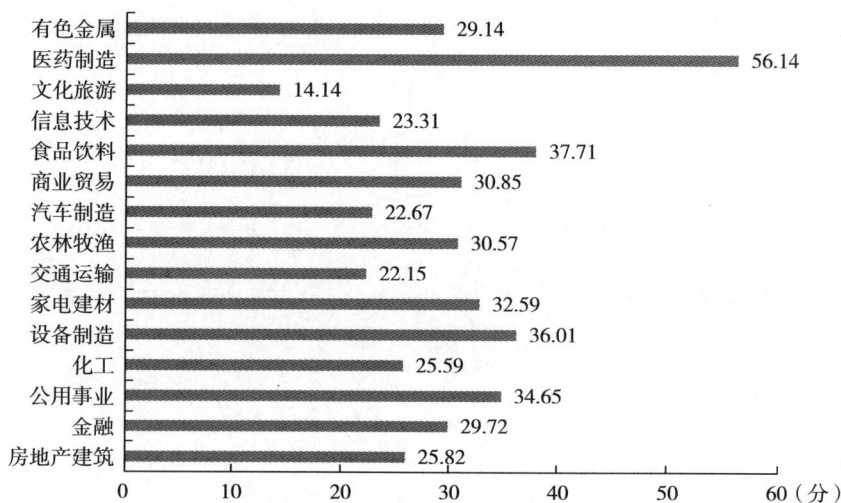

图7-131　四川企业各行业绿色经济评价情况

四川企业绿色经济从所有制的角度来看，中央企业得分居于前列，表现突出，其他行业得分无明显差异（见图7-132）。

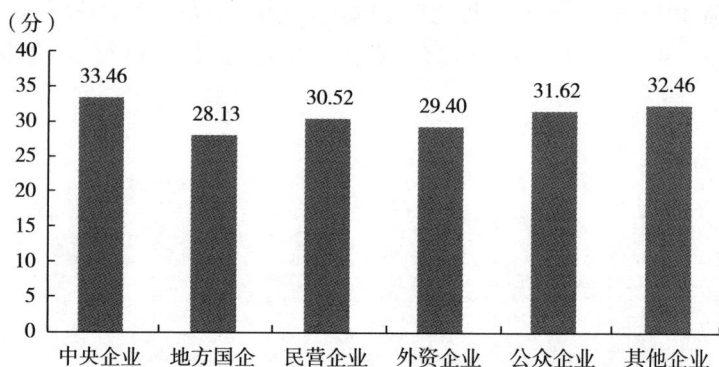

图7-132　四川企业绿色经济按所有制评价情况

1. 多数四川企业拥有循环经济意识

2018年，四川企业循环经济指标的平均得分是34.50分，其中10家企业未披露企业循环经济的相关情况，占比10%，有19家（19%）企业得分在75～100分，有15家（15%）企业得分在50～75分，有12家（12%）企业得分在25～50分，有44家（45%）企业得分在0～25分（见图7-133）。得分在75分以上的企业主要分布在医药制造、家电建材、交通运输等行业；得分在25分以下的企业主要分布在房地产建筑及汽车制造等行业。半数以上的四川企业具有在生产活动中倡导循环经济的意识，但资源的综合消耗较往年相比下降较少。

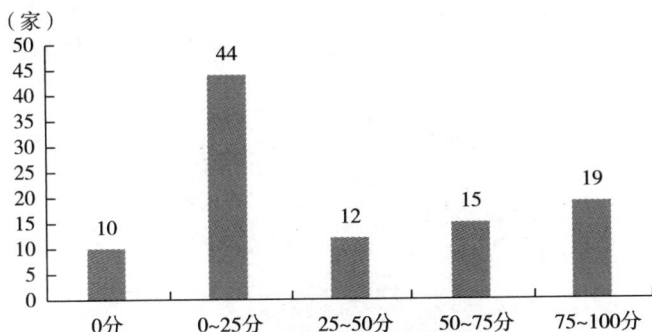

图 7 - 133　四川企业循环经济指标得分情况

2. 绿色金融工作提升空间较大

2018 年，四川企业绿色金融指标的平均得分是 30.66 分，其中 10 家企业未披露企业绿色金融的相关情况，占比 10%，有 21 家（21%）企业得分在 75 ~ 100 分，有 5 家（5%）企业得分在 50 ~ 75 分，有 11 家（11%）企业得分在 25 ~ 50 分，有 53 家（53%）企业得分在 0 ~ 25 分（见图 7 - 134）。得分在 25 分以下的企业主要分布在房地产建筑、交通运输、文化旅游及汽车制造等行业。总体而言，四川企业开展绿色金融工作的意识还不是很高，发展绿色信贷、绿色债券，设立绿色发展基金等工作还有较大的提升空间。

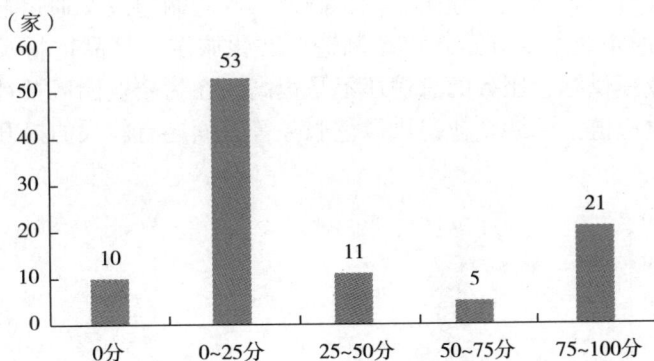

图 7 - 134　四川企业绿色金融指标得分情况

3. 绿色制造工作有待加强

2018 年，四川企业中有 30 家披露了绿色制造政策，占比 30%，有 70 家企业未公布绿色制造政策，占比 70%（见图 7 - 135）。未公布绿色制造政策的企业主要分布在房地产建筑、交通运输、化工、有色金属等行业。这表明，一半以上的企业缺乏在生产活动中开展绿色制造的意识，并且房地产建筑、交通运输、化工、有色金属等行业尤其需要提升生产中的节能减排意识，绿色制造工作亟待加强。

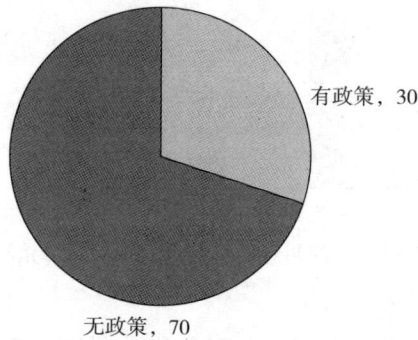

有政策，30

无政策，70

图 7 – 135　四川企业绿色制造指标得分情况

4. 绿色服务意识有较大提升空间

2018 年，四川企业绿色服务指标的平均得分是 28.85 分，其中 10 家企业未披露企业绿色服务的相关情况，占比 10%，有 14 家（14%）企业得分在 75～100 分，有 11 家（11%）企业得分在 50～75 分，有 13 家（13%）企业得分在25～50 分，有 52 家（52%）企业得分在 0～25 分（见图 7 – 136）。得分在 50 分以上的企业主要分布在房地产建筑、汽车制造、医药制造及交通运输等行业；得分在 25 分以下的企业主要分布在汽车制造、文化旅游、食品饮料及信息技术等行业。四川企业提供绿色服务的意识还不是很高，在为企业园区及社区提供垃圾分类服务、向供应链上下游企业提供绿色服务等方面还有较大的提升空间。

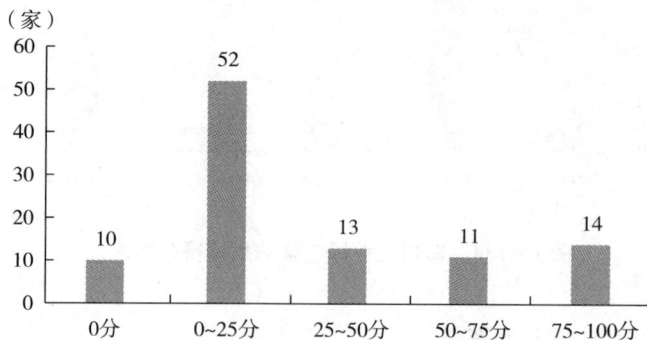

（家）

图 7 – 136　四川企业绿色服务指标得分情况

（二）环境管理政策体系逐步完善

2018 年，四川企业环境管理指标平均得分为 43.78 分，中位数为 42.33 分，标准差为 21.92。从行业指标看，有色金属、化工、食品饮料、医药制造等行业更加注重环境管理。2018 年，生态环境部针对平板玻璃制造、炼焦化学工业、石油炼制工业、有色金属冶炼和电镀行业发布了《污染源源强核算技术指南》，因此上述行业环境管理的意识较强，环保投入力度较大。从总体上看，四川企业各行业的环境管理工作情况差距不大（见图 7 –137）。

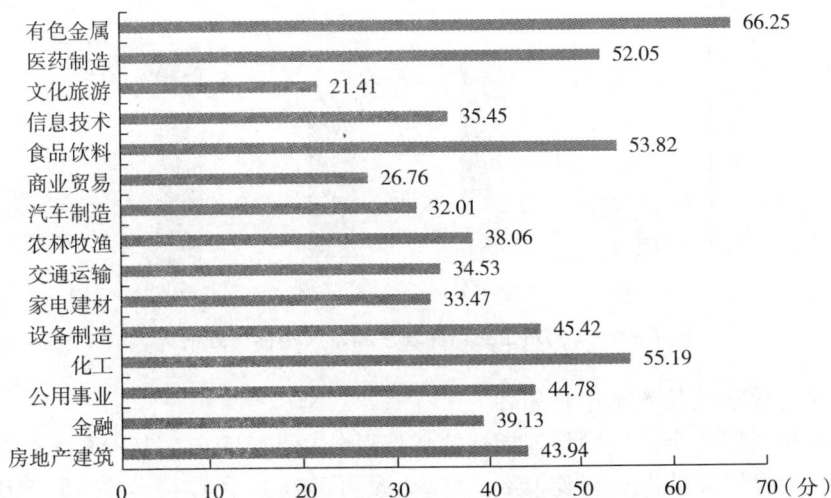

图 7 – 137 四川企业各行业环境管理评价情况

四川企业环境管理从所有制的角度来看，外资企业、公众企业得分居于前列，表现突出，其他行业得分无明显差异（见图 7 –138）。

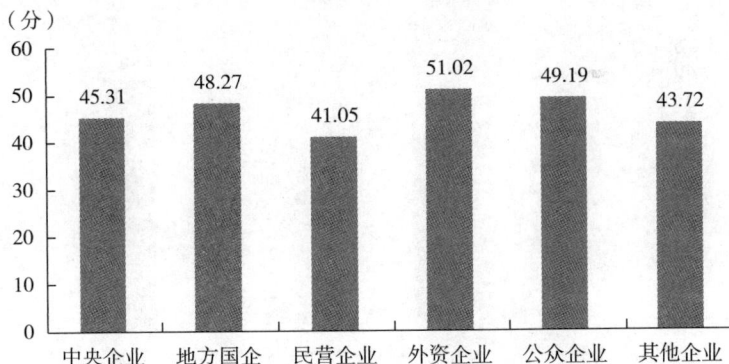

图 7 – 138 四川企业环境管理按所有制评价情况

1. 普遍制定环保理念和政策

2018 年，四川企业环保理念和政策指标的平均得分是 45.51 分，其中 11 家企业未披露企业环保理念和政策的相关情况，占比 11%，有 34 家（34%）企业得分在 75～100 分，有 22 家（22%）企业得分在 25～75 分，有 33 家（33%）企业得分在 0～25 分（见图 7－139）。得分在 75 分以上的企业主要分布在食品饮料、家电建材、化工及农林牧渔等行业。四川企业普遍有着环保理念，能够在企业内就环保主题开展宣贯活动，制定环保政策。

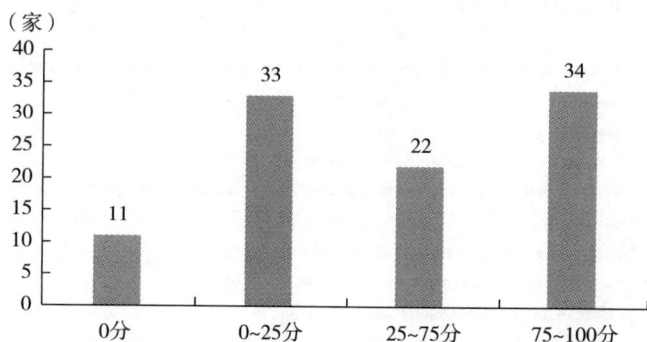

图 7－139　四川企业环保理念和政策指标得分情况

2. 环境管理政策体系逐步完善

2018 年，四川企业环境管理指标的平均得分是 52.31 分，其中 0 家企业未披露环境管理的相关情况，占比 0%，有 39 家（39%）企业得分在 75～100 分，有 30 家（30%）企业得分在 25～75 分，有 31 家（31%）企业得分在 0～25 分（见图 7－140）。得分在 75 分以上的企业主要分布在食品饮料、公用事业、化工及有色金属等行业。四川企业大部分设立了环境管理政策与体系，能够承诺遵守国家环境法律法规的要求，并落实到企业的生产经营活动中。

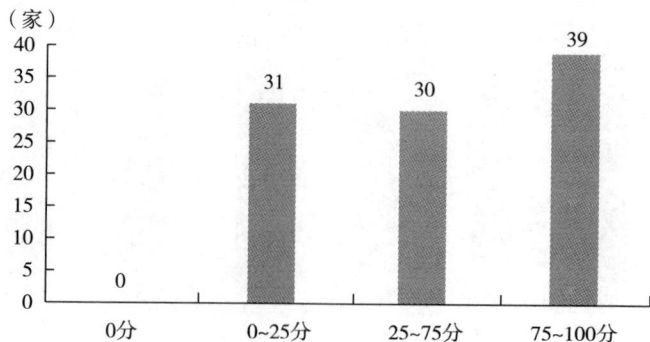

图 7－140　四川企业环境管理指标得分情况

3. 环保投入较往年基本持平

2018 年，四川企业环保投入指标的平均得分是 37.52 分，其中 0 家企业未披露环保投入的相关情况，占比 0%，有 18 家（18%）企业得分在 75 ~ 100 分，有 17 家（17%）企业得分在 50 ~ 75 分，有 18 家（18%）企业得分在 25 ~ 50 分，有 47 家（47%）企业得分在 0 ~ 25 分（见图 7 - 141）。得分在 50 分以上的企业主要分布在有色金属、化工、医药制造及交通运输等行业；得分在 25 分以下的企业主要分布在家电建材、文化旅游及商业贸易等行业。四川企业基本在环保领域投入了一定的资金和人员，且投入规模与往年相比基本持平。

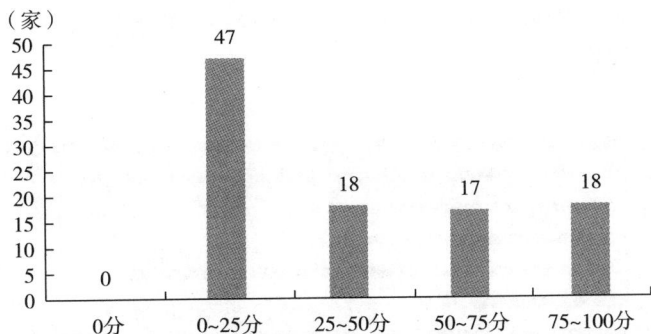

（家）

47

18　17　18

0

0分　0~25分　25~50分　50~75分　75~100分

图 7 - 141　四川企业环保投入指标得分情况

案例 7 - 27：迈克生物坚持绿色运营

迈克生物从自身行业特点出发，不断深化和推动可持续发展理念，坚持防治污染、节能降耗，并积极采取环境友好的措施，实现绿色运营。

公司结合国家环境管理体系（GB/T 24001—2016）标准，重新修订了包括固体废弃物污染控制程序、水污染控制程序、环境因素识别控制程序等在内的 10 个环境管理体系中的程序文件，使公司环境管理水平得到进一步优化和提升。2018 年，公司环保投入达到 305.3 万元。

此外，2018 年 9 月，迈克生物采用了新的 OA 系统，全面升级信息化办公平台，将原来线下的审批流程转换为线上审批，并逐步将内部管理和业务流程各环节涉及的审批流程载入信息化办公平台。截至 2018 年底，整个线上审批单据共有 26172 单，大大节省了纸张消耗，提高了运营效率，同时增强了环境友好性。

迈克生物还积极与供应商合作，共同推进节能减排措施。根据 ISO14001 体系的要求，鼓励供应商在保证产品质量的前提下，减少包装材料或使用可回收的包装，尽可能实现包装材料循环利用。

（三）"三废"管理的意识需要进一步加强

2018 年，四川企业"三废"管理指标平均得分为 41.72 分，中位数为 37.55 分，标准差为 29.44。从行业指标看，有色金属、化工、医药制造、食品饮料、汽车制造等行业更加注重"三废"管理。从总体上看，四川企业各行业的环境管理工作情况有一些差异（见图 7 - 142）。2018 年，生态环境部针对平板玻璃制造、炼焦化学工业、石油炼制工业、有色金属冶炼和电镀行业发布了《污染源源强核算技术指南》；2017 年，环境保护部组织编制了水泥制造、煤炭采选、汽车整车制造、铁路、制药、水利（引调水工程）、航道七个行业建设项目环境影响评价文件审批原则。因此，2018 年四川不同行业的企业在废水、废气和固体废弃物的管理工作方面出现了差异。

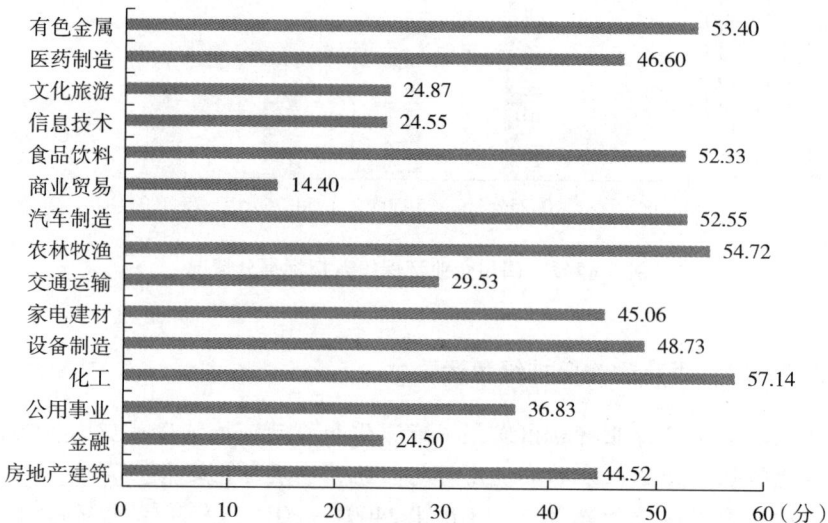

图 7 - 142　四川企业各行业"三废"管理评价情况

四川企业"三废"管理从所有制的角度来看，地方国企、公众企业得分居于前列，表现突出，其他行业得分无明显差异（见图 7 - 143）。

1. 废水排放普遍优于行业标准

2018 年，四川企业废水管理指标的平均得分是 43.50 分，其中 10 家企业未披露废水管理的相关情况，占比 10%，有 33 家（33%）企业得分在 75 ~ 100 分，有 9 家（9%）企业得分在 50 ~ 75 分，有 17 家（17%）企业得分在 25 ~ 50 分，有 31 家（31%）企业得分在 0 ~ 25 分（见图 7 - 144）。得分在 75 分以上的企业主要分布在食品饮料、化工、有色金属及家电建材等行业。总体而言，四川企业生产活动中的废水排放普遍优于行业标准，且较往年有所降低。

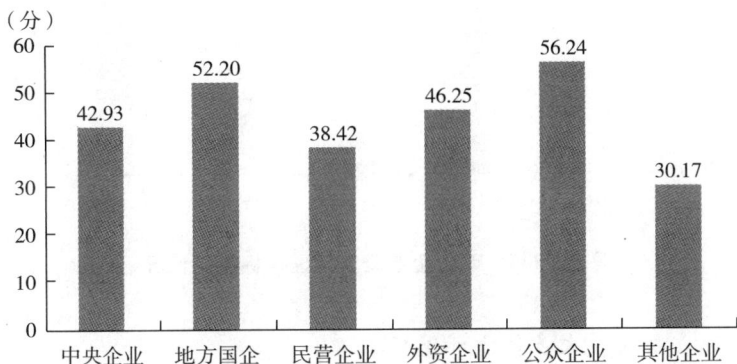

图7－143　四川企业"三废"管理按所有制评价情况

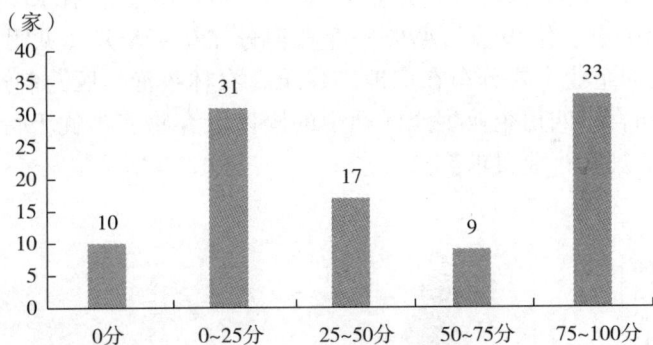

图7－144　四川企业废水管理指标得分情况

2. 废气排放多半优于环保标准

2018年，四川企业废气管理指标的平均得分是42.82分，其中，0家企业未披露废气管理的相关情况，占比为0%，有30家（30%）企业得分在75～100分，有15家（15%）企业得分在50～75分，有10家（10%）企业得分在25～50分，有45家（45%）企业得分在0～25分（见图7－145）。得分在75分以上的企业主要分布在食品饮料、化工、有色金属及农林牧渔等行业。总体而言，四川企业生产活动中的废气排放多半优于行业标准，且较往年有所降低。

（家）

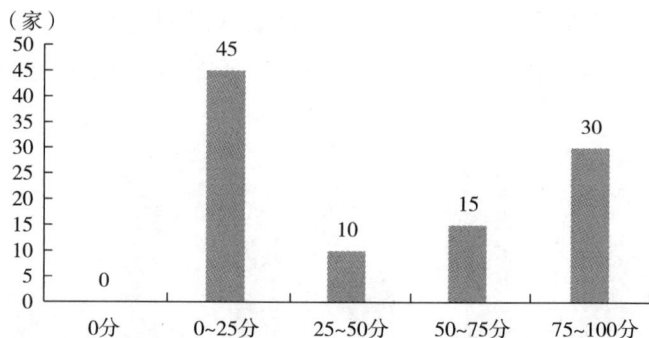

图 7 - 145　四川企业废气管理指标得分情况

3. 固体废弃物排放大多优于环保标准

2018 年，四川企业固体废弃物管理指标的平均得分是 39.74 分，其中，0 家企业未披露固体废弃物管理的相关情况，占比为 0%，有 25 家（25%）企业得分在 75 ~ 100 分，有 11 家（11%）企业得分在 50 ~ 75 分，有 15 家（15%）企业得分在 25 ~ 50 分，有 49 家（49%）企业得分在 0 ~ 25 分（见图 7 - 146）。得分在 75 分以上的企业主要分布在房地产建筑、农林牧渔、医药制造及汽车制造等行业。总体而言，四川企业生产活动中的固体废弃物多半优于行业环保标准，符合国家法律法规和行业要求。

（家）

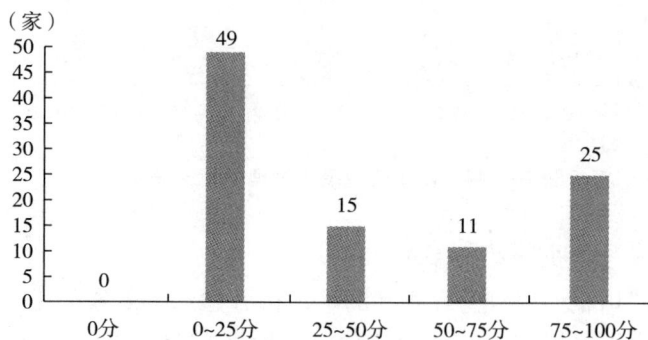

图 7 - 146　四川企业固体废弃物管理指标得分情况

案例 7 - 28：迈克生物通过改造设备，严格遵守国家标准

迈克生物产生的废气主要是餐厅的油烟及动物房产生的废气。餐厅产生的油烟通过末端干湿过滤器过滤后排放，减少对环境的污染，排放标准执行《饮

食业油烟排放标准（试行）》（GB18483—2002）的规定。动物房目前采用独立式送排风洁净笼架，减少了动物废气在空气中的流动，并最终经过紫外灯杀菌和活性炭吸附后排放，执行《恶臭污染物排放标准》（GB14554—93）二级标准。

五、可持续品牌塑造指标评价分析

2018年，四川企业可持续品牌塑造指标的平均得分为50.24分，中位数为49.58分，标准差为18.3。从可持续品牌塑造指标中的行业指标看，食品饮料、公用事业、医药制造、信息技术等行业的平均得分分别为77.31分、58.38分、68.06分、52.08分，表现较为突出，总体上看，各行业可持续品牌塑造的得分差距不大（见图7-147）。

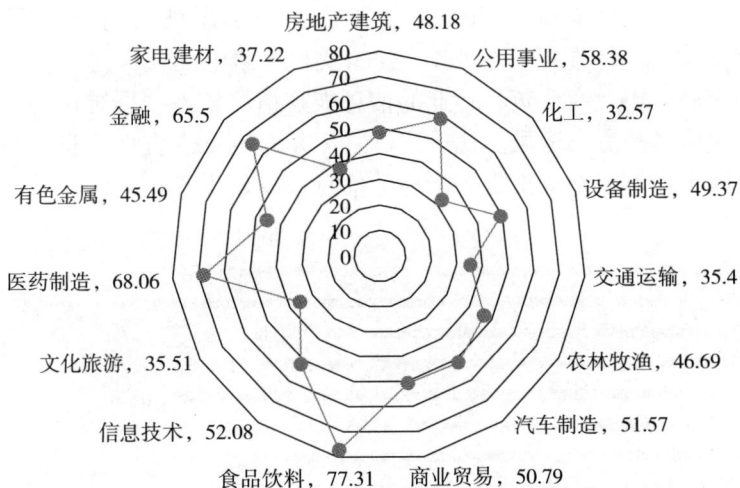

图7-147　四川企业可持续品牌塑造指标分行业平均得分情况

从所有制角度看，外资企业、公众企业、中央企业的平均得分分别为61.66分、50.43分、50.98分，表现比较突出，并且总体上看得分差距不大（见图7-148）。

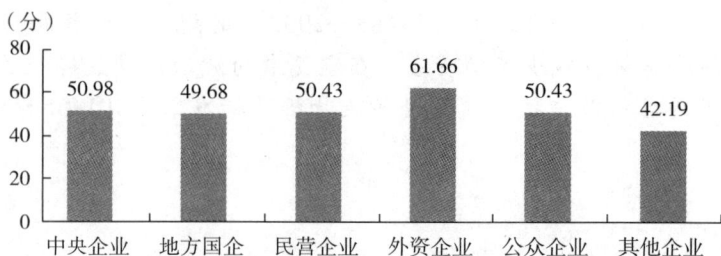

图 7 - 148　四川企业可持续品牌塑造指标按所有制平均得分情况

（一）信息披露水平较高

信息披露是企业自觉主动将利益相关方关注的信息进行公开公示发布的过程，是衡量企业透明度的重要指标。信息披露包括信息披露机制、信息披露渠道、官网社会责任信息发布数量、发布社会责任报告和发布财务报告等指标。2018 年，四川企业信息披露指标平均得分为 50.85 分，中位数为 47.08 分，标准差为 17.43。从行业指标看，四川企业各行业的信息披露情况差距不大（见图 7 - 149）。其中，金融、医药制造、食品饮料、家电建材等行业更加注重信息披露，但是交通运输及商业贸易行业的信息披露情况较差。据统计，交通行业及商业贸易行业信息披露渠道虽然比较广泛，但是官网社会责任信息发布数量、发布社会责任报告和发布财务报告等指标的信息披露较少。

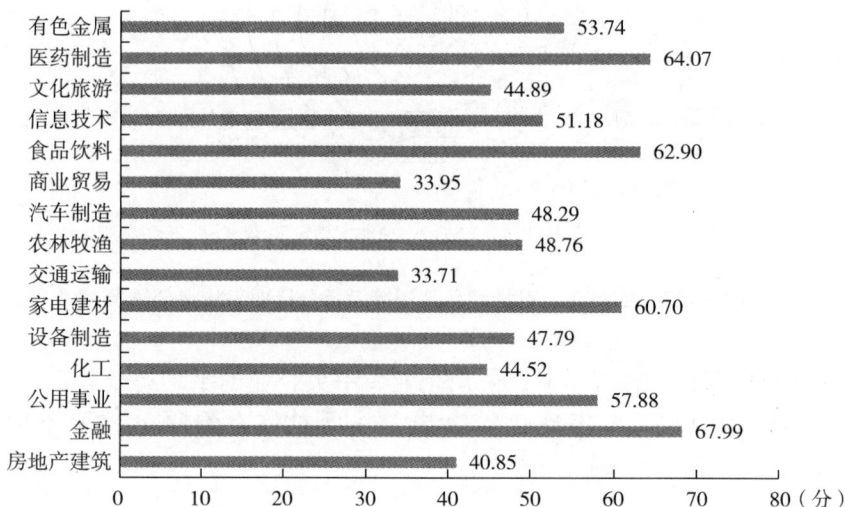

图 7 - 149　四川企业各行业信息披露评价情况

四川企业信息披露从所有制的角度来看，中央企业、地方国企和公众企业得分居于前列，表现突出，其他行业得分差距不大（见图7-150）。

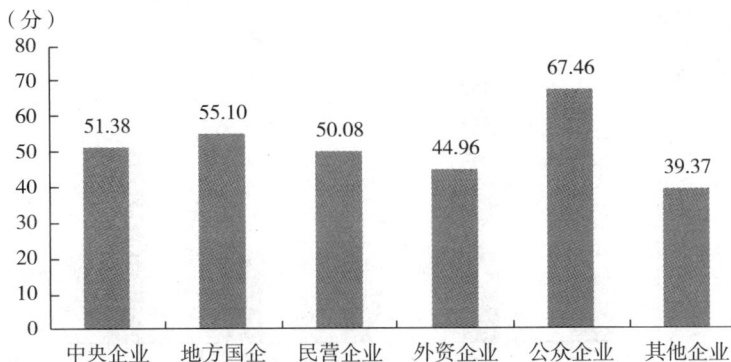

（分）

图7-150　四川企业信息披露按所有制评价情况

1. 信息披露渠道较广

2018年，四川企业信息披露渠道指标的平均得分是63.96分，其中有9家没有相关的信息披露渠道，占比9%，有40家（40%）企业得分在75~100分，有20家（20%）企业得分在50~75分，有31家（31%）企业得分在25~50分，没有企业的得分在0~25分（见图7-151）。这表明，绝大多数企业采取了官方网站、微信、微博、新闻媒体四种及以上的多元信息披露渠道，总体上四川企业的信息披露渠道较广。

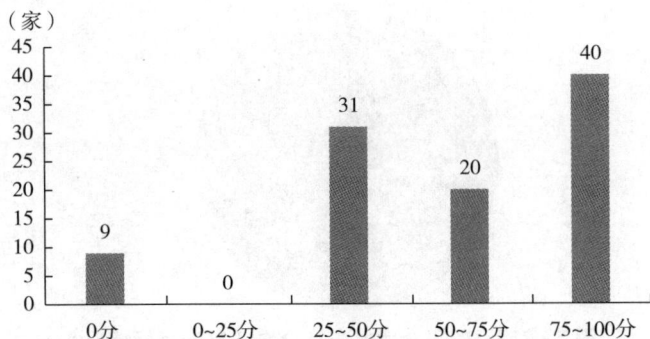

（家）

图7-151　四川企业信息披露渠道指标得分情况

2. 逐渐注重在官网发布社会责任信息

四川企业官网发布社会责任信息数量指标的平均得分是41.26分，其中有10家（10%）企业官网发布社会责任专项信息数量为0，有40家（40%）企业官网发布社会责任专项信息数量较往年有所下降，有42家（42%）企业官网发布社会责任专项信息数量较往年有所提高（见图7-152）。得在75分以上的企业主要分布在公用事业、食品饮料、家电建材、有色金属等行业。四川企业逐渐注重在官方网站发布社会责任相关的专项信息，从而促进社会责任信息的传播。

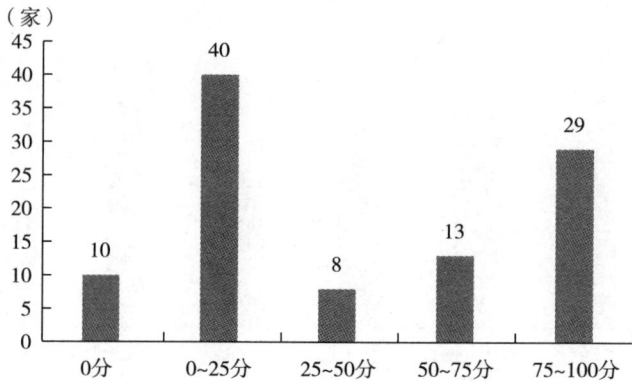

图 7 - 152　四川企业官网发布社会责任信息指标得分情况

3. 发布社会责任报告工作有待加强

2018 年，四川企业中有 30 家发布了社会责任报告，占比 30%，有 70 家企业未发布社会责任报告，占比 70%（见图 7 - 153）。未发布社会责任报告的企业主要分布在房地产建筑、交通运输、信息技术、商业贸易、文化旅游、化工等行业。这表明，一半以上的企业缺乏发布社会责任报告的意识，并且文化旅游、房地产建筑、商业贸易、化工等行业尤其需要提升发布社会责任报告的意识，社会责任信息披露工作亟待加强。

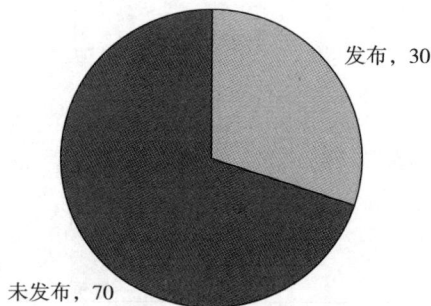

图 7 - 153　四川企业发布社会责任报告指标情况

4. 普遍注重发布财务报告

四川企业在发布财务报告指标方面的信息披露很好，有 10 家（10%）企业未披露财务报告相关信息，有 90 家（90%）企业发布了财务报告（见图 7 - 154）。发布财务报告的企业主要分布在化工、房地产建筑、信息技术、公用事业、金融、商业贸易、食品饮料等诸多行业。100 家四川企业中有 87 家企业在上交所或深交所上市，上市公司必须满足披露财务报告的监管需求。

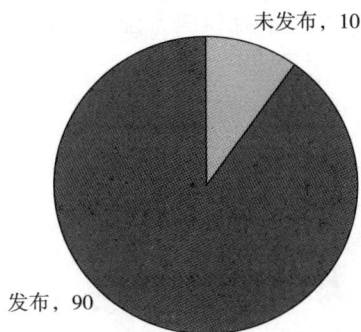

未发布，10

发布，90

图 7 - 154 四川企业发布财务报告指标情况

（二）注重利益相关方参与

2018 年，四川企业相关方参与指标平均得分为 56.72 分，中位数为 53.90 分，标准差为 20.67。从行业指标看，金融、医药制造、食品饮料等行业更加注重相关方参与，但是化工及公用事业行业的相关方参与情况较差。从总体上看，四川企业各行业的相关方参与的情况差距不大（见图 7 - 155）。

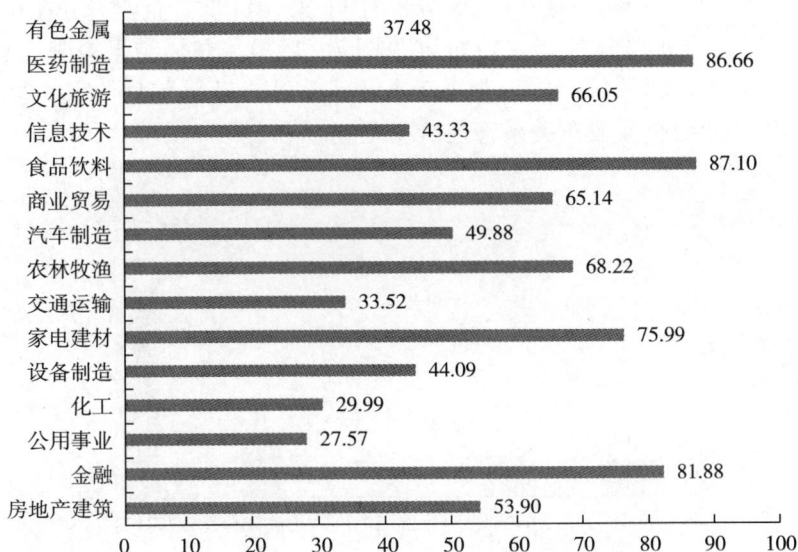

行业	得分
有色金属	37.48
医药制造	86.66
文化旅游	66.05
信息技术	43.33
食品饮料	87.10
商业贸易	65.14
汽车制造	49.88
农林牧渔	68.22
交通运输	33.52
家电建材	75.99
设备制造	44.09
化工	29.99
公用事业	27.57
金融	81.88
房地产建筑	53.90

图 7 - 155 四川企业各行业相关方参与评价情况

四川企业相关方参与从所有制的角度来看，中央企业、外资企业和公众企业得分居于前列，表现突出，民营企业和地方国企表现居中，而其他企业表现较一般（见图7－156）。

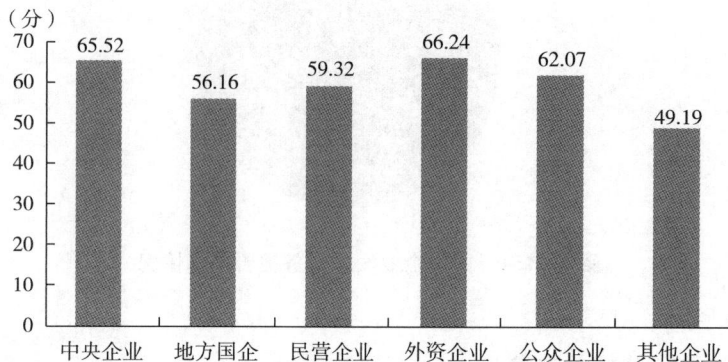

图7－156　四川企业相关方参与按所有制评价情况

1. 股东关系管理情况较好

2018年，四川企业股东关系管理指标的平均得分是63.17分，其中有10家企业（10%）没有相关的信息披露，有58家（58%）企业得分在75～100分，有16家（16%）企业得分在50～75分，有11家（11%）企业得分在0～25分，有5家（5%）企业得分在25～50分（见图7－157）。总体结果表明，多数企业的股东关系管理情况较好。从行业属性来看，公共事业、信息技术、食品饮料、设备制造等行业的企业股东关系管理情况尤佳。

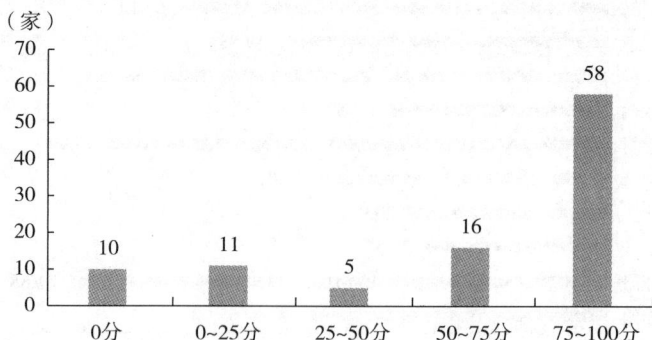

图7－157　四川企业股东关系管理指标得分情况

案例 7 – 29：广安爱众注重股东关系管理

广安爱众立足广安、面向全国，通过技术升级、管理创新、商业模式创新，强化资本运作，实现产融结合，构筑企业核心竞争力，发展成为一流的公用事业服务集团。

公司注重股东关系的管理，先后制定了《信息披露事务管理制度》《投资者关系管理制度》《信息披露暂缓与豁免业务管理制度》，及时、准确地进行披露工作；积极与媒体加强合作。目前指定信息披露的报社有《中国证券报》《上海证券报》《证券日报》《证券时报》。安排专人负责投资者关系工作，时常与监管部门、行业协会、交易所保持接触，并在公司官网设置了投资者交流社区，直接与投资者交流互动，加强了公司与投资者的信息沟通，有效地促进了上市公司与投资者之间的良性关系。

2. 组织举办的利益相关方活动较丰富

四川企业组织举办的利益相关方活动指标的平均得分是 54.84 分，其中有 10 家企业组织举办的利益相关方活动数量为 0，有 24 家（24%）企业组织举办的利益相关方活动数量较往年有所下降，有 61 家（61%）企业组织举办的利益相关方活动数量较往年有所提高（见图 7 – 158）。得分在 75 分以上的企业主要分布在公用事业、信息技术、食品饮料、设备制造等行业。这说明多数企业举办的利益相关方活动数量情况较好，且举办的利益相关方活动主要有股东大会、员工活动、交流会和展览会等。

（家）

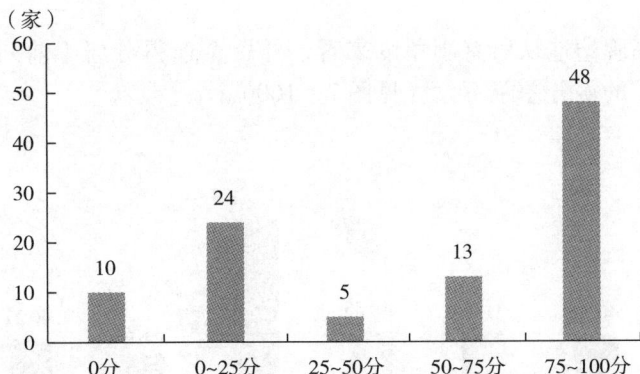

图 7 – 158　四川企业组织举办的利益相关方活动指标得分情况

（三）品牌塑造意识需要加强

2018 年，四川企业品牌塑造指标平均得分为 42.48 分，中位数为 38.02 分，标准差为 38.02。从行业指标看，食品饮料行业更加注重品牌塑造，但是文化旅游、家电建材、化工行业的品牌塑造注重程度较低。从总体上看，四川企业各行业的品牌塑造注重程度高低不齐（见图 7－159）。

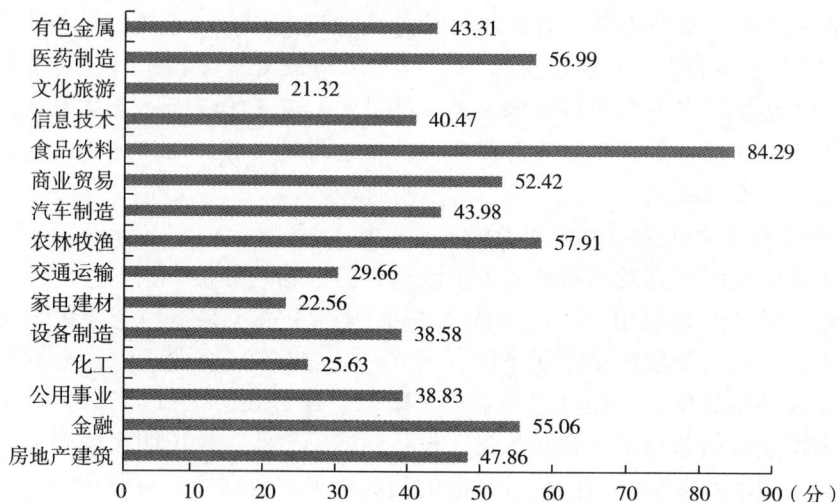

图 7－159　四川企业各行业品牌塑造评价情况

四川企业品牌塑造从所有制角度来看，外资企业得分居于前列，表现突出，其他所有制企业的得分差距不大（见图 7－160）。

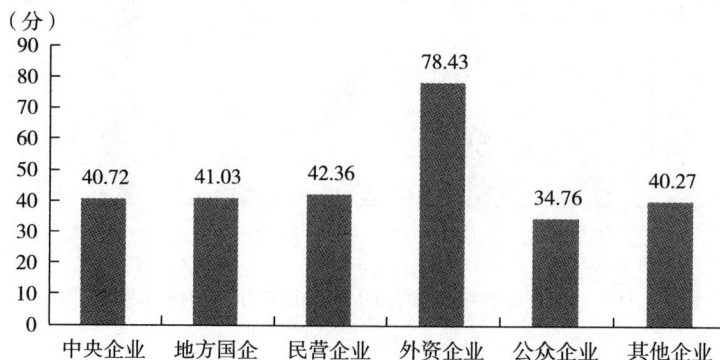

图 7－160　四川企业品牌塑造按所有制评价情况

1. 超半数企业需加强品牌管理

2018年，四川企业品牌管理指标的平均得分是42.48分，其中有10家企业没有相关的信息品牌管理，占比10%，有33家（33%）企业得分在75～100分，有12家（12%）企业得分在50～75分，有8家（8%）企业得分在25～50分，有37家（37%）企业得分在0～25分（见图7-161）。这表明，1/3的企业注重品牌管理，分布在公共事业、食品饮料行业，其他行业如化工、信息技术、设备制造、医药制造、有色金属品牌管理力度有待加强。注重品牌管理主要从树立企业品牌形象、打造企业品牌及创新品牌传播载体等方面进行。

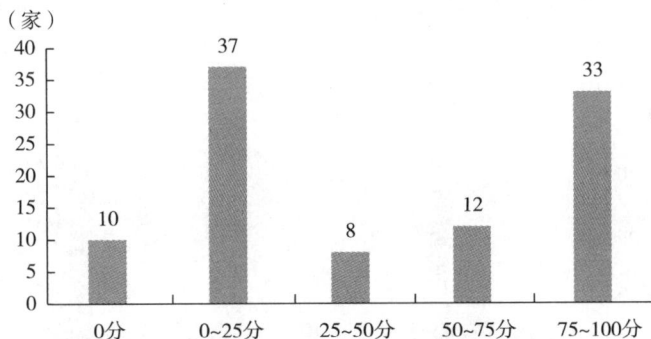

（家）

图7-161 四川企业品牌管理指标得分情况

2. 举办品牌活动的力度有待加强

四川企业品牌活动指标的平均得分是32.47分，其中有24家（24%）企业得分在75～100分，有0家（0%）企业得分在50～75分，有17家（17%）企业得分在25～50分，有59家（59%）企业得分在0～25分（见图7-162）。超过75%的企业举办品牌活动得分较低，且这些企业主要分布在化工、公用事业、设备制造、信息技术行业。四川企业在品牌活动的组织力度上有待加强。

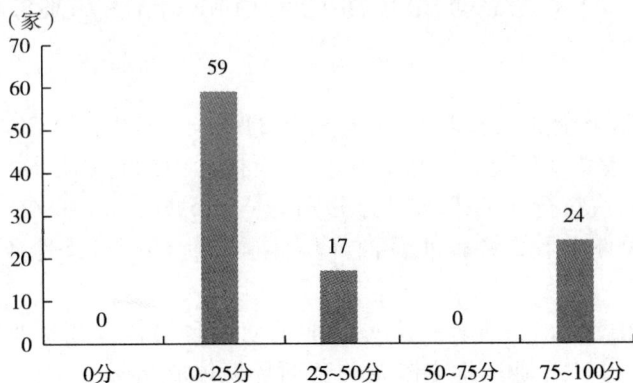

（家）

图7-162 四川企业品牌活动指标得分情况

3. 超半数企业的品牌影响力有待加强

品牌影响力是指品牌开拓市场、占领市场并获得利润的能力。四川企业品牌影响力指标的平均得分是 53.78 分，其中有 44 家（44%）企业得分在 75~100 分，有 8 家（8%）企业得分在 50~75 分，有 10 家（10%）企业得分在 25~50 分，有 38 家（38%）企业得分在 0~25 分（见图 7-163）。约 50% 的企业得分在 75 分以上，主要分布在食品饮料、信息技术、房地产建筑等行业。化工、公用事业、信息技术、设备制造等行业的企业在品牌影响力方面表现不佳，有待加强。四川企业主要通过资质认证、质量及各类奖项、品牌排行榜、社会责任品牌战略与活动等举措提升企业品牌影响力。

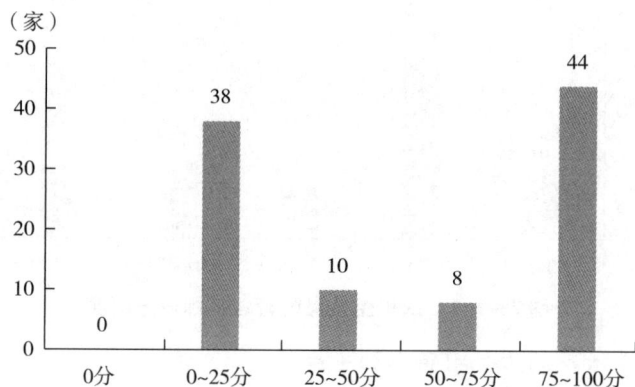

图 7-163　四川企业品牌影响力指标得分情况

六、营商环境体验指标评价分析

2018 年，四川企业营商环境体验指标的平均得分为 30.76 分，中位数为 28.46 分，标准差为 17.70。从营商环境体验指标中的行业指标看，有色金属、公用事业、食品饮料行业的平均得分分别为 46.15 分、45.10 分、40.26 分，表现较为突出，总体上看，各行业营商环境体验指标的得分差距不大（见图 7-164）。

从所有制角度看，各所有制类型企业的营商环境体验指标平均得分差距不大，公众企业、中央企业、地方国企的营商环境体验指标平均得分分别为 40.05 分、37.71 分、34.14 分，表现比较突出（见图 7-165）。

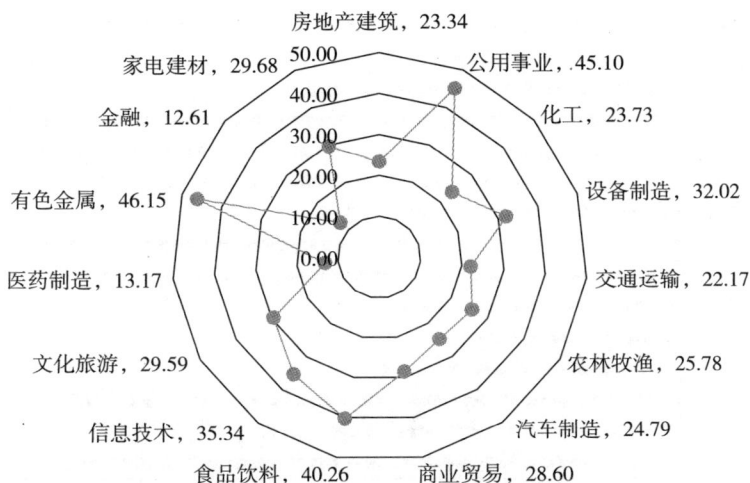

图 7 - 164 四川企业营商环境体验指标行业平均得分情况

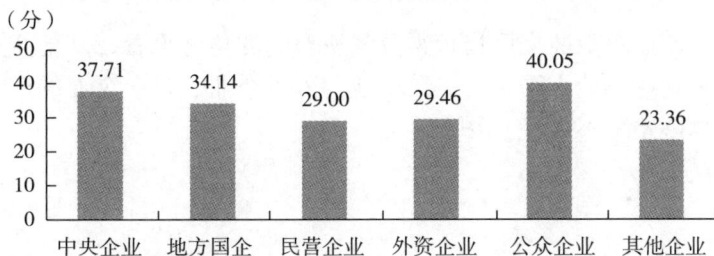

图 7 - 165 四川企业营商环境体验指标按所有制平均得分情况

（一）产业政策匹配度差距较大

2019 年 1 月，四川省政府印发《关于推进"5+1"产业金融体系建设的意见》，提出积极构建与全省加快构建"5+1"现代产业体系推动工业高质量发展相适应的产业金融体系，引导金融围绕"5+1"产业发展提供精准支持促进新兴产业加快发展。2018 年，四川企业产业政策匹配度指标平均得分为 46.51 分，中位数为 27.95 分，标准差为 35.10。从行业指标看，交通运输、信息技术、公用事业、农林牧渔、商业贸易、房地产建筑、有色金属、食品饮料行业的产业政策环境体验情况较好，但是化工、医药制造、家电建材、文化旅游、汽车制造、设备制造、金融行业的产业政策环境体验情况较差。从总体上看，四川企业各行业的产业政策环境体验情况两极分化（见图 7 - 166）。房地产建筑与信息技术的产品政策匹配度指标得分最高，医药制造得分最低。从实际的行业得分情况来看，化工行业和设备制造行业的产业政策匹配度较低，因此需要提升产业政策匹配度。

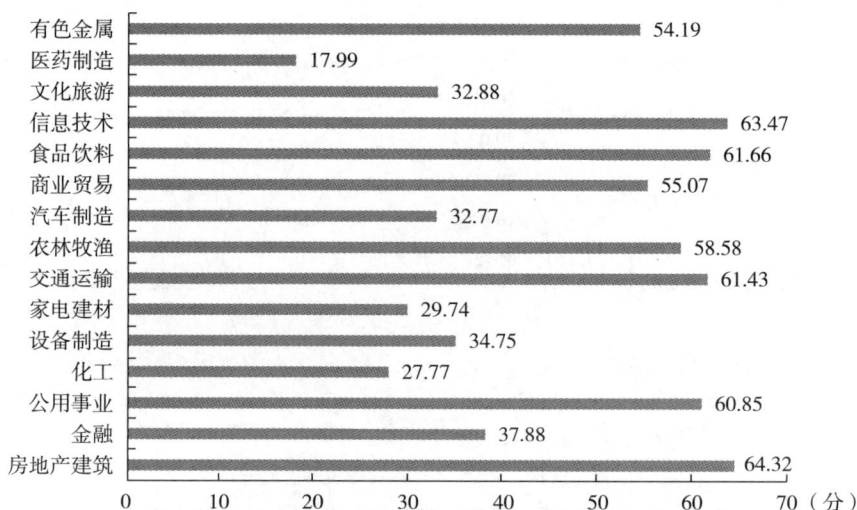

图 7-166　四川企业各行业产业政策环境体验评价情况

　　四川企业产业政策匹配度指标得分从所有制的角度来看，其他企业的指标得分最低，中央企业、地方国企、民营企业、外资企业、公众企业的产业政策匹配度指标得分总体差距不大（见图 7-167）。

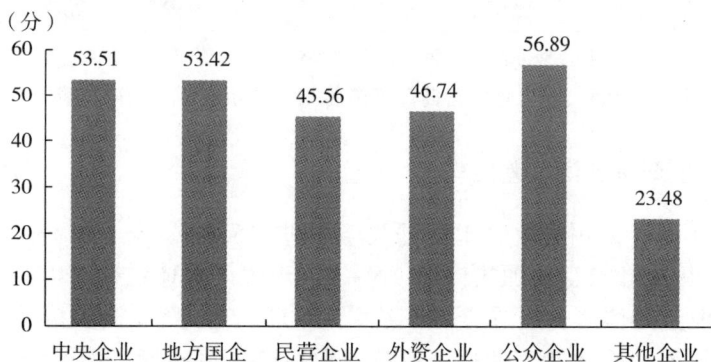

图 7-167　四川企业产业政策环境体验按所有制评价情况

　　2018 年，四川企业产业政策匹配度指标的平均得分是 46.51 分，其中有 39 家（39%）企业得分在 75 ~ 100 分，有 6 家（6%）企业得分在 50 ~ 75 分，有 9 家（9%）企业得分在 25 ~ 50 分，有 46 家（9%）企业得分在 0 ~ 25 分（见图 7-168）。40% 的企业得分在 75 分以上，主要分布在信息技术、公用事业等行业。55% 的企业得分低于 50 分，主要是化工、设备制造、医药制造等行业。四川企业的产业政策匹配度较一般，有待提高。

（家）

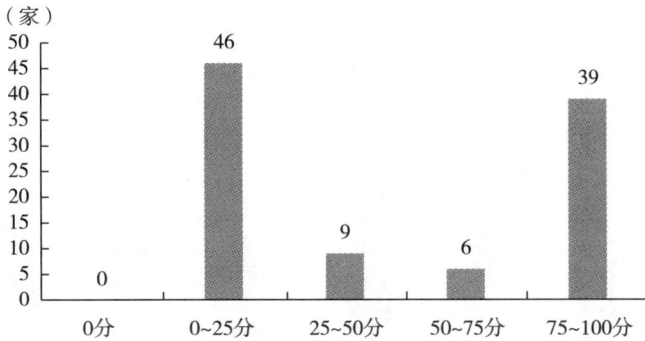

图 7 - 168 四川企业产业政策匹配度指标得分情况

（二）产业发展环境体验情况较差

四川省产业发展环境体验主要包括四川企业在资源、市场、人才三个指标的体验。2018 年，四川企业产业发展环境体验指标平均得分为 31.85 分，中位数为 23.03 分，标准差为 25.02。产业发展环境体验的指标得分总体较低。从行业指标看，公共事业、有色金属、家电建材、设备制造等行业产业发展环境体验情况相对较好，但是房地产建筑、交通运输及金融行业的产业发展环境体验情况较差（见图 7 - 169）。结合行业属性来看，房地产建筑、交通运输及金融行业在资源、市场、人才三个指标的得分都很低，产业发展环境体验情况较差。

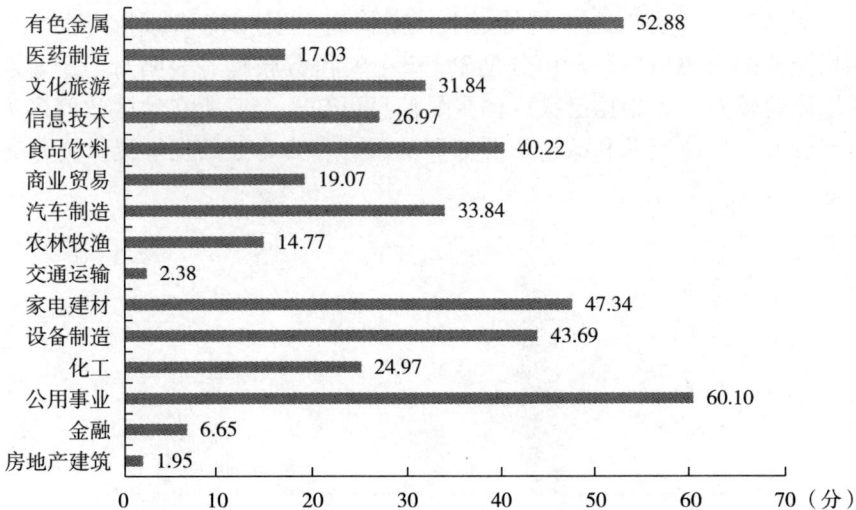

图 7 - 169 四川企业各行业产业发展环境体验评价情况

四川企业产业发展环境体验从所有制角度来看，中央企业的产业发展环境体验指标得分相对居高，其他所有制企业得分差距不大（见图 7 - 170）。

（分）

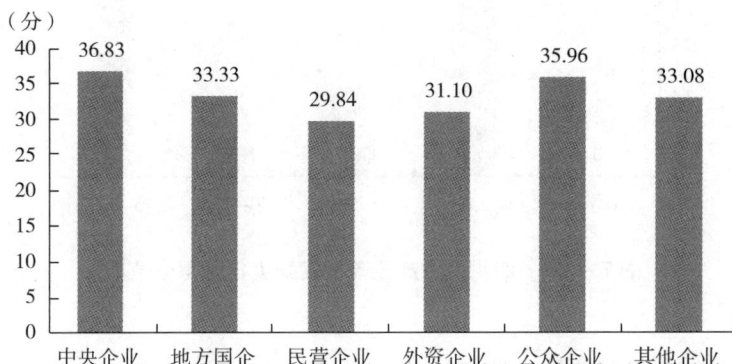

图 7 - 170 　四川企业产业发展环境体验按所有制评价情况

1. 资源利用效率有待提高

产业发展环境体验的资源指标是指企业对于所处环境的资源利用的信息反馈情况。2018 年，四川企业资源指标的平均得分是 25.52 分，其中有 13 家（13%）企业得分在 75 ~ 100 分，有 7 家（7%）企业得分在 50 ~ 75 分，有 15 家（15%）企业得分在 25 ~ 50 分，有 54 家（54%）企业得分在 0 ~ 25 分（见图 7 - 171）。这表明，约 70% 的企业主要分布在信息技术、化工、设备制造、食品饮料、医药制造、房地产建筑等行业，需提高发展环境资源利用程度。据统计，四川企业的资源指标平均得分是 25.52 分，得分较低，表明对于产业发展的资源环境体验较差。且根据已披露的少量信息可知，企业所在地区政府多为企业提供自然资源、矿产资源和减税资源等资源服务，为企业的发展提供资源支持。

（家）

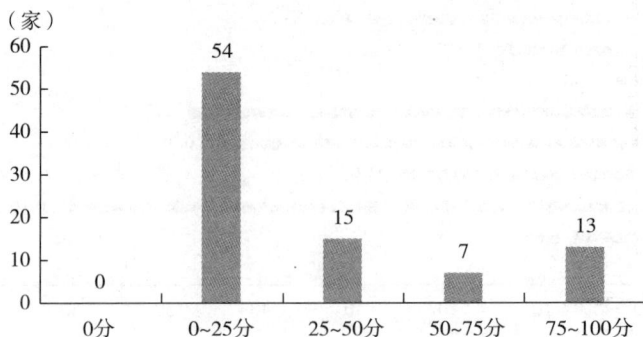

图 7 - 171 　四川企业资源指标得分情况

2. 市场开发力度有待增强

产业发展环境体验的市场指标是指企业对于所处环境的市场开拓的信息反馈情况。四川企业市场指标的平均得分是 30.96 分，其中有 11 家企业四川企业市场信息数量为 0，有 20 家（20%）企业得分在 75～100 分，有 5 家（5%）企业得分在 50～75 分，有 12 家（12%）企业得分在 25～50 分，有 52 家（52%）企业得分在 0～25 分（见图 7-172）。约 75% 的企业分布在化工、信息技术、设备制造、食品饮料、地产建筑等行业，需要加强市场开发力度。据统计，四川企业的市场指标平均得分是 30.96 分，得分较低，表明对于产业发展的市场环境体验较差。统计发现，企业所在地区政府开展的市场服务包括为企业提供市场开拓支持、市场开发和政策支持等，为企业的发展提供市场支持。

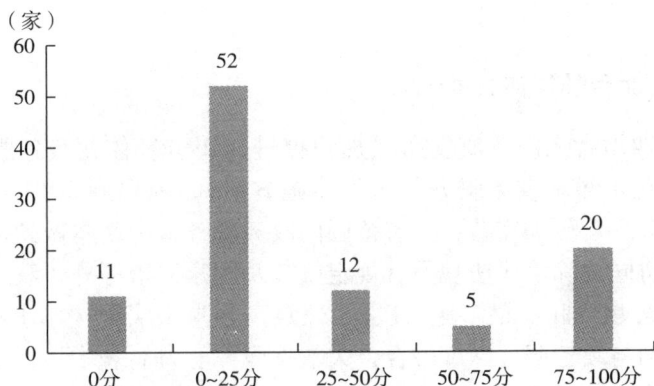

图 7-172　四川企业市场指标得分情况

3. 人才服务有待提升

产业发展环境体验的人才指标是指企业对于所处环境的人才服务的信息反馈情况。四川企业人才指标的平均得分是 40.05 分，其中，有 31 家（31%）企业得分在 75～100 分，有 9 家（9%）企业得分在 50～75 分，有 7 家（7%）企业得分在 25～50 分，有 42 家（42%）企业得分在 0～25 分，有 11 家企业四川企业人才信息数量为 0（见图 7-173）。约 60% 的企业人才指标得分较低，主要分布在化工、信息技术、医药制造、房地产建筑等行业，需要提升人才服务水平。据统计，四川企业的人才指标平均得分是 40.05 分，得分较低，表明四川企业对于产业发展的人才服务体验较差。企业所在地区政府还需要为四川企业提供一定的人才服务，包括人才薪资保障、人才优化布局和政策支持等，为四川企业提供人才支持，助力四川企业的发展。

（家）

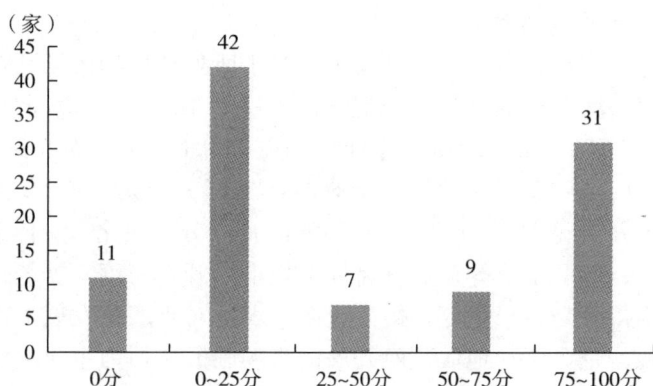

图 7 - 173　四川企业人才指标情况

（三）政府服务环境体验度一般

2018 年，四川省人民政府发布《加快推进四川省一体化政务服务平台建设进一步深化"互联网＋政务服务"工作实施方案》，提出到 2019 年底前，全省一体化政务服务平台更加完善，全省范围内政务服务事项基本做到标准统一、整体联动、业务协同，除法律法规另有规定或涉及国家秘密等外，政务服务事项全面实现"一网通办"和"最多跑一次"，热点高频事项实现"掌上办"；到 2020 年底前，互联网与政务服务深度融合，大数据服务能力显著增强，政务服务质量与实效大幅提升，为持续推进"放管服"改革、推动政府治理现代化提供强有力支撑。

2018 年，四川企业政府服务环境体验指标平均得分为 15.79 分，中位数为 15.00 分，标准差为 11.72。从行业指标看，有色金属、食品饮料等行业的政府服务环境体验情况较好，但是房地产建筑、交通运输及金融行业的政府服务环境体验情况较差。从总体上看，四川企业各行业的政府服务环境体验情况差距不大（见图 7 - 174）。从行业属性看，有色金属行业的政府服务环境体验度相对较高，而交通运输、金融、房地产建筑的体验度较低。结合行业属性来看，政府服务环境体验度需要着重提升交通运输、公用事业、金融及房地产建筑行业的政府服务环境体验度，吸引外商投资。

四川企业政府服务环境体验从所有制角度来看，各所有制的企业得分差距不大（见图 7 - 175）。

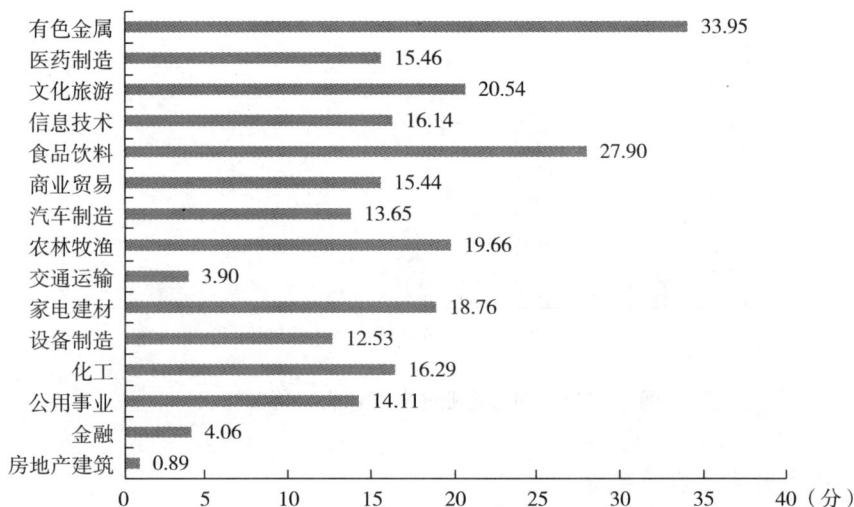

图 7 - 174　四川企业各行业政府服务环境体验评价情况

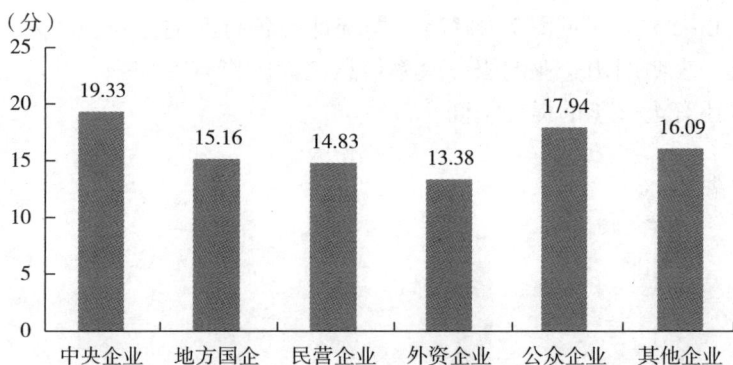

图 7 - 175　四川企业政府服务环境体验按所有制评价情况

1. 服务意识有待提高

2018 年，四川企业服务意识指标的平均得分是 14.53 分，其中有 11 家没有相关的服务意识信息，占比 11%，有 7 家（7%）企业得分在 75 ~ 100 分，有 2 家（2%）企业得分在 50 ~ 75 分，有 15 家（15%）企业得分在 25 ~ 50 分，有 65 家企业得分在 0 ~ 25 分（见图 7 - 176）。90% 的企业主要分布在信息技术、化工、公用事业、设备制造等行业。据统计，四川企业的政府服务意识体验度指标得分较低，表明四川省政府的服务意识仍需要进一步加强。

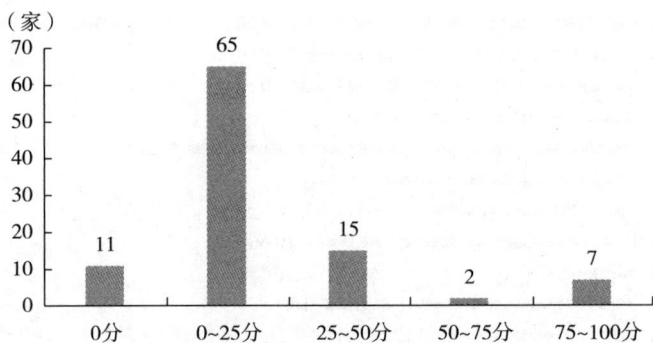

图 7 - 176　四川企业服务意识指标得分情况

2. 服务效率还有一定进步空间

四川企业服务效率指标的平均得分是 13.76 分，其中有 11 家没有相关的服务效率信息披露，占比 11%，有 1 家（1%）企业得分在 75～100 分，有 0 家（0%）企业得分在 50～75 分，有 10 家（10%）企业得分在 25～50 分，有 78 家企业得分在 0～25 分（见图 7 - 177）。据统计，各行业的企业服务效率体验度指标得分较低，表明四川企业的服务效率信息披露工作有待加强，政府的服务水平和服务效率还有进一步的提升空间。

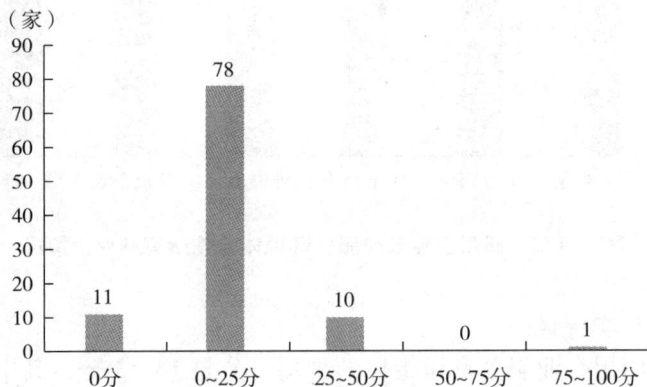

图 7 - 177　四川企业服务效率指标得分情况

3. 服务措施需要进一步完善

四川省政府服务措施指标的平均得分是 13.76 分，其中有 11 家企业没有相关的服务措施信息，占比 11%，有 3 家（3%）企业得分在 75～100 分，有 0 家（0%）企业得分在 50～75 分，有 12 家（12%）企业得分在 25～50 分，有 74 家企业得分在 0 ~ 25 分（见图 7 - 178），四川企业的政府服务措施体验度指标得分较低，政府可以进一步加大落实服务举措的力度，推动优化营商环境的政府扶持政策及服务措施落地，使四川企业可以真正享受到具体的政策支持和服务措施，在优质的营商环境中实现企业自身的良好发展。

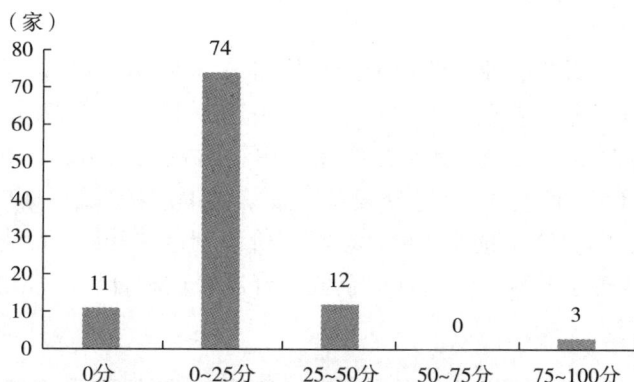

图 7 - 178　四川企业服务措施指标情况

七、主要研究发现

（一）四川企业已树立可持续发展理念，但在资源投入方面仍有较大成长空间

2018 年，四川企业可持续发展治理指标平均得分为 35.96 分，其中 5 家企业（5%）评级为 A 级（60 分及以上），30 家企业（30%）评级为 B 级（40 ~ 60分），65 家企业（65%）评级为 C 级（40 分以下）。

从二级指标来看，可持续发展理念指标的平均得分（62.99 分）高于可持续发展战略（50.14 分）、可持续公司治理（22.70 分）、可持续能力建设（24.35分）、可持续发展管理投入（18.63 分）的平均得分。在 10 个三级指标中，融入企业使命或价值观指标的得分（69.24 分）最高，而专兼职人员指标的平均得分（18.52 分）最低，表明四川企业在可持续发展管理中对专项工作人员的投入关注度较低，较少设置专兼职人员进行专职工作。

（二）四川企业可持续经济价值创造能力较高，做出了较好的经济价值贡献

2018 年，四川企业可持续经济价值的指标平均得分为 49.87 分，其中 23 家企业（23%）评级为 A 级（60 分及以上），57 家企业（57%）评级为 B 级（40~60 分），20 家企业（20%）评级为 C 级（40 分以下）。这表明四川企业创造了较高的经济价值。

从二级指标来看，企业经营业绩的平均得分（70.78 分）高于企业经济影响（57.65 分）、提升客户满意（42.11 分）、供应链合作（42.72 分）和合规运营（34.67 分）的平均得分。在 15 个三级指标中，营业收入指标（74.32 分）和供应商合作指标（63.65 分）的得分较高，而合规能力建设指标的得分（32.34 分）最低。这表明，四川企业的可持续经济价值创造中其创收能力较好，和上下游供应链企业实现了共赢，同时这些企业在合规管理和合规体系建设方面还有较大的成长潜力。

（三）四川企业可持续社会价值较高，普遍能够保障员工权益并参与慈善活动

2018 年，四川企业可持续社会价值指标的平均得分为 45.05 分，中位数为 46.14 分，标准差为 14.89。其中，12 家企业（12%）评级为 A 级（60 分及以上），49 家企业（49%）评级为 B 级（40~60 分），39 家企业（39%）评级为 C 级（40 分以下）。这表明，四川企业有开展可持续发展工作的意识，但是在具体的政策落地和执行方面还需加强。

从二级指标来看，支持员工成长的平均得分（53.67 分）高于安全生产运营（48.67 分）、参与社会公益（42.43 分）和支持社区发展（25.93 分）的平均得分。在 17 个三级指标中，社保缴纳率指标的得分（77.41 分）和员工薪酬待遇指标的得分（67.83 分）较高，而社区关系管理指标的得分（22.89 分）和社区共享发展指标的得分（27.15 分）较低。这表明，四川企业普遍重视员工的合法权益和劳动福利，大部分有参与慈善活动的意识，但还需与社区建立常态化沟通机制，构建良好的社区关系，促进社区共享与互利共赢。

（四）四川企业可持续环境价值较高，对环境负面影响的管理较好

2018 年，四川企业可持续环境价值指标的平均得分为 40.39 分，中位数为 43.19 分，标准差为 18.04。其中，15 家企业（15%）评级为 A 级（60 分及以上），39 家企业（39%）评级为 B 级（40~60 分），46 家企业（46%）评级为 C 级（40 分以下）。这表明，大部分四川企业生产经营活动中关注环境价值，注重生态环境保护。

从二级指标来看，环境管理指标的平均得分（52.31 分）高于"三废"管理指标（41.72 分）和绿色经济指标（30.55 分）的平均得分。在 10 个三级指标中，环境管理指标的得分（52.31 分）和环保理念和政策指标的得分（45.51 分）较高，而绿色制造指标的得分（28.44 分）和绿色服务指标的得分（28.85 分）较低。这表明，在可持续环境价值方面，四川企业普遍树立环保理念，并按照国家法律法规和行业规定等要求管理生产中带来的环境影响。

（五）四川企业可持续品牌塑造能力较强，在可持续竞争力的几个维度中得分最高

2018 年，四川企业可持续品牌塑造指标的平均得分为 50.24 分，中位数为 49.58 分，标准差为 18.3。其中，32 家企业（32%）评级为 A 级（60 分及以上），34 家企业（34%）评级为 B 级（40 ~ 60 分），34 家企业（34%）评级为 C 级（40 分以下）。这表明，大部分四川企业塑造品牌的能力较强，注重信息披露和利益相关方的参与。

从二级指标来看，相关方参与指标的平均得分（58.54 分）高于信息披露指标（50.85 分）和品牌塑造指标（41.90 分）的平均得分。在九个三级指标中，信息披露渠道指标的得分（63.96 分）和发布财务报告指标的得分（66.09 分）较高，而品牌活动指标的得分（32.47 分）和发布社会责任报告指标的得分（35.16 分）较低。这表明，在可持续品牌塑造方面，四川企业普遍重视企业经济信息的披露，采取微信、邮件、定期发布财报、调研访谈、座谈会等多种渠道和利益相关方沟通，但是发布社会责任报告的意识亟须提高。

（六）四川企业营商环境体验整体水平最低，公开渠道披露的相关信息较少

2018 年，四川企业营商环境体验指标的平均得分为 30.76 分，中位数为 28.46 分，标准差为 17.70。其中，8 家企业（8%）评级为 A 级（60 分及以上），24 家企业（24%）评级为 B 级（40 ~ 60 分），68 家企业（68%）评级为 C 级（40 分以下）。这表明，四川企业在营商环境体验方面水平相对较低，公开渠道可检索到的相关信息不足。

从二级指标来看，产业政策环境体验指标的平均得分（45.52 分）高于产业发展环境体验指标（32.71 分）和政府服务环境体验指标（15.89 分）的平均得分。在七个三级指标中，产业政策匹配度指标的得分（46.51 分）和人才指标的得分（40.05 分）较高，而服务效率指标的得分（13.76 分）和服务措施指标的得分（14.53 分）较低。这表明，企业较为重视政府的产业政策，注重企业生产

经营活动和政府产业政策的匹配；此外，政府的人才政策为企业提供了重要支持。值得一提的是，企业关于政府提供服务情况的信息披露较少，这在一定程度上能够解释政府服务环境体验得分较低的问题，因此，政府可以在具有良好服务水平的基础上，进一步提升政务服务水平和效率，推动扶持政策落地，使企业真正享受到优惠的政策和优质的政务服务，从而增加四川企业在获得良好政务服务方面的信息披露，提升政务服务体验。

结合前面几个研究发现共同分析，可以认为当前在四川企业中普遍较为重视信息披露工作，但在信息披露的主动性和侧重内容方面仍有发展空间。四川企业信息披露已经成为企业自身的一项常规工作，具体来说，现今公开披露信息主要基于监管机构对上市企业的要求，以及国家法律法规和行业标准的规定。但是，这种信息披露大部分是被动披露，且披露的信息多为企业的财务绩效领域，从可持续发展角度来看，四川企业还需要披露更多可持续经济、社会和环境方面的非财务绩效信息，向各个利益相关方展示社会责任绩效，展示自身的社会责任担当，塑造良好的社会责任品牌形象，提升负责任影响力。

第八章　专题报告

一、化工行业企业可持续竞争力评价[①]

本章节对 13 家四川化工行业企业可持续竞争力的基本情况进行了阐述，并根据四川化工行业企业可持续竞争力指数平均得分情况，对四川化工行业企业可持续竞争力进行了总体评价，从可持续发展治理、可持续经济价值、可持续社会价值、可持续环境价值、可持续品牌塑造、营商环境体验六个指标对四川化工行业企业进行了评价与分析。研究发现，13 家四川化工企业整体处于成熟阶段，总体平均得分为 68.97 分，在 15 个行业中列第 3 位，可持续竞争力水平突出。其中，四川化工企业普遍树立了可持续发展理念，且可持续经济价值创造能力相对较强；但是，四川化工企业可持续发展战略规划较为缺失，可持续公司治理水平较低，可持续社会价值创造能力较弱，可持续环境价值创造方面需加大力度，品牌意识有待加强。

（一）基本情况

1. 样本选择

如表 8－1 所示，本章以 2018 年四川上市企业中 13 家化工行业企业为样本开展数据搜集与分析，其中，包括 4 家国有企业（包括地方国有企业和中央国有企业）、7 家民营企业、1 家公众企业、1 家其他企业。从企业总部所在地来看，来自成都市的有 3 家，来自泸州市、绵阳市的各 2 家，来自德阳市、遂宁市、宜宾市、雅安市、简阳市、乐山市的各 1 家。

---

① 作者：王桦、王静艺。

表8-1　四川化工行业样本选择情况

四川化工行业企业名称	地址	公司属性
四川金路集团股份有限公司	德阳市	民营企业
四川美丰化工股份有限公司	遂宁市	中央国有企业
四川泸天化股份有限公司	泸州市	地方国有企业
四川北方硝化棉股份有限公司	泸州市	中央国有企业
利尔化学股份有限公司	绵阳市	其他企业
宜宾天原集团股份有限公司	宜宾市	地方国有企业
四川雅化实业集团股份有限公司	雅安市	民营企业
成都云图控股股份有限公司	成都市	民营企业
四川国光农化股份有限公司	简阳市	民营企业
成都硅宝科技股份有限公司	成都市	公众企业
四川东材科技集团股份有限公司	绵阳市	民营企业
四川和邦生物科技股份有限公司	乐山市	民营企业
四川达威科技股份有限公司	成都市	民营企业

2. 四川化工行业的发展

四川素有"天府之国"的美称，其磷、硫、盐卤、天然气等资源丰富。新中国成立后，化工部在成都修建了西南化工研究设计院，省内还先后建立了3个天然气化工研究所，全省化工的科研实力有所增强。其中，钙镁磷肥在此期间研制成功并投入工业化生产，在全国尚属首创。

党的十一届三中全会以后，四川化工产业发展迅速，全省形成了化学矿采选、基本化工原料、化学肥料、农药、有机化工原料、染料涂料、试剂催化剂、橡胶制品、合成材料等门类比较齐全的工业体系，成为全国重要的化工生产基地和四川经济发展的支柱。

"十二五"期间，四川油气化工行业紧紧抓住国家继续实施西部大开发的机遇，坚持科学发展，以调整结构、转型升级发展为主线，以石化新兴产业为龙头，大力发展化工新材料、高端精细化学品，切实抓好节能降耗和发展循环经济，培育壮大了一批重点骨干企业和优势产品，继续保持了较好的发展势头。

"十三五"开局以来，针对部分产品产能过剩、产业布局不尽合理、高端产品缺失的现状，四川化工行业正以创新驱动、科学发展为核心，以调整产品结构、加快转型升级为主题，以转变发展方式为主线，强化"绿色环保安全"，大力发展低碳循环经济，提高资源能源综合利用效率，实现四川油气化工产业集约、开放、绿色发展。

2018 年，四川油气化工规模以上企业已超过 1000 家，四川化工产业经济总量居国内同行业第 6 位。四川化工产业结构也逐渐健康，传统化工所占比例由过去的 60% 下降到了 20%，战略性新兴化工产业的发展呈现出了蓬勃之势。一批化工新材料、精细化工产品生产企业发展迅速，化工新材料实现销售收入占油气化工产业销售收入的 23%，精细化工产值已占四川化工产值的 47%，成为四川油气化工产业新的增长点。2018 年，《中共四川省委关于全面推动高质量发展的决定》提出优化调整工业结构和布局，全面落实《中国制造 2025 四川行动计划》，以重点项目带动产业集群发展，加快建设制造强省，将能源化工产业纳入 5 个万亿级支柱产业之一。

（二）总体评价结果

从可持续竞争力指数平均得分计算结果来看，四川化工行业企业可持续竞争力指数平均得分为 68.97 分，略高于四川企业可持续竞争力指数的总体平均得分为 66.42 分，在 15 个行业中列第 3 位。党的十九大报告指出，中国经济已由高速增长阶段转向高质量发展阶段，正处在转变发展方式、优化经济结构、转换增长动力的攻关期。国家对生态环境建设给予高度关注并采取了严格措施，这对化工行业企业加强环境管理、有效控制成本提出了较大挑战。四川化工行业企业应顺应时代的发展潮流及趋势，在提高经济效能的同时，努力促进企业与社会和环境的和谐发展，提升整个行业的可持续竞争力。

从得分分布情况来看（见表 8 - 2），5 家（38.5%）企业评级为 AAA 级（70 ~ 75 分），7 家（53.8%）企业评级为 AA 级（65 ~ 70 分），1 家（7.7%）企业评级为 A 级（60 ~ 65 分）。由此可见，四川化工行业上市公可持续竞争力水平总体较高（见图 8 - 1）。

表 8 - 2　四川化工行业企业 2018 年可持续竞争力综合得分

排名	四川化工行业企业名称	企业简称	综合得分
1	成都硅宝科技股份有限公司	硅宝科技	74.96
2	宜宾天原集团股份有限公司	天原集团	71.68
3	成都云图控股股份有限公司	云图控股	71.07
4	四川北方硝化棉股份有限公司	北化股份	70.85
5	四川金路集团股份有限公司	金路集团	70.35
6	四川国光农化股份有限公司	国光股份	69.16
7	四川达威科技股份有限公司	达威股份	68.72
8	四川美丰化工股份有限公司	四川美丰	68.26

排名	四川化工行业企业名称	企业简称	综合得分
9	四川泸天化股份有限公司	泸天化	67.86
10	四川雅化实业集团股份有限公司	雅化集团	67.83
11	四川和邦生物科技股份有限公司	和邦生物	66.27
12	四川东材科技集团股份有限公司	东材科技	65.51
13	利尔化学股份有限公司	利尔化学	64.14

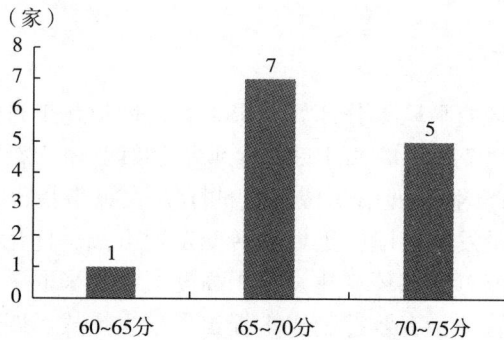

图8-1　四川化工行业企业2018年可持续竞争力企业分布

2018年，四川化工行业企业有效样本共有13家。这些企业总资产的平均值为54.89亿元，其中最高的为139.8亿元，最低的为7.8亿元；净资产的平均值为36.75亿元；营业收入的平均值为41.78亿元；市值的平均值为48.27亿元，其中最高的是143.07亿元，最低的是15.15亿元（见表8-3）。

表8-3　四川化工行业企业2018年基本财务特征分布

指标	均值	中值	标准差	偏度	峰度	极小值	极大值
总资产（亿元）	54.89	41.49	43.75	0.88	0.39	7.8	139.8
净资产（亿元）	36.75	26.58	32.65	1.49	1.36	7.07	109.72
营业收入（亿元）	41.78	26.40	45.21	2.46	6.91	3.56	181.23
净利润（亿元）	1.74	1.07	1.62	1.58	2.23	0.96	5.97
市值（亿元）	48.27	38.05	32.52	2.03	4.87	15.15	143.07
基本每股收益（元）	0.35	0.22	0.33	1.73	2.06	0.04	1.10

（三）可持续竞争力专项指标评价分析

1. 可持续发展治理指标评价分析

（1）超半数企业普遍树立了可持续发展理念。2018 年，四川化工行业可持续发展理念二级指标平均得分为 65.38 分，高于全部四川样本企业平均分 62.99 分。就分布情况来看，4 家（30.77%）企业表现优异，评级达到了 AAAAA 级（80 分及以上），有 1 家（7.69%）企业评级为 AAA 级（70～80 分），4 家（30.77%）评级为 AA 级（65 分及以上、65～70 分），有 2 家（15.38%）企业评级为 BBB 级（50～60 分），另有 2 家（15.38%）企业得分较低，评级仅为 CC 级（30 分以下）。四川化工企业可持续发展理念指标得分主要集中在 80 分及以上区间与 60～80 分，超半数企业已达成对可持续发展的初步认知，并建立了明确的可持续发展理念。四川化工企业 2018 年可持续发展理念指标得分分布情况如图 8-2 所示。

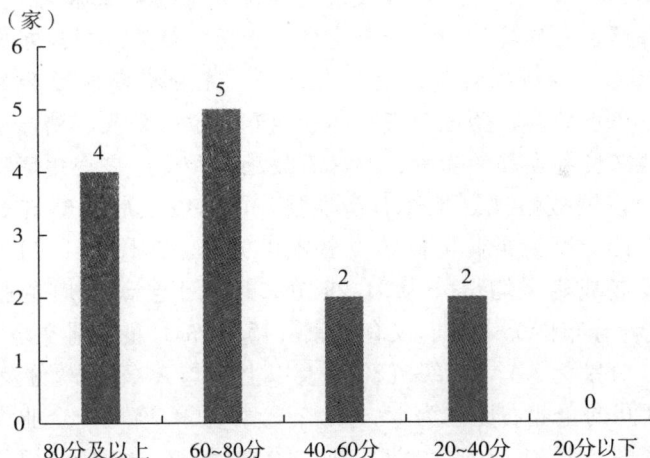

（家）

图 8-2 四川化工行业 2018 年可持续发展理念指标得分企业分布

其中，有 11 家（85%）四川化工行业企业的愿景中融入了可持续发展理念，有 2 家（15%）未融入（见图 8-3）。融入企业使命或价值观这个三级指标平均得分为 76.06 分，远高于全部四川企业的平均得分 69.24 分，80 分及以上的企业有 7 家，仅有 3 家企业得分在 60 分以下。融入企业愿景这个三级指标平均得分为 54.69 分，略低于全部四川企业平均得分 56.74 分，有 2 家企业得分为 0 分。

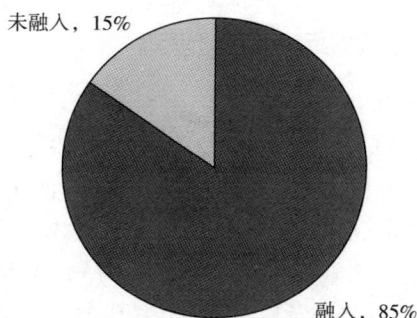

未融入，15%

融入，85%

图8-3 四川化工行业企业愿景融入可持续发展理念情况

案例8-1：利尔化学将可持续发展理念融入企业发展理念

利尔作为一家化学品生产企业，坚持"安全环保决定成败，开拓创新引领未来"的发展理念，一直致力于可持续发展，尊重并持续关注环境，认同并承担社会责任，将经济效益与环境保护、社会责任置于同等位置。通过不断地研发创新和持续地工艺优化，不断改善员工的作业环境，充分提高能源和原材料的利用率，并对生产过程中的副产物进行苛刻的管理和合理的处置，消除、降低、控制生产活动对周边环境和友邻的影响，构建了健康、和谐、安全的环境。

（2）可持续发展战略规划工作有待加强。可持续发展战略规划是企业可持续发展的总体设计，可为企业可持续发展提供方向。2018年，四川化工行业二级指标可持续发展战略平均得分为31.29分，远低于全部四川企业的平均得分50.14分。就统计分布情况来看，仅有2家（15.38%）的企业处于A级（60分及以上）区间，分别为AAAAA级（80分及以上）与A级（60分及以上）；B级（40~60分）区间的企业占比也为15.38%；9家（69.23%）企业评级位于C级（40分以下）区间，其中，6家企业在此二级指标得分为20分以下（见图8-4）。表明多数四川化工行业企业尚未制定全面的可持续发展战略规划，企业亟须加强对此项工作的重视。

案例8-2：利尔化学将社会责任的战略规划融入企业经营管理以及利益相关方的共同发展

利尔化学高度重视社会责任工作，积极贯彻执行《深圳证券交易所上市公司社会责任指引》，围绕公司发展战略，从自身出发，推动产业发展，推动自主创新，加强社会责任治理，提升履责能力，深化社会责任沟通，进一步推动社会责任管理水平提升，始终将企业社会责任的战略规划融入企业经营管理以及利益相

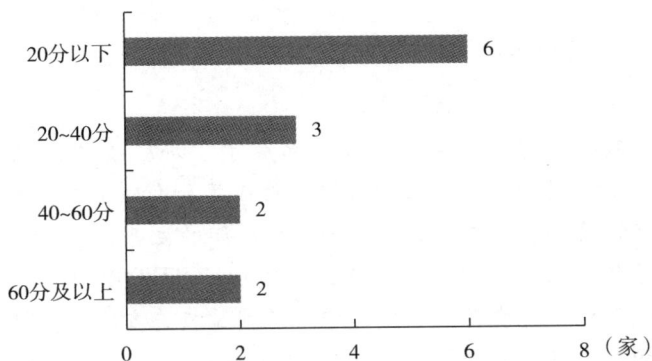

图 8 - 4 四川化工行业 2018 年可持续发展战略指标得分企业分布

关方的共同发展中，以实现推动经济、社会、环境的可持续发展，追求综合价值的最大化。

（3）可持续发展治理亟待提升。可持续发展治理是企业可持续发展的基本保障。2018 年四川化工行业二级指标可持续发展治理平均得分为 31. 29 分，高于全部四川企业综合得分 22. 70 分。就统计数据分布情况来看，仅有 1 家（7. 69%）企业位于 A 级（60 分及以上）区间，得分为 64 分；B 级（40 ~ 60分）区间的企业也仅有 1 家，得分为 41. 76 分；其余 11 家（84. 62%）企业评级均在 C 级（40 分以下）区间，其中，7 家企业得分均低于 20 分（见图 8 - 5）。说明四川化工行业企业在可持续发展治理方面亟待提升，大部分企业并未建立可持续发展工作推进的组织体系和制度。

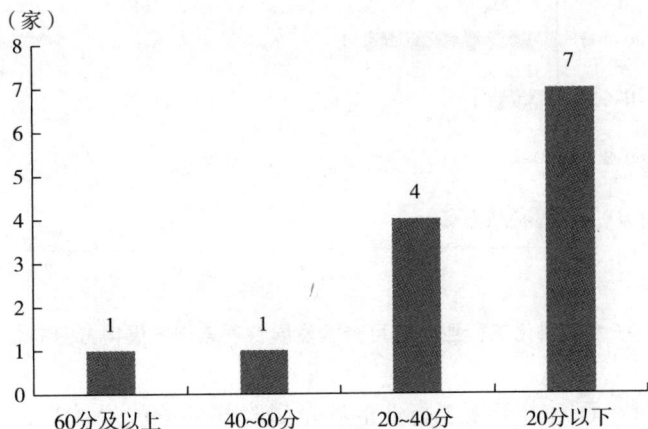

图 8 - 5 四川化工行业企业 2018 年可持续发展治理得分企业分布

案例 8 - 3：硅宝科技社会责任管理体系建设

深入开展社会责任小组工作

在多年的实践探索下，硅宝科技逐步形成了"加强责任融入、维持责任沟通、维护品牌形象"的社会责任管理思路，形成了具有硅宝文化特色的社会责任管理机制。硅宝科技社会责任工作在社会责任小组的主导下，已经与公司经营管理有了更好的结合。2018 年度，社会责任小组按照 SA8000 社会责任标准对公司社会责任工作的实施进行检查、评估，积极与利益相关方沟通，进一步推动了将社会责任理念融入日常运营和管理。

健全社会责任日常管理制度

硅宝科技为进一步规范企业的社会责任管理和员工行为，在《社会责任管理手册》的基础上，结合公司经营发展需要，进一步梳理了社会责任工作流程，细化职责分工，优化管理制度，将社会责任的要求融入管理标准，以有效保证公司社会责任工作的常态化和规范化。

（4）企业可持续发展能力建设工作开展不足。可持续发展能力为企业可持续发展提供支撑。为了实现可持续发展的战略目标，企业必须培养可持续发展能力，并将能力建设置于重要地位。2018 年，四川化工行业在专项培训方面得分较低，平均分为 27.53 分，略高于所有四川样本企业平均分 24.35 分。80 分及以上企业仅有 2 家（13.33%），20 ~ 40 分企业有 3 家（23.08%），40 ~ 60 分企业有 1 家（7.69%）（见图 8 - 6）。

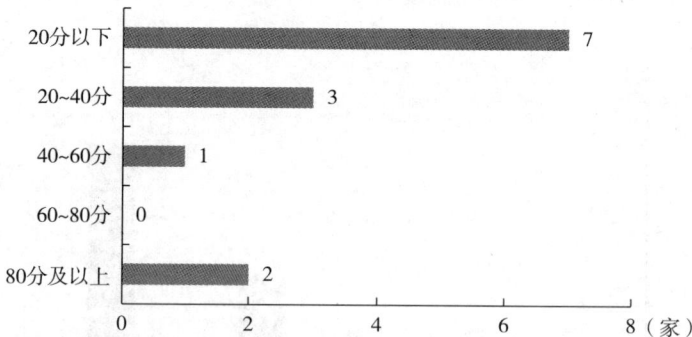

图 8 - 6　四川化工行业企业可持续发展专项培训开展得分分布情况

在专项培训层面，由于化工行业的安全风险与环境风险较高，企业培训内容聚焦于安全生产、环境与业务能力提升方面，未有企业开展可持续发展意识、理论知识等方面的培训。在知识管理层面，也很少有企业进行可持续发展知识管理，如定期整理与更新企业可持续发展报告或社会责任报告、企业案例、可持续发展培训材料等（见图8-7）。

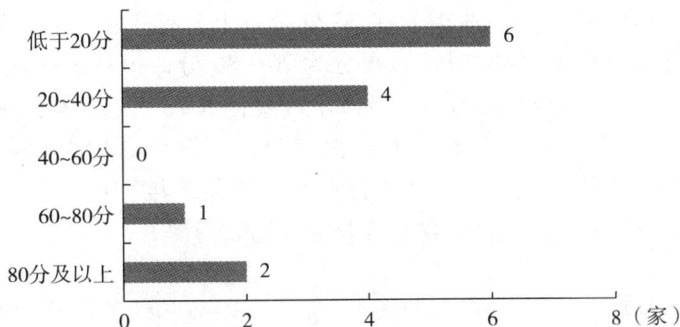

图8-7 四川化工行业企业可持续发展知识管理得分分布情况

（5）可持续发展管理投入匮乏。可持续发展管理投入是企业为推进可持续发展工作给予的资源保障，包括可持续发展专项资金预算和可持续发展专兼职人员两个方面。2018年，四川化工行业企业可持续发展管理投入匮乏，此二级指标平均得分仅为19.47分，没有企业达到A级（60分及以上），B级（40~60分）区间的企业仅有2家，低于20分的企业达到9家（见图8-8）。可以看出，四川化工行业企业可持续管理发展投入情况不够理想，企业对可持续发展管理不够重视。

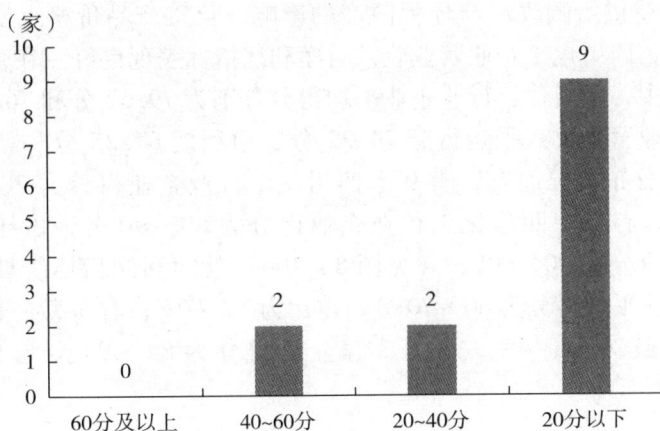

图8-8 四川化工行业企业可持续发展管理投入得分分布情况

2. 可持续经济价值指标评价分析

（1）企业经营业绩普遍较好。2018 年，四川化工行业企业经营业绩平均得分为 78.27 分，高于四川化工行业企业在此指标下总体平均得分 70.78 分，其中，仅有 1 家（76.92%）企业得分在 90 分及以上，有 3 家（23.07%）企业得分为 80～90 分，有 6 家（46.15%）得分为 70～80 分，仅有 3 家（23.07%）得分为 60～70 分，没有企业得分在 60 分以下（见图 8-9），13 家企业均位于 A 级（60 分及以上）区间，其中 1 家企业获得满分，评级为 AAAAA 级（80 分及以上），各企业得分差距不大。由于化工行业近年来景气度回暖，行业内上市公司业绩改善明显，四川化工行业企业经营业绩普遍获得提升。

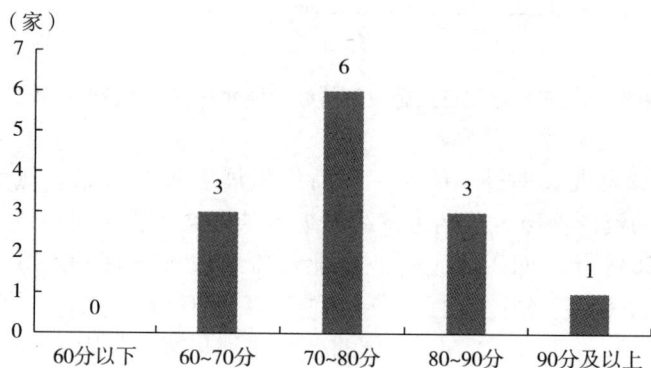

图 8-9　四川化工行业 2018 年经营业绩指标得分分布

2018 年，受供给侧改革与环保限产的影响，化工产品价格上涨，企业盈利能力得到提高，四川化工企业营业收入与净利润指标表现良好。在营业收入和净利润两项指标中，四川化工行业企业平均得分分别为 79.62 分和 76.92 分，均高于全部四川企业营业收入平均得分 74.32 分、净利润 67.25 分。就营业收入指标得分的统计分布情况而言，有 9 家四川化工行业企业得分为 70～80 分，占比为 69.23%；有 2 家四川化工行业企业得分为 80～90 分，占比为 15.38%；另有 2 家企业得分在 90 分以上（见图 8-10）。就净利润指标统计分布情况而言，有 4 家企业平均得分为 60～70 分，占比为 30.77%；有 5 家企业平均得分为 70～80 分，占比为 38.46%；各有 2 家企业得分为 80～90 分与 90 分及以上（见图 8-11）。

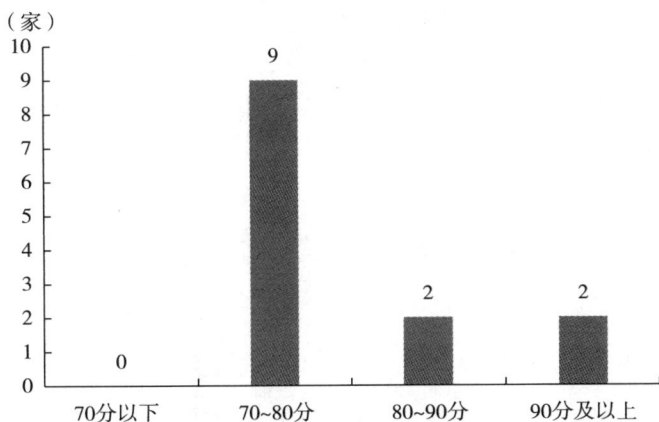

图 8 - 10　四川化工行业营业收入得分企业分布

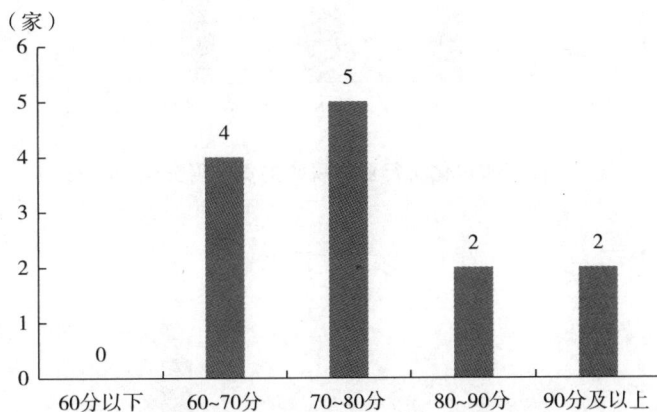

图 8 - 11　四川化工行业净利润得分企业分布

（2）企业经济影响较为显著。经济影响指企业生产运营活动间接为社会创造的经济价值，包括对国家税收的贡献和对社会就业的贡献等。2018 年，四川化工行业经济影响指标平均得分为 58 分，基本与所有四川样本企业平均得分57.65 分持平。就统计分布情况来看，四川化工行业企业评级集中在 A 级（60 分及以上）与 B 级（40 ~ 60 分）区间，各评级区间内分别有 10 家与 3 家企业。总体来看，四川化工企业对四川当地经济产生了较为显著的影响。

从三级指标得分来看，四川化工行业企业对于税收的贡献要高于对社会就业的贡献。在缴纳税收层面，四川化工行业企业在此指标平均得分为 73.10 分，远超全部四川样本企业的平均分 63.39 分，达到 80 ~ 90 分即 AAAAA 级评价的企业有9家，占四川化工企业样本数量的69.23%（见图8－12）；但在就业数量层面，四川化工行业企业平均分仅获得42.9分，与四川全部样本企业在此指标的平均得分51.91分差距较大，没有企业评级达到A级，评级在B级（40~60分）区间的企业有10家，在C级（40分以下）区间的企业有3家（见图8－13）。

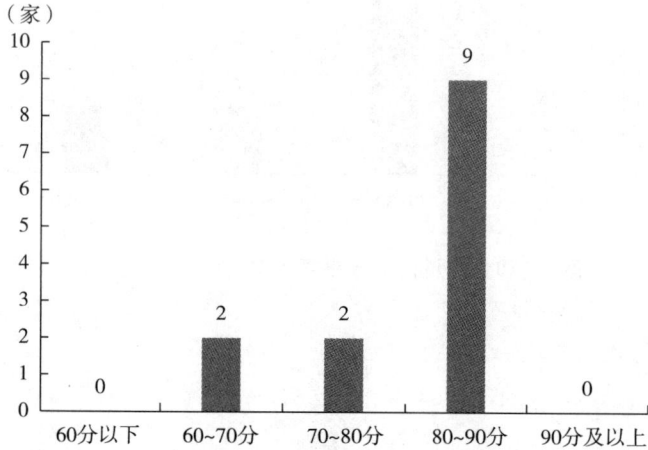

图8－12　四川化工行业对税收的贡献得分企业分布

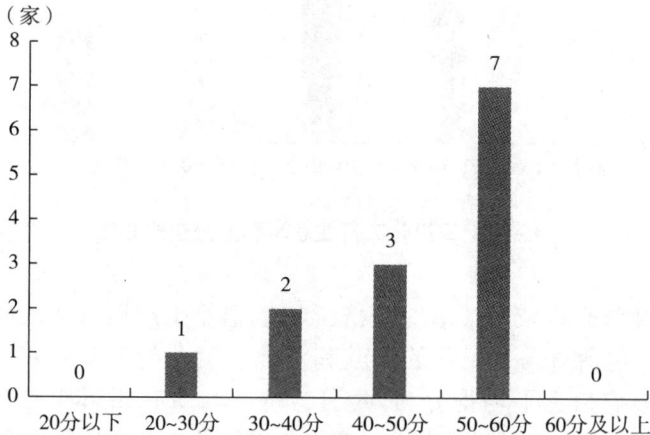

图8－13　四川化工行业对就业的贡献得分企业分布

（3）提升客户满意度工作有待加强。高度的客户满意度可提升企业竞争力，使企业在日益激烈的市场竞争中赖以生存。2018年，四川化工行业提升客户满意度平均得分为45.95分，高于全部四川企业综合得分42.11分。就这一、二级指标的统计分布情况来看，有 4 家（30.77%）企业评级位于 A 级（60 分及以上）区间，有 3 家（23.08%）企业评级处于 B 级（40~60 分）区间，有 6 家（46.15%）企业评级位于 C 级（40 分以下）区间。四川化工行业企业在提升客户满意度上表现差强人意，相关工作还有待进一步实施与落实。

在提升用户满意度下包含消费者权益保护、产品质量管理、改善客户服务以及满意度调查 4 项三级指标。四川化工行业企业 4 项三级指标平均分分别为49.79 分、56.49 分、47.66 分和 25.43 分，其中，消费者权益保护与提高产品质量平均得分高于全部四川样本企业平均得分，提升客户服务水平与开展满意度调查平均得分低于全部四川样本企业平均得分，各三级指标下企业分差均较大（见图 8 – 14）。

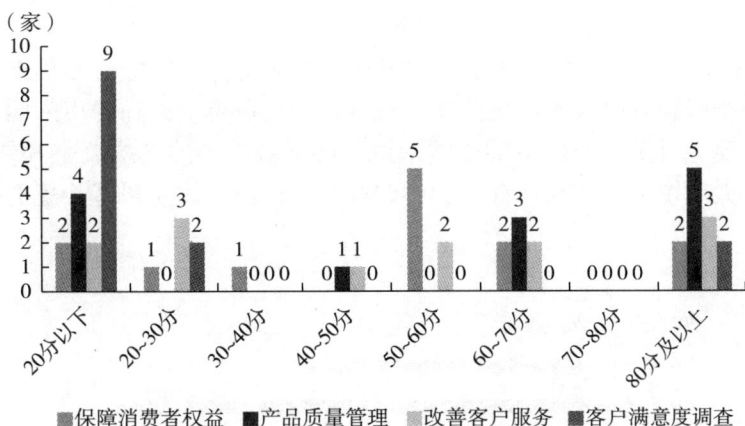

图 8–14　四川化工行业企业保障消费者权益、产品质量管理、改善客户服务、客户满意度调查指标得分分布情况

案例 8–4：北化股份注重售后服务

北化股份建立了健全的售后服务体系，建有覆盖全国的售后服务网络及专业的售后服务团队，始终坚持以客户为中心。通过建立用户诉求通道，做到有求必应，为客户提供优质服务，定期委派专业人员进行市场走访，现场解决技术问题，持续提升客户满意度。同时，公司程序文件规定，从接收到信息起 3 天内必须做出回应，确保时效。

案例 8–5：硅宝科技加强产品质量管理

硅宝科技确立了"以质取信，追求卓越"的质量方针，公司通过选用优质原材料为打造高品质产品打下基础，同时严格控制每道生产工序，保障每件产品的严格检验。2018 年，硅宝科技成品控小组按照《质量管理体系控制程序》《潜在失效模式效果分析控制程序》《质量奖惩管理办法》等产品质量管理机制，加强从原料采购、生产过程、销售等各个环节的质量控制，并严格按照《不合格产品控制程序》《产品召回管理办法》持续进行质量改进。

（4）供应链合作程度不高。供应链合作是指供应链上各企业之间在一定时期内共享信息、共担风险、共同获利，供应链合作能改善和提高供应链企业的财务状况、质量、产量、用户满意度和业绩等。2018 年，四川化工行业供应链合作指标平均得分为 42.99 分，基本与全部样本企业平均得分 42.72 分持平。就统计分布情况来看，只有 1 家四川化工行业企业评级达到 A 级（60 分及以上），占样本数的 7.69%；有 7 家四川化工行业企业评级处于 B 级（40~60 分），占样本总数比重为 53.85%；有 5 家企业评级为 C 级（40 分以下），占样本总数的 38.46%（见图 8－15）。可以看出，四川化工行业企业供应链合作程度不高。随着环保、安全监管方面政策法规落地实施，化工行业企业面临退市入园，甚至关停限产的风险。对于整个化工供应链来说，必须做出新的结构调整和链条建设，在新的市场大环境下建立和培育更加协调有效的合作，建立和谐共赢的化工供应链体系。

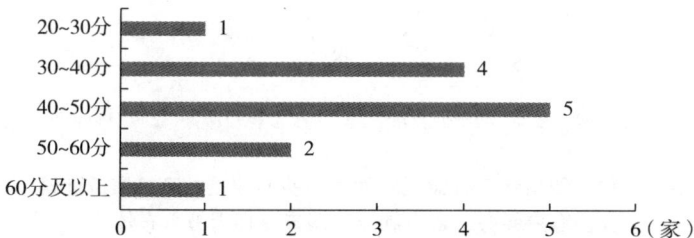

图 8－15　四川化工行业企业 2018 年供应链合作指标得分企业分布

在公平竞争的理念与政策、合同履约率、供应商合作、银企合作、其他合作伙伴 5 项三级指标中，四川化工行业企业供应商合作指标平均得分最高，为 83.53 分，13 家（100%）企业均对前五名供应商采购金额以及前五名供应商采购金额占年度采购金额比例予以披露；平均得分最低的指标为银企合作，平均分为 28.21 分，仅有 1 家（7.69%）企业得分在 60 分以上。四川化工行业企业与银行开展业务合作有待加强，合作形式还较为单一。

案例 8 – 6：天原集团加强多方合作，增强公司新兴市场竞争力

对于氯化法钛白粉、锂电材料产品等新产业，天原集团提前组建专门的市场营销团队，策划市场开发计划，并与下游供应商开展进一步的合作，从产品供应变为项目合作，为客户提供产品的解决方案，推进多元化合作。目前，天原集团化工新材料产品已与国际十大品牌的阿姆斯壮形成战略合作关系，与国内唯一一家在国际上拥有自主品牌的帝高力形成合作，同时还将继续深入推进与一线品牌的战略合作。新能源电池材料方面产品积极与国外如松下、索尼等知名企业进行接触，国内与宁德时代深入合作。此外，按照虚实结合、贸易先行的思路，与开展供应链金融、出口贸易等企业合作，将公司钛白粉、LVT 地板等产业转型产品投放到南亚和东南亚区域，推进"一带一路"项目的实施，积极拓展新兴产业大市场。

（5）合规运营表现相对较好。合规是强化企业内部管理、预防企业腐败、控制合规风险、保障企业安全的有效手段。企业只有大力推行合规管理，严格控制合规风险，在企业内部形成良好的合规经营文化，才能不断提高企业的核心竞争力，获得更大的经济效益和实现可持续发展。2018 年，四川化工行业二级指标合规经营平均得分为 42.40 分，远高于全部四川样本企业综合得分 34.70 分。就这一指标的得分分布情况来看，仅有 1 家（7.69%）企业评级为 A 级（60 分及以上）；有 7 家（53.85%）四川化工行业企业评级为 B 级（40~60 分）；有 5 家（38.46%）企业评级为 C 级（40 分以下）（见图 8 – 16）。相较于总体四川样本企业，四川化工企业合规运营表现较好，但仍有较大提升空间。

（家）

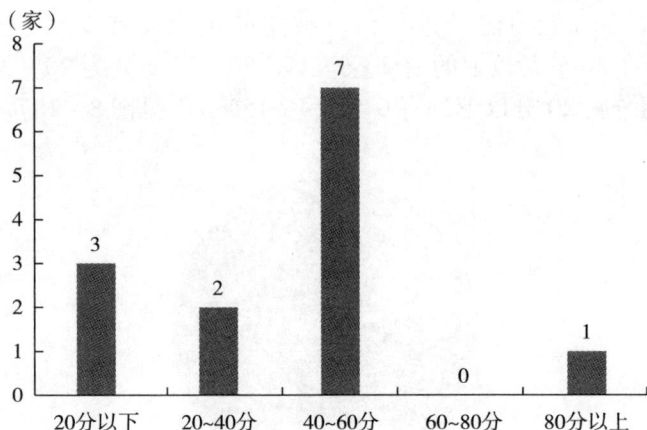

图 8 – 16 四川化工行业企业 2018 年合规运营指标得分企业分布

案例 8 - 7：利尔化学完善合规管理体系

利尔化学自上市以来，严格按照《中华人民共和国公司法》《证券法》《上市公司治理准则》《深圳证券交易所股票上市规则》《深圳证券交易所中小企业板上市公司规范运作指引》等相关法律法规、规范性文件的规定和要求，结合公司实际情况，坚持规范运作，不断完善公司治理结构，建立健全内控制度，加强与投资者的沟通交流，充分维护广大投资者的利益，持续提升公司治理水平。

为满足公司发展的需要，提高决策效率，提升公司治理水平，利尔化学结合实际情况制定了《"三重一大"事项决策管理制度》《对外捐赠管理制度》，并对《货币资金管理制度》《招投标管理制度》进行了修订完善。同时，为进一步提高子公司的规范运作水平，利尔化学加强了对子公司尤其是广安利尔、江苏快达、比德生化、利尔作物、利尔生物、赛科化工以及启明星氯碱的监督和指导工作以及业务的相互融合。同时，为进一步提升公司内控治理水平，公司本年度引进了SAP信息管理系统，加强了对公司内部流程系统化、规范化建设。

在合规经营下包含了合规管理体系与合规能力建设2个三级指标。四川化工企业在合规管理体系指标的平均得分为62.31分，远超所有四川样本企业平均分39.34分，对合规管理体系指标进行披露的企业有10家，占比为77%（见图8-17），其中8家企业既披露了公司合规制度，又披露了公司合规管理体系。四川化工行业企业在合规能力建设指标得分为26.53分，低于全部四川样本企业平均分32.33分，对合规能力建设进行信息披露的企业仅有2家，占样本数量的15.38%。得分在30分及以上的有2家（15.38%），得分为20~30分的有5家（38.46%），得分在20分以下的有6家（46.15%）（见图8-18）。

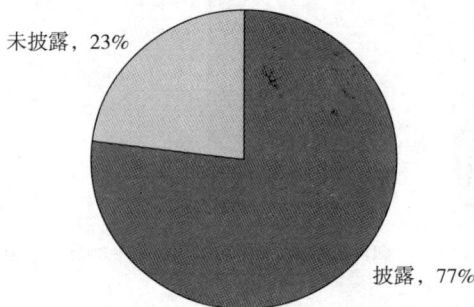

图 8 - 17　四川化工行业企业合规管理体系指标信息披露情况

（家）

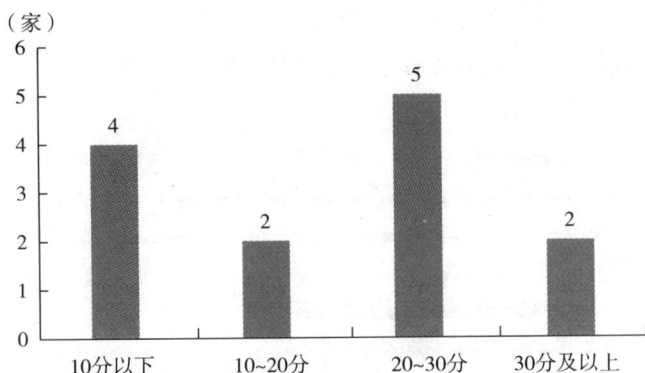

图 8 - 18 四川化工行业企业合规能力建设指标得分企业分布

3. 可持续社会价值创造指标评价分析

（1）支持员工成长工作仍有提升空间。员工是企业的重要支撑力量，也是企业的宝贵资源，为员工创造价值，对员工履行社会责任，是企业的发展进步的必然要求。2018 年，四川化工行业支持员工成长二级指标平均得分为 52.32 分，略低于全部四川样本企业的平均得分 53.67 分。得分为 70 ~ 90 分的有 2 家（15.38%），为 50 ~ 70 分的有 6 家（46.15%），为 30 ~ 50 分的有 5 家，占比为38.46%（见图 8 - 19）。四川化工行业企业在支持员工成长工作方面仍有较大提升空间。

（家）

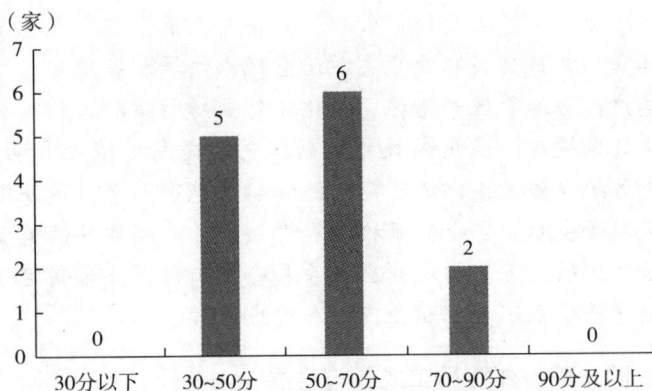

图 8 - 19 四川化工行业企业支持员工成长指标得分企业分布

在支持员工成长的三级指标中，分别有 11 家（84.61%）、4 家（30.77%）、3 家（23.07%）、3 家（23.07%）、7 家（53.85%）、6 家（40%）、4 家（30.77%）、2 家

（15.38%）披露了员工满意度、员工关爱、职业成长、员工体检率、职业安全健康、反歧视、社保缴纳率、员工薪酬待遇等指标情况（见图8-20）。

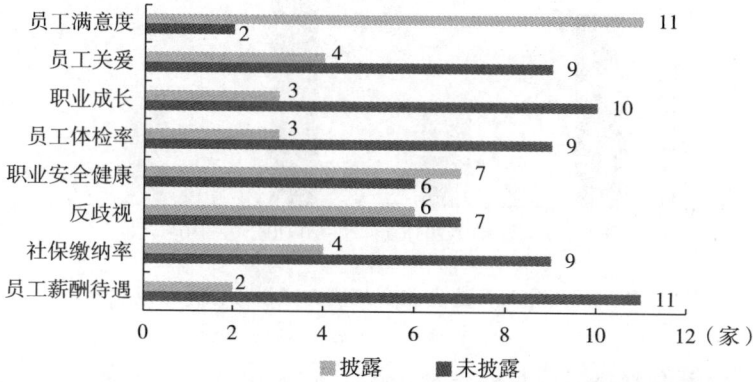

图8-20　四川化工行业企业员工薪酬待遇、社保缴纳率、反歧视、
职业安全健康、员工体检率、职业成长、员工关爱、员工满意度指标披露情况

案例8-8：天原集团关注员工健康与安全

天原集团倡导安全发展、和谐发展理念，不断完善职业安全健康管理体系，保护员工的生命安全和身心健康，积极采取多种措施，努力为困难员工排忧解难。

天原集团高度重视员工安全健康管理，严格贯彻落实国家职业危害防治各项措施，公司认真贯彻执行公司职业危害防治管理办法等相关规定，健全机构，落实责任，健康建户，防治管理等措施，强化了作业场所防治工作。公司持续加大安全投入和职业健康投入，采用新技术、新工艺、提高机械化自动化作业水平，进一步完善安全防护设施设备，消除危险源和职业危害因素，依法配备和使用劳动保护用品，定期开展职业安全健康检查和考核，开展经常性的健康及职业卫生防护岗位宣教活动，强化员工心理健康辅导和咨询工作，公司制定了较为完善的年度健康体检制度并建立了员工职业卫生和健康档案。

案例8-9：国光股份注重员工成长与发展

国光股份围绕"助员工实现愿望"的企业使命，以员工职业生涯规划和专业技能提升为起点，制订员工发展计划，提升员工素质，实现员工与企业的共同成长。公司建立了完善的培训体系，由人力资源部负责培训计划的总体安排与实施。针对不同岗位和不同需求，采取内部培训与外部培训的方式，对经营管理人员、专业技术人员、专业技能人员及新入职员工进行培训，培训内容包括法律法规、管理、战略与决策、人力资源规划、专业技术知识、岗位操作技能及商务礼仪等。培养复合型人才、专业技能人才，打造适应公司发展需要的高素质员工队伍，为公司发展提供坚强保证，并最终实现员工自身能力提升和公司可持续发展的双向共赢。

（2）安全生产管理水平较高。由于化工行业物料危险性大、工艺过程复杂，安全生产是化工企业的重中之重。2018年，四川化工行业二级指标安全生产平均得分为53.35分，远高于全部四川样本企业的平均得分32.07分。就这一指标的统计分布情况来看，有4家（30.77%）企业评级处于A级（60分及以上），6家（46.15%）企业评级处于B级（40~60分），3家（23.08%）企业评级为C级（40分以下）。

安全生产管理、应急管理和安全生产投入这3项三级指标中，四川化工行业企业平均得分分别为54.09分、56.01分与46.90分，有9家（69.23%）、13家（100%）、10家（76.92%）企业披露了安全生产管理、应急管理、安全生产投入这3项三级指标（见图8-21）。其中，除安全生产管理指标平均得分低于全部样本企业平均得分外，应急管理和安全生产投入指标得分均高于全部样本企业平均得分。

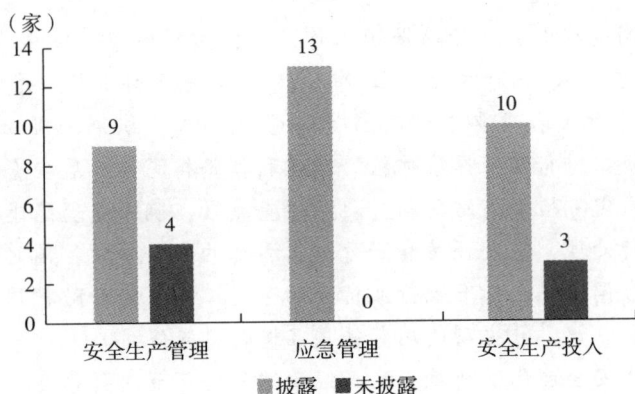

图8-21 四川化工行业安全生产管理、应急管理、安全生产投入指标披露情况

案例8-10：雅化集团大力加强安全管理建设

在管理机构设置方面，雅化集团成立了以法人代表为组长，以经理班子成员及下属各主要子公司负责人为成员的集团安全生产委员会，日常管理工作由

集团安全技术部负责，同时建立和不断完善了以安全生产责任制为中心的安全管理制度体系。同时，集团各下属公司也成立了以主要负责人为组长，各职能领导和部门负责人为成员的安全管理机构，按规定配置了专兼职安全管理人员，建立了以安全生产责任制为中心的安全管理制度和安全技术操作规程。

雅化集团通过建立安全生产责任制、安全生产投入、文件和档案管理、安全检查、风险分级管控和隐患排查与治理、安全教育培训制度、特种作业人员管理制度、设备设施安全管理制度、建设项目安全设施"三同时"管理、生产设备设施验收管理、工艺技术管理、生产管理、质量管理、安全保卫管理、生产设备设施报废管理、施工和检维修安全管理、危险源管理、作业安全管理、相关方及外用工管理、环境和职业健康管理、防护用品管理、应急管理、事故管理、安全绩效考核、危险岗位作业人员管理、风险管理等制度对安全工作进行全方位管理。

雅化集团内部形成了常态化的安全检查工作机制，对检查中发现的问题进行了及时整改，同时公司还接受省、市、县经信委、工办、安监局、公安消防等行政主管部门的各类安全监督检查，形成了内外结合的安全防控体系。

案例 8 – 11：硅宝科技对安全生产高度重视

硅宝科技高度重视员工劳动保护工作，强化监督检查，重视宣传教育培训。硅宝科技通过了"安全标准化"工作及"职业健康评价"，并同时按照 OH-SAS18001：2007 体系各项要求，不断完善管理制度，识别职业健康危害因素，公司每年安排员工进行职业健康体检。硅宝科技坚持深入开展安全隐患排查治理活动，指派专人定期检查消防器材并记录检查结果，确保发现隐患和不安全因素并及时有效进行处理，有效预防和避免隐患引起的安全事故。同时，硅宝科技还为员工配备符合国家安全标准或行业标准的劳动工具及劳动防护用品，提高员工劳动保护技能和意识，并主动使用劳保用品进行自我保护。

硅宝科技将安全理念不断融入生产经营的各个环节，引导员工形成良好的安全行为规范，帮助员工树立安全防范意识、掌握控制风险技能，为员工营造安全健康的工作环境。公司建立健全了安全、环保生产管理制度。多次进行各类安全知识培训、职业健康培训、应急疏散演练、义务消防演练等，从基础员工到高层领导的安全意识都大大提高，为公司生产安全打下坚实基础。

（3）社区发展支持力度不足。企业的生存与发展依托于社区，企业的任何行为都可能对社区产生影响，因此，社区也是企业的重要利益相关方之一，企业社区参与、企业对社区发展的支持等也是衡量企业社会责任的重要表现之一。

2018 年，四川化工行业二级指标支持社区发展平均得分为 21.24 分，低于全部样本企业的平均得分为 25.93 分。就统计分布情况来看，评级在 A 级（60 分及以上）区间与 B 级（40~60 分）区间的企业分别各有 1 家，各占四川化工企业样本数量的 7.69%；剩余 12 家企业评级为 C 级（40 分以下），占四川化工企业样本数量的 92.31%（见图 8-22）。四川化工行业企业在支持社区发展得分大部分较低，侧面反映企业对社区的履责意识还较为薄弱。

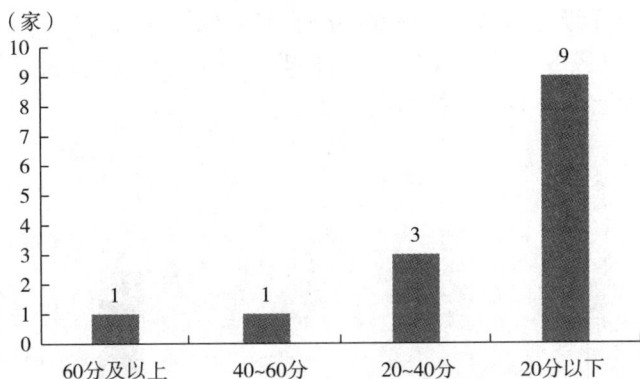

图 8-22 四川化工行业企业支持社区发展指标得分企业分布

支持社区共享发展下包含社区共享发展与社区关系管理 2 项三级指标。社区共享发展评价企业是否有制定促进社区发展的政策以及政策的执行情况；社区关系管理考量企业是否建立完善的社区沟通协调机制。在社区共享发展方面，四川化工行业企业平均得分为 29.91 分，略高于全部样本企业在此指标平均得分 27.14 分；在社区关系管理方面，四川化工行业企业平均得分为 14.31 分，低于全部样本企业在此指标平均得分 22.89 分。就统计情况分布来看，仅有 2 家（15.38%）化工企业社区共享发展得分在 70 分以上，5 家（38.46%）企业得分为 20~30 分，6 家（46.15%）企业得分在 20 分以下；13 家化工企业社区关系管理指标得分均在 50 分以下，其中 8 家（61.53%）企业得分在 20 分以下。说明这些企业亟须制定促进社区发展的政策，建立为改善与运营所在地社区关系的社区沟通协调与管理机制。

案例 8-12：云图控股精准扶贫，积极履行社会责任

2018 年度云图控股继续响应党中央、国务院关于全面实施精准扶贫、精准脱贫的号召，以助力国家打赢脱贫攻坚战为目标，按照公司精准扶贫规划的基本方略，立足当地农业和扶贫工作的需要，支持并参与了各项扶贫活动，捐赠物资

及资金约42.9万元。云图控股以产业扶贫为突破口，充分发挥自身产业资源和丰富经验，推动了帮扶地经济发展，也为当地人民早日实现脱贫致富做出了贡献。除参与各地扶贫捐赠活动、实施产业扶贫之外，公司及子公司还通过慰问公司困难员工、参与捐资助。

（4）参与社会公益程度不高。2018年四川化工行业二级指标参与社会公益平均得分为36.72分，低于全部样本企业的平均得分42.43分。就这一指标的统计分布情况来看，有2家（15.38%）企业评级为A级（60分及以上），有3家（23.08%）企业评级为B级（40~60分），有8家（61.54%）企业评级为C级（40分以下）（见图8-23）。四川化工行业企业在参与社会公益指标的得分不高，需要提高对社会公益的支持力度。

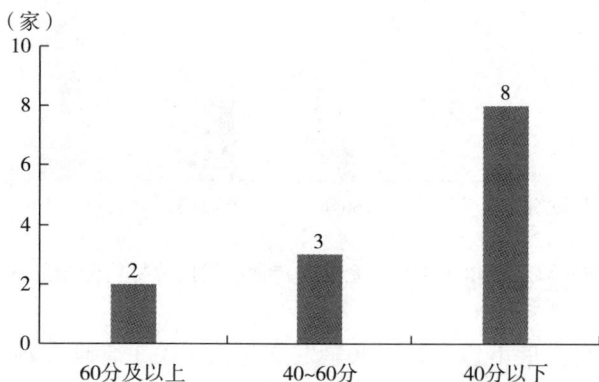

图8-23 四川化工行业企业参与社会公益指标得分企业分布

对公益管理指标评价取决于企业是否树立公益慈善并制定公益慈善政策，是否设立企业公益基金/基金会等。化工行业企业公益管理指标平均分为41.91分，企业间得分差距较大，最高分为89.70分，最低分为8.75分。

对外捐赠支出占比指标取决于其与企业往年对外捐赠数据的对比情况，13家样本化工企业中12家都对该指标进行了披露，占比92.31%。

对员工志愿活动这一指标的评价取决于员工志愿者活动的组织次数，参与人数，活动主题和形式的多元化，获得奖励荣誉情况等。2018年，化工企业在此指标平均分为29.25分，低于全部样本企业平均得分。13家企业中，仅有4家企业对员工志愿活动进行了披露，企业组织员工志愿活动的力度还有所欠缺，活动多样性还有待提升（见图8-24）。

（家）

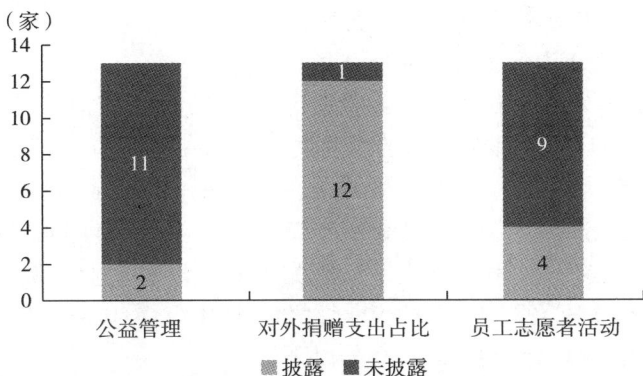

图8-24 四川化工行业企业公益管理、对外捐赠支出占比、
员工志愿者活动信息披露情况

案例8-13：硅宝科技爱心助学，支持国家教育事业

历年来，硅宝科技坚持以教育支持为公益主线，帮助新源小学、绵阳盐亭希望小学、藏区德格县希望小学、玉林石羊中学、四川大学、兰州大学、北京化工大学等品学兼优的学子顺利完成学业。

硅宝科技坚持推行持续性慈善项目"硅宝科技种子奖学金"，该项目旨在弘扬中华民族乐善好施、扶危济困的传统美德，支持国家教育事业的发展，奖励品学兼优、全面发展的大中小学生和在教育教学方面做出突出贡献的教师。目前，"硅宝科技种子奖学金"资金已遍及重庆大学、北京化工大学、成都玉林中学（石羊校区）以及其他成都部分中小学，越来越多的大中小学生受到"硅宝"的惠泽。获得"硅宝科技种子奖学金"的待就业学子，公司向其提供到公司参观、交流和学习的机会，在人才选拔聘用时优先聘用获得"硅宝种子奖学金"的毕业生，为行业储备更多的精英人才。

案例8-14：北化集团开展"一张纸献爱心行动"

"一张纸献爱心行动"是由中华慈善总会发起的大型公益项目，该项行动既是深入贯彻习近平总书记提出的"绿水青山就是金山银山"的生态观念，实现废纸利用，有效减少资源浪费，保护环境。同时，也是精神文明创建的生动实践。

2018年12月，北环集团积极倡导广大职工及家属开展"一张纸献爱心行动"。公司各单位围绕活动，借助微信等新媒体积极宣传员，党员领导干部发挥模范带头作用，将厉行节约、扶贫帮困作为作风建设的重要内容，融入日常管理之中。北环集团员工积极参与将废旧书刊就近投至山西省慈善总会在公司设置的"爱心屋"。截至2018年12月，北化集团累计捐助物资107公斤，将小小爱心变为弘扬慈善、助力公益的社会正能量。

4. 可持续环境价值创造指标评价分析

（1）绿色经济发展有待加强。绿色经济是以市场为导向、以传统产业经济为基础、以经济与环境的和谐为目的而发展起来的一种新的经济形式，是产业经济为适应人类环保与健康需要而产生并表现出来的一种发展状态。2018年，四川化工行业绿色经济二级指标平均得分为25.59分，低于全部四川样本企业平均得分30.55分。就这一指标的统计分布情况来看，没有企业评级达到A级（60分及以上）；仅有3家（23.08%）企业评级位于B级（40~60分）区间；剩余10家（76.92）企业均处于C级（40分以下）。

绿色经济下又分为循环经济、绿色金融、绿色制造以及绿色服务4个三级指标。有4家（30.77%）、1家（7.69%）、5家（38.46%）、3家（23.07%）化工企业披露了循环经济、绿色金融、绿色制造、绿色服务指标情况（见图8-25）。其中，四川化工行业企业平均得分分别为25.75分、25.77分、27.62分和21.25分，均低于四川样本企业在这4项指标的平均得分分别为34.50分、30.66分、28.44分和28.85分。化工行业作为重污染与资源消耗的主要工业领域之一，还需大力提倡绿色经济，推动化工行业绿色发展，促进化工行业可持续发展。

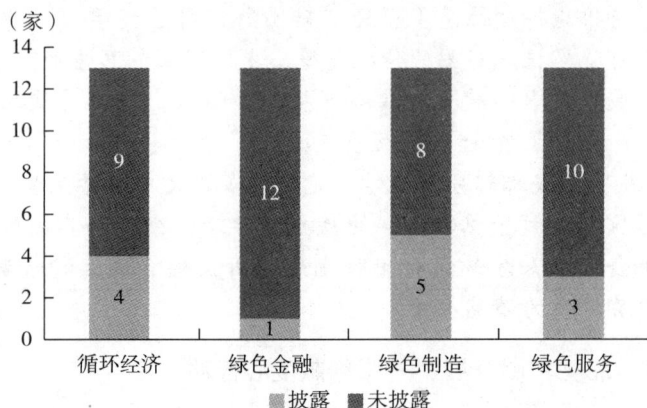

图8-25　四川化工企业循环经济、绿色金融、绿色制造、绿色服务信息披露情况

（2）环境管理水平较高。环境管理是企业开展环保工作的基础和保障。化工行业涉及的产品种类多，污染排放数量大，化工企业环境管理存在更大的难度。2018年，四川化工行业二级指标环境管理平均得分为55.19分，远高于全部四川样本企业的平均分43.78分。从这一指标的统计分布情况来看，5家企业被评为A级（60分及以上），占样本总数的38.46%，有6家企业评级为B级

（40～60 分），占样本总数的 46.15%，仅有 2 家企业被评为 C 级（40 分以下），占样本总数的 15.38%（见图 8-26）。整体来看，四川化工行业企业在环境管理上表现突出。

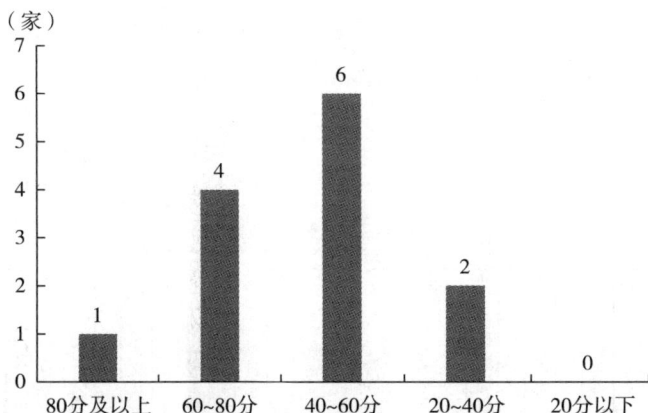

（家）

图 8-26 四川化工行业企业环境管理指标得分企业分布

在环保理念、环境管理政策与体系和环保投入这 3 项三级指标中，四川化工行业企业平均得分分别为 46.58 分、65.14 分和 61.30 分，均高于全部四川样本企业的平均得分分别为 45.51 分、52.31 分和 37.52 分。

从统计分布情况来看，环保理念得分在 80 分以上的企业有 2 家，占样本化工企业总数的 15.38%；环境管理政策与体系得分在 80 分以上的企业有 6 家，占样本化工企业总数的 69.23%；环保投入得分在 80 分以上的企业有 4 家，占样本化工企业总数的 30.77%。总体来说，四川化工行业企业对于环保重视程度较高，环境管理政策与体系较为完善。

案例 8-15：北化集团环境保护管理组织机构

北化集团将安全环保作为生产经营工作的前提，建立了涵盖全公司各单位、各层级的组织机构。

安全环保委员会是北化集团环境保护工作最高领导机构，由公司总经理全面领导，负责公司环境保护工作的统筹和管理，研究协调环境保护工作中的重大问题。北化集团制定了相关工作制度，每个季度至少召开一次安全环保委员会会议、每月召开一次安全环保工作例会，会议总结前期公司环境保护主要工作情况，研究和部署下一步环境保护计划和措施。在安全环保委员会领导下，北化集团设置了专门的安全与环保管理部门，负责落实安全环保委员会相关决议、监督检查安全环保委员会相关决议执行情况。在生产单位，组成了以单位负责人、各科室和工序负责人为主要成员的安全环保领导组，负责贯彻落实公司有关环境保护工作的决定，做好生产过程的资源综合利用和污染防治工作。北化集团在安全与环保管理部门配备了专职从事环保管理的人员，各分子公司时配备了专职环保技术员负责环境保护管理，在主要的污染物处理工序上还设置了技术员和环境监测人员，形成了完整有序的环境管理体系（见图8-27）。

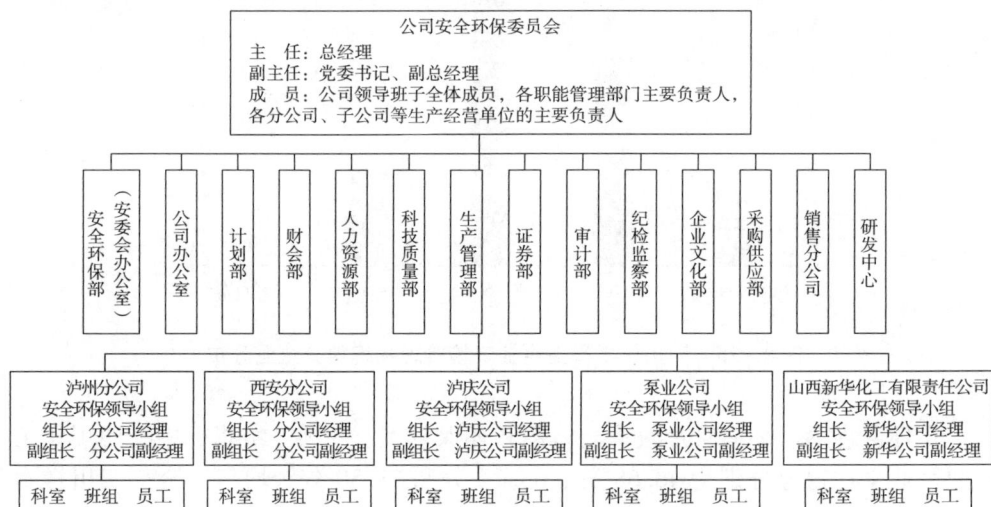

图 8-27　北化集团安全环保组织机构

案例 8-16：硅宝科技创新环保产品，打造绿色产业链

硅宝科技积极倡导原料、产品的环境友好。硅宝科技所有的产品都通过了国家建筑材料测试中心（CTC）的"绿色商标使用证明"和"环保建材证明商标准"认证，部分产品进行了SCS检测，响应RoHS指令要求。硅宝科技主要产品有机硅酮结构密封胶主要原材料为聚二甲基硅氧烷（PDMS），PDMS是一种可以在自然环境中降解的材料，对环境友好没有副作用。目前，硅宝科技节能环保产品已广泛运用于建筑幕墙、节能门窗、环保装饰、新能源、电力防腐等节能环保领域。目前，硅宝科技研究开发的门窗密封绿色新材料解决方案、室内装饰环保新材料解决方案、幕墙黏结密封关键材料解决方案已经被广泛运用，其中用于节能领域的产品超过70%。特别是专门针对解决雾霾严重问题，硅宝科技研究推出的脱硫脱硝电力环保防腐产品，具有优异的耐腐蚀性能，能在电力烟囱酸性环境中持久使用，对于二氧化硫的减少起到重要作用。这一产品，已作为国家火炬计划产业化示范项目，广泛运用于全国大型火力发电领域，并开始逐步应用到污

水处理池、脱硫塔等领域,有效地减少了雾霾的影响。

(3)"三废"管理成效显著。化工产品生产过程中会产生大量污染物,如不施加管理,会导致水资源、土壤、大气等遭受污染,给环境带来巨大影响。因此,"三废"管理对于化工行业来说格外重要。2018 年,四川化工行业二级指标"三废"管理平均得分为 57.15 分,远高于全部四川样本企业的平均分 41.72 分。就这一指标的统计分布情况来看,有 7 家四川化工行业企业评级达到 A 级(60分及以上),占比 53.85%;有 3 家企业评级达到 B 级(40~60 分),占样本总数的 23.08%;有 3 家企业评级为 C,同样占样本总数的 23.08%(见图 8-28)。

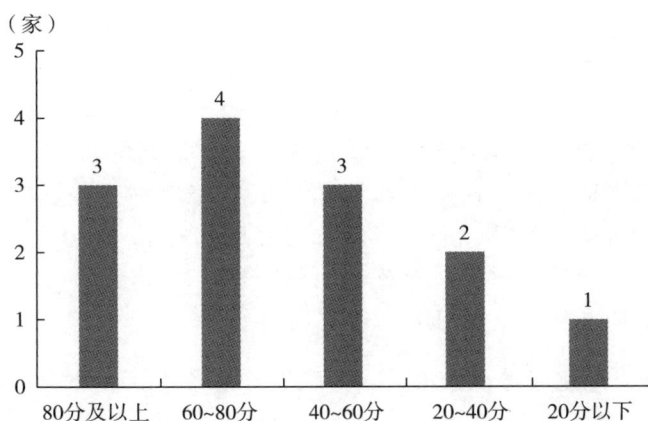

图 8-28 四川化工行业 2018 年"三废"管理指标得分企业分布

在废水管理、废气管理、固体废弃物管理这 3 项三级指标中,有 5 家(38.46%)披露了固体废弃物管理指标(见图 8-29)。四川化工行业企业平均得分分别为 65.64 分、64.62 分和 46.53 分,均高于全部四川样本企业的平均得分分别为 43.50 分、42.82 分和 39.74 分。

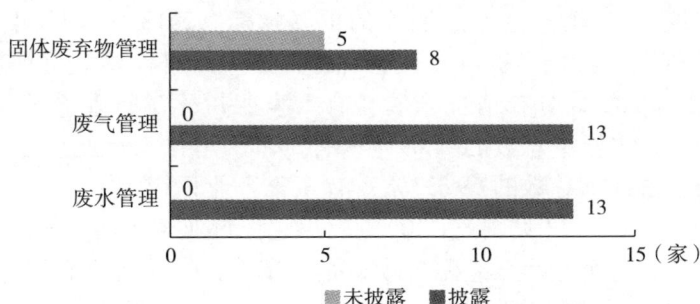

图 8-29 四川化工行业企业废水管理、废气管理、固体废弃物管理指标披露情况

案例8-17：和邦生物废水处理装置配备完善

和邦生物污水处理站出口安装在线监测进行实时监控。采用"水解酸化＋生物接触氧化"工艺进行有效处理后，经规范的污水处理排放口达标排放。生产作业过程中产生的淡氨水，如碳化煮塔水、闪氨洗涤水、综合回收塔洗涤水、炉气洗涤水等，建设有3套淡液蒸馏系统进行蒸馏回收氨，蒸馏废水排入污水处理站处理后达标排放。

案例8-18：利尔化学建设焚烧装置防治废气污染

利尔化学为治理尾气，利尔化学绵阳生产基地对投料间、转料釜以及废水站曝气池等易产生VOCs的区域进行了局部密闭引风，公司配备了两套6000方/小时的蓄热式尾气焚烧装置（RTO），对公司的有组织VOCs和无组织VOCs进行焚烧处理，避免异味对周边环境的影响。另外，为减缓污水处理站无组织废气排放，污水处理站在隔油池、预曝气池、气浮池、污泥浓缩池等构筑物收集液面与空气之间采取加盖密闭措施，并将密闭收集的恶臭气体排入RTO焚烧炉进行焚烧处置；为减少生产过程中潜在泄漏源的VOCs无组织排放，利尔化学2018年逐步开展了泄漏检测与修复（LDAR）工作。

案例8-19：北化股份积极推进固体废物资源化综合利用

2018年，北化股份加强与相关企业协商、交流，建立了固体废物资源化利用长期合作关系，逐步扩大了固体废物综合利用途径。北化股份产生的固体废物主要有废水处理污泥及废弃包装物，优先采取资源化回收利用方式处置，对无法资源化利用的固体废物，北化股份也与固体废物处置单位签订了处置协议，定期运送进行有效处置。

5. 可持续品牌传播指标评价分析

（1）信息披露主动性较强。信息披露是企业主动将利益相关方关注的信息进行公示的过程，是衡量企业透明度的重要指标。2018年，四川化工行业二级指标信息披露平均得分为44.52分，低于所有四川样本企业平均分50.85分。就这一指标的统计分布情况来看，有1家四川化工行业企业评级为A级（60分及以上），占样本总数的7.69%；有9家四川化工行业企业评级为B级（40～60分），占样本总数的69.23%；有3家企业评级为C级（40分以下），占样本总数的23.08%（见图8-30）。四川化工行业企业信息披露得分主要集中在40～60分，各企业得分差距较小，企业基本已具备主动信息披露的意识，且较为及时、准确地进行信息披露。

（家）

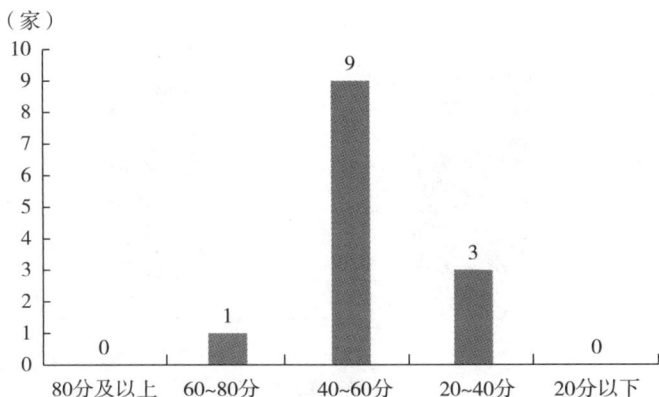

图 8 - 30 四川化工行业企业 2018 年信息披露得分企业分布

四川化工行业企业信息披露渠道三级指标平均得分为 63.59 分，基本与所有四川样本企业平均分 63.96 分持平，但企业信息披露渠道多元化还有待加强，所有样本企业均通过官方网站进行了信息披露，开设了官方微信与微博的企业数量分别为 8 家（61.54%）和 2 家（15.38%）。四川化工行业企业官网社会责任信息发布数量三级指标平均得分为 28.32 分，远低于所有四川样本企业平均分 41.26 分，企业对社会责任信息披露还不够充分，还未形成社会责任信息披露的日常机制。

四川化工行业企业发布社会责任报告与财务报告这两项三级指标平均得分为 24.76 分和 69.86 分，发布社会责任报告方面低于所有四川样本企业平均分 35.16 分，发布财务报告方面高于全部四川样本企业平均分 66.09 分。由于监管机构对于上市公司年度报告的硬性发布要求，样本化工企业财务报告发布比率远远高于社会责任报告发布比率，在研究期内，所有样本企业均发布财务报告，占比为 100%，发布社会责任报告的企业仅有 2 家，占比为 15.38%（见图 8 - 31）。社会责任报告既是企业非财务信息披露的重要载体，也是与利益相关方沟通的重要手段，企业还需加强对社会责任报告的重视。

案例 8 - 20：北化集团大力倡导投资者信息平等

北化集团公平对待所有投资者，及时、准确、完整地依法做好信息披露工作，严格遵照有关法律法规，深圳证券交易所对上市公司信息披露的相关要求及公司《信息披露事务制度》的规定，严把信息披露质量关，积极履行上市公司信息披露义务。

一是 2018 年及时、准确、完整地披露了定期报告和各种临时公告共 203 份，充分满足所有投资者的知情权。

（家）

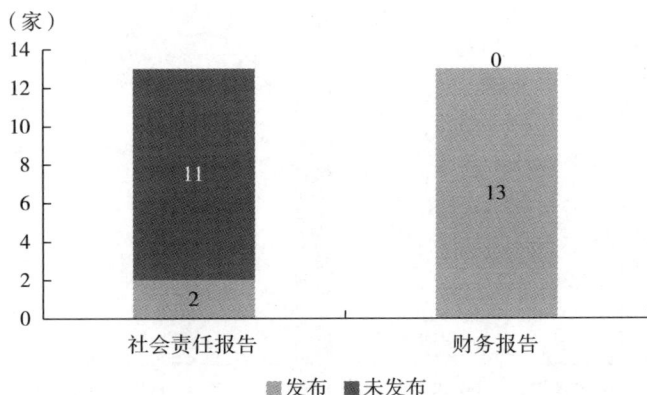

图 8 - 31　四川化工行业企业社会责任报告和财务报告发布情况

二是设立投资者咨询电话和传真，专人负责接听投资者来电咨询及回复提问，认真记录投资者关心的问题和提出的意见，汇总整理后反馈给公司董事会、管理层做决策参考，并认真做好投资者来访及机构调研接待工作，促进投资者对公司的了解和认同，与投资者构建和谐良好的关系。

（2）利益向相关方参与度较弱。利益相关方参与是企业提高透明度和维护利益相关方关系的重要手段。2018 年，四川化工行业二级指标相关方参与平均得分为 27.57 分，远远落后于全部四川样本企业平均得分 55.54 分。就这一指标的统计分布情况来看，没有企业评级达到 A 级（60 分及以上）；有 4 家（38.46%）的四川化工行业企业评级为 B 级（40~60 分）；有 9 家（53.85%）的四川化工行业企业评级为 C 级（40 分以下）（见图 8 - 32）。四川化工行业企业利益相关方参与度较弱，企业还需通过积极手段加强利益相关方参与。

（家）

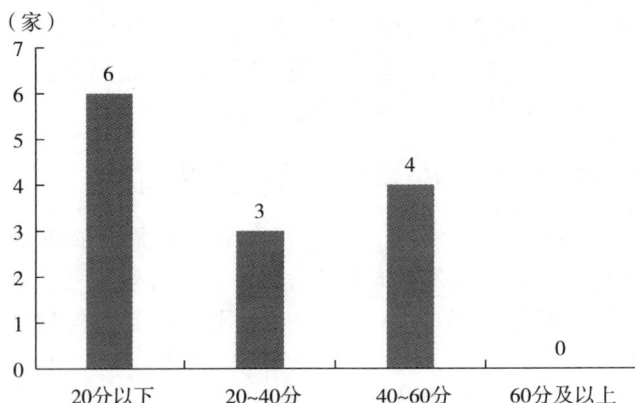

图 8 - 32　2018 年四川化工行业企业相关方参与指标得分企业分布

在股东关系管理和组织举办的利益相关方活动这两项三级指标中，四川化工行业企业平均得分分别为 38.38 分和 21.80 分，均远低于全部四川样本企业平均得分分别为 63.17 分和 54.84 分。

就股东关系管理指标得分的统计分布情况而言，4 家（30.77%）四川化工行业企业评级为 A 级（60 分及以上）；没有企业评级为 B 级（40~60 分）；有 9 家（69.23%）四川化工行业企业评级为 C 级（40 分以下）（见图 8-33）。

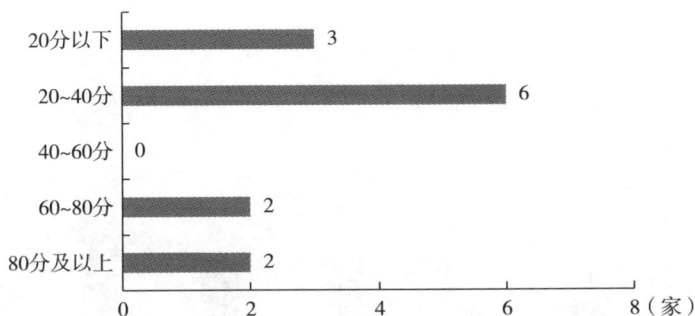

图 8-33　四川化工行业股东关系管理指标得分企业分布

就组织举办利益相关方活动指标得分的统计分布情况而言，有 5 家（38.46%）化工企业没有披露该指标情况（见图 8-34），所有样本四川化工企业中 14 家企业平均得分在 60 分以下，20 分以下的企业有 7 家，其中有 2 家企业在这一指标中的得分为 0 分。可以看出，四川化工行业企业较少向政府、股东、媒体、公众等相关方举办重大公开活动。

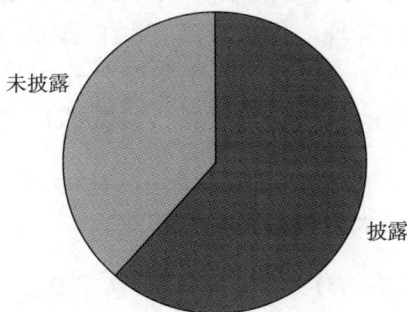

图 8-34　四川化工行业企业组织举办的重大公开活动指标信息披露情况

（3）品牌建设水平较低。2018 年，四川化工行业二级指标品牌塑造平均得分为 26.62 分，与所有四川样本企业平均得分 41.90 分差距较大。就这一指标的统计分布情况来看，仅有 1 家（7.69%）四川化工行业企业平评级达到 A 级（60 分及以上）；2 家（15.38%）四川化工行业企业评级处于 B 级（40 ~ 60 分）区间；有 10 家（76.92%）四川化工行业企业评级处于 C 级（40 分以下）区间（见图 8 – 35）。

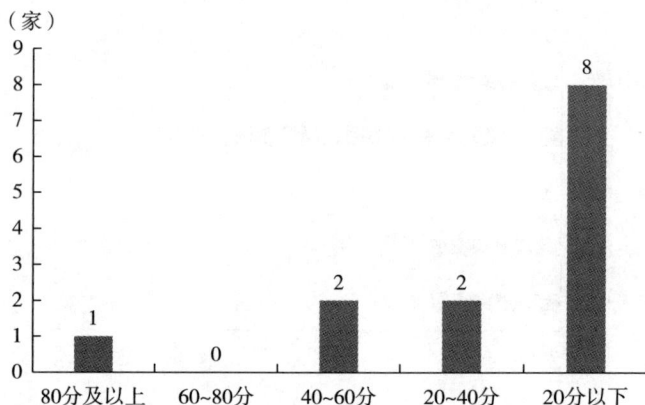

图 8 – 35　四川化工行业品牌管理指标得分企业分布

在三级指标中，四川化工行业企业品牌管理、品牌活动与品牌影响力的平均得分分别为 25.03 分、19.79 分和 32.83 分，均低于全部四川样本企业平均得分分别为 42.48 分、32.47 分和 53.78 分。

品牌管理指企业为培育品牌资产而展开的以利益相关方为中心的规划、传播、提升和评估等一系列战略决策和策略执行活动。在未来的市场环境中，若一家企业缺失品牌管理，则很难有长足的发展。四川化工行业企业样本中，品牌管理指标除 1 家企业在 80 分及以上外，其他企业得分均低于 50 分，得分为 20 分以下的企业达到了 8 家。说明四川化工行业企业品牌管理工作还较为缺失。

案例 8 – 21：云图控股大力打造品牌优势

云图控股实施食用盐多品牌组合战略，即以"益盐堂"为主品牌打造多品类盐专家，"绿色盐场""哈哈厨房""100 味""盐博士""珍盐"等 7 个子品牌细分主攻渠道，不同区域以不同渠道多维度进入市场。目前，益盐堂营销中心已覆盖全国所有省份。同时，云图控股引入明星代言模式，通过市场手段向消费者普及"益盐堂"健康用盐理念，塑造亲民的品牌形象，快速提升"益盐堂"品牌知名度。

从品牌活动指标统计分布情况来看，样本企业中，仅有 1 家企业（7.69%）得分在 80 分以上，其他企业得分均小于 30 分，20 分以下企业有 9 家（见图 8 - 36）。说明四川化工行业企业很少组织举办品牌相关活动，这对提升企业竞争力来说是一个较大的挑战。

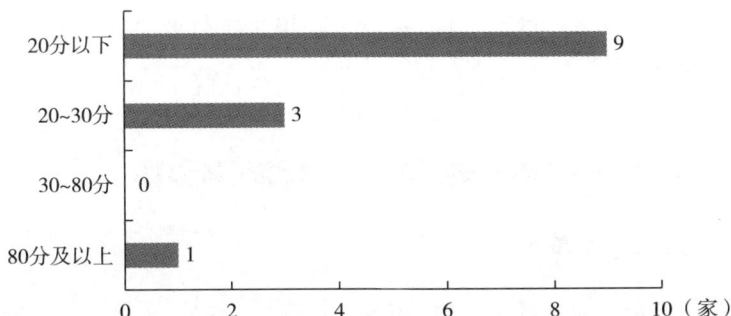

图 8 - 36 四川化工行业品牌活动指标得分企业分布

品牌影响力是指品牌开拓市场、占领市场，并获得利润的能力。品牌影响力已成为左右顾客选择商品的重要因素。此指标主要考量企业在全球范围内所获得的品牌类奖项。2018 年，有 2 家（15.38%）四川化工行业企业品牌影响力指标得分高于 60 分，有 6 家（46.15%）企业低于 20 分（见图 8 - 37）。四川化工行业企业品牌影响力还有待进一步提升。

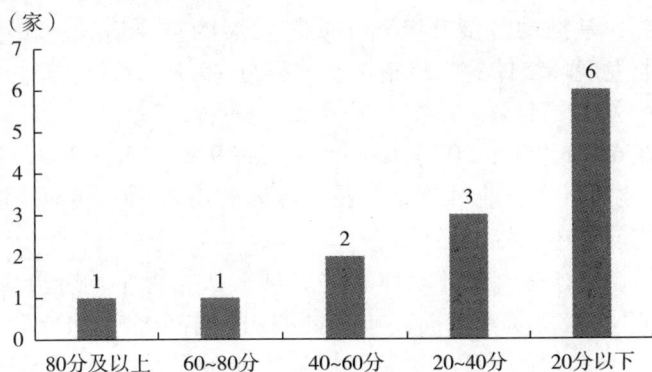

图 8 - 37 四川化工行业品牌影响力指标得分企业分布

6. 营商环境体验指标评价分析

（1）产业政策匹配度较低。在产业政策环境体验二级指标下仅包含产业政策匹配度 1 项三级指标，该指标考察企业是否与市、县政府制定的各项产业政策有所匹配。四川化工行业企业产业政策匹配度指标平均分为 27.77 分，远远低于所有四川样本企业平均分 46.51 分。从得分分布情况来看，3 家（23.08%）四川化工行业样本企业得分在 80 分以上；9 家（69.23%）四川化工行业样本企业得分低于 20 分（见图 8-38）。可以看出，四川化工行业企业与产业政策匹配度不高，许多企业还未真正享受到政策的兑现。

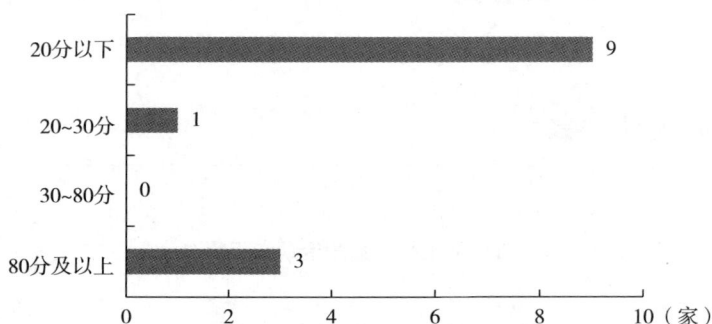

图 8-38　四川化工行业产业政策匹配度指标得分企业分布

（2）产业发展环境建设有待加强。当前，随着"放管服"改革不断深化，产业环境成为营商环境竞争的一个新焦点。越来越多的地区通过集中力量、聚焦重点产业，打造良好产业生态，推动传统产业转型和新兴产业发展。在产业环境上形成比较优势，是推动转型升级和高质量发展的重要途径。2018 年，四川化工行业企业产业发展环境体验二级指标平均得分 25.30 分，低于全部四川样本企业在此指标平均分 32.71 分。从得分分布情况来看，2 家（15.38%）四川化工行业企业得分在 60 分以上；20 分以下的企业有 9 家，占比 69.23%（见图 8-39）。说明四川化工行业企业对产业发展环境体验度较低，侧面反映出四川化工行业产业环境建设上还有待加强。

资源、市场、人才等营商环境体验的 3 项三级指标平均分分别为 18.78 分、32.22 分与 24.67 分，除资源方面高于全部四川样本企业平均分 25.51 分外，市场与人才的营商环境体验均低于所有四川样本企业平均分 30.96 分与 40.05 分。其中，有 8 家（61.54%）、7 家（53.84%）、7 家（53.84%）在资源、市场和人才指标中得分在 20 分以下（见图 8-40）。

（家）

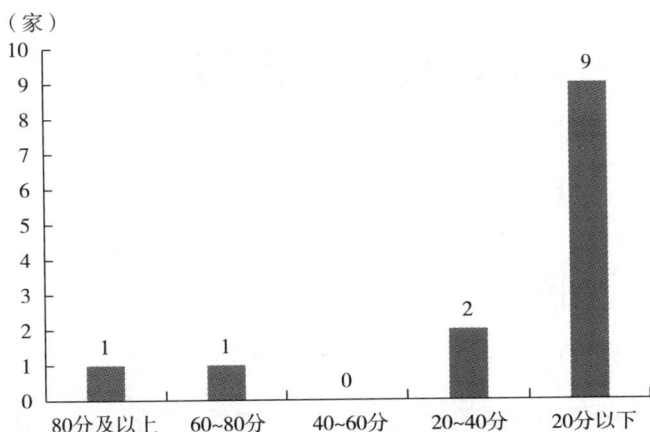

图 8-39　四川化工行业产业发展环境体验指标得分企业分布

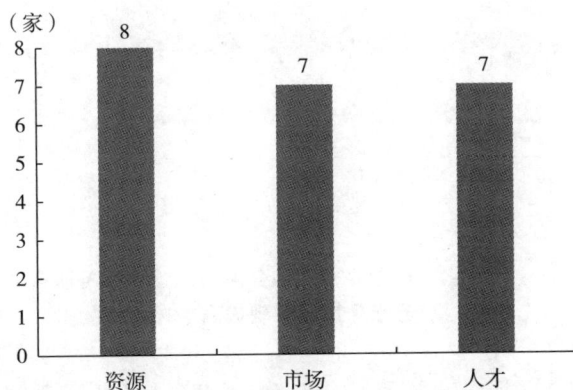

图 8-40　四川化工行业在资源、市场、人才产业环境
体验指标得分 20 分以下企业分布

（3）政务服务环境体验度较低。2018 年，四川化工行业政务服务环境体验二级指标平均得分为 16.67 分，略高于全部四川样本企业在此指标平均分 15.89 分。从得分分布情况来看，13 家四川化工行业样本企业得分均在 40 分以下，其中，20 分以下的企业有 8 家，占比为 61.54%（见图 8-41）。反映出企业在政务服务方面需求未获得有效满足，政府还需大力提升政务服务效能。

政务服务环境体验下分为服务意识、服务效率与服务措施 3 项三级指标，分别考察企业是否在公开讲话中对政务服务这三方面的提升进行评价。有 3 家（23.07%）、1 家（7.69%）、2 家（15.38%）分别披露了服务措施、服务效率、服务意识指标情况（见图 8-42）。

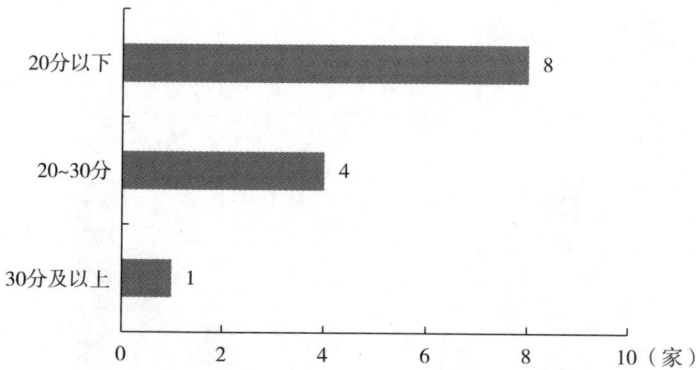

图 8 –41　四川化工行业政务服务环境体验指标得分企业分布

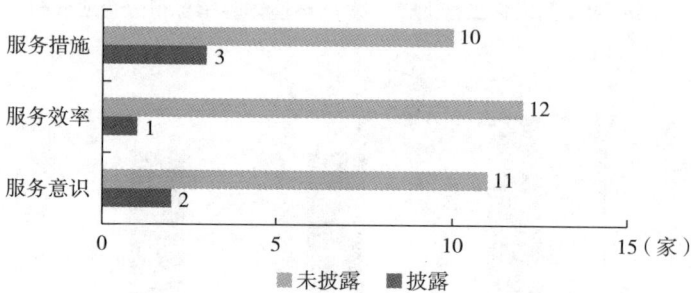

图 8 –42　四川化工行业企业对政务服务意识、政务服务效率、
政务服务措施表现披露情况

　　四川化工行业企业服务意识平均得分为 16.87 分，低于全部四川样本企业平均分 19.57 分，仅 1 家（7.69%）企业得分在 50 分以上，8 家（61.54%）企业得分在 20 分以下。在服务效率方面，四川化工行业企业平均分为 15.66 分，基本与所有四川样本企业平均分 15.46 分相同，没有企业得分在 30 分以上，9 家（69.23%）企业得分在 20 分以下。从服务措施方面来看，四川化工行业企业平均得分为 16.84 分，高于全部四川样本企业平均分 14.53 分，没有企业得分在 30 分以上，7 家（53.85）企业得分在 20 分以下。四川化工行业政务服务从企业在服务意识、服务效率、服务措施三方面反馈的情况来看，体验度还较低，未在企业中产生强烈反响，还应持续提升政务服务，助力营商环境的优化。

（四）主要研究发现

1. 四川化工企业可持续竞争力指数高于平均水平，整体处于成熟阶段

　　2018 年四川化工行业企业可持续竞争力指数为 68.97，高于全部四川样本企

业可持续竞争力指数 66.42，其中 5 家（38.46%）企业评级为 AAA 级，7 家（53.85%）企业评级为 AA 级，1 家（7.69%）企业评级为 A 级；没有企业评级为 B 级与 C 级。从评价的总体情况看，四川化工行业企业总体处于可持续竞争力发展的成熟阶段。四川化工行业企业在对可持续发展的认知、社会责任的履行等方面已经具备了一定的基础，并形成了一定的优势。

2. 四川化工企业普遍树立了可持续发展理念，但可持续发展战略规划较为缺失

通过研究发现，四川化工企业可持续发展理念平均得分为 65.38 分，9 家（69.23%）企业在可持续发展理念的得分高于 60 分，企业在不同程度上树立了履行社会责任、推动可持续发展的理念，并将其融入企业使命、价值观或愿景中。但在可持续发展战略与规划方面，四川化工企业平均分仅为 31.29 分，这与可持续发展理念形成鲜明对比，说明企业虽有了较强的可持续发展意识，却缺少为可持续发展提供方向的战略与规划。可持续发展理念的树立是企业可持续竞争力建设的前提条件，但理念是抽象的，企业只有把理念真正落实到战略规划、企业运营中，才能真正实现可持续的发展。

3. 四川化工企业可持续公司治理水平较低，可持续发展能力建设投入不足

2018 年，四川化工行业在可持续公司治理、可持续发展能力建设与可持续管理投入方面的平均得分均较低，分别为 23.71 分、27.53 分和 19.47 分。可见，四川化工企业对可持续公司治理、可持续发展能力建设不够重视，专项投入也较匮乏，缺乏推进可持续发展的管理体系与组织机构，这对四川化工企业可持续竞争力的提升是一大挑战，因此，四川化工企业亟须提高认识、加大资源的组织与投入力度，为促进整个行业健康、可持续发展打下基础。

4. 四川化工企业可持续经济价值创造能力相对较强，但仍有进步空间

2018 年在可持续竞争力的六项指标中，化工企业的可持续经济价值指标得分最高，平均分为 53.67 分，其中 1 家（7.69%）企业评级为 A 级，8 家（61.54%）企业评级为 BBB 级，4 家（30.77%）企业评级为 BB 级，没有企业评级为 C 级。上述结果表明，虽然四川化工行业经济价值创造能力与同行业其他指标相比表现较为突出，但达到 A 级的企业仅有 1 家，经济价值创造能力仍有较大提升空间。同时，企业应意识到可持续竞争力不仅包括所产生的直接经济价值，还包括企业与消费者、客户、供应商等关系的建立与维护。根据评价结果，四川化工企业在提升客户满意度和供应链合作方面表现一般，同样具有较大的进步空间。

5. 四川化工企业可持续社会价值创造能力较弱

2018 年四川化工企业的可持续社会价值指标平均得分为 44.28 分，其中 1 家

（7.69%）企业被评为 AA 级（65 分及以上）；3 家（23.08%）企业被评为 BBB 级（50 分及以上）；2 家（15.38%）企业被评为 BB 级（45 分及以上）；1 家（7.69%）企业被评为 B 级（40~60 分）；5 家（38.46%）企业被评为 CCC 级（30 分及以上）；1 家（7.695）企业被评为 C 级（20 分以下）。整体来看，四川化工行业对可持续社会价值创造能力不足，需要加强对员工成长、社区发展、社会公益等方面的重视与投入。

6. 四川化工企业在可持续环境价值创造方面需加大力度

2018 年，四川化工企业的可持续环境价值指标平均得分为 48.93 分。从分布来看，1 家（7.69%）企业评级为 AA 级；2 家（15.38%）企业评级为 A 级；1 家（7.69%）企业评级为 BBB 级；3 家（23.08%）企业评级为 BB 级；4 家（30.77%）企业评级为 B 级；2 家（15.38%）企业评级为 CCC 级。作为六大高耗能行业之一，四川化工行业亟须以技术创新等手段提高能源、资源利用率，减少对环境的负面影响，打破传统"高能耗、高污染"的行业形象，坚持以绿色发展推动行业向高质量发展转型。

7. 四川化工企业品牌意识有待加强，一半企业得分低于 30 分

2018 年，四川化工企业在品牌塑造方面平均得分为 33.53 分，其中 9 家（69.23%）企业均在 20 分以下，无论在品牌管理、组织品牌活动还是品牌影响力方面，企业表现都比较一般。在当前国际竞争异常激烈的市场环境下，化工企业品牌建设工作显得尤为重要，可为企业竞争力提供源源动力。化工行业在社会形象方面承受着巨大的压力，更应率先塑造出能够引领消费的品牌，企业要提炼出个性鲜明且能打动消费者的品牌核心价值，围绕品牌核心价值制定品牌管理制度与体系，使其具有可操作性，并指导企业的品牌活动，从而提升品牌的美誉度和忠诚度。

二、设备制造行业企业可持续竞争力评价[①]

本书选取 100 家样本企业中的 11 家四川设备制造行业企业作为研究对象，从可持续发展治理、可持续经济价值、可持续环境价值、可持续社会价值、可持续品牌塑造和营商环境体验六个维度对 11 家设备制造企业可持续竞争力总体情况进行评价。研究结果表明，2018 年四川设备制造行业企业的安全管理工作有

---

① 作者：任娜。

所加强，并且在可持续环境价值中绿色制造与三废管理水平表现突出，但是可持续发展治理水平亟须提升，在可持续经济价值中产品质量管理与合规管理水平较低，参与社会公益的方式以对外捐赠为主比较单一，且较少发布社会责任报告，社会责任品牌意识有待进一步提升。

（一）基本情况

1. 样本选择

本章以 2018 年四川企业 100 家样本中的 11 家机械设备行业企业为样本开展数据搜集与分析。其中，包括 1 家中央国有企业、1 家地方国有企业、1 家公众企业、8 家民营企业。从企业总部所在地来看，来自成都市的有 5 家，来自自贡市的有 3 家，来自眉山市、什邡市、德阳市的各 1 家。根据不同的业务经营范围，样本企业分为机械（7 家）、电气设备（1 家）、商业服务与用品（1 家）、金属和非金属及采矿（1 家）四种类型。

表 8－4　四川设备制造行业样本选择情况

证券简称	城市	所属行业名称	公司属性
川润股份	自贡市	机械	民营企业
大西洋	自贡市	电气设备	民营企业
丹甫环境	眉山市	机械	民营企业
东方电气	成都市	机械	民营企业
海特高新	什邡市	机械	民营企业
华西能源	自贡市	商业服务与用品	民营企业
汇源通信	成都市	机械	民营企业
科新机电	德阳市	机械	集体企业
利君股份	成都市	机械	民营企业
天翔环境	成都市	金属、非金属与采矿	地方国有企业
新筑股份	成都市	金属、非金属	民营企业

2. 四川设备制造行业的发展特点

（1）设备制造行业的基本发展趋势。机械行业为整个国民经济提供了技术设备，为国民经济的发展做出了重要的贡献。中国的设备制造朝着信息化、集成化、智能化的方向发展，高新技术将会是机械行业新一轮的"洗牌"，将会成为人工智能的主导力量，但是大型机械装备将会结合信息化实现机械自动化的转变，顺利地进入"工业4.0"时代。具体来说，设备制造业主要呈现出以下发展特点：

第一，智能化发展，互联网的到来，机械制造受到了一定冲击，只能通过变化才能适应新的形势变化，朝着信息化设计、集成化等方向进行发展。

第二，集成化发展，在机械制造中使用计算机集成技术，是 21 世纪的机械制造重要生产方式。信息自动化集成系统是通过多个相互联系的子系统所构成的整体，一般情况下可把它分为工程设计信息子系统、自动化制造子系统，自动化管理信息子系统和质量信息子系统。

第三，环境友好型发展，随着社会的发展人们越来越注重环境的发展与保护，环境是人们赖以生存的基本条件，只有改变生存环境，才能真正改变生活，现在发展趋势都在朝着环境友好型发展，机械设备制造行业也会结合现在时代的特点，进行相应的准备和改变。

（2）四川设备制造行业的发展规划。为积极落实《中国制造 2025》战略部署，2015 年 10 月 23 日，四川省人民政府以川府发〔2015〕53 号文件发布《中国制造 2025 四川行动计划》（以下简称《行动计划》），明确建成制造强省的"时间表"和"路线图"。《行动计划》提出，要以制造业转型升级和提升核心竞争力为主题，以信息技术与制造业深度融合为主线，以智能化、绿色化、服务化为发展方向，坚持创新驱动、改革促动，坚持增量与存量并重、速度与质效并举，强化技术改造，优化投资结构，同步提升制造业科技贡献率、劳动生产率、产业增加值率，实现信息化普及、智能化转型、高端化突破，将四川省建设为全国重要的重大技术装备研制、信息技术研发和产品制造、战略资源精深加工、名优特新消费品研发制造基地，率先建成西部制造强省和"中国制造"西部高地。

2017 年 6 月，四川省发布《四川省人民政府关于印发四川省"十三五"工业发展规划的通知》（以下简称《规划》），《规划》将四川工业发展分为三大区域，提出"分类支持三大区域工业发展"，分别指先进制造业引领区、转型升级重点区和新兴增长培育区。其中，在推动先进制造业引领区发展方面，创新提出启动实施"中国制造 2025"城市试点示范创建工作。具体而言，就是鼓励部分地区在推动制造业转型升级、促进经济结构调整、实现发展方式转变中，开展省市联动，先行先试，重点突破，形成推动制造业发展的新模式、新路径。加强统筹谋划，整合资源、集中全力支持纳入试点示范的城市，制定具有特色的试点示范实施方案，加快推动试点内容转化为可复制的示范成果，以试点示范城市的实践探索为全省制造业发展闯出新路子。"十三五"期间，率先支持成都、绵阳、德阳创建全国"中国制造 2025"试点示范城市，努力推动更多有条件、有特色的城市开展创建工作。

（二）总体评价结果

四川行业可持续竞争力指数得分整体较高，所有企业得分均高于 60 分。

2018 年，四川设备制造行业企业可持续竞争力整体平均得分为 66.99 分，略高于 2017 年全部四川企业的平均分 66.41 分。从可持续竞争力评级来看，11 家样本企业的评级均为 A（60 分及以上）。其中，4 家企业评级为 AAA（70 分及以上），2 家企业评级为 AA（65 分及以上），5 家企业评级为 A（60 分及以上）（见图 8-43、表 8-5）。四川设备制造行业都处于成熟阶段（60~80 分）。

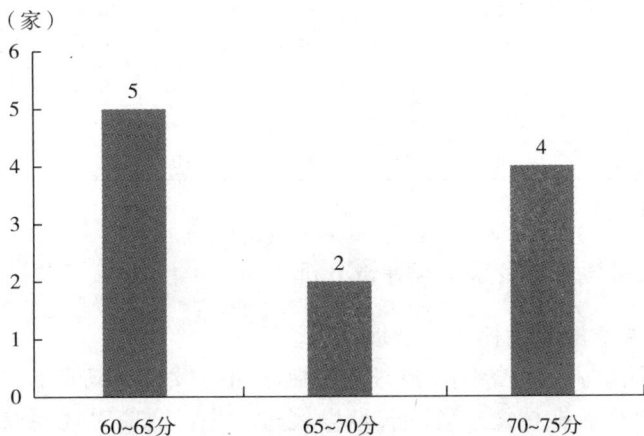

图 8-43 四川设备制造行业企业得分分布情况

表 8-5 2018 年四川设备制造行业企业综合得分情况

排名	企业属性	企业名称	综合得分
1	公众企业	汇源通信	72.74
2	中央国有企业	东方电气	71.55
3	民营企业	川润股份	70.55
4	民营企业	利君股份	70.07
5	其他企业	丹甫环境科技有限公司	69.94
6	民营企业	科新机电	66.35
7	民营企业	新筑股份	64.89
8	民营企业	华西能源	63.94
9	地方国有企业	大西洋	62.72
10	民营企业	天翔环境	62.20
11	民营企业	海特高新	62.02

2018 年，四川设备制造行业企业有效样本共有 13 家。这些企业总资产的平均值为 127.41 亿元，其中最高的为 913.23 亿元，最低的为 5.99 亿元；净资产

的平均值为 42.41 亿元；营业收入的平均值为 39.27 亿元；市值的平均值为 59.25 亿元，其中最高的是 284.66 亿元，最低的是 13.37 亿元（见表 8 - 6）。

表 8 - 6　四川设备制造行业企业 2018 年基本财务特征分布

指标	均值	中值	标准差	偏度	峰度	极小值	极大值
总资产（亿元）	127.41	51.05	263.72	3.18	10.32	5.99	913.23
净资产（亿元）	42.41	20.46	81.57	3.19	10.41	1.32	285.84
营业收入（亿元）	39.27	6.59	89.44	3.23	10.57	3.5	307
净利润（亿元）	0.01	0.45	6.77	- 1.57	5.91	- 17.44	11.3
市值（亿元）	59.25	28.36	78.52	2.79	8.3	13.37	284.66
基本每股收益（元）	- 0.32	0.05	1.36	- 3.07	9.62	- 4.17	0.39

（三）可持续竞争力专项指标评价分析

1. 可持续发展治理指标评价分析

（1）普遍注重融入可持续发展理念，制定可持续发展战略工作需要加强。可持续发展理念是企业在持续经营和长期发展过程中，适应时代要求，通过积极倡导，全体员工自觉实践，从而形成的代表企业可持续发展信念、推动企业可持续发展的思想信念和行为规范。2018 年，四川设备制造行业企业可持续发展理念平均得分为 66.34 分，与全部四川样本企业平均得分 66.41 分基本相同。就分布情况来看，有 7 家四川设备制造行业企业评级为 A 级（60 分及以上），占样本总数的 63.63%；有 4 家企业评级为 B 级（40~60 分），占样本数的 36.36%（见图 8 - 44）。可以看出，四川设备制造行业企业普遍注重建立可持续发展理念。

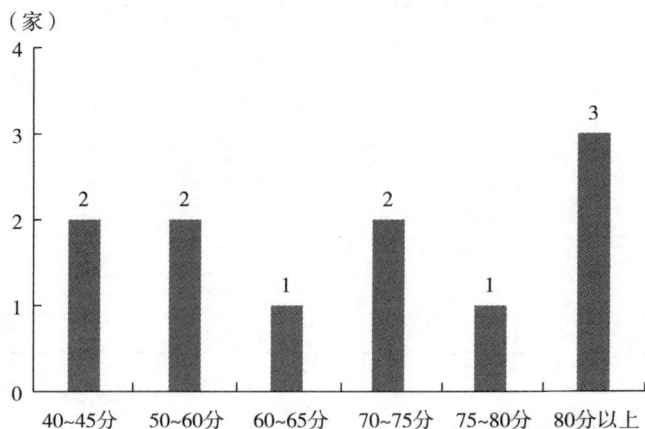

图 8 - 44　四川设备制造行业企业可持续发展理念指标得分分布

从可持续发展理念的三级指标来看，融入企业使命或价值观和可持续发展战略的平均得分分别为 76.71 分和 52.92 分，融入企业使命或价值观高于所有四川企业这项三级指标上的平均得分为 69.24 分，其中，有 8 家（72.7%）企业的融入企业使命或价值观的得分在 80 分及以上，仅有 2 家（18.2%）企业的得分在 40 分和 60 分之间（见图 8-45）。由此可见，四川设备制造行业企业普遍注重将可持续发展理念融入企业使命或价值观中，且普遍融入企业愿景。

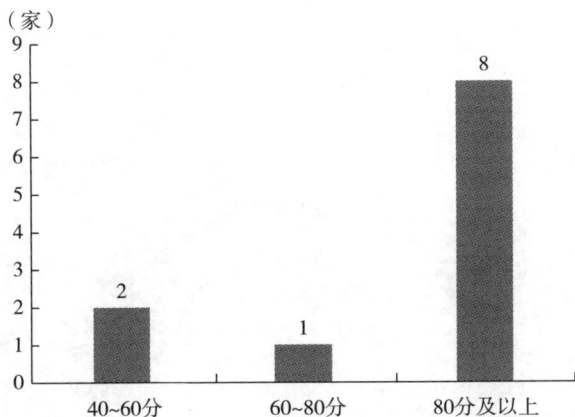

（家）

图 8-45 四川设备制造行业企业融入企业使命或价值观得分情况

可持续发展战略低于所有四川企业这项三级指标上的平均得分为 57.55 分；融入企业愿景和可持续发展规划的平均得分分别为 53.42 分和 36.07 分。四川设备制造行业的可持续发展战略和可持续发展规划表现较差，企业可持续发展战略的核心就是确定正确的可持续发展方向，方向明确，才有利于经济效益的提高，四川设备制造行业需要进一步加强可持续发展战略的制定，为可持续发展指明方向，提高企业可持续发展的预见性和主动性。

案例 8-22：东方电气将社会责任理念融入企业愿景和价值观

东方电气集团承载着对经济持续发展、提高生活品质和改善生态环境的使命与责任，在企业的经营管理活动中努力遵循以企业发展、客户增值、员工成长、社会繁荣和环境友好为价值取向的利益相关方的良性互动，并在共同创造中共同分享绿色能源技术创新带来的无限价值和成功。

东方电气以"长期致力于以发展节能高效、清洁环保的各类能源动力装备产业为核心能力目标，既顺应人类社会对绿色能源的急切而持续的需求与期待，也体现了企业变革与发展的价值驱动与行动导向"为企业愿景，并遵循"以动力报国、造福人类追求社会价值；以中国一流、世界一流提升企业价值；以岗位成才、事业成才实现员工价值即社会、企业、员工和谐统一”的企业核心价值观（见图 8–46）。

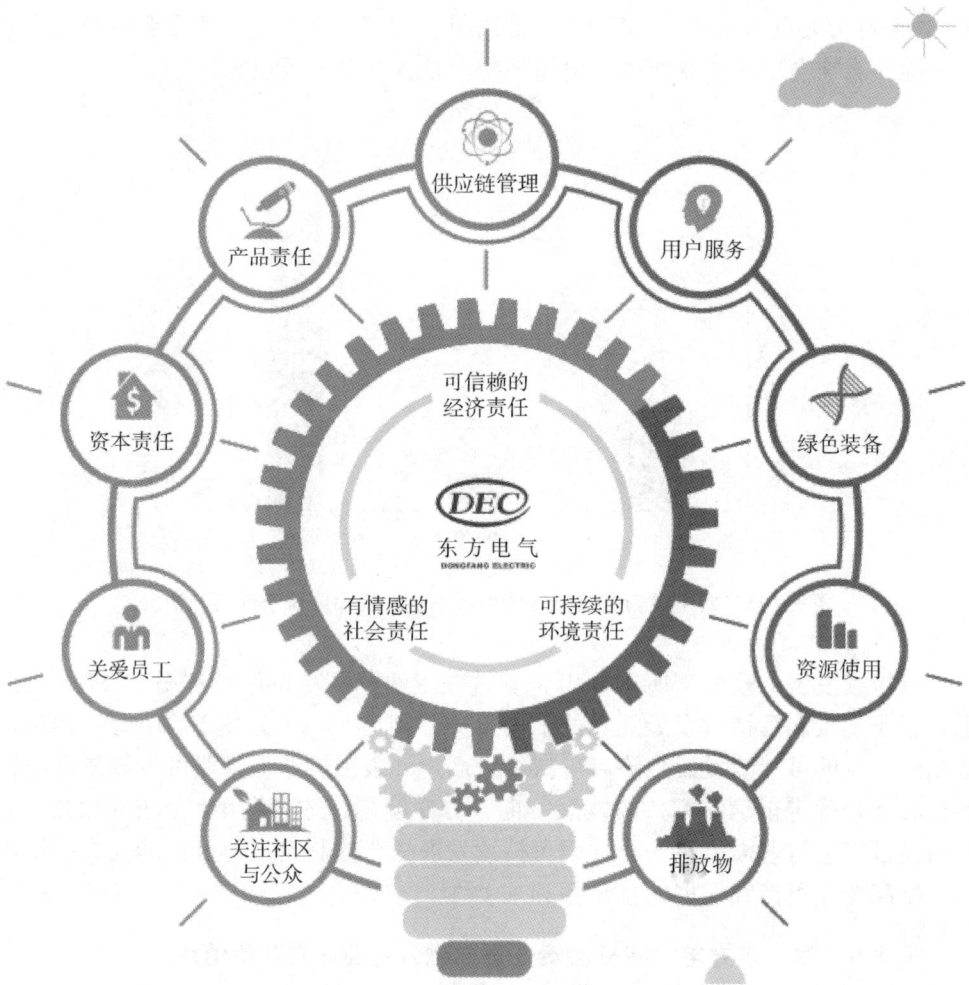

图 8–46 东方电气可持续发展宣言

（2）可持续发展治理水平有待加强。正确的可持续发展治理体系是企业可持续发展的基础，推动企业可持续发展，需要有高效的可持续治理能力。2018年，四川设备制造行业二级指标可持续发展公司治理平均得分为 16.18 分，远低于全部四川样本企业平均得分 22.69 分。就分布情况来看，没有企业评级为 A 级

（60 分及以上）；有 1 家企业评级为 B 级（40～60 分），占样本数的 9%，有 10 家企业评级为 C 级（40 分以下），占比 91%（见图 8 - 47）。

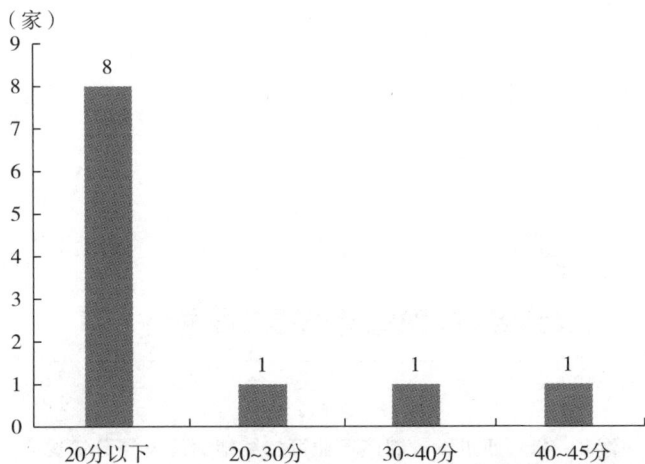

图 8 - 47 四川设备制造行业企业可持续发展治理得分情况

四川设备制造行业企业的可持续发展组织机构和可持续发展制度建设这两项三级指标，平均得分分别为 14.44 分和 26.89 分，均低于全部四川样本企业可持续发展组织机构 20.66 分、可持续发展制度建设 29.42 分。就可持续发展组织机构统计分布情况而言，所有样本数里 11 家四川设备制造行业企业平均得分均在 15 分以下，其中仅有 3 家企业有相应的组织机构建设，且组织机构建设并不完善，在实际工作中并没有专门的组织推进机构。就可持续发展制度建设统计分布情况而言，平均得分在 30 分以下，仅有 2 家企业有制度文件的制定，但是相对来说并不完善。

（3）可持续发展知识管理有待进一步提升。可持续发展知识管理是企业可持续发展的重要条件。2018 年，四川机械设备行业二级指标可持续能力建设平均得分为 23.19 分，低于全部四川样本企业能力建设指标的平均得分 24.25 分。其中，处于 C 级（40 分以下）的有 9 家，占比为 81.8%，有 2 家处于 B 级（40～60 分），占比为 18.2%（见图 8 - 48）。

在四川设备制造行业企业的可持续发展专项培训和可持续发展知识管理这 2 项三级指标中，平均得分分别为 28.55 分和 17.69 分，其中，四川设备制造行业的可持续发展专项培训平均得分均高于四川所有样本企业在这项指标的平均得分 27.58 分；四川机械设备行业的可持续发展知识管理平均得分低于四川所有样本企业在这项指标的平均得分为 20.63 分。可以看出，四川设备制造行业的可持续知识管理水平较弱，需要安排专人对社会责任知识、经验以及案例进行定期整理、更新和共享，提升设备制造企业员工对社会责任/可持续发展的认识，增长社会责任经验和提升实践能力。

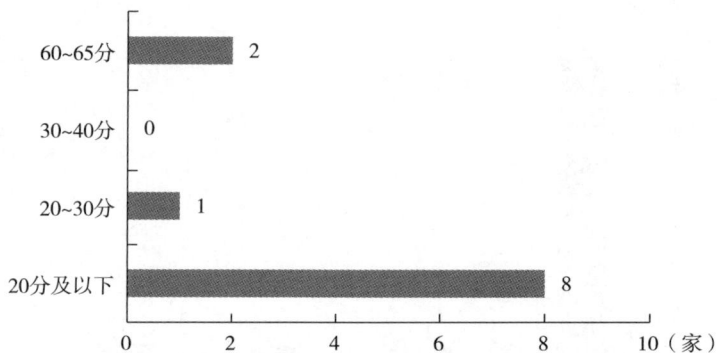

图 8 - 48　四川设备制造行业可持续能力建设得分情况

（4）可持续发展管理投入亟须提高。可持续发展管理投入能为企业的可持续发展提供充足的资金保障和人员支持。2018 年，四川设备制造行业二级指标可持续发展管理投入平均得分为 13.35 分，低于全部四川样本企业平均得分 18.63 分。11 家企业均属于 C 级（40 分以下）（见图 8 - 49）。可以看出，四川设备制造行业企业的可持续发展管理投入较低，有待进一步提高。

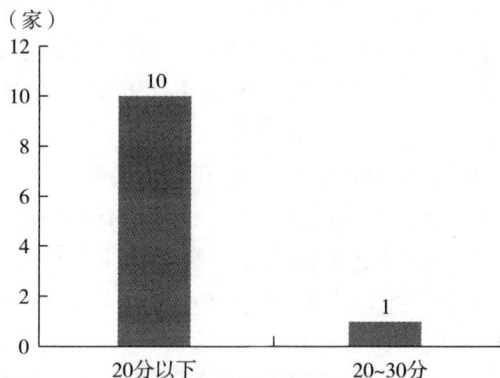

图 8 - 49　四川设备制造行业可持续管理投入得分情况

在可持续发展专项预算和可持续发展专职人员数量这 2 项三级指标中，平均得分分别为 9.52 分和 16.6 分，均低于全部四川样本企业可持续发展专项预算平均得分 19.27 分和可持续发展专职人员数量平均得分 18.52 分。可以看出，四川设备制造行业企业的可持续发展专项预算处于较低水平，因此，可持续发展资金预算及专兼职人员数量等管理投入亟须提高，为企业的可持续发展提供必要的资金和人员保障。

2. 可持续经济价值指标评价分析

（1）企业经营业绩的绩效较好。四川省是全国三大动力设备制造基地之一，发电设备研制具有全球竞争优势，产量连续多年居世界首位。2018 年四川设备制造行业企业的企业经营业绩指标平均得分为 62.98 分，略低于四川所有样本企业的平均得分 70.78 分。其中，处于 C 级（40 分以下）的有 1 家，占比为 9%，处于 B 级（40~60 分）的有 3 家，占比为 27.3%，处于 A 级（60 分及以上）的有 7 家，占比为 63.6%（见图 8-50）。可以看出，四川设备制造行业企业的经营业绩普遍表现良好。

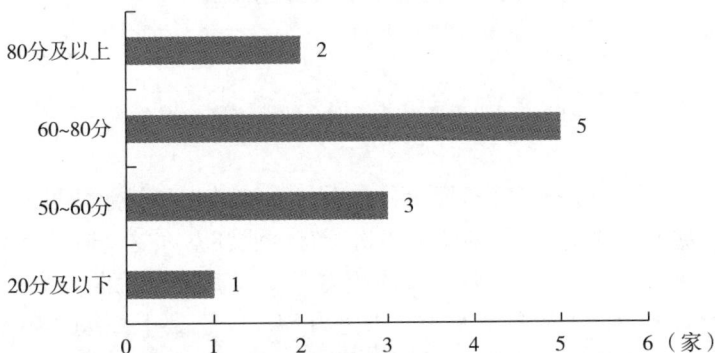

图 8-50 四川设备制造行业企业经营业绩得分情况

2018 年，四川省首次提出构建具有四川特色的"5+1"现代产业体系，重点发展电子信息、装备制造、食品饮料、先进材料、能源化工五大万亿支柱产业和数字经济，装备制造业是四川省的重点发展产业之一，并且营业收入排名靠前。从企业经营业绩中的三级指标得分来看，营业收入和净利润的平均得分分别为 68.45 分和 57.51 分，分别低于四川所有企业样本在这 2 项三级指标中的平均得分 74.32 分和 67.25 分。营业收入的整体得分区间居于 70 分及以上，净利润的整体得分居于 60~80 分，整体经营业绩的指标得分较高，四川设备制造行业的营业收入和净利润等绩效表现较好。

（2）设备制造企业经济影响成效明显。企业经济影响是企业通过缴纳税收和提供就业对经济社会发展做出贡献。2018 年四川设备制造行业企业的企业经济影响指标平均得分为 54. 93 分，略低于四川所有样本企业的平均得分 57. 65 分。其中，有 1 家企业未披露，有 1 家企业的得分在 80 分及以上，有 3 家企业的得分在 60 ~ 80 分，有 6 家企业的得分在 30 ~ 50 分，分别占比为 9% 、27. 3% 、54. 5%（见图 8 – 51）。可以看出，四川设备制造行业企业的经济影响得分处于中等水平，经济影响成效比较明显。

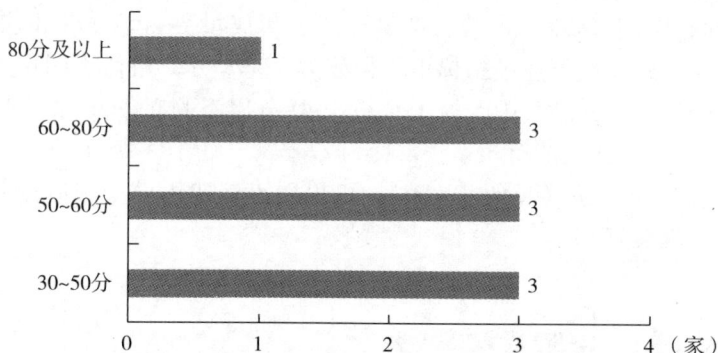

图 8 –51　四川设备制造行业企业经济影响得分情况

从企业经济影响中的三级指标得分来看，缴纳税收和就业数量的平均得分分别为 61. 28 分和 48. 59 分，分别低于四川所有企业样本在这 2 项三级指标中的平均得分 63. 39 分和 51. 91 分，但是整体相差不大。其中，就业数量指标得分中，处于 A 级（60 分及以上）的有 6 家，占比为 54. 5%，处于 C 级（40 分以下）的有 3 家，占比为 27. 3%（见图 8 –52）。设备制造行业企业具有产业链长的特点，涉及采购、进厂、安装、生产加工等产业环节，可以提供较多就业岗位，四川设备制造行业企业为社会提供了较多的就业岗位，支持就业，为社会就业做出了积极贡献。

（3）客户满意度普遍较高，但产品质量管理水平相对较弱。客户满意度是对客户对产品或服务本身或其满足自己需要程度的一种评价。企业通过良好的质量管理水平提供高质量产品或服务，有助于提高客户满意度水平。2018 年四川设备制造行业企业的提升客户满意指标平均得分为 45. 15 分，略高于四川所有样本企业的平均得分 42. 11 分。其中，有 3 家企业处于 A 级（60 分及以上），有 4 家企业处于 B 级（40 ~ 60 分），有 4 家企业处于 C 级（40 分以下）（见图 8 – 53），总体差距不大。

（家）

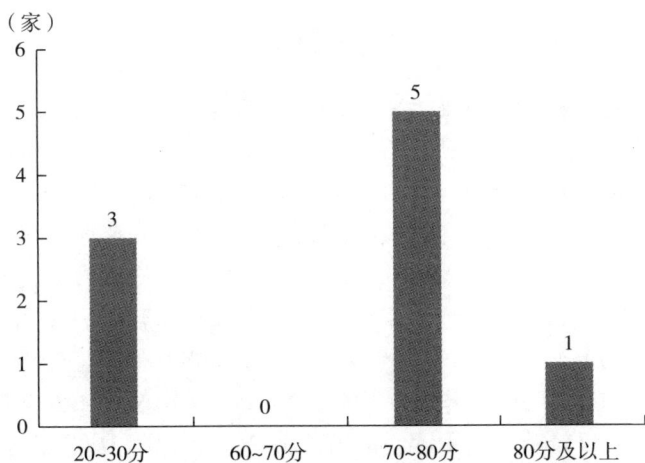

图 8 – 52 四川设备制造企业就业数量指标得分情况

（家）

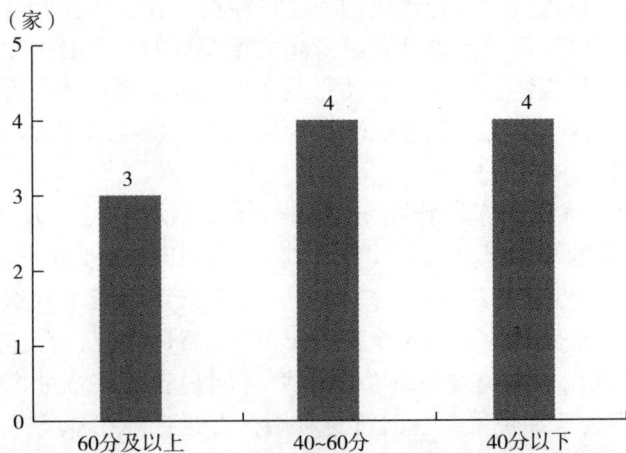

图 8 – 53 四川设备制造行业企业提升客户满意指标得分情况

在提升客户满意的三级指标中，保障消费者权益、产品质量管理、改善客户服务、客户满意度的这 4 项三级指标的平均得分分别为 25.08 分、59.42 分、48.79 分、43.32 分，其中，保障消费者权益、产品质量管理这 2 项三级指标平均得分低于四川所有样本企业的这 2 项三级指标的平均得分 38.07 分和 49.26 分，改善客户服务、客户满意度这 2 项三级指标平均得分高于四川所有样本企业的这 2 项三级指标的平均得分 48.2 分和 31.43 分。这说明，四川设备制造行业企业比较注重改善客户服务，提升客户满意度，但是保障消费者权益和产品质量管理需要进一步增强，提升客户满意度的根本还在于保障消费者、客户等合法权益，提升产品质量，从而促进企业的长期可持续发展。

案例 8-23：大西洋注重产品质量管理

大西洋是国内焊接材料行业品种齐全、配套能力较强的企业之一，具备较好的产品质量优势。产品涵盖焊条、焊丝、焊剂三大类别 700 多个品种。公司产品被广泛应用于重大装备制造业（石油化工、船舶、车辆、锅炉压力容器、航空航天）和基础设施建设（桥梁、高铁、高层建筑、管道、水电）的各个领域，能满足多层次、多领域客户需求。公司质量管理体系在行业内率先通过英国劳氏ISO9001 质量认证，并通过国家武器装备质量管理体系认证；公司主营产品通过中（CCS）、英（LR）、美（ABS）、法（BV）、挪威德国（DNV. GL）、日本（NK）、印度尼西亚（BKI）、韩国（KR）、意大利（RINA）、俄罗斯（RS）十国船检机构及加拿大焊接局（CWB）、德国莱茵公司（CE、DB）质量认证。

（4）需要进一步提升公平竞争意识，加强与供应商的合作。供应链合作指标中一共包括反不正当竞争、合同履约率、供应商合作、银企合作、其他合作伙伴 5 项三级指标。供应链是推进社会经济高质量发展的一个必由之路，产业之间的融合，必须通过供应链去实现。推动制造业供应链发展，需要推动先进的制造业和现代服务业的深度融合，促进制造业的新技术、新组织模式和核心产业集群的成长与发展。

2018 年四川设备制造行业企业的供应链合作指标平均得分为 36.32 分，低于四川所有样本企业的平均得分 42.72 分。其中，有 0 家企业处于 A 级（60 分及以上），有 7 家企业处于 C 级（40 分以下），有 4 家企业处于 B 级（40~60 分）（见图 8-54），占比分别为 0、63.6%、36.4%，整体供应链合作指标得分表现较差。2018 年，四川省人民政府办公厅印发《四川省加快推进供应链创新与应用实施方案》，致力于加快供应链创新与应用，促进产业组织方式、商业模式和政府治理方式创新。四川省设备制造行业企业也需要依据自身发展特点，落实发展政策，推进企业自身供应链创新和发展。

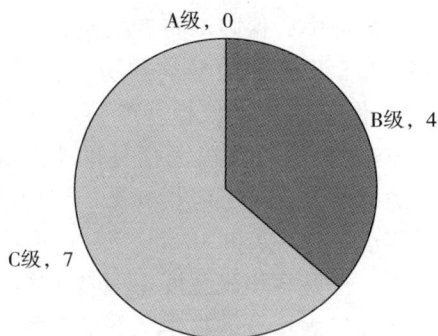

图 8-54　四川设备制造行业企业的供应链合作指标得分评级情况

案例 8 - 24：丹甫环境与客户、供应商建立良好关系

丹甫环境秉持尊重、理解客户，始终以客户的需求为己任的理念。在不断创新，服务顾客的常规需求的同时，研究探索并实现顾客的潜在需求，最终达成超越顾客需求；随着顾客的需求变化，进行实时地解决顾客需求变化的发展策略调整，也是与顾客保持同步的主要体现。

同时，公司坚持诚实守信、互惠互利的原则，尊重供应商的合理报价，合作共赢，谋求共同发展。公司注重维护供应商的产品利益和技术开发利益，充分尊重并维护供应商的商标权、专利权等合法权益，保护其商业机密。公司注重供应链一体化建设，不断完善采购流程与机制，对主要材料采购均通过招标的形式进行，建立了公平、公正的评估体系，为供应商创造了良好的竞争环境，有效杜绝了"暗箱操作"等不良现象。

在供应链合作指标中的三级指标中，反不正当竞争、合同履约率、供应商合作、银企合作、其他合作伙伴 5 项三级指标的平均得分分别是 25.6 分、23.45 分、69.05 分、36.36 分和 36.4 分，分别有 6 家（54.54%）、3 家（27.27%）设备制造企业的反不正当竞争和合同履约率、银企合作和其他合作伙伴指标的得分在 20 分及以下，分别有 2 家（18.18%）、4 家（36.36%）企业的反不正当竞争、合同履约率和银企合作指标的得分在 20 ~ 40 分（见图 8 - 55）。可以看出，四川设备制造行业在反不正当竞争方面表现较好，但是与供应商合作工作需要进一步提升。

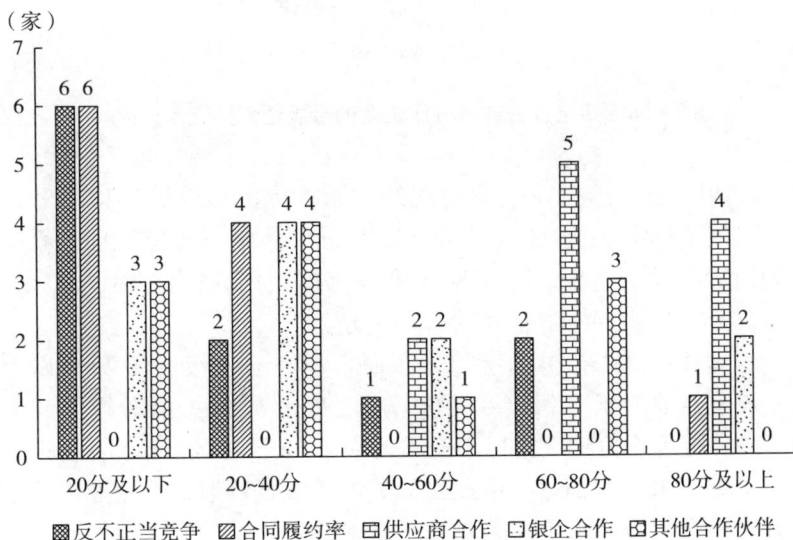

图 8 - 55 四川设备制造行业企业供应链合作三级指标得分情况

案例 8 - 25：东方电气开展供应商合作

东方电气按照《供应商管理办法》在集中采购平台（SRM）执行统一流程管理，所有供应商按照要求进行注册。采购责任部门从已注册的供应商中选择潜在供应商后进行准入审核，准入审核通过后申请供应商评审。供应商通过准入审核后，由归口管理部门根据供应商的基本情况、新增/扩项范围等，确定供应商评审内容和方式，组织评审并形成供应商评审报告。目前，已经有21000多家供应商与东方电气开展了业务合作。

（5）合规经营管理水平还需要进一步提升。合规经营指标一共包括合规管理体系与合规能力建设2项指标。2018年四川设备制造行业企业的合规经营指标平均得分为35.65分，高于四川所有样本企业的平均得分34.67分。其中，有3家企业处于A级（60分及以上），有7家企业处于C级（40分以下），有1家企业处于B级（40~60分），占比分别为27.3%、63.6%和9.1%（见图8-56）。

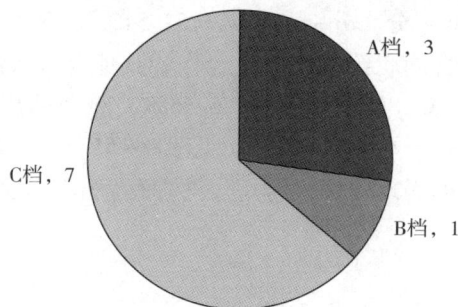

图8-56　四川设备制造行业企业的合规经营指标得分情况

2018年四川设备制造行业企业合规经营指标中的合规管理体系和合规能力建设这2项三级指标分别为34.3分和37.78分，其中，合规管理体系指标平均得分低于四川所有样本企业的平均得分39.34分，而合规能力建设这项三级指标的平均得分高于四川所有样本企业的32.34分。

就合规管理体系这一指标的统计分布而言，处于A级（60分及以上）的企业有3家，没有企业处于B级（40~60分），处于C级（40分以下）的有8家（见图8-57）；合规能力建设指标中有4家企业处于A级（60分及以上），有7家企业处于C级（40分以下）。由此可见，四川设备制造行业企业的合规能力建设表现较好，而合规管理水平还需要进一步提升。

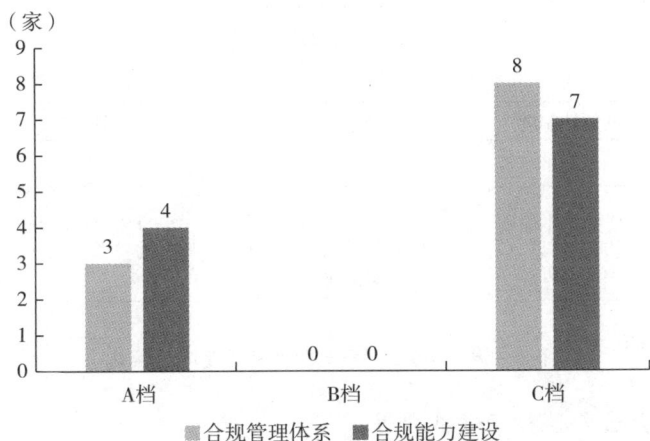

图 8-57　四川设备制造行业企业合规经营二级指标得分情况

案例 8-26：东方电气诚信合规管理

东方电气始终遵循以合规发展、客户增值、员工成长、环境友好为价值驱动力，坚持诚信公平、合规经营的价值观，合规是东方电气经营发展重要组成部分。

东方电气发布《中国东方电气集团有限公司诚信合规准则》，它东方电气合规管理制度体系的核心，内容涵盖了公司和员工处理内部事务与对外交易交往的基本行为规范和规则。同时制定《中国东方电气集团有限公司合规管理办法》，通过组织机构和流程设计，建立合规管理机制，开展合规风险监测、合规检查、合规考核以及合规培训与合规文化建设等，预防、识别、评估、报告和应对合规风险的行为。

东方电气在制定基本合规政策的基础上，将陆续完善合规管理制度框架体系，通过建立专项领域、专项业务环节合规规范和指引，对特定主体或特定合规风险领域制定具体的合规要求和规范，对重要的合规问题进行补充规定，如商业伙伴合规管理、举报与内部调查等，与内部经营管理流程相契合（见图 8-58）。

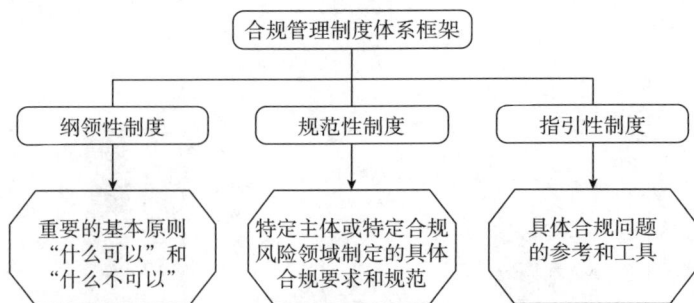

图 8-58　东方电气合规管理制度体系架构

3. 可持续社会价值指标评价分析

（1）注重保障员工基本权益，还需进一步提升人文关怀。员工的成长是推动企业成长的关键。2018 年，四川设备制造行业企业的支持员工成长指标平均得分为 49.85 分，低于四川所有样本企业的平均得分 53.67 分。其中，60~80 分的有 3 家，占比为 27.3%，40~60 分的有 5 家，占比为 45.5%，20~40 分的有 3 家，占比为 27.3%（见图 8-59）。3 家属于 A 级（60 分及以上），5 家属于 B 级（40~60 分），有 3 家属于 C 级（40 分以下）（见图 8-59）。总体来说，四川设备制造行业企业注重支持员工成长。

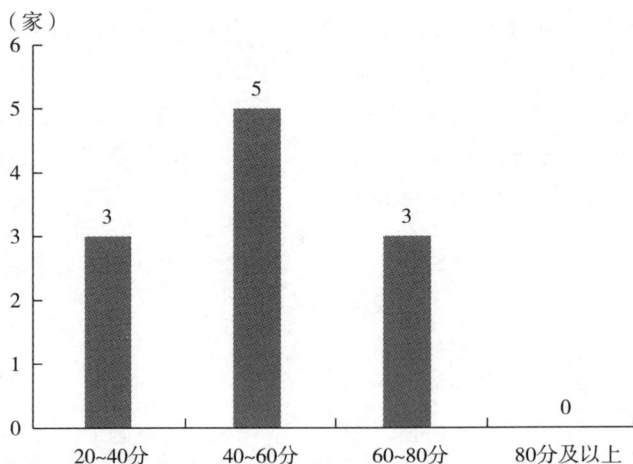

图 8-59　四川设备制造行业企业支持员工成长指标得分情况

在三级指标得分中，员工薪酬待遇的平均得分为 48.06 分，低于四川所有样本企业的这项三级指标的平均得分 67.83 分。其中，有 4 家企业得分在 75~100 分，有 4 家（36.36%）企业的得分在 25~50 分，有 3 家（27.27%）企业的得分为 0 分（见图 8-60）。整体来看，四川设备制造行业企业比较注重员工的工资福利，注意保障员工的薪酬待遇这一基本权益。

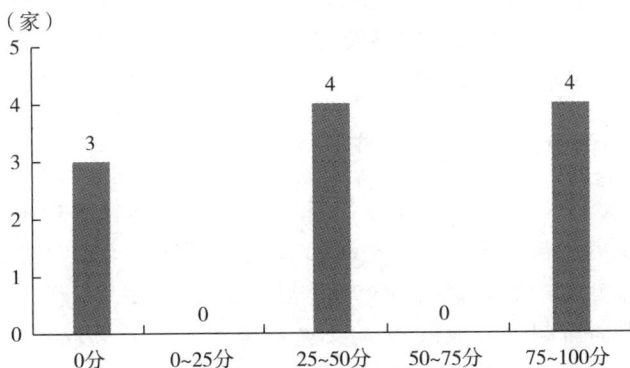

图 8-60 四川设备制造企业员工薪酬待遇得分情况

2018 年，四川设备制造企业的社保缴纳率的平均得分是 77.64 分、反歧视的平均得分是 64.91 分、职业安全健康的平均得分是 44.37 分、员工体检率的平均得分是 35.45 分、员工培训投入的平均得分是 70.51 分、职业成长的平均得分是 39.39 分、员工关爱的平均得分是 48.68 分、员工满意度的平均得分是 16.69 分（见图 8-61）。其中，员工体检率、职业成长、员工关爱、员工满意度的三级指标平均得分低于四川所有样本企业的这 4 项三级指标的平均得分 41.82 分、53.35 分、50 分、28.01 分。社保缴纳率、反歧视、职业安全健康、员工培训投入这四项的三级指标平均得分则高于四川所有样本企业的这 4 项三级指标的平均得分 77.41 分、55.05 分、40.93 分、68.25 分。

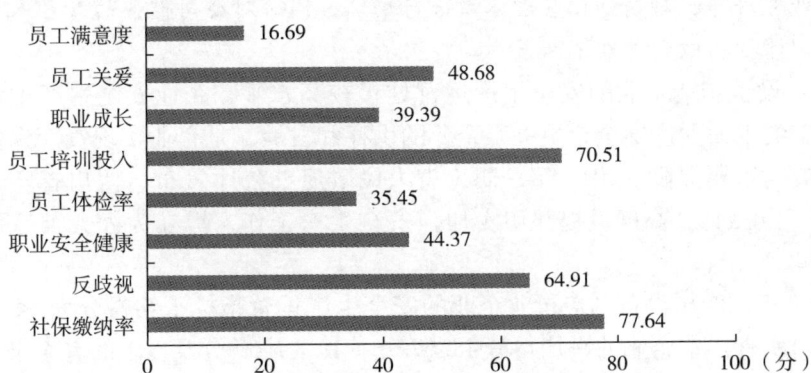

图 8-61 四川设备制造行业企业支持员工成长三级指标平均得分情况

由此可见，四川设备制造企业的社保缴纳率普遍较高，注重对员工的职业技能培训，并且具有反歧视等公平招聘的理念，整体上尊重员工、保障员工基本权益并且注重员工职业成长。但是，员工满意度表现较差，员工体检率、员工关爱以及职业安全健康等员工人文关爱措施力度较小，需要在员工基本劳动权益的基础上更加注重员工生活以及身心健康，从长期可持续发展的角度支持员工成长。

案例 8-27：海特高新支持员工成长

第一，薪酬政策。海特高新董事、监事薪酬或津贴标准由董事会薪酬与考核委员会拟订方案，经董事会审批通过后提交公司股东大会批准，公司高级管理人员的薪酬标准由董事会薪酬与考核委员会拟订方案，经董事会审议通过后执行。公司目前的薪酬以行业人力资源市场价为基准，采取工资与福利综合，制定有竞争力的人才薪酬体系。报告期内，公司根据年度经营目标任务，对高级管理人员进行绩效指标考核。公司的薪酬体系体现了激励与约束相统一、贡献与薪酬相对应的原则，有效地调动管理人员和骨干员工工作积极性、对吸引和留住优秀管理人才和业务技术骨干起到积极作用，从而更好地促进公司长期稳定发展。

第二，培训计划。海特高新建立了全员职业培训体系，分层次、分类别、有针对性地开展各类培训。根据各专业、各岗位的工作技能要求，结合员工实际技能水平及公司发展需要，分专业、分岗位拟定年度培训计划，同时公司为提高员工综合素质，公司聘请专业人员培训技术技能，完善的培训体系为公司可持续发展提供强有力的人才保障。在专业技能培养方面，一是通过聘请专业人士对公司员工进行技术培训，二是通过公司内部固定的培训体系由公司技术能手"传帮带"，促进技能提升。在管理方面，对公司中层以上高级管理人员聘请丰富管理经验的外部讲师，对精细化管理体系进行培训，同时对公司储备的管理人员定期开展培训课程，做到管理不断层。

（2）设备制造企业的安全生产运营处于较高水平。企业安全生产工作关系企业员工的生命财产安全，更关系企业的生存和发展，是企业实现资产保值与可持续发展的重要保障。2017 年，四川省人民政府办公厅发布《四川省安全生产"十三五"规划》，高度重视并切实加强安全生产工作，旨在为社会营造良好的安全环境。

2018 年，四川设备制造行业企业的安全生产运营指标平均得分为 54.89 分，高于四川所有样本企业的平均得分 48.67 分。其中，60 分及以上的有 4 家，占比 36.4%，40~60 分的有 5 家，占比为 45.5%，40 分以下的有 2 家，占比为 18.2%。有 2 家属于 C 级（40 分以下），5 家属于 B 级（40~60 分），4 家属于

A 级（60 分及以上）（见图 8 - 62）。可以看出，四川设备制造行业企业的安全生产运营整体上处于较高水平。

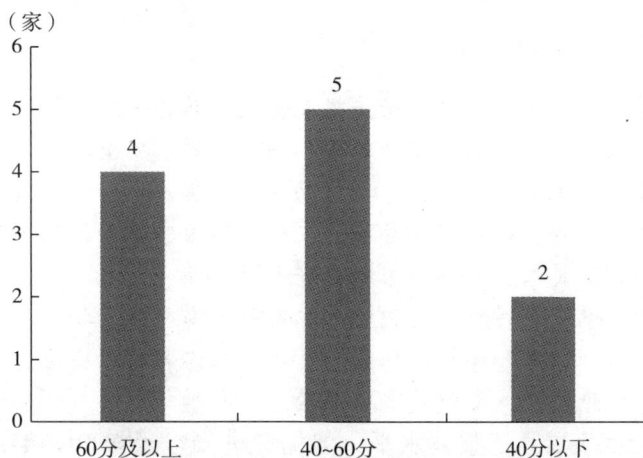

图 8 - 62 四川设备制造行业企业安全生产运营指标得分情况

其中，在安全生产管理、应急管理、安全生产投入这 3 项三级指标中，平均得分分别是 57.47 分、67.54 分和 42.96 分，均高于四川所有样本企业在这 3 项三级指标中的平均得分为 56.12 分、50.91 分和 35.65 分（见图 8 - 63）。可以看出，四川设备制造行业企业整体安全生产运营水平高于四川所有样本企业的平均水平，其中应急管理水平最佳，安全生产管理表现较好，安全生产投入还有进一

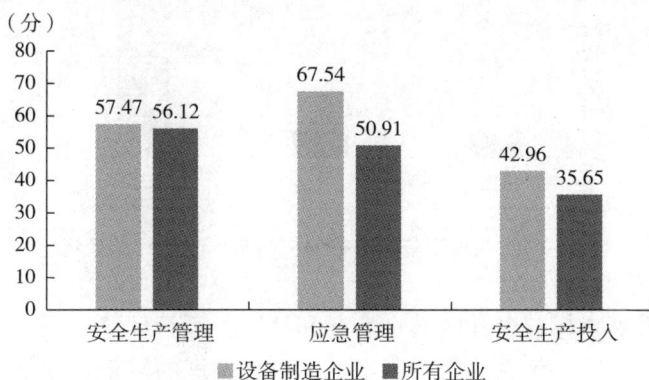

图 8 - 63 四川设备制造行业企业三级指标平均得分情况

步提升的空间。设备制造属于生产制造行业，包括一些机械加工、机床等加工、组装等生产工序，相较于其他行业对安全生产的要求很高，因此需要更加注重安全生产保障员工的生命健康安全。

案例 8 - 28：科新机电注重安全生产

科新机电全力保障安全生产。始终把安全生产作为一项重要工作，配备专职的安全管理工作人员，紧密围绕安全理念、安全准则、安全观念，通过加强安全教育和培训等方式，把安全生产理念与行动落实到生产经营各环节。并且通过定期或不定期的现场巡查，纠正现场存在的安全隐患，实行严格的现场安全管理奖惩考核，有效保障了员工生命和公司财产安全。

保障员工身体健康。科新机电积极采取有效的安全防护措施，对不同岗位进行劳动防护需求识别，并配备相应的劳动防护用品；同时，公司会对特殊岗位人员组织定期职业健康体检，及时发现职业禁忌。

（3）支持社区发展高于整体水平，但仍有进步空间。2018 年，四川设备制造行业支持社区发展二级指标的分数评级中，处于 A 级（60 分及以上）和 B 级（40 ~ 60 分）的均有 1 家，占比为 9.09%；处于 C 级（40 分以下）的 9 家，占比为 81.81%（见图 8 - 64）。整体上支持社区发展的平均得分为 29.52 分，高于四川省所有样本企业在该指标中的平均得分 25.93 分。

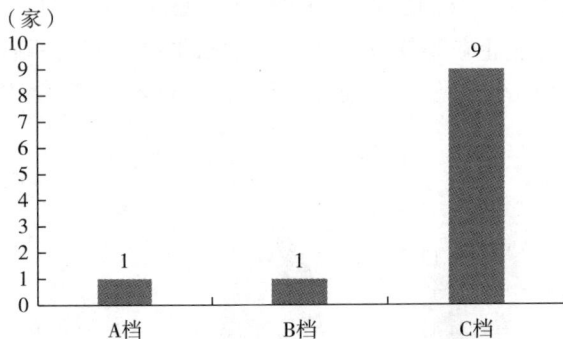

图 8 - 64　四川设备制造行业支持社区发展评级情况

支持社区发展指标包含社区共享发展和社区关系管理这 2 项三级指标。社区共享发展这一评价取决于企业是否制定促进社区发展的政策，政策执行情况；社区关系管理是企业建立的一套与社区沟通协调的管理机制，从而促进改善与运营所在地社区的关系。

据统计发现，有 1 家（9.09%）得分在 75 ~ 100 分，另外分别有 6 家

（54.54%）、5 家（45.45%）企业得分在 0 ~ 25 分（见图 8 - 65）。并且这 3 项三级指标的平均得分分别为 28.95 分和 27.48 分，均高于四川所有样本企业在这 2 项三级指标中的平均得分 27.14 分和 22.89 分。可以看出，四川设备制造行业企业支持社区发展高于整体水平，但是相较于安全生产、支持员工成长等其他指标，水平仍然较低，支持社区发展工作有待进一步提升。

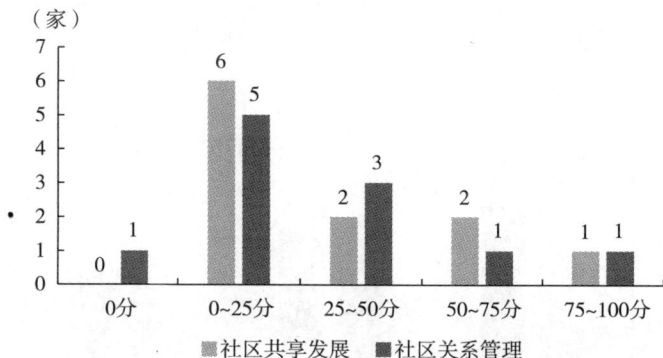

图 8 - 65　四川设备制造行业支持社区发展三级指标得分情况

（4）参与社会公益的形式以对外捐赠为主。企业积极参与社会公益有利于树立良好的企业形象，建设良性的企业文化，提高品牌的曝光率和市场占有率，吸引优秀人才。2018 年，四川设备制造行业企业参与社会公益二级指标平均得分为 44.62 分，其中，处于 40 分以上的均有 3 家，占比为 27.27%，处于 40 分及以下的企业有 5 家，占比为 45.45%（见图8 - 66）。可以看出，四川设备制造行业企业整体上参与社会公益的力度较低。

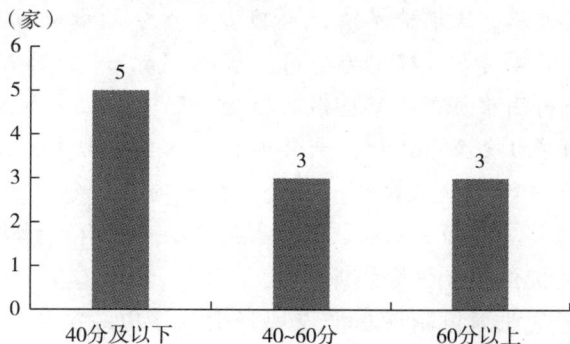

图 8 - 66　四川设备制造行业企业参与社会公益得分情况

参与社会公益包括公益管理、对外捐赠支出占比、员工志愿者这 3 项三级指标。其中，四川设备制造行业企业公益管理指标的平均得分为 53.48 分，对外捐赠支出占比的平均得分是 45.76 分，员工志愿者的平均得分是 25.61 分，公益管理、对外捐赠支出占比平均得分高于全部四川样本企业平均得分 47.7 分、42.03 分，员工志愿者指标平均得分低于全部四川样本企业平均得分 33.16 分（见图8－67）。可以看出，四川设备制造行业企业的公益管理水平较高，并且通过对外捐赠参与社会公益的形式比较普遍，员工主动组织参与志愿者活动的意识有待提升。"授人以鱼不如授人以渔"，四川设备制造行业企业应逐渐转变"对外捐赠就是参与社会公益"的意识，积极以更多"造血"的方式参与到社会公益事业中。

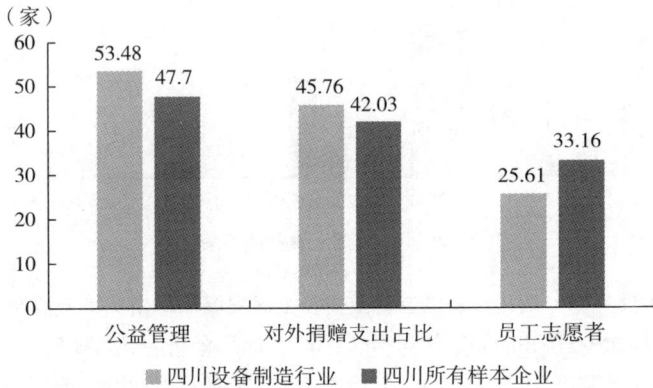

图 8－67　四川设备制造行业企业参与社会公益三级指标平均得分情况

案例 8－29：科新机电积极投身公益事业

科新机电始终秉承"大善者尽责，大功者负责"的社会责任观，自 2007 年以来，公司将每年的 4 月 6 日确定为公司"爱心捐款日"，为需要帮助的社会各界、寒门学子、公司困难员工及家属捐款捐物。同时积极参加汶川"5·12"抗震救灾、扶贫济困等社会公益活动，十余年来，公司累计对外捐款捐物达数百万元。2018 年公司除举行爱心捐款外，还有组织地进行了集体爱心献血活动，有33 名经检验合格的员工参加了无偿献血，彰显了公司无私的社会责任感。

4. 可持续环境价值指标评价分析

（1）设备制造企业绿色制造水平表现突出。绿色经济是以市场为导向、以传统产业经济为基础、以经济与环境的和谐为目的而发展起来的一种新的经济形式。2018 年，四川设备制造行业企业绿色经济的平均得分为 36.01 分，高于四川所有样本企业的平均得分 30.55 分。从该指标的统计分布来看，有 2 家评级为 A级（60 分及以上）和 B 级（40～60 分），有 7 家评级为 C 级（40 分以下），占比分别为 18.18% 、18.18% 、63.64% （见图 8 - 68）。

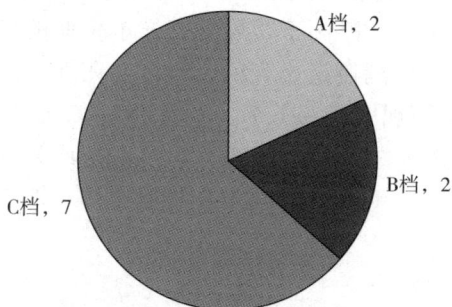

图 8 - 68　四川设备制造行业企业绿色经济评级情况

　　绿色经济指标包括循环经济、绿色金融、绿色制造、绿色服务这 4 项三级指标。循环经济的平均得分为 29.69 分，绿色金融的平均得分为 28.64 分，绿色制造的平均得分为 42.06 分，绿色服务的平均得分为 38.89 分。循环经济这项三级指标的平均得分低于四川所有样本企业的平均得分 34.51 分，其余均高于四川所有样本企业的平均得分 28.44 分、30.66 分、28.85 分（见图 8 - 69）。

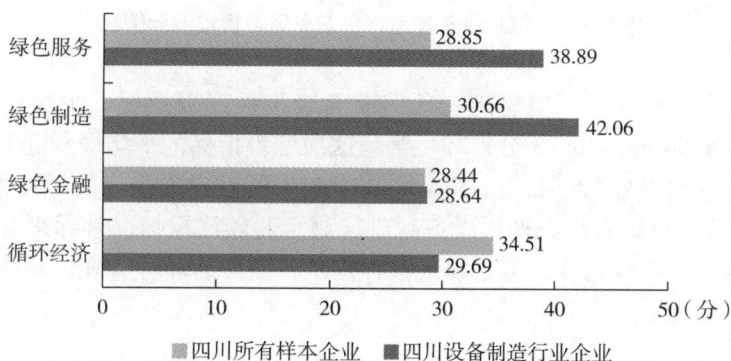

图 8 - 69　四川设备制造行业企业绿色经济三级指标得分情况

　　可以看出，四川设备制造行业企业在绿色制造、绿色服务这 2 项三级指标中的表现较突出。设备制造行业企业更加需要在设计、制造、包装、运输等业务流程的生命周期中，争取对环境的影响（负作用）最小，资源利用率最高，并使经济效益和社会效益协调优化，体现出较高的绿色制造水平。

　　（2）普遍树立环保理念，但管理有待加强。环境保护仅仅关注人类环境保护活动远远不够，必须重视环境活动的全过程控制。环境保护必须加强过程控制，实行全过程、全员和全面的环境管理。2018 年四川设备制造行业企业环境管理的平均得分为 45.42 分，略高于四川所有样本企业的平均得分 43.78 分，低于化工行业、食品饮料、医药制造、有色金属行业在该项指标中的平均得分，在 15 个行业环境管理指标表现中排第五名。从该指标的统计分布来看，60 分以上的有 2 家，占比为 18.18%，40~60 分的有 3 家，占比为 27.27%，40 分及以下的有 6 家，占比为 54.55%（见图 8-70）。可以看出，四川设备制造行业环境管理绩效表现相对较好。

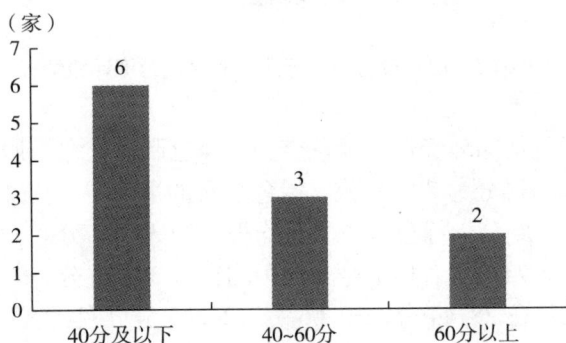

（家）

图 8-70　四川设备制造行业企业环境管理得分情况

其中，环保理念、环境管理、环保投入这 3 项三级指标的平均得分分别为 53.09 分、44.54 分、40.77 分，环境管理这项三级指标的平均得分低于四川所有样本企业的平均得分 52.31 分，其余均高于四川所有样本企业的平均得分 45.51 分、37.52 分。可以看出，四川设备制造行业企业较注重树立环保理念，并加大环境保护的资金投入力度，但是缺乏过程控制和全面的环境管理，环境管理水平有待进一步加强。

案例 8-30：丹甫环境强化环境管理，促进可持续发展

丹甫环境一直致力于节能减耗、环境绩效的改善和提升，通过实施科学、有效的环境管理，积极建设资源节约型、环境友好型企业，为实现企业与自然和谐共生做出了切实努力。

丹甫环境秉承"污染预防、依法治理、节能降耗、持续发展"的环境治理理念，通过了 ISO14001 环境体系认证，公司遵循 ISO14001 环境管理体系要求，制定了完善的环境保护相关制度，并在生产经营活动中严格执行。对生产过程中产生的废气、废水和噪声等污染源和污染物，公司采取了严格的控制和治理，各项治理符合国家和地方的环境保护标准。公司还致力于研发节能、环保的高新技术产品，并积极引进新技术和新设备，降低产品能耗。

（3）设备制造企业"三废"管理表现突出。2019年1月，《四川省开发区发展规划（2018—2022年）》中提到推动开发区绿色发展，即要坚持生态优先、绿色发展，将生态文明理念融入开发区建设、运营和管理的各方面，合理布局生产、生活和生态空间，积极推行低碳化、循环化、集约化发展，不断提高开发区可持续发展能力。因此，四川省设备制造企业也应相应运营所在地发展政策，推进企业绿色发展。

2018年四川设备制造行业企业"三废"管理的平均得分为48.73分，高于四川所有样本企业的平均得分41.72分，在15个行业环境管理指标表现中排第六名。从该指标的统计分布来看，40分及以下及60分以上的有4家，占比为36.36%；40~60分的有3家，占比为27.27%（见图8-71）。在废水管理、废弃管理、固体废弃物管理这3项三级指标中，四川设备制造行业企业的平均得分分别为47.23分、49.56分、45.06分，均高于四川所有样本企业在这3项三级指标中的平均得分43.51分、42.82分和39.74分。可以看出，四川设备制造行业企业废水、废弃和固体废弃物管理水平相对较高。

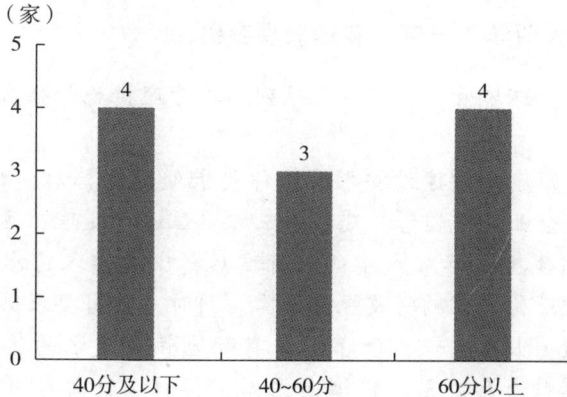

图8-71　四川设备制造行业企业"三废"管理得分情况

依据3项三级指标的计分规则，0~25分属于排放量刚达标且基本持平，25~50分属于优于环保标准且有所降低，50~75分属于优于环保标准且持续两年降低，75~100分属于大大优于环保标准且持续3年以上降低。统计发现，有4家企业（36.36%）的废水管理指标得分在75~100分，有3家企业（27.27%）的废气管理、固体废弃物管理指标得分在75~100分。几乎没有企业这 3 项三级指标得分在 25～50 分，没有企业这 3 项三级指标得分为 0 分（见图 8-72）。可以看出，11 家设备制造行业企业废水、废气、固体废弃物排放均达标，且较多企业其排放量较往年处于持平状态。

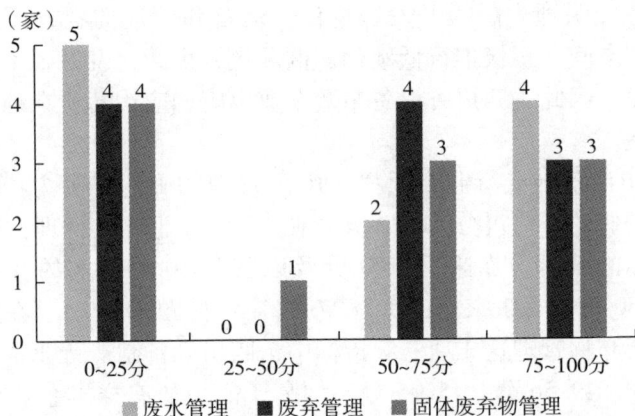

（家）

图 8-72　四川设备制造行业企业"三废"管理三级指标得分情况

案例 8-31：大西洋"三废"管理表现突出

大西洋公司注重环境管理，采取一系列环境管理措施加强废水、废弃、固体废弃物排放管理。

针对废水：生产废水按建设要求及环评要求处理达标后，排入污水处理厂。同时为加强有效的企业环境监管，委托第三方单位进行处理，主要产生的污水经处理符合《污水综合排放标准》中的级标准后，少量排入污水处理厂，其余的作为回用，用于生产和日常厕所及绿化所需。同时，公司要求第三方单位安装了一套自动化的在线 pH 监测仪，便于更加有效地管控废水的达标排放。针对废气：燃烧废气（燃料为天然气）经烟囱向高空排放。针对危（固）体废物：将其交有资质的单位收集处置（综合利用）。

大西洋于 2018 年 2 月 13 日被四川省环境保护厅列入《2018 年四川省重点排污单位名录》；2018 年 3 月 9 日，被自贡市环境保护局列入《自贡市 2018 年重点排污单位名录》，名录类别为土壤环境，主要污染物指标为危废。

5. 可持续品牌塑造指标评价分析

（1）设备制造企业较少发布社会责任报告。作为上市公司，其信息披露具有强制性和义务性。上市公司必须严格地按照和遵守上市公司股票交易规则和信息披露相关要求，完善公司自身信息披露制度建设。2018 年，四川设备制造行业企业信息披露的平均得分为 47.79 分，低于四川所有样本企业的平均得分50.85 分，在 15 个行业信息披露指标的表现中排第十名。从该指标的统计分布来看，所有设备制造行业企业均处于 40～60 分，评级为 B 级（见图 8 – 73）。

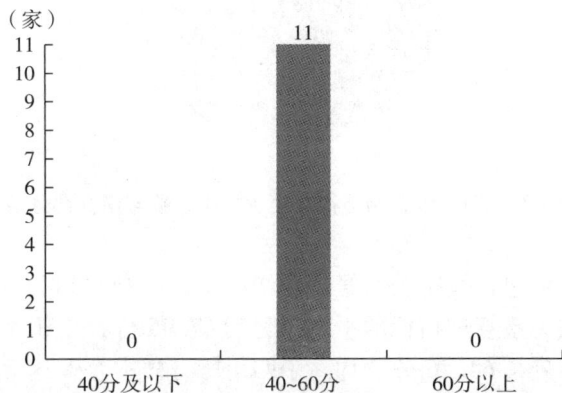

图 8 – 73　四川设备制造行业企业信息披露指标得分情况

依据三级指标统计发现，四川设备制造行业企业发布社会责任报告和发布财务报告的平均得分分别为 36.11 分和 66.76 分，略高于四川所有样本企业的平均得分 35.16 分和 66.09 分。其中，共有四川省华西能源、利君股份、丹甫环境这3 家（27.27%）企业发布了社会责任报告，有 9 家（81.82%）企业发布了财务报告。

可以看出，四川设备制造行业企业普遍注重发布财务报告，却较少发布社会责任报告。财务报告是企业经营状况的最真实反映，它不仅全面地说明了企业的盈亏，而且为企业的规划发展提供了依据，因此作为上市企业或 500 强企业，发布财务报告至关重要，但是企业在发展过程中，还需要充分考虑经济、社会、环境这三重底线，需要对员工、消费者、供应商、社区、环境等利益相关方负责，社会责任报告则是展现这些社会责任实践的重要载体。

（2）与股东等利益相关方保持良好的沟通。企业社会责任沟通和参与既是企业社会责任的最基本的活动的手段，也是企业社会责任管理的基本内容。2018年，四川设备制造行业企业相关方参与的平均得分为 65.14 分，高于四川所有样本企业的平均得分为 58.54 分。有 6 家（54.55%）企业处于 A 级（60 分及以上），有 3 家（27.27%）企业处于 B 级（40～60 分），有 2 家（18.18%）企业处于 C 级（40 分以下）（见图 8 – 74）。可以看出，四川省设备制造行业企业注重利益相关方参与，加强与利益相关方的沟通交流。

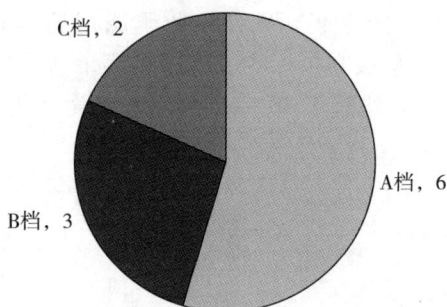

图 8 −74　四川设备制造行业企业相关方参与指标得分情况

相关方参与指标包含股东关系管理和组织举办的利益相关方活动这 2 项三级指标。其中，股东关系管理指标的平均得分为 67. 95 分，组织举办的利益相关方活动指标的平均得分是 64. 46 分，均高于四川所有样本企业这 2 项三级指标的平均得分 63. 17 分和 54. 84 分。其中，有 7 家（63. 63%）企业股东关系管理和组织举办的利益相关方活动指标得分在 75 ～ 100 分（见图 8 −75）。可以看出，四川设备制造行业企业与股东以及政府、新闻媒体、社会公众、员工等利益相关方保持着良好的沟通关系，与股东等利益相关方除了邮件、电话、会议等常规沟通还有路演等创新性沟通模式。

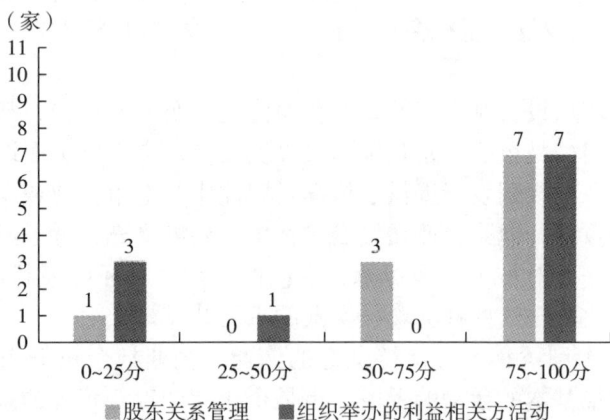

图 8 −75　四川设备制造行业企业相关方参与三级指标得分情况

案例 8 −32：华西能源注重股东关系管理

华西能源严格按照《上市公司股东大会规则》《公司章程》等相关要求，定期召集召开股东大会，并聘请律师对股东大会出具法律意见书，平等对待所有股东，保障中小股东享有平等地位，充分行使权利。股东大会审议影响中小投资者利益的重大事项时，对中小投资者表决单独计票并公开披露。

公司重视投资者关系管理，指定专门的投资者关系管理机构，加强与投资者沟通，充分保证投资者的知情权。明确董事长为投资者关系管理的第一责任人，董事会秘书为投资者关系管理负责人。另外，公司通过网站、投资者关系专线电话、深交所互动易、电子邮箱、面对面交流、网上业绩说明会、巨潮资讯网、报刊媒体等多种渠道与投资者沟通，及时解答投资者关注的问题。

（3）品牌管理有待加强，进一步提升品牌影响力。2019 年 3 月，四川省政府召开了"四川省企业品牌创新促进会"，座谈会上围绕加强开展县域经济发展与县域品牌建设融合发展进行了深入研究，并探讨了品牌建设、工作重点、机制构建、合作方式等问题。四川省高度重视通过县域品牌建设，更好地推动县域经济转型和升级发展。

2018 年，四川设备制造行业企业品牌塑造指标的平均得分为 36.68 分，低于四川所有样本企业的平均得分 41.91 分。有 1 家（9.09%）企业处于 A 级（60 分及以上），有 2 家（18.18%）企业处于 B 级（40 ~ 60 分），有 8 家（72.73%）企业处于 C 级（40 分以下）（见图 8 - 76）。整体上看，四川设备制造行业企业还需要进一步加强品牌建设，打造四川特色优质品牌，着力塑造四川品牌价值和品牌形象。

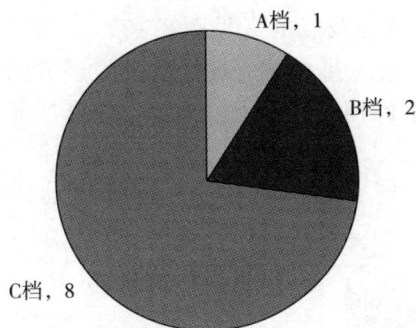

图 8 - 76　四川设备制造行业企业品牌塑造指标得分情况

品牌塑造指标包括品牌管理、品牌建设、品牌影响力这 3 项三级指标。品牌管理的平均得分为 35.07 分，品牌建设的平均得分为 24.85 分，品牌影响力的平均得分为 56.99 分。其中，品牌管理、品牌建设这 2 项指标的平均得分低于四川所有样本企业的平均得分 42.48 分和 32.47 分，而品牌影响力指标平均得分高于四川所有样本企业平均得分 53. 78 分。可以看出，四川设备制造行业企业的品牌塑造力较低，品牌管理有待加强，还可通过品牌资产建设、信息化建设、客户拓展、媒介管理等手段加强品牌建设，提升品牌影响力和品牌美誉度。

案例 8 - 33：海特高新打造品牌优势

海特高新拥有"海特""飞安""亚美"和"海威"四大品牌体系，注重打造"中国制造、海特创造"核心影响力。从 1991 年创立，海特高新一直为客户提供优质的产品和服务，精心塑造品牌影响力，随着公司经营规模和实力不断增强，"海特"已成为航空工程技术与服务领域知名品牌，"飞安"已经成为航空培训领域的知名品牌，成为国内最具影响力的第三方航空培训服务商，"亚美"已经成为核心装备研发与制造领域产品可靠、服务优质的品牌代言。另外"海特"品牌在国际市场的影响力亦不断提高。微电子板块，海威华芯已经形成行业影响力，在国内高性能芯片研制领域成为知名品牌。"海特"商标被四川省工商行政管理局认定为"四川省著名商标"。

6. 营商环境体验指标评价分析

（1）产业政策环境匹配度有待提升。产业政策匹配主要是看企业的产业发展方向是否与其所在地政府的西部大开发、非公经济发展、循环经济等产业发展政策相匹配。2018 年，四川设备制造行业企业产业政策环境体验的平均得分为33. 34 分，低于四川所有样本企业的平均得分 45. 51 分。有 2 家（18. 18%）企业得分在 60 分以上，有 1 家（9. 09%）企业得分在 40 ~ 60 分，有 8 家（72. 73%）企业得分在 40 分及以下（见图 8 - 77）。可见四川设备制造行业企业还需要进一步了解政府产业发展政策，明确产业发展方向和产业支持力度，与运营所在地的资源、政策条件相匹配，更好地促进自身产业发展。

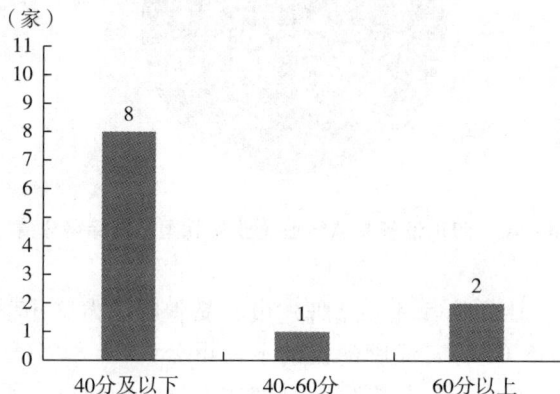

图 8 - 77　四川设备制造行业企业产业政策环境体验指标得分情况

在三级指标中，产业政策匹配度的平均得分为 34.75 分，低于四川所有样本企业该项三级指标的平均得分 46.51 分。其中仅有 3 家（27.27%）企业得分在 50 分以上，有 8 家（72.73%）企业得分在 50 分以下（见图 8 - 78）。可以看出，在统计信息范围内，四川设备制造行业企业与所在地的产业政策匹配度较低，国家在一定区域内会依据其资源及城市特色规定产业发展方向，精准发力提高本地产业发展，而企业的产业发展则要与本地产业政策规定的产业方向相匹配，合理安排产业发展的"力度和节奏"，注重产业结构优化，促进企业经营业绩提升。

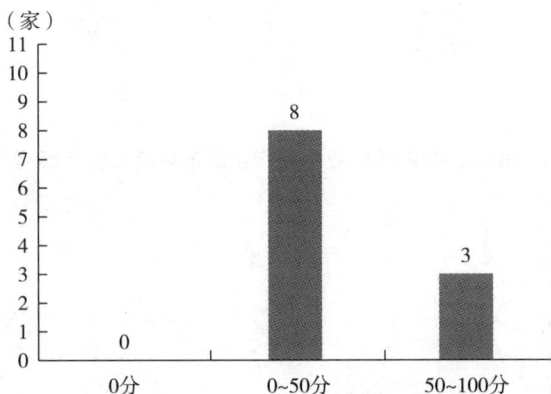

图 8 - 78　四川设备制造行业企业产业政策匹配度指标得分情况

（2）市场便利体验度较差。产业发展环境体验度是评价企业对其运营所在地提供的资源、市场、人才等条件下的营商环境的体验程度。2018 年，四川设备制造行业企业产业发展环境体验的平均得分为 46.08 分，高于四川所有样本企业的平均得分 32.71 分。有 3 家（27.27%）企业得分在 60 分以上，有 5 家（45.45%）企业得分在 40 ~ 60 分，有 3 家（27.27%）企业得分在 40 分及以下（见图 8 - 79）。可见四川设备制造行业企业对其运营所在地的资源、市场、人才等产业发展环境体验程度一般。

在三级指标中，四川设备制造行业企业的资源、市场、人才这 3 项三级指标的平均得分分别为 38.39 分、29.22 分、64.75 分，其中，资源和人才这两项三级得分的平均分高于四川所有行业企业的平均得分 25.52 分和 40.05 分，而市场的平均得分则低于四川所有企业平均得分 30.96 分（见图 8 - 80）。可以看出，四川设备制造企业在开发区提供自然资源、公共基础设施等资源层面提供便利有较好的体验，且企业在住房、教育和医疗等人才吸引政策优惠方面体验度较高，但是企业在市场竞争、市场监管、资金优惠等获得的市场便利体验较差。

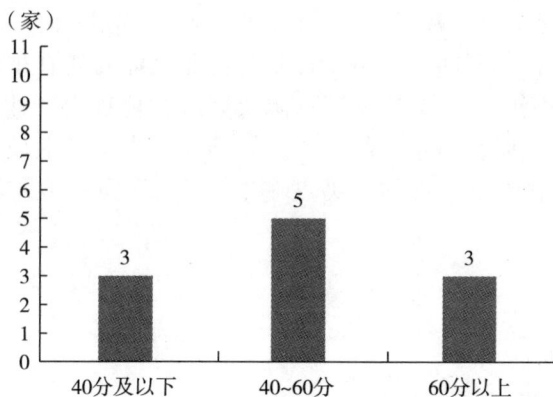

图 8 - 79　四川设备制造行业企业产业政策环境体验指标得分情况

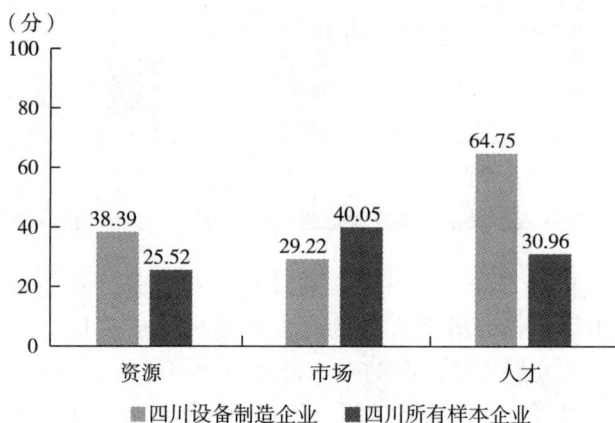

图 8 - 80　四川设备制造行业企业产业发展环境体验三级指标得分情况

（3）政务服务环境的体验度较低。优化营商环境以优化政务服务为关键。政务服务的改善有利于助力高质量发展、优化营商环境、深化放管服改革。而企业对政务服务的感受可以直接反映政务服务水平。2018 年，四川设备制造行业企业政务服务环境体验的平均得分为 15. 86 分，高于四川所有样本企业的平均得分 15. 89 分。11 家设备制造样本企业的得分均在 40 分及以下（见图 8 - 81）。整体上政务服务环境的体验度较差，企业在政务服务上的需求尚未得到有效满足。

（家）

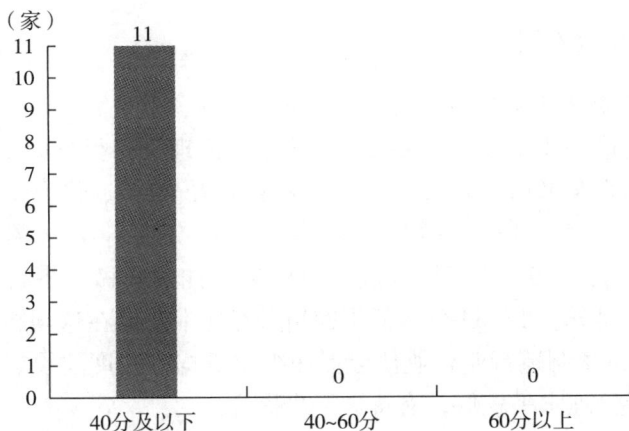

图 8 - 81　四川设备制造行业企业政务服务环境体验指标得分情况

政务服务环境体验指标包括服务意识、服务效率、服务措施这 3 项三级指标。服务意识的平均得分为 10.35 分，服务效率的平均得分为 13.65 分、服务措施的平均得分为 13.96 分，这 3 项三级得分的平均分均低于四川所有行业企业的平均得分 19.57 分、13.76 分和 14.53 分（见图 8 - 82）。可以看出，四川设备制造企业对于服务意识、服务效率以及服务措施这 3 项政务服务体验度较低。

（分）

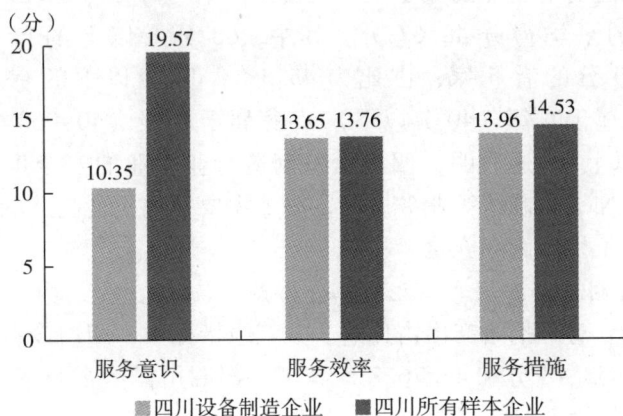

■四川设备制造企业　　■四川所有样本企业

图 8 - 82　四川设备制造行业企业政务服务环境体验三级指标得分情况

（四）主要研究发现

1. 四川设备制造企业可持续发展治理水平亟须提升

四川设备制造行业二级指标可持续发展公司治理平均得分为 16.18 分，远低于全部四川样本企业平均得分 22.69 分。就分布情况来看，没有企业评级为 A 级（60 分及以上）；有 1 家企业评级为 B 级（40~60 分），占样本数的 9%，有 10 家企业评级为 C 级（40 分以下），占比为 91%。四川机械设备行业的可持续发展知识管理平均得分为 17.69 分，低于四川所有样本企业在这项指标的平均得分 20.63 分。四川设备制造行业企业社会责任组织机构、制度建设、可持续能力建设等可持续发展治理水平较低，有待进一步提升。

2. 四川设备制造企业质量管理与合规管理水平较低

四川设备制造行业企业的保障消费者权益、产品质量管理这 2 项三级指标的平均得分分别为 25.08 分和 59.42 分，低于四川所有样本企业的这两项三级指标的平均得分 38.07 分和 49.26 分。就合规管理体系这一指标的统计分布而言，处于 A 级（60 分及以上）的企业有 3 家，没有企业处于 B 级（40~60 分），处于 C 级（40 分以下）的有 8 家；合规能力建设指标中有 4 家企业的评级为 AAAAA 级。四川设备制造行业企业产品质量管理体系需要加强，同时合规能力建设表现较好，但合规管理水平还需要进一步提升。

3. 四川设备制造企业安全生产管理工作有所加强

四川设备制造行业企业的安全生产运营指标平均得分为 54.89 分，高于四川所有样本企业的平均得分 48.67 分。其中，60 分及以上的有 4 家，占比为 36.4%，40~60 分的有 5 家，占比为 45.5%，40 分以下的有 2 家，占比为 18.2%。有 2 家属于 C 级（40 分以下），5 家属于 B 级（40~60 分），4 家属于 A 级（60 分及以上）。这表明，四川设备制造行业企业的安全生产工作有所加强，由于其具有加工、制造等业务属性，更加需要在加工、制造的过程中注重安全生产，保障员工生命健康安全。

4. 四川设备制造企业缺乏多元化社会公益参与方式

在公益管理、对外捐赠支出占比这 2 项三级指标中，四川设备制造行业企业平均得分分别为 53.48 分和 45.76 分，高于全部四川样本企业平均得分 47.7 分和 42.03 分。四川设备制造行业企业的公益管理水平较高，并且通过对外捐赠参与社会公益的形式比较普遍。四川设备制造行业企业较多地进行了对外捐赠，但是较少组织具有长期性的公益项目以及员工志愿者活动，缺乏多元化的参与社会公益的方式，对外捐赠只是短时间内解决困难人群的基本问题，无法产生长期性、可持续的效果，还需要通过设计组织计划公益项目，提升困难人群自身能力，促进长期可持续发展。

5. 四川设备制造企业绿色制造与"三废"管理表现突出

2018 年，四川设备制造行业企业绿色经济的平均得分为 36.01 分，高于四川所有样本企业的平均得分 30.55 分。从该指标的统计分布来看，有 2 家评级为 A 级（60 分及以上）和 B 级（40~60 分），有 7 家评级为 C 级（40 分以下），占比分别为 18.18%、63.64%。2018 年四川设备制造行业企业"三废"管理的平均得分为 48.73 分，高于四川所有样本企业的平均得分 41.72 分。作为生产制造型企业，绿色制造、"三废"管理水平表现较突出，表明四川设备制造行业企业关注环境保护，注重在生产制造过程中降低对环境产生的负面影响。

6. 四川设备制造企业发布社会责任报告意识需提升

2018 年，四川设备制造行业企业信息披露的平均得分为 47.79 分，低于四川所有样本企业的平均得分为 50.85 分，在 15 个行业信息披露指标的表现中排第 10 名。从该指标的统计分布来看，所有设备制造行业企业均处于 40~60 分，评级为 B 级。仅有华西能源、利君股份、丹甫环境这 3 家企业发布了社会责任报告，占比为 27.27%。四川设备制造企业发布社会责任报告的意识还需进一步提升。

第九章　案例报告

一、党建引领助力企业可持续发展

——成都彩虹电器公司案例①

本章主要研究本土企业是如何通过发挥政治优势、全面推进企业社会责任建设，从而不断取得技术突破新成果，打造高质量的新产品，在营造百年老店的道路上，不断提高核心竞争力，成为远近闻名的卓越品牌的。

（一）精准定位：坚定不移跟党走的负责任的民营企业

成都彩虹电器（集团）股份有限公司（以下简称彩虹公司）的前身，是60多年前为解决残障人士就业的街道合作社性质的福利企业，当时只有十几名工人，建有3名党员的党支部，主要生产牛角梳等日用品。

20世纪80年代初，体制改革的春风由农村吹到城市，农村土地经营承包责任制改革的成功，为城市国有企业和集体企业的改制提供了示范效应。1983年，成都钻床附件厂（彩虹公司前身）被选为成都市首批扩大经营自主权改革的试点企业。优秀员工刘荣富同志以87%的高票当选为厂长。在工厂党支部领导下，刘荣富组建的经营班子找准企业效率低下、资不抵债的痛点，全面实行分配和业绩挂钩，调整产品结构，半年时间即走出困境。为了打开销售市场，刘荣富针对销售工作薄弱环节，开拓性地组织了一次体验式营销现场会。召集成都市内外几十名采购人员，观看刘荣富站在水盆中的电热毯上，以身测试电路绝缘安全的表

---

① 作者：平文艺、苏曼丽、郭玲丽。

演。会后为与会者每人发了一条电热毯试用，并请大家吃了一顿饭。没料到，紧接着上级就派人到厂里调查刘荣富贿赂采购人员的问题，说是有人举报刘荣富请客送礼。这在当时极"左"思潮的影响下，是要给予纪律处分的。就在刘荣富有口说不清的时候，时任党支部书记温德珍站了出来，说："这次销售现场会，是党支部和刘荣富共同研究决定的，如果有错误，党支部集体承担。"最后上级并没有给刘荣富什么处分，只是要他在职工大会上做一个检讨。这让刘荣富如释重负，更使他看到了党组织的担当精神，从而使他进一步看到了党的伟大和党的民主集中制的优越，由衷地产生了要求入党的愿望，紧接着就向党支部提交了入党申请书。自从一年后的入党那天起，刘荣富就决心一辈子跟党走，绝不辜负党的教导，不辜负公司员工的信任，努力拼搏，办好企业，为社会生产更多优质产品。

1985年，根据企业发展的需要，成都钻床附件厂更名为成都电热器厂。从此刘荣富带领企业进入发展的"快车道"。用了不到一年的时间，实现了扭亏为盈。改革开放40多年来，这个企业经过不断的转型升级，发展为我国家用柔性电热取暖器具和家庭卫生杀虫产品行业主导企业。2018年全年实现工业总产值11.09亿元，比2017年同期10.05亿元增长10.35%，销售收入10.72亿元，与2017年同期8.24亿元增长29.93%；利润总额1.63亿元，与2017年同期9701万元相比上升67.66%，上缴税金1.34亿元，比2017年同期9056万元增长48.23%，开创了建厂以来公司最佳业绩，公司保持健康持续强劲发展势头。

经过60多年来的历练，彩虹公司形成了独具个性的发展理念、价值观、使命、愿景、信条。即：

——坚持坚定不移跟党走，全面履行企业社会责任不动摇的政治理念。

——秉承"员工和企业共同发展，实现经济效益和社会效益协调统一"的价值观。

——坚持为顾客提供温暖、健康、舒适的家用产品，创造优质新生活为使命。

——实现"塑造百年品牌，打造百年老店"的愿景。

——践行"精神、团结、开拓、创新"的公司精神。

——坚持技术进步和创新，以一流的产品和服务满足或超越顾客需求的质量方针。

——坚持咨询耐心、维修精心、调查用心、态度温心、回访真心的"五心"服务理念。

——遵守环保法规，提升环境意识，努力节能降耗落实环境指标，实施环境保护持续改进提高的环境方针。

在这些企业思想文化信条的引导下，公司在经济效益增长和企业形象塑造方面屡创佳绩，先后获得了"全国模范和谐劳动关系优秀企业"称号、全国"五一劳动奖状""质量、环境管理体系认证企业""全国质量管理先进单位""全国实施卓越绩效先进企业""四川省首届政府质量管理奖""全国用户满意企业"等。公司党组织也由最初的3名党员，发展到今天的210多名党员和13个党支部。彩虹公司发展大事记如表9-1所示。

表9-1 彩虹公司发展大事记

时间	发展大事记
1983 年	成都钻床附件厂实行承包责任制改革，刘荣富当选为经营承包负责人
1984 年	刘荣富正式当选成都钻床附件厂厂长
1985 年	成都钻床附件厂更名为成都电热器厂
1986 年	成都电热器厂完成技改引进项目——在全国首家推出引进日本住友化学技术和原药生产的"彩虹"牌电蚊香系列产品
1987 年	成都电热器厂兼并成都锦江电瓷厂
1988 年	成都电热器厂荣获"全国轻工业先进企业"称号并当选为中国家用电器协会事理单位
1989 年	成都电热器厂评定为省级先进企业和市级文明单位并当选为中国家用电器协会常务理事单位
1992 年	成都电热器厂兼并成都体育机械二厂
1993 年	以成都电热器厂为主体发起的成都彩虹电器（集团）股份有限公司创立
1995 年	成都彩虹集团被国家经贸委、国家统计局评为"全国工业企业综合评价最优500家"之一
1998 年	成都彩虹集团兼并湖北省武穴纺织厂西区，建立彩虹集团中南电器厂
2001 年	成都彩虹集团被成都市人民政府列为"成都市重点优势企业"
2005 年	公司董事长、总经理刘荣富同志荣获"全国劳动模范"称号
2006 年	公司在成都市武侯区科技园新厂区隆重举行"'东调'技改整体迁移新址落成暨建厂五十周年庆典"
2011 年	公司董事长刘荣富同志被授予"全国关爱员工优秀民营企业家"称号
2014 年	公司被中共四川省委组织部授予"四川省基层党建工作联系点"，公司被授予"成都市工商联非公党建示范点"
2015 年	公司党委荣获"四川省先进基层党组织"称号
2016 年	公司荣获"价值能力百强企业""电商能力百强企业"双百强企业奖，公司被评为轻工"行业十强企业"等

时间	发展大事记
2017 年	公司荣获"全国厂务公开民主管理示范单位"称号,公司荣登"中国轻工业电商能力百强企业"榜单,公司被授予"成都市武侯区 2016 年度科技研发服务业纳税十强企业"
2018 年	公司荣获"中国轻工业电商专项能力百强企业"称号

改革开放 40 多年来,彩虹公司的发展受到党和政府及社会的关注,其行之有效的发展经验得到多位高层领导的肯定和赞扬,为民营企业的现代化发展提供了有益借鉴:

——1996 年,胡锦涛同志视察彩虹公司,高度评价了公司以小商品占领大市场,全心全意依靠职工办企业的成功经验。

——2012 年,温家宝同志视察彩虹公司,对公司深化改革、探索企业体制创新和技术创新的实践,给予了高度评价。

——2011 年以来,刘荣富先后 3 次受到习近平总书记的接见。每次接见,对刘荣富都是巨大的鼓舞,都激励着他更加坚定地为中国特色社会主义建设做出新贡献的信心和干劲。

(二)围绕中心:构建党建工作责任担当的基本制度

彩虹公司曾因体制僵化,经营不善,走到崩溃边缘,也曾因体制改革实行承包责任制让它青春绽放。企业发展的曲折历程使他们认识到,非公企业内部体制、机制和制度改革与建设的重要性。于是,他们从实行扩大企业自主权开始,就一直坚持不懈地探索和完善党组织与经营班子的互动融合,协力推进公司改革和可持续发展的新路径。

1. "双向进入,交叉任职"领导体制

由于这个公司的特殊性,它经历了由党支部直接管理企业——厂长负责制时期的党支部参与管理——党组织和经营班子联席会议的协同管理——党委班子和公司经营班子成员交叉任职,双向进入的几个阶段。自 2018 年 6 月以来,刘荣富董事长在集团党委换届选举中,被选为党委书记,至此实现集董事长与集团党委书记于一身,公司党政两套班子也顺理成章地融为一体。这就从体制上根本解决了党政工作"两张皮"的体制弊端,形成了党建和业务工作统筹决策、统筹规划、统筹实施的新体制(见图 9 - 1)。

由于党委班子和经营班子成员的"双向进入,交叉任职"的新体制的构建,就把党组织的建设同完善法人治理结构统一了起来,实现了党组织对业务工作的政治领导和组织动员功能,实现党建工作和业务工作在时空方位、形式内容等的融合（见图9-2）。更重要的是，在两套班子的组织结构上，不仅实现了"老、中、青"三结合的合理搭配，而且形成了"人人讲政治、个个懂业务"的复合型领导班子。

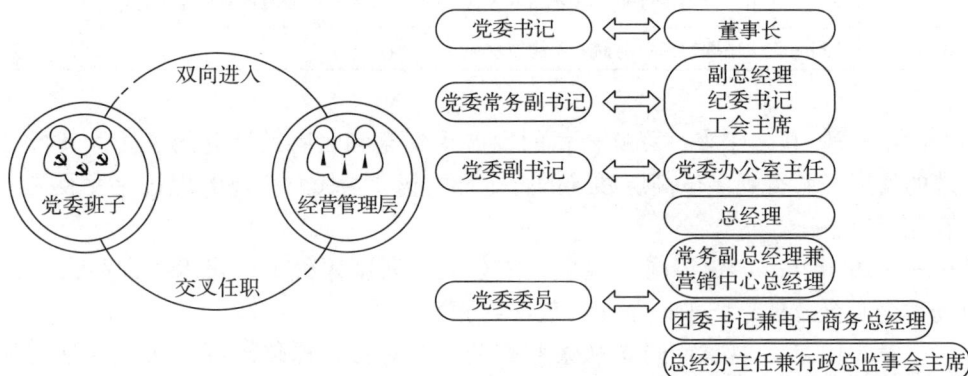

图9-1 党、政两套领导班子融合结构

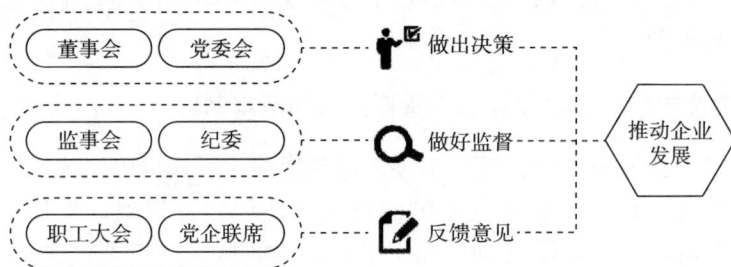

图9-2 党、政两套领导班子决策机制

除了以上这些体制上的顶层设计外，该公司为了弥补党委书记兼董事长担子重、难分身的不足，党委班子设置两个副书记的职位。一是选调曾在基层当过一把手，年富力强的中年党员任常务副书记；二是长期特聘曾在党政机关工作的资深党务工作者任党委副书记，分管党委办室和群团工作。同时，还选调政治素质好，热爱党务工作的党员从事党务和工会工作。从而形成了组织力、执行力较强的党务和工会办事机构。

2. "你中有我，我中有你"双向互动机制

（1）基层党支部坚持与基层行政机构相一致。为了实现党的组织和党的工作的全覆盖，按照"党员在那里，党组织就延伸到哪里；党员在哪里，党员远程教育站点就设置到哪里"的原则，将党支部建立在部门、车间和驻外办事处，不

断优化党组织设置和党员分布结构。车间党支部与行政班子，也采取"双向进入，交叉任职"的办法，两套班子的成员互相进入，交叉任职。从而实现了车间党组织设置与公司领导组织架构的上下统一，保证了公司党委和董事会的决策在基层的有效执行。

（2）群团组织机构坚持党建进入工建和团建。按照"党建带群建，党群一体化"的原则，统筹推进党建、工建、妇建工作，实现党群工作各有特点，联动开展的新格局，充分发挥党群工作团结凝聚职工群众的集群效应。从而带动广大群众坚定不移跟党走。

彩虹公司通过职代会发挥员工表决权；实行厂务公开民主管理维护员工知情权；开展工资协商及签订集体合同行使员工谈判权；广泛听取员工意见，尊重员工话语权。

为了发挥共青团组织的作用，党委指导团工委在工作上遵循"尊重青年天性，照顾青年特点"的原则，开展了以彩虹七种颜色命名的各项各类活动，每年都要评选"七彩青年"先进个人活动。2019 年彩虹公司团委荣获"四川省五四红旗团组织"称号。

3. "互为平台，互相支撑"双向保障制度

互为平台，互相支撑是解决企业党政关系"两张皮"的基础性工作。彩虹公司注重从以下几个方面强化保障机制。一是坚持党委扩大会吸收行政班子成员列席的制度，着重研究贯彻党的方针政策和党代会精神的有关重大问题。二是坚持行政班子为主邀请党委成员参加的党企联席会会议制度，着重研究企业经营管理方面的重大问题。三是理顺党委会和董事会的决策职能，监事会和纪委会的监督职能，职代会和党企联席会反馈职能的关系，实现各尽其职，各负其责，共同为企业发展尽职尽责的合力境界。四是将党建活动纳入绩效管理。根据党建创造价值的理念，董事会将绩效管理引入党建，建立了对党员干部实行"固定补贴＋绩效奖励"的奖励待遇保障机制。鼓励先进党组织和勇于负责的党员，持久性地发挥先锋模范作用。2018 年，不少党员因在"全员价值创造""全员劳动竞赛"活动中，创造了突出业绩，公司破例给予了绩效奖励。这一做法，既体现了社会主义按劳分配原则，又激励党员持续发挥先锋模范作用的积极性，有利于公司的可持续发展。

（三）战斗堡垒：创新"四型"党组织，练就自身硬本领

在新时代，如何发挥基层党组织的战斗堡垒作用？彩虹公司党委探索、总结认为，新时代的基层党组织要发挥战斗堡垒作用，只有先把自身打造成"学习型，服务型，创新型，担当型"的党组织，才谈得上新时代的战斗堡垒，才能发

挥党组织的政治核心作用。

打造学习型党组织。自党的十八大以来，他们坚持把党的群众路线教育和"两学一做"教育活动常态化、制度化，坚持"学做结合、持之以恒、重在应用"的学习方法，做到"自学、领学、促学、导学"并举，引导党员结合学习党章和习近平新时代中国特色社会主义思想有关内容，开展学习心得分享活动，自觉对照思想、工作和生活，找出差距，及时改掉缺点，纠正错误。依托蓉城先锋党员E家公众号，搭建"情系彩虹"微信学习平台，自主开发党建电子组目一体机，经常发布党员学习内容，实现党员学习现代化、经常化。

打造服务型党组织。该公司党委认为，要把党的全心全意为人民服务的宗旨变成全体党员实际行动，就要从培养党员勇于担当的责任感开始。多年来，他们坚持不懈地结合工作实践开展党的宗旨和责任意识的教育培养。诸如结合业务工作开展"质量管理小组创优活动""卓越管理绩效活动"等责任创造价值的系列活动。最为突出的情况有以下三个：一是深入开展"三心一推进"活动，即与党同心，与员工贴心，与企业连心；推进企业快速发展。党员都把这"三心一推进"作为座右铭，时刻激励自己去奋斗。2018年的冬季生产大会战活动中，党员个个带头加班加点，带动全体员工热火朝天地干了一个冬天，赶上了市场的季节需要。结果电热毯生产比2017年增长35%，柔暖类新产品增长86%，为超额完成全年任务目标做出巨大贡献。二是党员主动当好参谋助发展。公司党员围绕公司的发展方向、战略规划。产品营销和社会责任活动，积极出主意，想办法。尤其在公司党委和工会开展的"金点子"活动中，党员带领员工提出的200多条建议中，有96%的意见得到采纳，直接创造经济效益500多万元。三是党员立足岗位做贡献。不断强化党员党性教育和责任意识的培养，广泛设立"党员示范岗""党员责任区"，喊响"党员身边无事故、无次品、无违章"的口号。2018年，公司党委牵头组织3个党员技术小组，策划开展"技术比赛"和"双创双优"等主题实践活动，有效地激发了党员和职工的责任感和事业心。

打造创新型党组织。创新是彩虹公司发展的不竭动力。党建紧紧围绕企业的技术和服务创新动脑子，想点子，探路子。这是彩虹公司党建工作始终遵循的不二法门。

公司党组织引领企业走出了学习国家标准到参与国家标准制定的标准创新之路。1983年，公司开始学习对照国家相关标准，自制达标检测设备，从严把控产品质量，到1985年生产出了全省唯一合格的电热毯产品，到1987年，生产的电热毯在全国27个城市抽检合格。1995年，第一个花巨资引进国外先进设备和技术，率先推出能够完全避免电热毯局部过热燃烧的意外事故的产品。这在解决全国电热毯产品的技术安全问题的历史上，具有里程碑意义。接着，他们又围绕电热毯生产核心技术，持续不断地攻下一道道难关，始终站在引领这一技术领域发展的前头。彩虹公司技术和质量大事记如表9-2所示。

表9-2 彩虹公司技术和质量大事记

时间	大事记
1983年	在全国第3个质量月期间，公司首次开展"质量月"活动
1985年	在成都市15个厂家、四川省47家电热毯质量抽查中，彩虹牌电热毯唯一全部合格
1987年	国家经委对全国27家电热毯抽查中，彩虹牌电热毯是仅有3家全部合格的产品之一
1987年	参与电热毯第一个国家标准GB8278—87《电热毯、电热垫、电热褥垫》制定
1991年	荣获国家二级企业
1992年	荣获全国质量效益型先进企业和四川省著名商标
1993年	参与电热蚊香器第一个行业标准QB/T1741—93《驱、灭蚊药片用恒温电加热器》制定
1994年	荣获全国用户满意企业和金桥奖
1995年	全线控温电热毯获四川省科学技术进步奖
1996年	电热毯通过了产品质量安全认证，获准使用"长城"标志
1997年	获得《采用国际标准产品认可合格证书》
1999年	公司企业技术中心被四川省政府认定为省级企业技术中心，全国推行TQM先进企业
2000年	荣获全国质量管理先进企业
2001年	通过ISO9001：2000工厂审核，获得质量管理体系认证证书
2001年	公司"导电高分子复合材料和（PTC）型自限温电热带"获国家创新基金项目支持；"安全检测传感柔性发热器具"被认定为国家重点新产品
2002年	"彩虹"商标被国家工商总局认定为驰名商标；安全保护调温型、双控型、控温型、微电脑智能数码型电热毯获得了中国质量认证中心"CQC"产品质量安全认证；控温电热毯、干鞋机取得德国莱茵TUV公司的GS、EMC认证
2003年	彩虹牌电热毯被评为"中国名牌产品"
2006年	彩虹牌电蚊香被评为"中国名牌产品"，彩虹牌电热毯复评为"中国名牌产品"；国家标准化委员会批准成立以本公司为组长单位的"全国家用电器标准化技术委员会电热毯标准化工作组"，是四川省首家以企业为组长单位的标准化组织
2007年	荣获"四川省政府质量管理奖"
2010年	荣获"重诚信，讲质量"单位
2013年	荣获四川省质量信用AAA级
2015年	荣获成都市政府质量奖
2017年	四川名牌产品称号
2018年	通过电热毯3C认证

彩虹公司就是在年复一年的科技创新和质量提升中，锻造着企业的核心竞争力。它已经有 150 项技术专利，电热毯、电蚊香片多次获得中国驰名商标和中国名牌。公司被认定为国家高新技术企业。

打造担当型党组织。自从党委书记、董事长刘荣富在改革开放初期，因赠送产品的体验式销售，被调查或撤职的危机中，时任党支部书记温德珍，挺身而出承担责任，使他重新回到厂长的工作岗位的一段经历后，他就铁定了听党的话、跟党走，为企业走上繁荣发展而勇于担当的决心。

30 多年来，作为一个残障人士，刘荣富不仅带领企业走出了资不抵债的困境，而且使企业日益发展壮大，创下丰厚的资产，解决了成百上千的残障人士和大批城乡居民就业，更重要的是，为满足人民日益增长的消费需要增加了一道道幸福的彩虹，成为行业可持续发展的著名品牌。

在刘荣富的影响和带领下，这个公司党组织坚如磐石，跟党走的步伐更加坚定。在正在开展的"不忘初心，牢记使命"的教育活动中，也在查找薄弱环节，把主题教育的着力点放在把党员都组织起来，把支部的战斗堡垒作用和担当作为先进功能充分发挥出来，把党组织凝聚员工群众的政治优势发挥出来的关键点上，形成了"一支部一品牌一特色"的党内教育新经验。党员中形成了"需要时刻站得出，危难时刻冲得出，困难时刻挺得出，关键时刻豁得出"的优良作风。老党员张洪金潜心研发的木粉蚊香芯棒，以较小投资获得较高效益，既为公司创利近千万元，又为消费者提供了更加舒适的产品。

（四）牢记使命：关注"三个焦点"，让企业成为服务社会的"公器"

"社会是企业之母，企业是社会之子。没有新中国，就没有彩虹的生命；没有改革开放，就没有彩虹的今天。为了感恩伟大的党，感恩伟大的社会，感恩伟大的中国特色社会主义新时代，我要努力拼搏，继续把彩虹集团的改革开放推向前进，实现既定目标，让共同富裕的目标在彩虹公司早日实现。"刘荣富多次这样向党和社会吐露自己的心声。

其实，这也是刘荣富对他几十年来，带领自己钟爱的彩虹公司所走过的道路的历史总结和对未来的信心所在。

1. 聚焦员工需要，把企业办成职工的"家"

说到自己为什么办企业的初心，刘荣富说："自从大家把我选举为厂长那天起，就一直想的是如何把企业办成员工的'大家庭'。"说到为什么入党的初心，他说："从来就没有想过自己升官发财，一直想的是'我是带着大伙求财的，求财要由大家分享'。"正是基于这样的思想基础，刘荣富早在当上厂长那天起，就树立了依靠职工办企业，办好企业为大家的思想。几十年来，正是在这样的思想基础上，该公司始终坚持员工的主体地位，做到了让员工劳动有收获、居住有房屋、财产有股份、生活有保障。

（1）依法确保员工一切合法权益，让职工有主人感。依法签订劳动合同，明确公司与职工的权利与义务，对职工的工作时间、工作报酬、社会保障、福利、休假、劳动安全与卫生、教育与培训、纪律与奖惩、监督检查、违约责任、争议解决等，都做出明确的规定。多年来，公司认真履行劳动合同，保障每年以6%～10%的比例提高员工工资水平。从2005年起，公司对年龄偏大和接近退休年龄的职工给予社会保险政策的特别照顾，专门对退休前的3年、2年、1年的老职工，分别按本人年收入的1.5倍、2倍、3倍缴纳社会保险，在公司经济能力能够承受的前提下，确保职工退休后的生活得到提高。还签订了《女职工单项集体合同》，确保女职工的合法权益。

（2）工者有其股，让员工有更多获得感。2003年，公司将成都市电热器厂价值上亿元资产，折合股份4393万股量化到每位职工，让每位员工都成为股东。为了确保量化工作公正合理，成立了由经理层、中层干部、工会、职工代表组成的改制领导小组。在改制方案的制定中，充分考虑每个职工在企业集体资产积累过程中所做的贡献，准确体现职工的厂龄、职务、职称和先进积极分子评选次数的业绩贡献，进行精确打分计算，并经过先后22次征求职工意见，23次修改方案，最后经职代会到会98%代表讨论通过。经过量化，企业在职职工和退休职工兴高采烈地拿到了资产股权，每年享受10%～15%的分红。同时，公司留出22%的股份作为期权，用于奖励新当选的经营班子和技术、营销、管理骨干，并同经营班子3年经营目标挂钩，激励经营班子和技术、营销、管理骨干努力拼搏，既体现了职工是企业的主人，又体现了对骨干的激励。

（3）把企业办成学校，让职工充满进步感。重视职工培训工作，不断提高职工素质。该公司形成了"师带徒"的培养新员工的好传统，新员工一进厂，就开启了新的课堂，不仅让他们学技术，而且还帮他们学文化、学做人，一个个都不断进步。近几年，按照ISO9001质量认证体系的要求，每年针对生产、经营工作的需要，制订了培训计划，按照培训计划规定的时间、培训内容进行培训，通过持续教育和培训，职工的科学文化素质和专业操作技术水平得到提高。经过多年的在岗培训和社会招录，公司现有本科学历的员工170名，硕士研究生员工9名。

为全面提高职工素质，公司开展了道德素质和技术水平"双培训"的工作。在开展《职工守则》《厂规厂纪》《企业文化》等方面的教育的同时，提高职工思想道德素质；也开展岗位技能培训、岗位技术练兵、评选操作能手等活动，达到全面提高职工技术水平和道德素质的目的。同时，从职工中，也不断成长出一批批骨干。目前，公司1400多名职工中具有中高级管理人员106人，具有行业一流专业水平的研发人员98人，各类中高级专业技术人员300人，营销业务经理115人。建成省级企业技术中心，拥有行业人数最多，水平最高的技术开发团队。

为了不断提高管理层的市场经济的能力，公司每年组织高层管理人员，有针对性地参加清华大学、北京大学等举办的"领导力""赢利模式""总裁实战执行力""销售实战模式""人力开发与组织建设"等方面高层次的培训，有效提高领导层管理水平。

（4）坚持公开透明的民主管理制度，让职工拥有权利感。为了确保职代会充分行使知情权、决策权、建议权和监督权，充分体现职工在企业的主人翁地位，凡涉及企业生产经营、投资决策的事宜均由股东大会讨论决定，凡涉及职工切身利益的调资升级、奖金分配方案、职工社会保险方案、职工住房分配、购房补贴、住房补贴方案、企业改制方案、精减机构人员、管理人员和非定额生产人员分流方案、大病救助等切身利益问题，都要交职工代表大会讨论，通过职工监事等主要渠道反复征求意见并交职工代表大会讨论通过后能执行。2011年8月，公司被中华全国总工会、中国企业联合会等授予"全国模范劳动关系和谐企业"称号，并在人民大会堂做典型发言。

实行厂务公开，充分保证管理决策和财务管理的透明度。公司将厂务公开标准化工作和公司党务、业务工作联系起来，齐抓共管，实现民主管理规范化。积极构建职工意见交流平台，通过职工监事等渠道，切实保证职工意见收集、整理、汇总、落实、反馈等监督工作流程落到实处。

公司坚持开展公司和车间二级民主管理体系，认真办好《厂务公开栏》和《车间事务公开栏》，凡是不涉及技术和核心机密的事项，都要在公开栏里公布。就连各部门经费开支，如交通费、通信费补贴等都在全厂的《厂务公开栏》或车间及部门的事务公开栏公示。通过厂务公开，不仅维护了员工的知情权，也调动了全体员工的参与管理积极性，有力地促进了公司生产经营和发展。公司先后被全国厂务公开协调小组评为"全国厂务公开民主管理先进单位""全国厂务公开民主管理示范单位"。经过问卷调查和员工访谈，结果显示，99%的员工对综合福利待遇公司党建和工会工作表示满意，95%的员工对公司的前景充满信心和寄予厚望。

（5）构建职工福利保障体系，让员工充满幸福感。"员工身边无小事，小事当成大事办"，这是彩虹公司过细为员工服务的宝贵经验。2017年公司为所有员工普涨工资5%～10%，公司党委、工会为解决员工实际困难，坚持做好彩虹"四三工程"，即"三大民生工程、三送关爱、三体贴慰问、三小服务"。三大民生工程主要是提供员工住房大补贴、为杜绝员工因病致贫成立公司大病救助金、为家庭困难员工子女考上大学发放金秋助学；三送关爱主要是冬送温暖（慈善一日捐）、夏送清凉（酷暑季节慰问一线员工）、常送帮扶；三体贴慰问主要是伤病慰问（住院关爱慰问）、军属慰问（八一建军节军属慰问）、春节慰问（老党员、生病职工慰问）；三小服务主要是小病坐诊（每周三名老中医公司坐诊）、小孩看护（彩虹暑期班）、小菜一碟（为加班员工售卖蔬菜）。这些不起眼的细小服务，让员工享受到公司提供的实实在在的资源福利。

第一，员工住房大补贴方面，公司为解决职工住房难问题，从20世纪90年代起先后出资近4000万元为员工修建和购买住房514套，使2000年以前进厂的员工都免费住进了彩虹"别院"。对2000年后进厂的员工，进行长期住房补贴和一次性补贴，并对其中有突出贡献、住房有困难的青年业务骨干提供按揭房首付款无息借款6万～10万元，工作满12年后无偿赠与。

第二，员工大病救助方面，建立了"员工大病救助性补贴"制度，对员工生病住院自费部分超过5000元的，给予20%～70%的救助性补贴。这些措施得到了职工的真心拥护，也使企业更具有凝聚力。同时，公司坚持长期大批录用残障人士，目前，在岗的113名残障职工，普遍享受公司的大病补助、困难家庭补贴、困难家庭子女助学补贴三项政策。

第三，员工体贴慰问方面，党委、工会每年春节都要走访慰问公司困难党员职工、帮扶患大病及困难职工、走访慰问长期患病员工及家属、为农民工发放回乡车费补贴、每季度看望退休党员、特别注重帮助困难员工子女顺利入学、关爱留守儿童开办"彩虹暑期托管班"等全年共计资助35.228万元。2017年，公司为620名职工办理了家庭财产保险，为128名女职工办理特殊疾病保险；公司慰问生病住院的职工和退休职工82名，在他们遇到困难的时候，及时送去组织的关心和温暖，使他们战胜困难；公司还对生重病住院的职工进行捐款和经济补助，2017年共补助82多人，补助金额30.1万元；为了解决职工因患重病医疗费用过重的困难，防止造成因病致困、致穷，实行大病救助性补贴，自费5000元以上，公司补贴30%～70%。通过这些措施，努力让家庭有困难的员工过上无忧虑的生活。

2. 聚焦社会需要，为解决社会难题释放自己的能量

"饮水思源，致富图报。不忘党的关爱和社会支持，尽力为解决某个社会难题做些事情，是我和我的企业始终铭记的责任。"这是刘荣富常说的一句话。彩虹公司履行社会责任由来已久。从时间上考察，30多年来，公司所做的公益慈善项目不计其数。从地域上考察，则是由所在的武侯区开始，辐射到成都市、四川省、湖北省、陕西省、印度洋海啸等，就像蜘蛛吐丝结网一样，正在一圈圈地逐步扩大。

3. 聚焦环保问题，为亿万家庭送去生态福利

彩虹公司是全国最早生产电热毯的企业之一，也是全国第一家推出电热驱蚊香片，采用拟天然除虫菊酯为驱蚊配方，创造出第一代灭蚊产品的企业，还是因采用纯天然植物精油改进驱蚊产品的同类企业中第一个被国家农业部登记许可的单位。近几年公司的主导产品"彩虹牌"电热毯、电热垫、电热地毯等取暖器具产品和"彩虹牌"电热式蚊香、液体蚊香、纯天然植物精油驱蚊产品和杀虫剂等家庭防疫卫生系列产品多达 40 多个品种、200 多个品类，畅销全国 30 多个省市、400 多个大中城市，并远销东南亚、中东等"一带一路"沿线几十个国家和地区，深受消费者的喜爱和信赖。

由于该公司长期致力于研发创新和坚持高标准的环保技术和工艺流程，产品质量过硬，成为国家标准制定的重要参与者，是全国家用电器标准化技术委员会委员单位、电热毯标准化分技术委员会秘书长单位及全国卫生杀虫用品标准化技术委员会委员单位，当选为中国家用电器协会、中国日用杂品工业协会副理事长单位，曾先后荣获"五一劳动奖章"、全国质量管理先进企业等 40 多项荣誉称号。特别是在环保方面，2017 年被四川省企业环境信用评价系统评为环保良好企业，2018 年被中环联合认证中心评为携手共促绿色发展企业；还先后多次被评为"全国用户满意企业""全国质量先进企业"；还通过了联合国标准委员会环境管理体系认证（ISO14000）。这些荣誉的获得，是与他们长期坚持"质量是企业之本，环保是质量之母"的先进理念分不开的，与他们长期坚持构建环保融入质量的管理体系分不开的。

党的十九大以后，怎样才能生产出更多更好能够满足人民美好生活的产品？彩虹公司把目光聚焦创建"绿色工厂"上。彩虹公司以落实中央《中国制造2025》《绿色制造工程实施指南（2016～2020）》为重要抓手，制定了新的发展目标和战略规划，决心到 2021 年将企业打造成具有国际竞争力的绿色制造领军企业。为此，公司专门搭建了"创绿"指挥部，从公司总裁到每个员工，都以饱满的热情投入到这个新的战役之中。

（1）搭建"创绿"指挥部。由公司最高管理者亲自挂帅，担任总指挥，从十个方面推进创建"绿色工厂"工作，即遵纪守法，恪守职业道德，承担社会责任；确保绿色工厂的运营方针和战略目标与所处的环境相一致；确保将绿色工厂的要求融入组织的业务过程；确保为绿色工厂的运营提供持续改进的充分资源；指导员工有效参与绿色工厂的建设并做出贡献；组织完善工作程序和工作制度，合理分解工作任务，加强监管，规范工作行为等。

为了保证诺言的兑现，公司专门成立了有董事办与总经办、生产中心、设备部、技术中心、采购部和质量中心等部门参加的"绿色工厂推进领导小组"。这

个小组做了明确分工，要求做到各司其职，各负其责，保证落实。例如，董事办与总经办，负责绿色工厂项目咨询方、评定方和有关部门的沟通协调，负责总体规划和相关管理制度的完善，建立目标考核责任制并对相关考核部门实施考评。生产中心的职责不仅要承担公司绿色工厂节能减排办公室的职能，还要负责能源动力系统节能减排规划、改造方案的制定和实施，负责公司能源使用数据采集、分析、统计等工作，负责生产废水、废气处理及达标排放，负责危险废弃物管理等。其他如后勤部、党委办公室、法律事务办公室、人力资源部等部门也都有各自的明细职责，担负着环境系统的日常管理、宣传、法务监督和员工培训工作，确保绿色工厂建设项目个个落地，环环相扣。

（2）把握"创绿"管理体系的"四个全面"。公司严格按照 GBT19001—2016《质量管理体系要求及指南》等文件规定，着手于质量管理体系、环保质量管理体系、职业健康理体系和能源管理体系建设的全要素、全过程、全方位、全领域四个方面的统筹推进，收到了整体优化的效果。

（3）把握"创绿"基础设施的"四个合规"。为了把好基础设施建设的合规这一关，公司从建筑物质量、照明材料选择、设备设施的引进、污染物处理装置的选定四个方面，坚持高标准、高性能、高效益，一丝不苟地满足"创绿"工程的安全、节约、洁净等硬件条件。

（4）把握"创绿"能源资源管理的"五个从严"。能源资源的投入与消耗管理，是"创绿"工程的关键。该公司在能源资源的选购、技改、使用、有害物的减量和替代、物资的循环利用五个方面从严管理，确保安全可靠。

（5）把握"创绿"产品生产流程的"三个生态化"。为了达到确保产品质量合格和优良，公司坚持做到产品设计、加工和有毒有害物质限制使用的三个生态化。例如，以植物精油为原料的系列产品，在加工过程中，将该物质滴加到无纺布上，形成植物精油驱蚊贴、植物精油驱蚊夹、植物精油驱蚊挂饰等系列产品，不仅能够保证良好的驱蚊效果，而且保证环保、安全、生态。在加工环节，高标准严格把关，同时还要经过第三方或相关部门的绩效指标测算和检验，确保做到原料无害化、洁净无害化、废物化资源、能源低碳化的各项指标要求。

（五）结论与思考

这是一个履行社会责任动真格、坚持社会主义不动摇的股份制民营企业。通过这个案例，让我们看到了企业社会责任本土化的前景，也看到了企业社会责任与社会主义制度的关系，尤其在建设中国特色社会主义的过程中，如何将二者有机、有效结合的问题，确实是值得深入探讨的重大课题。

1. 关于彩虹逻辑

在中国，一个企业要坚持社会主义，一定要实实在在地履行社会责任。一个企业只有认认真真地履行社会责任，才可能跟上中国特色社会主义建设的步伐。这是彩虹公司几十年来从成立到改革、转型、发展和再造的基本逻辑。

在20世纪末和21世纪初，全国企业都停止实行单位分房制度，进行单位住房货币化改革的时候，公司却拿出公司积累资金4000多万元，先后为员工修建500套住房，根据员工在公司劳动绩效和贡献大小，合情合理地为参与创业和建设的老一辈职工全部分配一套住房。同时，也为解决2000年后新进企业的新职工的住房难题，制定了优厚的照顾和奖励政策。这是公司坚持透明度管理和党的群众路线的真实故事，通过公司财务公开制度的实施，员工对公司的家当一清二楚。在过去的创业和转型发展过程中，由于企业底子薄，还没足够能力为创业一代的所有职工修建和分配房子。但全国企业住房制度改革，却使公司相当一部分老职工没能赶上单位分房的机会。因此，职工的思想情绪严重影响了生产效率和企业效益。一段时间里，公司生产和销售额持续下降。这种情况，引起了公司高层的高度重视，就分别到生产一线与职工交谈，还召开座谈会听取大家意见。通过广泛深入的调研，公司领导发现了问题的症结，影响生产和销售的主要原因，正是与分房子有关。于是，公司高层班子根据刘荣富的提议，立即召开会议，决定将原来彩虹公司创业和就成长时期积攒下来的资金的大部分，用来为还没分到房子的老职工修建新房。同时，也向政府有关部门报告，得到政策上的支持。

因此，在彩虹公司的管理者中，在建房和分房的那个年代，他们还并不知道这就是履行企业社会责任。但他们明白的是落实党的群众路线就该如此，坚持企业民主管理就该如此。事实上，他们在创办公司和公司改制的每个关键时期，或在遇到与员工利益有关的事情时，总是站在员工的立场上想问题、做决策，总是把处理企业与员工的关系作为首要问题。正如公司董事长刘荣福常说的一句话："我们是大伙聚在一起求财，有财了，就要大家共同分享。"这句话，生动地说明该公司的核心价值观，也是他们坚持社会主义制度不动摇的动力所在。

2. 关于彩虹基因

（1）爱心文化的基因。从当初政府建立福利工厂解决残障人士就业的初衷，到现在年复一年不间断向社会提供扶贫资金、教学支持、慈善捐助等乐善好施的行动，足以说明这一点。同时，该公司从老总到每一位员工，都有一颗慈善的心，都深深地蕴藏着感恩的情愫。也就是企业成功了，从不忘党和政府的支持，不忘社会的投入，不忘利益相关者的帮助。

（2）责任担当的基因。从改革开放初期党支部书记勇于承担集团决策的工作责任，到如今，党员中开展的"三亮三比三评"活动，即亮身份、亮承诺、亮成效，比学习、比服务、比奉献，领导点评、党员互评、群众测评的活动，有效激励党员积极建功立业，发挥勇于担当的先锋模范作用，形成党员关键时刻豁得出、困难时刻挺得出的先锋队风采。

（3）科技道德的基因。科技为企业插上长空腾飞的翅膀，道德就是企业持续成功的彩虹之光。该公司不仅高度重视依靠科技发展生产，更加重视科技的安全、健康因素，确保科技为人类美好生活服务和美好环境服务，从而坚持不懈地用科技手段和道德引领去解决经济社会和环境保护的问题。

（4）共富理念的基因。这个企业的凝聚力来自对邓小平共同富裕理论的理解和贯彻。公司高层领导认为，我们企业每前进一步，都离不开三个条件，一是靠社会主义制度的优越性，二是靠改革开放政策的英明，三是靠全体员工的努力。刘荣富常说："我们走到一起，就是大伙求财，求到财就要大伙共享。"他还说，彩虹人就是要共建和谐社会，共促企业发展，共享劳动成果。全体员工也形成一种共识，即只有坚持共产党的领导，我们企业才能兴旺发展，我们才有共同富裕的幸福前景。公司上下心往一处想，劲往一处使，共同奋斗在实现"共同富裕"的道路上。

3. 关于彩虹实践

在彩虹人的语言里，所谓实践，就是一个字——"干"。其实，他们所说的干，也就是把"学"和"做"、"理论"和"实践"统一起来。他们学习习近平总书记说的"社会主义是干出来的，幸福生活是奋斗出来"的指示，备感亲切。

几十年来，彩虹公司党组织历来都把开展党内学习教育活动，当成武装思想和指导行动的一次次洗礼。例如，在"保持共产党员先进性""三个代表""科学发展观""群众路线"等一系列教育中，特别是在近几年全党开展的"两学一做"和"不忘初心，牢记使命"教育中，他们都始终围绕"三个一"开展活动，即兑现一个承诺——"入党词誓"的承诺，入党时在党旗下念过的誓词的誓言；践行一个宗旨——党的"全新全意为人民服务"的宗旨；坚持一条路线——党的从群众中来，到群众中去，一切为了群众，一切依靠群众的工作路线，从而始终保持学习教育活动常学常新，学以致用。

4. 关于彩虹经验

（1）一个卓越党员企业家和一批优秀带头人的培养。刘荣富是在改革开放的背景下，党组织培养成熟的企业家。正是在他的影响下，带出了一批公司中高层领导干部。这与公司党委和董事会共同提出的"把党员培养成骨干，把骨干培养成党员"的双向培养党员干部的组织路线分不开。目前，公司60%的中高层干部都是党员，比较有利于保持企业的社会主义性质。

（2）企业绩效增长与政治影响的作用。社会主义企业追求经济效益的增长，离不开党组织政治优势的发挥。彩虹公司的案例，生动地说明了党组织在企业的功能是政治服务、政治引领以及带领党员发挥先锋模范作用。只要摆正了与企业高层管理者的关系，摆正了政治核心与参与管理的关系，不仅有利于企业家的决策和作为，也有利于企业绩效的增长。

（3）处理好企业内部责任与外部责任的关系。根据企业社会责任利益相关者理论，该公司运用内部和外部两种责任对象两分法，认为只有履行好内部责任，才能履行好外部责任。内部责任是外部责任的基础和动力，外部责任是内部责任的条件和目的。因此，他们努力做到对员工、股东、经营者的内部责任做实，对消费者、政府、社区、供应商和公益慈善类的外部责任做优。

（4）处理好科技领先与道德至上的关系。科技是企业的第一竞争力。依靠科技使企业生产从传统的手工制作到机器加工，再到产品的电子功能与信息主导，该公司深深懂得，科技是第一生产力的道理。几十年来，他们坚持在研发上舍得投入，在技术运用上努力学习，在技术创新上引领行业。更为重要的是，彩虹公司从来都坚持把履行对消费者的责任作为严守道德底线的最高要求，严格按照国家和国际标准进行生产，并且自主研发超出国际标准的新产品，做到努力提高产品质量，生产、销售对城乡居民健康有利，对生态环境有利的产品。

5. 关于我们的思考

习近平总书记说："一直以来，我们党毫不动摇始终运用唯物辩证法分析和认识事物发展规律，坚信社会主义必然代替资本主义，坚持包括公有制、按劳分配、共同富裕等在内的基本原则，并且在此基础上，根据时代条件的变化赋予其鲜明的中国特色，将科学社会主义从理想变成了一种清晰的社会现实，走出了适合本国实际的中国特色社会主义道路，形成了中国特色社会主义理论体系，确立了中国特色社会主义制度。这充分说明，中国特色社会主义就是扎根于当代中国的科学社会主义，不是什么别的主义。无论怎样改革、怎样开放，科学社会主义基本原则都没有丢，也不能丢。"[①] 彩虹公司的成长道路和目前的发展趋势，应该可以成为中国特色社会主义企业的一个样本。

其主要特征是：

（1）形成了坚持社会主义制度和带领员工提高先进生产力的党组织。

（2）体现了以公有制为主体、兼容多种经济成分的创新体制。

（3）创新按劳分配和多种分配形式相结合的合理分配方式。没有剥削、压迫和两极分化的现象。

（4）使员工"当家做主"，全面实现员工参与管理并维护员工一切合法权益。

（5）建设了"人人有责、人人尽责、人人发展"的组织治理体系。

---

① 钱均鹏，徐荣梅. 习近平总书记系列重要讲话精神［M］. 北京：中国言实出版社，2014：17.

因此，彩虹公司应该是社会主义初级阶段和中国特色社会主义新时代的一个成功典型。

如果这个结论成立，那么，这样的企业为什么要履行社会责任？它们履行社会责任的实践背景、理论基础和思想动机与前资本主义和后资本主义又有什么不同？这些问题都是时下理论界值得探讨的重要问题。

彩虹公司案例生动地告诉我们："社会主义"和"社会责任"两个概念有着天然的联系，这是今天我们研究企业社会责任本土化绕不开的一个重大历史性课题。因为从马克思那个时代开始，两者的联系就客观存在着。到20世纪初，西方一些学者根据当时大资本、大企业疯狂扩张垄断和压榨、剥削劳工及以假冒伪劣产品坑害消费者，引发大规模的劳工抗议运动、消费者抗议运动的情况，有针对性地提出了"企业社会责任"概念。美国学者谢尔顿于1924年在他的《管理的哲学》中，首次提出"企业社会责任"这一概念。他认为，企业社会责任，应该成为企业的使命。在内容上应该包括贫富悬殊、劳工和劳资冲突问题的解决等道德问题。

然而，"企业社会责任"这个概念一经提出，就有强烈的反对声音。说它是社会主义思潮的一部分、有社会主义的嫌疑等。进而，还引起了学界的几次辩论。辩论的焦点问题是"企业该不该追求股东利益最大化"和"企业为什么而存在"等问题。争论的结果是，双方都认可企业特别是大公司应该限制管理层的经营权，因为他们拥有巨大权力。于是，争论的双方到后来达成一致，共同认为企业的权力应该为全社会的利益相关者所拥有。

更重要的是，一些开明的企业家看到了履行社会责任的合理性、必要性和有利性，从而开始自愿履行社会责任。这就是学界所说的"开明自利"动机。随着理论上的持续引领和越来越多的企业家、职业经理人、投资家的自愿履行，企业社会责任的理论价值和实践价值，日益被世人看好，其经济、政治、社会和文化影响也越来越广。许多国家、国际组织特别是联合国都日益关注企业社会责任的推进，有的还提出了符合本国和本组织的社会责任标准和规则。其中，最具影响力的是国际标准化组织（ISO），于2010年11月1日，发布了《ISO26000社会责任指南》。这个指南具有三个突出特点，即统一定义、提出了组织履行社会责任的可操作性建议、不作为认证标准。这三个特点中，最为根本的是，它超出了"企业"的范围，首次提出了"组织社会责任"的概念，制定的是组织社会责任指南，而不仅是企业的社会责任规范，而且也是所有组织的行为规则。那么，在这个指南里是如何界定组织社会责任内涵的呢？

ISO26000给出的组织社会责任的定义是："通过透明和道德行为，组织为其决策和活动给社会和环境带来的影响承担责任。这些透明和道德行为有助于可持续发展，包括健康和社会福祉，考虑到利益相关方的期望，符合适用法律并与国际行为规范一致，融入整个组织并践行于其各种关系之中。"

百年沧桑，从企业社会责任概念的提出，到今天"组织社会责任"和"可持续发展"等新概念的提出和企业社会责任运动的持续推进，使我们看到，今天的社会责任已经不完全是一百年前的企业社会责任。它随着社会主义与资本主义的较量、互动与融通，越发显现出概念本身与时俱进的全球价值和人类社会文明发展的时空价值。也就是说，企业社会责任作为西方工业文明的理论产物，也和社会主义概念一样，是来自阶级斗争、生产斗争和科学实验的伟大实践，并且不断地引领这些伟大实践向前发展。同时，又在近百年的伟大实践中，不断产生着与其相关的新的理论成果。例如，企业社会回应、企业社会表现、利益相关者、包容性增长、企业公民等理论观点的产生，也都是随着企业社会责任工作研究和运动实践的深入而产生的符合社会发展规律的理论成果。至于全球契约和可持续发展理论，特别是习近平总书记和中国政府提出的"五大发展新理念""人民为中心的理念""责任担当理念""人类命运共同体的理念"，不仅都是与"社会责任"理论一脉相承的思想成果，更是科学社会主义理论的创新和发展。基于这一点认识，我们认为，在中国的经济组织中，企业作为经济管理和运作的主体，履行社会责任应该成为企业的一种基本制度；企业中的党组织，则应该从坚持党的群众路线的高度去积极地履行社会责任，两者全面结合，才能天衣无缝地有效推进企业社会责任的落地。唯有如此，中国企业才能在本土文化的肥沃土地上茁壮成长，也才有可能在世界舞台上成长为参天大树。

课题组组长：平文艺、徐思国

成员：郭玲丽、苏曼丽、敏霞、薄涛、苟思贤　魏林

二、激发内生创新动力　持续优化营商环境

——北川羌族自治县优化营商环境案例[①]

在我国经济从高速度增长向高质量发展转变的进程中，拼政策优惠、拼资源

---

① 作者：陈孟、郭玲丽。

储备、拼成本低廉的传统营商模式不再适宜，优化营商环境成为提升地区经济发展质量和综合竞争力的必然选择。营商环境的根本特点在于其系统性，营商环境的优化需要外部力量的支持，更需要地区政府、企业和社会的协同配合，其核心是激发地区创新的内生动力。2019年，北川羌族自治县以绵阳市经济高质量发展"头号工程"——优化营商环境为契机，以县域内"放管服"改革为抓手，推动县域经济向高质量发展进发。2019年7月12日，在四川省县域经济发展大会上，北川羌族自治县获评四川省县域经济发展先进县，位列"重点生态功能区县"类别，在58个重点生态功能区县中考核排名第一。

（一）大爱北川：历史积淀、民族风情与无限活力

北川羌族自治县（以下简称北川）古名"石泉"，全县面积为3083平方公里，辖10镇13乡（其中民族乡1个），行政村310个，社区33个，总人口24万人。2018年，全县地区生产总值55.94亿元、增长9.1%；规模以上工业增加值增长10.2%；社会消费品零售总额增长11.9%；完成全社会固定资产投资40.67亿元、增长8.9%，一般公共预算收入5.51亿元、增长22.2%，城镇居民人均可支配收入、农村居民人均可支配收入分别为29334元、13061元，各增长8.5%和10.6%。综合实力在全省175个县市区和51个少数民族县中双双晋级升位，连续两年蝉联全省少数民族县"前十强"，连续四年被省委省政府评为"全省县域经济发展先进县"，获评"全省县域经济发展模范县"。北川发展成就的取得，源于其深厚的历史底蕴、别样的民族风情、优美的生态环境、丰富的资源储备、便利的交通区位、新兴的产业组合和巨大的发展潜力的合力进发。

1. 独特北川

承载悠久历史，历经艰辛磨难，未来无限希望，北川的独特性贯穿在历史、现实与未来的纵向发展中。北川有羌族人口8.5万人，占全县总人口的35.4%，2003年经国务院批准，成为全国唯一的羌族自治县；拥有全世界唯一整体原址原貌保护的规模最大、破坏类型最全面、次生灾害最典型的地震灾难遗址区——北川老县城；也是唯一异址重建的新县城，被誉为抗震精神标志、城建工程标志和文化遗产标志。

2. 品牌北川

品牌城市。"大禹故里、中国羌城、大爱北川"的区域品牌形象深入人心，先后荣获全国卫生县城、全国人居环境范例奖、国家园林县城、首批全国防震减灾示范县、四川省文明城市、四川省园林城市、四川省农民增收工作先进县、四川省县域经济发展先进县、四川省县域经济发展模范县、四川省脱贫攻坚先进县、省级环境优美示范县、省级双拥模范县、省民族团结示范县等多项殊荣。

品牌旅游。北川境内拥有绵阳市唯一的国家 AAAAA 级（北川羌城旅游区），4 个国家 AAAA 级（西羌九皇山、药王谷、北川维斯特农业休闲旅游区、寻龙山）旅游景区，以及以北川老县城遗址、"5·12"汶川特大地震纪念馆、新县城为代表的"三基地一窗口"示范区，被授予"四川省旅游标准化示范县""四川省旅游强县和四川省乡村旅游强县"等荣誉。

品牌产业。北川县被授予"中国米黄大理石之乡""中国大禹文化之乡""中国民间文化艺术之乡（羌绣）"等多项殊荣，涌现出一批区域闻名、走向全国的产业集群。

3. 人文北川

城市依文化而建、因文化而兴是北川的真实写照，境内禹羌文化、红色文化、感恩文化交相辉映，造就了颇具人文气息的北川县城。北川是大禹故里，4000 多年前，大禹就是从北川出山治水立国，境内至今保存 30 多处大禹历史文化遗迹，流传着 50 多个大禹传说故事，传承着数千年的大禹祭祀习俗；北川是羌族自治县，现有 1 个国家级文保单位（永平堡）、3 个省级文保单位，143 项非遗项目（其中羌年入选联合国教科文组织急需保护名录，羌年、禹的传说、口弦音乐列入国家级非遗名录），2 个国家级传统村落（上五村、黑水村）、3 个省级传统村落，5 个中国少数民族特色村寨（石椅村、猫儿石村、渭沟村、上五村和黑水村）；红色文化的基因传承。北川是革命老区，红色文化鲜明，84 年前红四方面军留下的千佛山战役遗址、红四方面军总医院旧址及新建的红军长征纪念馆，是省级爱国主义教育基地；感恩文化的能量激发。北川是感恩文化井喷地，"5·12"汶川特大地震中所表现的伟大抗震救灾精神和灾后重建中所塑造的感恩文化，谱写了新时期"大爱北川"崭新篇章，是实现全面建成小康社会奋斗目标、实现中华民族伟大复兴中国梦的强大精神动力。

4. 生态北川

优美的生态环境是北川得天独厚的优势。地理位置优越。北川地处号称"神秘天地线"的北纬 31 度附近，保存了全球同纬度最完整的生态系统，地势西北高，东南低，海拔相对高差 4229 米；生态环境绝佳。北川属国家重点生态功能区，境内林地面积 400 万亩，森林覆盖率达 63.43%；气候温和湿润，冬无严寒、夏无酷暑，平均相对湿度在 72%~85%；空气负氧离子含量高，浓度达 11 万~28 万个/立方厘米，是北京、上海、成都等中心城市的 20 倍以上，全年空气优良天数达到 91% 以上；风景宜人的小寨子沟国家级自然保护区、千佛山国家级自然保护区和竹林沟省级自然保护区兼具"九寨之秀，青城之幽"。

5. 资源北川

北川水资源丰富，有通口河、安昌河和平通河三大河流，河流总长 365.2 千米，地表水年径流总量 38.15 亿立方米，地下水蕴藏量 1.8 亿立方米，全县水能资源理论蕴藏量 49.04 万千瓦；矿产资源充裕，有黄金、赤铁矿、锰矿、重晶石、石灰石、白云岩等，其中石灰石（大理石）储量超过 10 亿立方米；生物种类多样，有野生脊椎动物 515 种，大熊猫、川金丝猴等国家一、二级重点保护动物 74 种；有野生植物 2150 种，珙桐、红豆杉等国家一、二级重点保护植物 13 种；中羌药材繁多，药材资源品种达 795 种（其中药用植物 616 种），32 种药材已广泛种植、加工。

6. 区位北川

北川区位优势明显，紧邻绵阳城区，是目前离中心城市最近的少数民族自治县。距绵阳南郊机场 39 公里，距蓉欧快铁青白江站 103 公里，距九寨沟 327 公里，位于成都 90 分钟经济圈，重庆、西安三小时经济圈内；县内交通便利，全县通车里程达到 2846 公里，国道 247 线、347 线横穿境内，正在建设的九绵高速公路在北川留有互通通道，盐茂高速被纳入全省高速公路网规划，通航机场场址审查意见获军委联合参谋部会议通过，机场建设全面提速；交通网络日益完善，在"十三五"末将构建集公路、水路、航空于一体，连接周边绵阳、平武、江油、茂县、松潘五大放射通道为主线的"四纵两横四环"骨架主公路网，形成"一机（场）二高（速公路）全联网多出口"的综合立体交通网络格局。

7. 产业北川

精品农业示范区全力推进，建成茶叶、高山蔬菜、魔芋等农业产业基地 75 万亩，"北川苔子茶""北川花魔芋"获得国家地理标志产品保护；"一区五园"模式驱动通用航空、食品医药、新型建材、应急等产业加快发展；电子商务和"互联网＋"势头强劲，2018 年电商交易额突破 130 亿元，国家第二批电子商务进农村综合示范项目绩效考评全省第一；中原宏达、北华、富民村镇银行等总部经济蓬勃发展；全域旅游纵深推进，是全国首批"全域旅游示范区"创建单位，成功入围"天府旅游名县"候选县，2018 年接待游客 768 万人次，实现旅游综合收入 63.6 亿元。

8. 活力北川

北川地处"一带一路"、长江经济带两大战略交汇点，能抢先融入国家战略、国家和省级生态功能区等宏观政策汇集；享受国家新一轮西部大开发、支持革命老区、全省扩权强县试点县等政策，并将优先承接绵阳纳入国家系统推进全面创新改革试验区域、批准执行国家自主创新示范区先行先试、科技城比照中关村先行先试等政策；享受少数民族地区税收、升学等特殊政策，是新一轮的投资热土。

党中央、国务院，省委、省政府和市委、市政府高度重视北川发展，绵阳市委七届五次全会两个《决定》提出支持北川建设民族生态强县和西部通航产业高地，为北川发展带来空前机遇。当前，北川正坚定以习近平新时代中国特色社会主义思想为指导，深入学习贯彻党的十九大和十九届二中、三中全会，省委十一届三次、四次全会以及市委七届五次、六次全会精神，按照县委四届五次、六次全会的决策部署，坚持稳中求进工作总基调，自觉践行新发展理念，统筹推进"五位一体"总体布局，协调推行"四个全面"战略布局，加快建成"大美羌城、生态强县、小康北川"，努力为加快建设中国科技城和西部现代化强市，推动治蜀兴川再上新台阶和建设社会主义现代化强国做出更大贡献。

（二）创新北川：改革先行、服务提升与环境优化

1. 率先在省内县级层面启动"最多跑一次"改革

2018 年 3 月底，在北川的全面深化改革会上，"最多跑一次"列入全县深化改革任务的重点专项。县委书记赖俊说："这是政府自身的一场深刻革命，我们一定要让企业和群众更多感受到'放管服'改革成效，着力将'最多跑一次'改革向纵深推进！"会上，确定由县长任组长，县委分管深化改革工作的副书记、县政府常务副县长具体抓，县政府办、县政务服务中心管委会负责日常工作的基本格局。

任重道远，明责任。让群众少跑路，甚至不跑路，既是北川"放管服"改革的目标，也是基于县域内自然灾害频发、交通受阻频发、老百姓对外联络不便的现实环境的必然选择。从 2015 年开始，北川在全县 23 个乡镇全部建立运营规范化便民服务中心，通过政府购买服务的方式，乡乡设置代办员，通过事权下放、代办代跑、快递送达等方式，使老百姓的事情得到及时的处理。2018 年，北川迎来国务院脱贫攻坚检查验收，"放管服"改革工作不但没有落下，反而成为提升群众满意度、获得感的助推器。未来，北川县将持续协调推进"放管服"改革与精准扶贫，使百姓不仅能脱贫"摘帽"，更能享受到便捷服务和美好生活。

他山之石，找措施。浙江省衢州市柯城区在这一轮的东西部协作中，对口帮扶北川，县委、县政府清醒地认识到结对帮扶除了接受必要项目资金外，更重要的是要学习发达地区先进的观念和理念。柯城区在针对群众和企业到政府办事出台了很多便民举措，投资项目模拟审批、"一窗受理、集成服务"、容缺受理机制等，让群众和企业办事少跑腿，让数据、部门多跑路，这样的创新举措为北川的"最多跑一次"改革提供了学习的方向和前进的动力。由县政府组织，县政府办、县编办、县政务服务中心、县法制办、县目督办、相关行政部门如期开展的专题会、论证会，经过多轮的协商和探讨，一体化投资项目在线审批监管平台实施细则、政府投资项目审批"一窗受理、集成服务"实施细则、投资项目模拟审批实施细则、"一窗受理、集成服务"实施细则、行政审批事项"一窗受理、一网通办"实施细则、行政服务中心容缺受理实施细则、投资项目"多评合一"实施细则、商事登记"一窗受理、集成服务"实施细则、推行商事登记"证照联办"实施细则、房屋交易与不动产登记"一窗受理、集成服务"实施细则、全面推进施工图联合审查实施细则共 12 个规范达成了共识，为北川因地制宜地推进"最多跑一次"增添了措施，奠定了跑在前列的基础。

百尺竿头，加速度。2018 年 4 月中旬，北川《"最多跑一次"改革实施方案》公布，方案明确要求，到 2018 年底，要让群众和企业对"最多跑一次"办成率、满意率双达 90% 以上。4 月 26 日，北川第一批县本级群众和企业到政府办事"零跑腿"和"最多跑一次"事项公布，3 个部门 12 个公共服务事项实现办事"零跑腿"；11 个部门 81 个公共服务事项实现办事"最多跑一次"；2 个部门 12 个行政权力事项实现办事"零跑腿"；20 个部门 145 个行政权力事项实现办事"最多跑一次"。8 月，第二批事项清单公布。目前，北川公布的第一批、第二批"零跑腿"和"最多跑一次"事项共 536 项，占全部梳理事项的 61%。在事项梳理过程中，北川将全部事项进行了区分，将行政处罚、行政强制等归为行政机关主动作为事项；公共服务、行政审批、行政确认等归为行政机关被动作为事项。北川所有事项 5900 余项，县本级被动作为事项共 863 项。

效率担当，重服务。改革的第一步，北川以"简流程、容缺陷、免费送"的方式服务群众。按照"合法合规的事项马上办、积极推行网上办、面向个人的事项就近办、复杂事项一次办"的要求，推进政务服务事项办理标准化，持续开展"减证便民"行动，大幅压缩办事环节和办结时限，通过统一规范事项名称、设定依据、审批条件、申请材料、办理时限、办理流程、收费标准、结果文书名称等要素内容，精简申请材料，消除模糊语言，杜绝非法条款，编制直观易懂的政务服务办事指南。仅 2018 年上半年，全县新增市场主体 676 户，政务服务中心共受理行政审批和公共服务事项 15756 件，办结 15730 件，办结率 99.8%，工作时限压缩 70%。

2. "13 + 63"服务全方位优化营商环境创新区

为落实"优化营商环境，助力企业发展"的宗旨目标，北川出台 34 条"红利"措施和服务企业"108 条"硬性任务清单，并以相应的服务模式予以保障。2019 年 6 月中旬，北川首创的营商环境服务"13 + 63"模式，在多次研判、修正、试行后正式上线运行。该模式通过融合线上线下，聚焦关键环节，发力机制建设，致力打造 360 度服务无死角的优质营商环境，真正为企业解难题、办实事。一个专门的工作架构、三专加一号信息平台、六个环节的服务流程、补充三个特别推进机制，称为"13＋63"服务模式。一个专门的工作架构，重在解决营商环境统筹推进、责任落实的问题，工作架构由常务副县长担任协调小组组长，县政府办、纪监委、组织部主要负责人为副组长，成员包括县政府所有工作部门的负责人，由县政府办一名专职党组成员负责日常工作；三专加一号信息平台，通过设置专门窗口、专门网上栏目、专门服务热线加上与专栏同步的一个公众号，畅通企业反映问题和政府了解企业诉求的渠道，重在解决信息不对称问题；六个环节，以问题的收集、交办、督办、反馈、落实和提升，形成一环扣一环的无缝对接；三个特别推进机制，即常态循环、承诺评价、服务专员，全面提升服务质量和各部门履职效能。

倾听企业意见无"忙音"。2019年3月以来，北川组织职能部门30余人次到前沿发达地区学习先进经验，专题研究7次，形成落实营商环境方面的配套子方案、办法近20个。点开北川政府门户网上的营商环境专栏，最显眼的模块就是"进言献策"，营商服务中心工作人员每天上班的第一件事，就是汇总"我要留言"和"调查问卷"相关情况，整理好后，便逐一电话回访。自服务专线对外公布以来，共接受企业咨询和建议80余人次；22个政府工作部门按照上月制定的营商专员值班安排表，轮流到窗口接待企业的咨询。通过专门营商环境实体窗口、营商环境专栏、公众号受理企业和群众咨询100余人次，能当场做出答复的，全部现场给予答复；一时无法答复的，转交职能部门办理，上半年，共转交职能部门限时办理事项7件。

"三专加一号"上线后，企业对北川营商环境相关政策知晓度普遍提高，北川政务服务程序和能力也得到企业界高度认同。

回应企业诉求无"盲区"。无论是电路改线、引水、铺设便道……一桩桩"小事"，在北川营商环境人的眼里，都是"大事"。无事不扰、有事上门服务，这是北川县委政府对全县干部的要求，也是对企业的承诺。受理收集、分类交办、回复回访、跟踪督察、分析研判、量化提升六个环节，环环相扣，无缝对接，服务企业再无"盲区"。政务服务事难办、企业减本降负、融资难、融资贵等痛点、堵点、难点问题，通过常态循环机制、承诺评价机制、服务专员机制，问题迎刃而解。北川从降低税费、用工、用地、用能、物流成本五个方面为企业减本降负。

位于北川永昌镇河西片区的北川飞鸿草上运动旅游综合体项目属于综合性旅游娱乐项目，由浙江飞鸿旅游发展有限公司投资建设，计划总投资5.3亿元，占地约为700亩，分三期逐步打造以滑草为主题，集滑草运动、特色民宿、房车露营、植物观赏、国防教育等为一体的大型户外休闲运动中心。项目一期开工仅4个月，基建工作已完成90%以上。

该项目从选址、签约到动工，都由工作专班全程跟进，由县领导担任组长，北川经开区、发改局、生态环境局、住建局、自然资源局、文广旅游局等 15 个单位全力配合项目推进工作，仅用了 72 天时间。

3. 整合金融力量，打通县域经济血脉的试验区

北川积极探索数字普惠金融，聚焦优化营商环境痛点难点，积极解决小微企业、县域经济体融资难、融资贵问题。通过创新的金融力量，打通县域经济的"毛细血管"，大力发展数字普惠金融。

创新工作理念，夯实数字普惠金融发展基础。凝聚金融机构共识，打造"金融普惠羌山"品牌。通过持续开展"羌山金融大讲堂""金融技能大比拼"等系列活动，开展数字金融知识进企业，宣讲国家的金融政策、知识，提升全民金融素养，增强风险防范意识，为北川全面开展数字普惠金融，做好全民的思想和知识准备。定期组织召开金融联席会议，由县政府、人民银行、各金融机构、企业代表、新型农村经济主体共同就金融工作进行座谈，确保将金融领域存在的问题解决在萌芽，将融资需求与供给进行无缝对接。使政府的政策导向、监管部门的工作要求、金融机构的供给和贷款需求方的诉求，在第一时间进行"碰撞"。降低区域性金融风险的同时，为开展数字普惠金融保驾护航。以建设"四川省数字普惠金融最佳实践区"为契机，制定并推进《数字普惠金融三年发展规划》，指导、规范、促进本县数字普惠金融发展。经过近三年的努力，规划的部分要求已经得到落实，越来越多的乡亲切身体会到改变。截至 2019 年 6 月末，为全县授信金额 63.58 亿元，授信面 87.56%。其中，农户授信 44641 户，授信金额 32.68 亿元，授信面 99.38%。在做好授信的基础上，线上信贷业务得到蓬勃发展，仅北川信用联社网络办理小额信贷款已达 18.1 万笔 35.7 亿元。

创新工作方式，提升数字普惠金融服务水平。北川创新设立县级"乡村振兴"基金，首期资金数额达到 3000 万元，为县域乡村振兴提供源泉活水。通过政府增信，破解融资抵押品不合格顽疾，按月线上更新支持企业"白名单"，定量配置各金融机构基金使用额度，引导金融机构向政府支持产业进行信贷支持。建立"政银研联动"机制。县政府、西南财经大学（中国金融研究中心）、中国人民银行绵阳市中心支行成功签订《北川数字普惠金融最佳实践区战略合作框架》，建立北川数字普惠金融教研基地，整合制度、智力和政策三方资源，指导北川数字普惠金融实践。并推出全国首个《县域数字普惠金融评价指标体系》。

（三）务实北川：营商环境优化获实效

1. 政务服务便捷高效

以提升政务效能为改革抓手，大力开展行政审批制度改革，深入推进"互联

网＋政务服务"，努力为企业创造审批最少、流程最优、效率最高、打造服务最好的营商环境。及时组织各行权部门入驻政务服务大厅，实现"前台综合受理、后台分类审批、一窗综合出件"，2019 年上半年，接件 30227 件，办结 30059 件，办结率达 99.44%，工作时限压缩 70%；在全市率先成立"不动产综合受理窗口"，将不动产一般登记、抵押登记、变更登记等单宗申请业务办理时间压减到 5 个工作日，不动产查封、抵押权注销等登记压缩至当即办结；规范要素保障报装流程，供水报装时限均压减至 4 个工作日，供电报装时限均压减至 1.93 个工作日（10 千伏高压业务平均为 30.85 个工作日），燃气报装时限均压减至 15 个工作日，增速达 50%；推进政务服务平台数据共享，市场监管局、工信科局业务系统成功与一体化政务服务平台对接，群众在四川政务服务网申请的办件，可直接推送业务部门"一网通办"，申报要件齐全能及时审批事项实现窗口前台当即审批，需后台办理事项根据具体事项情况基本实现 7 个工作日办结。2018 年，北川在全省县级层面率先推动"最多跑一次"后，在服务型政府建设中获评全市建设服务型政府先进单位中的优秀档次、政务服务先进单位中的优秀档次和便民服务中心标准化建设先进单位三项荣誉，名列全市前茅。

2. 法治营商氛围浓厚

以企业和市场发展需求为导向，把"办事不求人、办成事不找人"作为工作目标，认真检视问题、找出"短板"，抓住重点集中发力。持续开展集中整治政府服务"黑中介"工作，深入开展减证便民行动，保留县级证明事项清单 22 项，取消内部信息共享或告知承诺 9 项，杜绝"奇葩证明"。积极落实延时服务、预约服务、上门服务、邮件服务等公证便民措施，简化企业办证流程，上半年预约上门办证 38 件。截至 8 月底，全县有各类市场主体 9316 户，其中私营企业 1686 户，内资企业（含国有企业、银行、企业分支机构等）257 户，个体户 6822 户，农民专业合作社 551 户。受理公共资源交易服务 58 宗，交易金额约 7950 万元。以"一次抽查、全面体检"为目标，优化"双随机、一公开"抽查工作，检查结果记在企业名下，通过国家企业信用信息公示系统及时向社会公示，由市场监管局纳入常态化监管具体抽查范围灵活，风险针对性强，检查效率高对违法违规者形成了有效的威慑。全面推行行政执法"三项制度"，探索"先辅导再整改后执法"的执法流程，督促和指导县级行政执法部门完善全面推行行政执法公示制度、执法全过程记录制度、重大执法决定法制审核制度，使具体行政执法工作中程序问题明显减少，办案质量逐步提升，有效地预防和减少了执法不文明、不规范行为，及时收集固定了行政执法证据，减少执法争议，维护当事人和执法人员的合法权益，进一步提升群众满意度，进一步促进了行政执法机关严格规范工作文明执法。

3. 优惠政策落地生根

全面落实减税降费政策，实行出口货物退免税无纸化申报管理，使用经数字签名证书签名后的正式申报电子数据，加快出口退税进度，对符合条件的提速办理。新办企业涉税事项当天办结。简化优化跨区域涉税业务办理。试行增值税期末留抵税额退税制度。截至 2019 年上半年，已采集专项附加扣除人数，实际享受专项附加扣除人数 2836 人，专项附加扣除减税金额 986647.80 元。下调工伤保险缴费费率 50%，累计为企业减负 11.46 万元；基本养老保险单位缴费比例降至 16%，预测全年为 252 户参保企业减负 1123 万元，企业为职工参保应承担费用减少 1519 元/人。放宽市场准入，除 27 类行业外全部实行注册资本认缴制，通过材料复用、系统数据核验（信息比对）、直接减免等方式，精简企业注册材料 1769 份，持续推进大众创业、万众创新。优化融资服务，由人行北川支行牵头对"绵荟融通"全面推广，开放企业和金融机构注册，推出"云税贷"等融资产品，利用"征信互认、银税互动、信息共享"为基础，盘活企业信用资产，2019 年上半年授信 40 户金额 2103 万元，贷款余额 1950 万元。创新"薪金云贷"和"公积金信用贷"服务，借用企业完整的代发工资信息或公积金缴纳信息获得信用贷款，最高额度可达到 200 万元，有效缓解融资难问题。

4. 改革成果影响深远

北川现拥有规模以上工业企业 45 户，其中民营企业 43 户、占比 95.5%。从推动深化"放管服"改革以优化营商环境以来，北川持续打造高效、便捷的投资服务环境，为企业、个体商户和广大群众提供便利。2019 年 2 月 28 日，北川召开了全县民营经济健康发展大会和作风大整治"八大行动"动员部署会，会上表彰了一大批优秀民营企业家、民营企业和为企业提供优质服务的行政机关，将《促进民营经济健康发展三十四条措施》逐一发放到企业家们手中主动公开并接受社会监督，通过一系列优化营商环境工作举措获得了社会各界的一致好评，进一步激发企业与政府合作、共推经济高质量发展的动力。

三、台资企业党建工作的经验与启示

——富士康（成都）有限公司案例①

习近平总书记在党的十九大报告中指出，中国特色社会主义的本质是加强党

---

① 作者：薄涛。

的领导。党政军民学、东西南北中，党是领导一切的。党章规定非公有制经济组织中党的基层组织，贯彻党的方针政策，引导和监督企业遵守国家的法律法规，领导工会、共青团等群团组织，团结凝聚职工群众，维护各方的合法权益，促进企业健康发展。基于非公企业党组织的定位和作用，非公企业党建具有一定的历史性和必然性。

富士康作为非公企业中的领军企业，在世界具有举足轻重的地位。其党组织的建设对于全面加强党的领导，确保党的组织建设在非公有制企业的全方位覆盖有着非常重要的意义。作为一家台资企业，富士康能够客观冷静应对和处理突发事件，保持企业继续稳定发展，同时能够积极响应和支持党的领导，将企业党建工作系统性地持续开展，其中的成功经验值得借鉴学习。

（一）富士康（成都）党组织建设的背景及发展历程

1. 成立背景

（1）"十连跳"事件发生，企业的社会影响经受严峻考验。2010 年富士康集团的"十连跳"事件，在社会舆论的巨大压力之下，对企业的社会形象造成了巨大的负面影响。不仅仅是对企业的社会形象，对企业自身的经营环境和企业发展的内生动力都造成了一定的影响，企业发展面临非常严峻的考验。在解决"十连跳"问题上，富士康集团一方面顶住压力，正确面对考验；另一方面也在不断反思和研究企业在内部生存环境的建设上如何创新和改良，才能保障企业员工的思想安全问题。

集团一方面加强员工关怀工作，成立员工关爱中心，加强对员工心理健康的关注。针对员工的不同需求，将员工关爱中心分为前台接访、信息处理、心理辅导三大功能模块。三大模块旨在为员工提供及时、优质、高效的服务。另一方面顺应员工返乡就业的需求，集团在大陆各地区扩疆拓土，到成都、郑州等员工人数较多的地方投资建厂，鼓励员工返乡工作，解决员工后顾之忧，使员工在集团快乐工作、健康生活。

（2）成都市委、市政府招商引资的黄金期。2009 年 10 月 16 日，富士康（成都）科技园签约仪式在第十届西博会的助威下盛大举行，四川省、成都市和集团等重要领导悉数出席。集团成都科技园紧密围绕成都市打造的光电显示及电子信息产业，建设 LED – TV、LCD 模组、LED 背光模组及 LED 封装和照明光源生产线，另外还将涉足软件开发、精密模具生产、现代物流以及 3C 数码产品卖场等多个项目，总投资将达 10 亿美元，并带动众多上下游配套企业落户成都，形成年产值超 1000 亿元人民币的 IT 产品产业链。富士康成都科技园区的建设得到了国家、省、市各级政府的高度重视，被荣称为"四川省 1 号工程"。

2. 发展历程

在富士康（成都）有限公司［以下简称富士康（成都）］领导和党委的共同指引下，在全面履行企业社会责任的征程中，公司逐步实现经济效益与社会效益的"双赢"。

（1）发愤图强，企业经济效益稳步提升。凭借前瞻决策、扎根科技和专业制造，自1974年在台湾肇基，1988年投资中国大陆以来，富士康迅速发展壮大，拥有百余万员工及全球顶尖客户群，是全球最大的电子产业科技制造服务商。2002年起位居中国内地企业出口200强榜首（2018年进出口总额占大陆进出口总额的4.1%），2005年起跻身《财富》全球企业500强（2018年跃居第24位）。

（2）积少成多，企业社会效益向好发展。虽然，富士康集团在"十连跳"之后，企业的社会影响遭到了严峻的考验，但企业积极应对，脚踏实地地从企业自身找原因，做改变。不忘初心，不消沉、不动摇、不急躁，逐步实现企业社会影响由消极向积极的转变。集团顶住舆论压力，逐步完成自身建设和企业发展，有力地回应了舆论的质疑。集团积极履行社会责任，关爱员工、努力奉献、绿色经营，为自身赢回了良好的口碑，实现了企业社会效益由负向正到好的发展。

（二）富士康（成都）党建工作实践总结

2011年3月12日，富士康（成都）团委成立；25日，富士康（成都）工会成立；2012年3月31日，富士康（成都）党委成立；2014年4月23日，富士康（成都）纪委成立。至此，富士康（成都）完成了党组织架构的基本建设。2017年3月30日，富士康（成都）党委委员换届；2018年9月14日，富士康（成都）党委党校成立，建立了有效的党组织发展壮大和生命力延续机制。

1. 地方党政部门天然联系，党建工作获得政治支撑

富士康（成都）的发展得到了国家、省、市各级党委、政府的高度重视，也为园区的发展和建设获得了足够的政治支撑。

（1）"四川省1号工程"建设。2010年7月，富士康科技集团与成都市政府签订投资协议，成都市富士康项目办公室揭牌，打开集团布局成都之路。富士康成都科技园区的建设得到了国家、省、市各级政府的高度重视，被荣称为"四川省1号工程"。专门为富士康的建设项目规划了电、供水、供气等系统，形成了完善的配套服务产业链；富士康与成都各级政府联手缔造从签约到投产出货仅用80余天的建厂奇迹。2018年富士康成都科技园产值已达1108亿元。

（2）党群工作指导。成都科技园建厂之初，园区的党建工作就得到了上级党组织的支持与关注。在人才培养方面，鉴于非公企业许多从事党务工作干部非

科班出身的现状，上级党组织对企业党务干部进行重点培养。同时，在经费保障方面，园区党委成立后，上级党组织每年为园区划拨一定数额党建经费，用于保障园区党员教育、活动开展、阵地建设等。组织的支持、关注与引导极大地促进了园区党建工作的顺利开展。

2. 突破束缚，勇当在陆台资企业党建工作开展的"排头兵"

富士康（成都）是台商在大陆投资的标志性品牌。作为一家台资企业，企业在成立之初，在意识形态领域同大陆的公有制企业存在一定的差异。公司进入大陆发展以来，如何定位、如何发展，成为一项关乎企业成长的重要问题。公司从台资企业开展党建工作入手，突破意识形态的束缚，注重企业发展的在地适应性，成功实现了企业发展的本土化。作为台资企业开展党建工作，是公司在认识层面的突破性创举，也成为公司在激烈的市场竞争中标志性的有力竞争因素。

（1）企业党建的源泉：集团董事长的家国情怀。在大陆设企建厂，是集团董事长回馈家乡父老的初心。公司发展过程中，在珠三角地区、长三角地区、环渤海地区、中西部地区等地纷纷设立园区，大力助推当地经济建设，响应国家号召，鼎力助推"中部崛起"和"西部大开发"国家发展战略的实施。同时，大陆各个园区的建立和发展也沟通了两岸企业的关系，将海峡两岸的情谊紧密联结。

在企业开展党建，是企业关注国家发展的具体表现。在非公企业中建立党组织，是国家的需要，是加强党的领导的必然要求。《党章》规定"党支部是党的基层组织，担负直接教育党员、管理党员、监督党员的职责"，在企业中成立党组织，使党员能过上"组织生活"，接受党的教育和管理，是服从国家发展的体现。富士康集团在企业中建立党组织，顺应政治形势，为台商在大陆办企业起到了优秀的表率作用。

富士康（成都）党建工作的开展一方面是企业的需要，有利于促进企业自身的生产经营。企业中数量众多的党员都是员工中的先进力量，在完成各项任务中充分发挥了先锋模范作用，做好党建工作能够促进企业中坚力量作用的发挥。而企业自身的良好发展又是履行政府责任的重要体现。另一方面党建工作是企业社会责任落地的重要途径，党建能够带动企业社会责任的承担，企业的社会责任履行也是企业对政府的责任的履行。

作为一家台资企业，富士康对于共产党的工作一直秉持着支持、参与的积极态度，富士康（成都）党委秉持"爱岗敬业、创先争优、热爱生活、和谐幸福"的理念，凝聚共识，团结党员，服务员工，服务企业，服务社会，在非公党建领域不断探索创新，为企业和谐稳定健康发展保驾护航。

（2）企业党建的动力：效益增长的持续性需求。企业经济效益的增长与国家和执政党的政策和支持分不开；这也反过来激发了企业持续开展党建工作的强劲动力。在企业文化中，经济与政治关系密切，二者相互影响，相互助力。具体来讲，搞好经济就是搞好企业的发展，而做好政治，就是开展好企业的党建工作。在企业中建好党组织，是企业内生力量的发展。企业与党组织的相伴成长，是企业与其利益相关者和合共生的强大支柱。而这一强大支柱作用能够促使企业积极在内部建立党组织，抓党建促发展。

"企业发展到哪里，组织就建到哪里"。富士康（成都）的党建工作开展可以说是富士康科技集团党建工作"排头兵"效应的产物。

3. 覆盖范围全面，党建工作奠定扎实基础

（1）组织覆盖全面。在组织设置方面，富士康集团党委在深圳地区成立了全国第一家企业居委会和社会服务中心，集团党群组织架构完善，包括党办、党校、工会、团委、女工组织、富康居委会、耘梦社工。在不断强化基层党组织建设的同时，集团党委还注重群团组织建设，以党建带工建、党建带团建，党建带社区（居委会）建设，形成了良好的党群共建格局。

富士康（成都）党委在上级党组织和集团党委指导下，建立健全党总支、党支部、党小组三级组织网络，做到全覆盖。结合园区生产单位实际情况，园区党组织建设以线组（生产线/组）为单位建立党小组、以课为单位建立党支部，以厂部为单位建立党总支，方便党员开展组织生活，同时能有效提高党员凝聚力、向心力。园区现有专职党务干部8名（其中团委2名），工会专职干部43名，兼职党组织干部300余名，团组织干部100余名，园区党群组织依照"专职为主、专兼结合"的方式开展工作。工会、团委在党委的带领下，实现自身职能。

（2）制度保障全面。六大体系保障党组织工作开展。一是党团先进教育体系。开展"两学一做"、群众路线教育实践活动，开办每月一课讲座，开通掌上党校，让党员"随时、随地、随手"学习。二是精英干部养成体系。建立精英人才信息库，举办"精英干部训练营"，为党的队伍建设和企业发展储备人才。三是企业文化引领体系。大力宣传"十荣十耻"荣辱观，志愿服务精神，定期表彰优秀党员和基层组织。四是关爱员工服务体系。建立员工诉求快速反应机制，持续推广"党工结对"，发放困难党员、困难员工帮扶救济金。五是企业形象推广体系。开展以"助老、助残、助弱、助学、助行、助洁和义务献血"为主要内容的"爱心6＋1"慈善活动。主办电子报《党委信息简报》、志愿者服务网站等。六是纪律安全监查体系。园区党委、纪委联动企业行政，建立健全纪律安全检查机制。

（3）阵地建设全面。党组织的发展与壮大离不开全面的组织阵地建设，完善的阵地建设才能保证党组织工作的全方位开展，保障党组织作用的全面发挥。为了更好地服务企业和员工，提升党员干部开展党务工作的效率，富士康（成都）在建好党建实体阵地的基础之上，搭建网络宣传教育平台和青年员工就业创业平台，推动党建工作由现实空间扩展到网络空间。集团党委着力打造"智慧党建工程"，建立微信党团支部，利用微信收缴党费，开展微信党团活动，完善党群工作信息网、党务信息管理系统、短信发送平台等，让智慧党建成为展示党建新思路、新创意，弘扬企业文化、正能量的风向标。2014 年 7 月，该工程开始在全集团所有党支部推广，目前已建立 1 个以各园区专兼职党团干部为对象的幸福党团之家微信群、1 个以党组织书记为对象的党组织书记微信群、15 个事业群级党员微信群、89 个党总支微信群、358 个党支部微信群。这些微信群较好地肩负了传达党团信息、党员信息管理、党务咨询服务、开展教育培训、展示党团工作、指导基层活动、交流党团经验、举办知识竞赛、讨论相关议题、收集基层意见、回馈处理结果、党工结对互动、党建团建联动、青年就业创业、党团义工及关爱活动等职责，并由此衍生出了"快乐星期三""快乐星期四"等多种"三微"活动品牌，增加了基层党组织与党员的交流沟通。

4. 激发党员热情，党建工作把握关键要素

做好党建工作的关键之一，是发挥党员自身的主观能动性，激发党员自身的先锋模范作用，这是党建工作关键的动力基础。富士康（成都）党员及其员工作为党组织建设的重要一环，一方面积极为企业发光发热，贡献自己的力量；另一方面，也得到了企业相应的关怀与鼓励。

（1）以身作则，建言献策。

1）带头示范，以积极行动带动企业活力。园区党委持续在各基层党组织开展以"美丽富士康·党员示范行动"为主题的"党员示范岗"创建活动。党员示范岗总体要求是所在岗位的党员党性观念强、职业道德好、业务水平高、岗位形象好、工作质量优，能积极贯彻执行党的路线方针政策，自觉遵守国家的各项法律法规和企业的各项规章制度，能充分发挥共产党员的先锋模范作用。

活动一经开展，就得到了广大党员的支持，全体党员积极响应，踊跃参加。通过创建活动，党员们纷纷主动在企业里把身份亮出来，在岗位上把形象树立起来，在群众中把先锋模范作用显现出来，从而实现了有利于员工利益、有利于企业发展、有利于社会和谐的工作目标。截至目前，成都园区共创建党员示范岗100 余个，党员示范单位 2 个。

党建工作中，党员的积极性是激发企业党组织、党员生机和活力的有效载体。在"党员示范岗""党员示范单位"的创建活动中，深入开展创先争优活

动，激发园区各基层党组织和广大党员的生机和活力，引导广大党员立足本职岗位，充分发挥共产党员的带头、示范、辐射作用，为企业转型与园区的健康稳定发展做贡献。

2）建言献策，以创新思维助力企业发展。富士康（成都）党组织中，有很多通过在自己的岗位上积极为企业建言献策的方式，为企业发展做出贡献的员工。特别是在五小科技成果创新方面表现突出。包括小发明（在特定的车间环境下创造出新的助力生产的产品），小改造（对旧设备及二手物品等物品进行改造利用），小设计（对已有的物品进行重新设计，提高完整性和可实施性），小建议（激发基层员工对车间管理及成产流程提出新的思路和创意），小革新（使生产工艺进步、提法或某一方面技术、性能）。

为充分凸显党员在企业发展创新升级中的先锋模范作用，园区党委在各基层党组织中建立青年突击队，完善各项制度。开展"青年突击·助推企业创新升级"活动，鼓励动员党员参与创新升级提案，在园区全面启动创新升级提案。每年年终园区党委主导开展提案评比，对优秀提案给予一定奖励。如此，党员们通过点滴的建言献策，为企业发展添砖加瓦。

（2）关爱员工，助力社会。

富士康（成都）党委意识到，党建工作从某种程度上讲，就是做人心工作。将严肃的党建工作做成温暖的人心工作，使企业员工在体贴细致的人文关怀中感受党组织的"温度"，将全心全意为人民服务的宗旨浸润在为员工服务的切实行动中，是对富士康（成都）党建工作的深刻总结。

1）党组织助力员工"幸福梦"，以关怀赢得支持和信任。十大品牌工程是富士康（成都）党建工作的重要标志性工程之一。其核心是围绕党员和员工的生产和生活，开展相应的活动，从而提高生产能力，提升生活乐趣，实现幸福成长。其内容囊括了智慧党建工程以便捷党员的党内学习和生活，幸福双创工程以提高员工的工作能力，幸福人生大讲堂以提高员工的思想水平和精神境界，跟着幸福一起走以丰富员工的日常生活形式，幸福感悟秀以培育员工的文明道德素养，幸福悦读以传播"学习为本""终身学习""学用结合"等理念，幸福生活体验园以落实非公党组织活动场所规范化精神，幸福联谊会以有效增进党团干部、各界精英进行联谊、交流、沟通、学习，幸福友谊桥以推广企业社会形象，建立良好的社会口碑，幸福阳光工程以建立残疾员工帮扶机制，长效开展困难员工帮扶。

五大中心是富士康（成都）党建工作实现员工关怀的重要体现，通过五大中心的建设实现员工的幸福工作、幸福生活。园区积极打造的五大中心包括了员工关爱中心，设在 B23、C11 栋附房，共有专职工作人员 24 名。中心通过政策法规咨询、员工急难救助、劳资投诉、劳动争议调解、心理咨询辅导、危情险情通报、员工建议登记等职责的履行实现倾听员工心声，帮危解困，搭建公司与员工沟通的平台，和谐劳资关系的职能。员工社康中心和生育文化中心，园区社康中心联合电子科技大学医院负责员工基础病诊断及治疗，组织员工年度普检及健检。生育文化中心分为学习区、哺乳区、休息区、办公室，便利员工的工作和生活，同时协调各级政府职能部门及各级医院，开展免费妇女筛查、培训、优生优育健康检查，发放安全套、孕妇指南等书籍。员工活动中心，其内设有图书馆、健身房、台球室、乒乓球室、练功房等，能容纳 1000 人开展活动的多功能厅，便于组织员工开展各项活动。教育培训中心，涵盖职业技能培训、学历教育、智慧教育建设等几大模块，专注于提升员工职业技能水平，提升员工整体职业技能和素养；中心还创办学历教育教学点，创新学历教育模式，节省教学成本，开发行动学习平台及网络课件资源，推动 SmartClass 和"一人一本"计划，实现学员随时学、随地学。以及自建厂初期就设立的行政服务中心，承担员工离职手续"一站式"办理、社保查询、公积金提取等业务，方便员工快速、便捷办理业务。

2）党组织助力社会"公益梦"，以关爱获得肯定和赞誉。本着"爱心、信心、决心"经营理念和"融合、责任、进步"的从业精神，富士康长期致力慈善公益事业，累计捐赠善款逾 12 亿元，惠及全国 30 多个省市地区。几年来，集团党委持续开展以"助老、助弱、助残、助洁、助学、助行、义务献血"（6 + 1）为主要内容的爱心回馈社会系列公益慈善活动，以弘扬集团爱心文化，树立良好的企业公民形象，同时也让集团员工融入社会、善尽社会责任。与周边学校、医院、边检等部门保持良好关系，积极参与支持友邻、感恩回报及其他社会活动，为集团发展赢得社会更广泛的支持和良好的发展氛围。几年来，集团党委和各园区党团组织倡导发动 500 多个志愿者服务队、近 20 万名志愿者参加"爱在路上·与您同行"爱心回馈社会公益慈善系列活动 1000 余项，辐射集团大陆地区 20 多个园区及周边地区，带动员工参与百余万人次。用实际行动善尽企业社会责任，凝聚爱心，回馈社会。园区党委还积极参与"千企帮千村"精准扶贫活动，与甘孜州德格县色巴村、夺巴村结对帮扶，提供就业岗位，组织员工开展冬季捐赠衣物、捐资助学等志愿服务活动。

（3）双区联动，整合资源。

为构建园区与社区一体统筹、联动互促的党建工作体系，富士康成都园区党委主动融入成都高新区区域化党建工作格局，整合资源共同启动双区联动共建行动，与西园街道联合成立"16 小时党委"，派驻专职党务干部，倡导党员园区、社区双报到机制，实施"组织共建、平台共享、服务联创、活动联办"四项工程。在双区互动共建行动中，通过青年公寓工青妇服务中心、文体活动中心等服务组织，联合开展了志愿服务、关爱座谈、微党课等多项活动。

联合街道组建"云之咖啡"创客党总支，分别设园区、社区两个支部，园区党支部主要孵化专利技术、提案改善等，为企业生产经营创新提供助力；社区党支部主要孵化手工、文化创意产品，包括蜀绣、根雕等，丰富员工在社区的业余文化生活。

"16小时党委""创客党总支"实现基层党建在社区、双创领域的组织覆盖、服务覆盖。双区联动共建，整合资源汇集强党建促发展的合力，在时间、空间两个维度实现园区与社区党建工作的同频共振，为员工打造工作和生活的幸福家园。

（三）富士康（成都）党建工作经验启示

1. 富士康（成都）党建工作经验

（1）地方党组织的有力支持。

党委、政府的引导和支持是非公企业特别是台资、外资企业开展党建工作的重要保障。这种支持体现在包括思想引领、工作指导、政策惠泽等在内的多个方面。从解决人才问题入手，到班子如何建设、书记如何选派，再到如何开展工作，与社区、妇联等部门如何配合，再到如何搞好企业经济建设。一步步地引导，一步步地培养，并且持续地提供相关资源和信息支撑，为企业党建工作的框架构建和细节描绘提供足够的保障。富士康（成都）党建工作的成功离不开这些支持，也正是因为园区紧紧抓住机遇，争取、把握和运用好了这些支持，才有园区党建的快速发展。

（2）企业高层的战略谋划。

1）企业家的家国情怀。富士康的党建经验源自于集团总裁对于家乡建设和国家发展的认同。企业的成长是国家发展不可或缺的部分，国家的发展也依赖于企业产生的经济动力。同时国家的发展也为企业成长提供足够的内生动力和外部环境支撑，企业发展需要强大的国家做后盾，两者互相促进。正确认识企业成长与国家发展的关系，促进企业与国家共同向好发展是企业家家国情怀的体现。

2）企业家的战略眼光。正确判断企业的外部环境、企业长远发展趋势是一个有所作为的企业家所应具备的战略眼光。这种外部环境包括政治环境、社会环境等一系列影响企业发展的关键因素。紧跟国家发展战略规划、接受政府正确的思想引导，才能为企业发展营造良好向上的生存环境。

3）企业家的创新勇气。敢于突破束缚，争做先锋，才能走在时代和潮流的前列，得到助力企业发展的机遇和挑战。创新是企业发展不灭的动力，这种创新不单单是技术上的、业务上的，也包括思想上的、意识上的。技术上的创新需要突破，思想上的创新更是难能可贵。在非公企业党建发展的潮流中，率先突破束缚，将党建与企业自身发展紧密结合，使两者相互融合、相互促进，这一思想上创新与突破的成功展现了一个企业家的勇气、谋略与魄力。

（3）党员自主力量的作用。

一方面，身为企业的一名员工，本身就具有一定的主观能动性和集体责任感，作为一名党员，更是具有很强的集体荣誉感，这种自主的力量是企业党建工作的动力基础。充分发挥党员的自身力量，给他们提供更多的发挥模范带头作用的渠道，必将为企业生产发展带来巨大的活力。

另一方面，非公企业党建工作不是简单的政策宣传，其根本在于以党建工作为载体，以党组织作用发挥助力企业持续发展和员工幸福生活，使非公企业发展坚持社会主义方向，使企业员工在思想上和行动上切实支持执政党的领导核心定位。因此党建工作必须坚持"以人为本"的理念，具体到企业就是坚持"以员工为本"的理念。员工生活改善助力企业凝聚力增强和效益提升，企业强大的凝聚力和不断增长的经济效益能够保障政党执政根基的稳固。

2. 富士康（成都）党建工作启示

富士康（成都）党建是台资企业支持、参与共产党工作的成功案例，是政府正确引导与帮助下党建工作向好发展的成功案例，是企业探索与创新党建工作助力企业发展的成功案例。富士康（成都）的党建案例对全党有明确的针对意义。企业党建工作的发展也为我们带来了很多思考与启发。

（1）地方党组织的决定力量：成都市委的主动引领。目前，成都市的外资、台资企业数量不断增长，但这些企业的党建工作尚处于起步阶段。许多企业的党建意识还未树立，党组织还未建立，这需要政府的引导和支持。政府对非公企业的党建支持，不仅仅是规章条例的制定，还包括持续性的沟通机制、有效的工作指导和关怀。

（2）党组织建设的核心要素：企业领导层的核心意识。在成都众多的外资、台资企业中，拥有像富士康这样对党建工作大力重视和支持的领导层的企业为数不多。这种意识、理念和情怀是党组织能够在企业中深入扎根和快速成长的核心和关键要素。领导层一方面要意识到党组织建设能够为企业的本土化发展开辟捷径，为企业的发展注入新的活力；另一方面也要意识到只有通过开展企业党建工作，才能为企业带来政治经济方面的更多支撑，为企业赢得更多的发展机遇。

（3）党组织建设的动力基础：三大作用的发挥。对于具备了党组织设立条件的企业，要积极发挥党组织建设的动力基础，党组织要发挥政治核心作用，发挥政治优势，宣传教育职工正确认识当前形势，坚定发展信心；党支部要发挥战斗堡垒作用，积极参与安全、生产和经营活动，为各项工作任务圆满完成保驾护航；党员要发挥先锋模范作用，团结带领广大职工克服困难、顽强进取，为企业发展做出努力和贡献。保证三大作用的持续、稳定发挥，才能推动党建工作的进一步深入开展。另外，党员的先锋模范作用是每一个党组织建设的非常关键要素，需要企业积极主动调动党员的情绪，激发党员发挥带头作用的积极性，同时，给予相应的人文关怀。通过党员，这一企业和党组织之间的有效连接，促进党建对企业发展的作用的发挥。

执笔人：薄　涛

（课题组成员：平文艺　谭光进　任川康　张腊梅　郭玲丽　薄　涛）

四、诚信在企业社会责任中的转化与体现

——成都久善博达实业有限公司案例①

作为一家以"久善博远"为核心思想和追求的企业，成都久善博达实业有限公司立足公司、员工与客户的角度，致力于诚信经营和发展，为客户提供最专业最优质的服务，注重员工成长的同时打造公司品牌。不忘初心，方得始终，久善将坚持用善心、爱心、诚心把企业长长久久地经营下去。

（一）公司简介

久善家居为成都久善博达实业有限公司（以下简称久善）注册商标，创立于 1996 年 8 月 25 日，现已是目前中国西南地区最大的瓷砖家居连锁企业。主要经营品牌有马可波罗瓷砖和旗下私人定制级高端橱柜——匠作橱柜，以及进口品牌，如意大利定制家居 COLOMBINI、橱柜 Armani/DaDa 等。久善以"上善若水，厚德载物；行事不顺、反求诸己"为企业训条，倡导"舍得、共赢、分享"的价值观，建立积极、向上的企业文化。2007 年，久善总经理万富辉获得由北大光华管理学院教授何志毅颁发的风云人物奖。2006 年、2009 年至 2014 年，久善获得由广东唯美陶瓷有限公司颁发的马可波罗瓷砖钻石客户奖。2014 年推出会员计划，成为提供终身会员服务的企业。坚持以专业服务从市场获取公平回报，是久善获得认可和成功的基石。

1. 精神内核

高层对诚信及责任的认识和设计。久善在成立之初，对自己的定位就是要用

---

① 作者：薄涛。

善心、爱心、诚心把企业长长久久地经营下去，以"久善博远"作为企业的核心思想和追求，这也是"久善"的来源之一。作为久善的管理层，董事长汤亚对企业的定位一直都是要将企业建设成为基业长青的百强企业。并从思想和行动上不断践行着自身对于诚信和责任的要求。在如此思想和行动的引领和带动下，以此为追求和目标的久善，也一直保持着对自身诚信和责任的高标准、严要求。

在这一精神的引领下，久善在经营中反复实践总结，形成了自己的企业文化，包括"舍得、共赢、共享"的价值观；"上善若水、厚德载物、行事不顺、反求诸己"的公司训条；"服从、真诚、乐观、主动、准确、效率、沟通、协作、改进、廉洁"的工作作风。同时公司将"客户满意度是检验我们工作质量的唯一标准"作为公司的生存基础。久善总经理万富辉强调："客户，是一个企业的生存之源；诚信，是一个企业的长久之本。业绩牺牲了，我们很心痛，但仍坚定不移，才能最终确立马可波罗瓷砖稳定的市场价格和在客户心目中恒实的价值。"

2. 经营现状

2002年，久善在全国行业内第一个实行明码实价终端销售模式，开创了行业先河，在四川确立了马可波罗瓷砖稳定的市场价格。2006年成都久善博达实业有限公司创造了瓷砖行业九大至尊服务体系，并不断完善，配备了专业的瓷砖铺贴施工团队的企业，在行业内第一个成立专业售后服务团队。久善以"客户满意度是检验我们工作质量的唯一标准"作为自己的生存基础。投入大量人力、物力打造客户服务体系，为行业内首创并一直保持领先。从前端销售服务量化考核，到售后服务部细节管理，再到回访中心全程监督。公司将客户满意视为与销售额一样重要的工作评估标准，每年客户满意度均为行业领先。

2010年，久善在行业内第一支专业施工队正式成立，提高了行业服务标准。多年来，久善在施工服务板块发力，2018年与成都市建筑装饰协会一起主编"家装行业镶贴服务规程"，并成为第一批"成都家装行业镶贴服务规程示范单位"。

经过23年的沉淀，久善在2017年一举通过CQM的"环境管理体系、质量管理体系、职业健康安全管理体系"三大国际互认管理体系认证。公司建立了完善的管理及服务体系，成为川内瓷砖成品配送最快最优质的服务品牌。

久善一直致力于为客户提供更优质的服务，为员工提供更大更强的发展平台。坚持学习、创新，在积极提升企业综合竞争力的同时，力争为美化人类居住环境及人文环境做出贡献。多次举行捐资助学、慰问福利院老人等活动；在企业内部，每月给员工父母发放330元感恩津贴，公司成立爱心基金积极帮助家庭有困难的员工渡过难关，以实际行动践行企业的社会责任，引导员工忠孝守道，倡导积极的人文关怀。

如今，久善家居已经从最初的个体经营，发展到如今的集团化运作，目前公司销售网遍络布全川，总部设置于省会成都，外围设置了达州分公司、宜宾分公司、泸州分公司、自贡分公司、资阳分公司、眉山分公司、乐山分公司、德阳分公司、遂宁分公司、广元分公司、绵阳分公司。公司直营门店 70 余家，合计经营面积 3 万余平方米，另有合作经销商门店 20 余家，公司员工近 800 人，年销售额上亿元（对外久善报的是六十余人，此处需根据情况编写）。建议尽量回避员工人数规模等数据（改为公司专卖店 70 余家，合计经营面积 3 万余平方米，另有合作经销商门店 20 余家）。为给客户提供更高效更优质的服务，21 年来除了建立上万平方米的大型库房和自有加工厂外，还自建物流网络，自有车辆 30 余辆，成为川内瓷砖成品配送最快最优质的服务品牌，久善家居一直致力于为客户提供更优质的服务，为员工提供更大更强的发展平台。

3. 公司面貌

管理与决策为公司运营保驾护航。在久善的成长过程中，管理层的领导与决策层的执行对企业成长起到了重要的引领和保护作用。久善的辉煌不是一蹴而就的，也面临和应对了很多的机遇和挑战。作为公司的领航人，久善的领导人们不畏挑战，勇于变革、敢于创新，始终与久善风雨同舟，在困难中跌倒，在困难中站起来。公司就如一艘航行在海上的大船，在管理层的引领和决策层的保护下，防控风险、劈波斩浪，不断前行。

员工的工作面貌。在公司久善博达的理念影响之下，公司的员工都怀着积极向上的心态面对工作和生活。公司定期出版公司杂志《久善人》，每一期杂志都分为若干个主题板块，包括领导寄语、公司动态、案例分享、工作生活感悟、企业文化等内容，真实地反映了公司领导和员工的工作面貌、心得。

杂志鼓励员工投稿，每一篇文章都反映了员工真实的内心情感，有收获，有成长，有感恩，有期望。通过一篇篇员工发自内心的文章表达出了久善人"努力、拼搏、坚持、成长"的态度。映射出公司员工怀一颗年轻的心，做一个简单的人的踏实、向上的心理。《久善人》见证了久善的变化，也推动着久善的变化。

同时，在领导与员工之间，久善又用诚信和责任连接起了一条纽带。久善将同理心放在一切决策的中心位置（同理心即一个人对周边世界感同身受的能力）。高层体贴和关怀员工，员工积极参与管理，高层与员工打成一片，形成了一个欢乐、温暖、奋进的久善大"家"庭，所有人都是久善的一分子，团结一心，与久善共进退。

（二）诚信之为——企业成功的路径与经验

1. 领导层与决策层的有信之心

一个成功的企业，必然拥有一个正确的核心思想和理念。这一思想和理念必然成为引领公司成长的内核动力。"久善"的想法很简单，就是希望能够用诚心、用真心、用善心坚持把企业长长久久地经营下去。但正是这样一个简单的想法激励和支持着一代又一代久善人不断地为企业、为梦想拼搏和奋斗，最终创造了久善今天的成就。

作为企业的董事长，汤亚对"久善"承担责任的要求可见一斑。在公司成立20年之际，她回顾道："久善走过的二十年，可以说是历经曲折，在外围市场需要开拓时，久善人勇敢积极探索、经受考验、顽强拼搏；当市场格局发生变化时，久善积极适应环境变化，学习和创新多种销售模式，在销售中融入了服务理念和服务模式；当后台管理无法匹配公司发展时，久善积极学习各兄弟单位先进经验，引进新的管理软件，克服困难为销售服务；当加工厂无法满足销售的需求时，我们转换思路，引进现代生产企业的生产运筹管理方式，向管理要效益……"克服了重重困难，努力向上成长的久善，向着建设基业长青的百年企业征程勇敢前行。"艰苦创业、适应变化、励精图治、接受考验"这是久善管理层对企业责任心的体现，也是管理层对自身和对久善人的要求和承诺。

不忘初心，方得始终，是久善对于企业的自信和承诺。久善副总经理周军总结道："我们所坚守的信念和本心存在于向善、向美、向真的追求之中。"看清了现实，却依然热爱和执着的追求。正因为拥有了改变与创新的勇气，久善才能不断地成长、完善、前进，并开拓出一片属于自己独一无二的风景。

见证久善、与久善风雨同舟。无论是久善的管理层还是久善的决策层，对于这个企业，从来都是满怀诚心，坚定决心，保持信心。他们与公司十年、二十年共同成长，共担荣辱，让诚信久善、责任久善的精神不断被发扬和传承。

2. 公司对员工的责任

员工，是一个公司的主要生产力。一个公司对员工的态度传达出公司对责任的理解与重视。久善对于员工的关怀是全方位和多层次的。一直以来，久善将员工满意度作为企业工作的主要评定标准之一。通过进行能力培养、保障工资、优化福利待遇和设立爱心基金等多种方式对员工开展培养和关怀。

相信员工的工作能力。对一个人的信任往往是对一个人最大的鼓励，久善相信并肯定每一个努力工作的员工。努力培养员工，提高员工的工作能力和业务能力，及时对员工的业绩基于肯定和表扬。正是有了公司对员工的这份信任，让员工感到了温暖，感到了力量，也让员工拥有了自信。积极地、满怀热情地投入到工作之中，不断在自己的岗位上钻研工作经验，求进、求精，创造了一个又一个骄人的业绩。

读书、培养、教育的提升。公司通过师傅带徒弟的传帮带培养模式对员工能力进行培养，让员工在这里工作的同时也能在这里成长。很多员工对此都感慨颇深。员工唐海英在参加了培训后感慨道："当我还是实习员工的时候，门店上就安排了老员工带实习员工，这让我感到很惊讶。销售是有竞争性的，久善还会有专人一对一带你学习！让我从一个什么都不懂的菜鸟，成长为可以自己独立应对客户的销售，这中间离不开同事之间的帮助与公司的培养。"除此之外，公司在企业中大力推广读好书活动，推出"善·悦读"读书分享会，员工通过读书、写书评，不断提高着自己的思想和认识水平。去现场、进讲堂、写心得、参大会、读好书，一点一滴都体现着久善对于员工尽心尽力的培养。

家人般的关爱。久善对员工的关爱称得上无微不至。久善员工陈红平在一年冬天快要过年的时候脖子上出现了红色的小点，奇痒无比，在药店买了很多药都没有效果。在情况越来越严重的时候，汤总得知了，并马上开车送她到皮炎所去看病。看完病已经是下午四五点了，当天又是过年假的最后一天，宿舍也没什么人。汤总不放心她一个人住，又怕带的行李太多坐车不方便，便决定亲自送她回家，让陈红平非常感动。除此之外，久善还安排有员工家访活动，对员工心贴心的给予了解、关怀，给员工最需要的帮助，让员工在久善感受到家的温暖。举行形式多样的节日活动，包括会议、旅游、运动会等，丰富员工的日常生活。同时公司还创设了久善330制度，即入职期满一年员工父母每月享受330元感恩福利，并确保福利真正给到员工的家属，让久善人真正成为一个大家庭。感恩金不仅是一种福利，更是在身体力行的倡导中国的"孝"文化，用实际行动带动和影响员工孝敬父母，使员工在久善的工作得到家人的支持。

3. 对客户的责任

让客户享受最好的服务是久善一直以来坚持的理念，客户满意度也一直是久善工作的重心。顾客的口碑是检验工作质量的唯一标准。公司对每个客户接受服务后的满意度进行列表测评，并将测评结果与员工的工作绩效等直接挂钩。公司目前也在研究客户满意1.0、2.0、3.0的服务升级，以感动客户、感动服务为目标，重视作品的感受、设计效果和设计方案的艺术性、产品的研发能力等。

久善对客户的责任也体现在对自身产品的态度上。在久善，流传着这样一种理念："目标刻在钢板上，方法写在沙滩上。"久善一直追求在自己的领域内做精、做透。通过多年的研究，久善制定了自己的瓷砖的铺装标准，并被"装协"采用，成为这一行业标准的主编单位。久善研究的美缝技术为瓷砖赋予了更高一度的美感。久善的水刀加工技术，称得上用两年时间解决了一个缝的问题。久善还成立了自己的施工队，保证瓷砖铺装时碰角的精准度。正是这一个个追求极致练就的"功夫"，让久善在行业中脱颖而出，拥有了一大批稳定的客户群体。

以真心换真心，久善坚持用真诚的态度与信任去赢得信任。很多客户都是被久善员工的真心所打动。很多老客户都是因为认准了久善的质量和服务一而再、再而三地回购。一个非常特别的案例是一个客户因为买房时在成都还没有住处，但住酒店又会很容易失眠，店长刘艳飞就邀请客户到自己家里住，客户非常感动。类似的案例在久善数不胜数，久善也正是用这样的真心维护着自己的品牌，维护着自己在客户中的口碑。

"耐得住寂寞，经得住诱惑"是久善对自己也是对客户的承诺。久善一直坚持明码实价，在乱象中始终保持自身价格稳定。2002年，久善在全国行业内第一个实行明码实价终端销售模式，开创了行业先河，在四川确立了马可波罗瓷砖稳定的市场价格。"3·15虚假价格、虚假折扣"是让久善永远也忘不掉的一次学习经历。已经定好了上浮的价格标签在活动前一天被要求更换，当天晚上所有店面商品价格恢复正常。久善严禁虚假价格，宁可自己亏本也不能给客户造成折扣虚假的假象。

4. 爱心与公益

在关注自身的同时，久善也在社会公益之中做了很多积极的尝试。多次举行捐资助学、慰问福利院老人等活动。2008年"5·12"地震、2010年4月玉树地震、2013年4月20日雅安地震，久善都是第一时间做出反应，董事长、总经理等不顾个人安危，亲自带着救灾物资奔赴灾区；员工们捐款捐物、力尽所能，帮助同胞。2013年3月久善董事长亲赴泸州叙永落木河希望小学，关爱小学的孩子们；久善还定期组织人员到敬老院看望老人……久善在用自己的行动践行着向"善"的力量。

（三）成功之道

"久善"以"久"为目标，以"善"为宗旨，并将其落实到诚信和责任两大行为方式之上，本着负责任、讲信用的态度实现公司的可持续发展。

1. 有收获的过去

过去的几十年，久善用行动收获着信任。这其中有领导对公司的自信与责任，10年、20年的工作经历，见证了久善，与久善共同成长。有公司与员工的信任，公司为员工提供实现梦想的机会和平台。久善扁平化的组织结构本身，就为久善人提供了很好的成长的平台。作为一个经销商，久善采用分公司股份合作制的经营模式，为员工提供了很好的创业平台，很多久善分公司的老板都是曾经久善的员工。同时久善还注重培养员工的技能，鼓励员工发展周边行业。还有员工与客户之间的相互信任，这是企业长久发展的根基。员工与客户之间的信任也是经营者与消费者之间的信任，这种信任是从陌生到熟悉、从路人到朋友的磨合和经营中产生的，是只有始终坚持诚信和责任的行为才能换来的。久善正是深刻的领悟到了这一点，才能在过去的几十年走得踏实、走得稳健。

过去的几十年，久善用团结收获着力量。在久善，每一位员工都能深刻地认识到团队、意志对于企业的力量。在一个公司大家需要共同成长和进步，合作、共享、容纳、伙伴、互利是成长的基础。久善从开始就为员工营造出"家"的概念。几十年的成长中，久善把企业建成了一个大学校、大家庭，每个人都在企业中获得了学习成长，也收获着快乐和温暖。每个人都在自己的工作岗位上默默地付出，齐心协力为了久善的成长做出自己的贡献。正是有了这样团结的精神让久善收获了经营上的成功和众多来自厂家、媒体等各方的认可和荣誉。在"舍得、共赢、共享"的价值观的引领下，久善实现了与员工、与客户、与社会的共建、共赢、共享。

过去的几十年，久善用支持收获着感动。公司对员工无微不至的关怀和支持，让每个久善员工提起久善，都是发自内心的感恩和感动。员工长达十年、二十年的坚持也是对公司支持的认可，对公司的回馈。一个能在企业待十年的员工一定是一个好员工；同样一个能让员工待十年的公司也一定是一个好公司。公司与员工之间的相伴成长，风雨兼程，一路同行。感动是一种心态，感动是一种幸福，感动是一种珍惜。何春梅在久善二十年之际曾感动地说："能在久善文化环境中成长，是我一生的荣幸；不管是现在还是将来，我都将以感恩的心回报久善的培养。"

2. 有担当的现在

对于品质的担当。对于公司的产品质量的承诺是公司过去、现在更是将来承担责任的体现。这种品质，体现在产品的质量上，也体现在服务的质量上。在产品质量上，久善坚持践行"工匠精神"，在保证产品的细节质量的基础上，追求产品的附加值，追求作品的感受、设计的效果、产品的艺术性。在产品的研发能力上下苦功夫，让久善的产品始终领先行业，引领潮流，做到让一些从事高仿产品生产的生产商无法超越的程度。在服务质量方面，久善力求服务好每一位客户。久善员工余英感悟道："销售工作是我的梦想，服务好每一位客户也是我的责任，让客户信任更是我的荣幸。客户有很多种，要站在客户的角度思考问题，取得客户的信任，久而久之客户就和我们成为朋友，如此一来，老客户介绍新客户，进入良性循环。客户满意度是检验我们一切工作质量的唯一标准，在售前、售中、售后等各个环节，把服务做到极致，这才是我们的终极目标。"不管客户在我们服务的任何一个环节出现了问题，都要及时为客户解决。客户是久善的衣食父母，没有了客户一切都是空谈，久善的经验就是把客户当成朋友和亲人，想客户之所想，为客户排忧解难，这样才能更好地为客户服务。

对于企业的担当。久善对于自身，也有着承诺和责任。久善现在也处在一个机遇与挑战并存的社会之中，对于自己的建设和成长，久善有着自己的规划和定位。专注于自己的行业，专注于自己正在做的事情，把自己的事情做好做精，做到行业的前列，是久善一直坚持的信念，也是久善对自己的承诺。"上善若水、厚德载物、行事不顺、反求诸己"，久善始终对自己高标准、严要求，向着更高的目标前进。当然，对于自己的员工，久善从来都放在企业工作的重点内容之中。久善董事长汤亚曾经说过："如果我满足于今天的成绩，而不再去努力，又怎么对得起这么多依存久善的员工呢？"

对于社会的担当。无论是对国家、对政府，还是对家人、对弱者，久善都在用行动承担着属于自己的责任。在企业发展的任何阶段，久善都不会忘记对孝的宣扬、对善的践行。国家和政府需要像久善这样的企业不断地成长和壮大，今天的久善也在用自己的成长为国家经济的发展贡献自己的力量。同时，久善一直认可并弘扬中国自古以来都流传的孝道，通过企业中对孝的精神的弘扬，影响着员工对公司、企业对公司的责任的承担。另外，对于社会的弱者、对于需要帮助和支持的他者，久善也在不断力争及时地伸出援手，让久善这个企业对得起"善"的称号。

3. 可持续的未来

正如久善董事长汤亚所说："20 岁，在人生的漫长路途中，正是一个朝气蓬勃的青年，在建设基业长青的百强企业征程中，久善才刚刚出发……"

效益的可持续。效益是一个企业生命力的源泉，也是一个企业追求的重要目标之一。企业只有在稳定效益的基础上，才能更好地追求长远的发展。因此，效益的可持续是每个成功的企业必做的功课。这需要专注和勇气。久善一直是一个既专注于自己的工作，又敢于创新、敢于挑战的企业。不仅专注于做好每一块瓷砖、每一个产品，更是在每一次企业面临重大挑战的时候，勇于做出改变。

品牌的可持续。品牌的力量是公司完成跨越式发展的关键。在追求品牌可持续的路上，久善也不断地向经验丰富的企业交流、学习。通过与在企业品牌影响力上有优势的企业互相沟通、组织联盟，结为朋友，以各自的品牌文化相互影响，建立久善以"善"为核心的企业生态。大力发展信用经济，以员工与客户之间、企业与消费者之间的"信任＋信用"，获得企业品牌的认可和影响力。

文化的可持续。诚信的作为，有担当的作风，自信的态度，孝与善的理念都是久善长久以来形成的良好企业文化。这些优秀的企业文化是渗透着企业社会责任精神的文化，是企业可持续发展的动力源泉。在久善可持续发展的将来，更需要保持这些文化的不断发展。在"善"的文化核心下，保持原有的优秀企业精神，并不断为企业文化注入新的活力，承载新的内涵，呵护好企业文化的生命力。

附　录

一、2018 年四川省开发区营商环境可持续发展评价总体得分情况

附表 1　2018 年四川省开发区营商环境可持续发展评价的综合得分情况

编码	开发区名称	开发区属性	综合得分
1	成都经济技术开发区	国家级	84.65
2	绵阳经济技术开发区	国家级	82.58
3	四川南充经济开发区	省级	82.05
4	四川泸县经济开发区	省级	79.03
5	四川简阳经济开发区	省级	78.22
6	四川井研经济开发区	省级	77.78
7	四川南充航空港经济开发区	省级	74.20
8	四川南部经济开发区	省级	74.04
9	四川天府新区	国家级	73.82
10	四川夹江经济开发区	省级	72.47
11	四川乐山沙湾经济开发区	省级	72.42
12	四川巴中经济开发区	省级	71.02
13	四川南充潆华高新技术产业园区	省级	70.72
14	四川营山经济开发区	省级	70.65

编码	开发区名称	开发区属性	综合得分
15	成都高新技术产业开发区	国家级	69.34
16	四川犍为经济开发区	省级	68.45
17	四川峨眉山经济开发区	省级	67.98
18	四川资阳高新技术产业园区	省级	67.89
19	四川乐至经济开发区	省级	67.34
20	中国（四川）自由贸易试验区	国家级	67.24
21	四川双流经济开发区	省级	67.04
22	绵阳高新技术产业开发区	国家级	66.90
23	四川平昌经济开发区	省级	66.62
24	四川泸州纳溪经济开发区	省级	66.19
25	四川广元昭化经济开发区	省级	66.07
26	四川崇州经济开发区	省级	64.85
27	成都青羊工业集中发展区	省级	64.55
28	成都现代工业港	省级	64.43
29	成都国家自主创新示范区	国家级	63.89
30	四川合江临港工业园区	省级	63.84
31	四川彭州工业园区	省级	63.53
32	自贡高新技术产业开发区	国家级	63.24
33	四川安岳经济开发区	省级	63.00
34	四川罗江经济开发区	省级	61.63
35	四川广元朝天经济开发区	省级	61.56
36	成都新都工业园区	省级	60.71
37	四川古蔺经济开发区	省级	60.57
38	广安经济技术开发区	国家级	60.11
39	内江经济技术开发区	国家级	60.06
40	成都锦江工业园区	省级	59.55
41	攀枝花钒钛高新技术产业开发区	国家级	59.33
42	四川荣县经济开发区	省级	59.13
43	泸州高新技术产业开发区	国家级	59.08
44	内江高新技术产业开发区	国家级	58.31
45	德阳高新技术产业开发区	国家级	58.27

编码	开发区名称	开发区属性	综合得分
46	四川大邑经济开发区	省级	57.64
47	四川自贡航空产业园	省级	57.46
48	四川新津工业园区	省级	57.38
49	四川冕宁稀土经济开发区	省级	57.32
50	成都武侯工业园区	省级	57.10
51	四川叙永资源综合利用经济园区	省级	56.92
52	乐山高新技术产业开发区	国家级	56.78
53	广元经济技术开发区	国家级	56.69
54	四川金堂工业园区	省级	56.53
55	四川西昌钒钛产业园区	省级	56.35
56	四川什邡经济开发区	省级	55.77
57	四川会理有色产业经济开发区	省级	54.70
58	四川阿坝工业园区	省级	54.51
59	四川德昌特色产业园区	省级	54.27
60	遂宁经济技术开发区	国家级	54.04
61	绵阳工业园区	省级	53.78
62	成都青白江经济开发区	省级	53.66
63	四川都江堰经济开发区	省级	53.33
64	四川攀枝花东区高新技术产业园区	省级	52.96
65	四川富顺晨光经济开发区	省级	51.74
66	成都—阿坝工业园区	省级	51.08
67	四川绵竹经济开发区	省级	50.47
68	成都金牛高新技术产业园区	省级	49.14
69	四川遂宁安居经济开发区	省级	48.82
70	成都台商投资工业园区	省级	48.16
71	四川旺苍经济开发区	省级	48.15
72	成都龙潭都市工业集中发展区	省级	48.08
73	德阳—阿坝生态经济产业园区	省级	47.90
74	宜宾临港经济技术开发区	国家级	47.37
75	甘孜—眉山工业园区	省级	46.35
76	四川梓潼经济开发区	省级	46.34

编码	开发区名称	开发区属性	综合得分
77	四川青川经济开发区	省级	46.09
78	德阳经济技术开发区	国家级	45.82
79	四川盐亭经济开发区	省级	45.15
80	四川江油工业园区	省级	44.03
81	四川安县工业园区	省级	43.84
82	四川北川经济开发区	省级	43.44
83	四川蓬溪经济开发区	省级	43.42
84	四川剑阁经济开发区	省级	42.74
85	四川三台工业园区	省级	42.34
86	四川苍溪经济开发区	省级	42.22
87	四川绵阳游仙经济开发区	省级	41.67
88	四川攀枝花格里坪特色产业园区	省级	41.18
89	四川中江高新技术产业园区	省级	41.04
90	成都高新综合保税区及双流园区	国家级	40.88
91	四川绵阳出口加工区	国家级	40.14
92	四川射洪经济开发区	省级	38.62
93	四川大英经济开发区	省级	37.32
94	四川邛崃经济开发区	省级	36.44
95	四川泸州白酒产业园区	省级	35.88
96	四川资中经济开发区	省级	35.49
97	四川内江东兴经济开发区	省级	34.82
98	四川威远经济开发区	省级	33.65
99	四川蒲江经济开发区	省级	32.55
100	自贡综合保税区（正在建设）	国家级	31.08
均值			56.35
中位数			57.01
标准差			12.44
最大值			84.65
最小值			31.08

二、2018 年四川省开发区营商环境可持续发展评价具体得分情况

附表2　2018 年四川省开发区可持续发展评价一级指标具体得分

编码	开发区名称	开发区管理	开放发展	绿色发展	创新发展	协调发展	共享发展	综合得分
1	成都经济技术开发区	78.12	86.08	79.83	109.79	81.15	77.28	84.65
2	绵阳经济技术开发区	76.60	79.11	71.76	97.52	84.01	90.43	82.58
3	四川南充经济开发区	54.96	88.91	91.92	111.21	87.51	75.84	82.05
4	四川泸县经济开发区	53.85	93.24	79.46	103.13	61.84	99.46	79.03
5	四川简阳经济开发区	59.23	82.35	59.51	87.84	94.86	98.18	78.22
6	四川井研经济开发区	56.28	80.28	91.60	73.74	91.60	87.51	77.78
7	四川南充航空港经济开发区	49.47	93.46	89.90	76.85	76.14	75.84	74.20
8	四川南部经济开发区	58.62	77.33	63.07	82.36	92.75	80.38	74.04
9	四川天府新区	60.88	71.73	82.92	64.68	84.99	86.38	73.82
10	四川夹江经济开发区	57.44	92.50	66.78	45.76	89.66	92.73	72.47
11	四川乐山沙湾经济开发区	41.52	82.82	54.91	81.29	97.48	97.12	72.42
12	四川巴中经济开发区	57.91	96.17	33.12	111.40	62.63	73.59	71.02
13	四川南充漤华高新技术产业园区	49.89	96.13	95.75	59.62	54.09	82.75	70.72
14	四川营山经济开发区	62.81	94.98	66.02	64.37	58.46	82.53	70.65
15	成都高新技术产业开发区	53.78	69.43	77.46	106.63	48.30	70.84	69.34
16	四川犍为经济开发区	46.75	70.88	59.67	53.52	97.48	96.83	68.45
17	四川峨眉山经济开发区	65.28	51.32	65.22	70.84	58.61	98.38	67.98
18	四川资阳高新技术产业园区	63.71	70.96	53.59	108.22	32.14	81.49	67.89
19	四川乐至经济开发区	48.56	74.99	47.75	104.87	63.18	77.24	67.34
20	中国（四川）自由贸易试验区	62.48	79.25	64.95	72.97	33.67	93.30	67.24
21	四川双流经济开发区	22.42	98.75	25.69	87.19	98.82	99.08	67.04
22	绵阳高新技术产业开发区	56.11	57.25	53.35	92.13	58.43	91.30	66.90
23	四川平昌经济开发区	53.49	80.72	41.90	96.94	71.75	63.69	66.62
24	四川泸州纳溪经济开发区	52.29	75.21	30.78	93.96	55.53	98.65	66.19

续表

编码	开发区 名称	开发区 管理	开放 发展	绿色 发展	创新 发展	协调 发展	共享 发展	综合 得分
25	四川广元昭化经济开发区	41.44	76.22	62.22	84.65	87.63	60.70	66.07
26	四川崇州经济开发区	65.05	82.99	57.20	59.24	68.47	55.99	64.85
27	成都青羊工业集中发展区	66.37	32.96	24.24	102.85	61.56	98.10	64.55
28	成都现代工业港	56.51	76.79	28.24	69.05	77.15	84.14	64.43
29	成都国家自主创新示范	61.27	55.92	70.86	69.70	73.13	54.19	63.89
30	四川合江临港工业园区	67.21	98.42	66.32	65.88	22.37	60.60	63.84
31	四川彭州工业园区	46.27	39.14	63.95	49.05	96.90	97.35	63.53
32	自贡高新技术产业开发区	66.83	39.10	63.37	76.93	42.11	88.71	63.24
33	四川安岳经济开发区	49.85	78.39	34.90	83.73	47.29	92.58	63.00
34	四川罗江经济开发区	55.09	48.82	33.64	57.28	95.19	84.10	61.63
35	四川广元朝天经济开发区	48.74	40.09	33.67	86.72	88.52	80.17	61.56
36	成都新都工业园区	43.69	71.01	27.12	92.66	97.90	43.21	60.71
37	四川古蔺经济开发区	45.30	59.85	76.79	43.25	87.29	61.10	60.57
38	广安经济技术开发区	56.99	24.96	54.91	74.88	88.60	62.40	60.11
39	内江经济技术开发区	58.00	64.27	53.69	69.43	55.32	61.02	60.06
40	成都锦江工业园区	68.69	37.37	23.36	88.26	75.14	58.40	59.55
41	攀枝花钒钛高新技术产业开发区	35.26	58.32	65.36	61.92	52.77	98.40	59.33
42	四川荣县经济开发区	43.77	63.01	76.39	47.17	97.12	37.53	59.13
43	泸州高新技术产业开发区	40.23	54.88	31.17	85.38	62.78	92.58	59.08
44	内江高新技术产业开发区	36.23	48.36	54.12	75.72	58.49	91.66	58.31
45	德阳高新技术产业开发区	34.33	57.78	50.13	79.76	54.38	89.21	58.27
46	四川大邑经济开发区	46.42	87.14	40.33	88.86	65.36	25.21	57.64
47	四川自贡航空产业园	66.75	39.15	32.74	57.09	53.36	89.46	57.46
48	四川新津工业园区	39.83	72.43	46.65	83.19	89.86	24.00	57.38
49	四川冕宁稀土经济开发区	54.29	63.40	25.50	77.04	70.45	55.26	57.32
50	成都武侯工业园区	42.98	39.68	42.48	68.97	91.25	66.64	57.10
51	四川叙永资源综合利用经济园区	42.46	83.98	47.18	44.10	35.94	97.48	56.92
52	乐山高新技术产业开发区	41.13	53.12	45.70	70.15	49.15	91.83	56.78
53	广元经济技术开发区	77.60	58.84	24.79	71.61	47.93	45.45	56.69
54	四川金堂工业园区	52.21	67.02	47.73	88.13	63.82	23.17	56.53

编码	开发区 名称	开发区 管理	开放 发展	绿色 发展	创新 发展	协调 发展	共享 发展	综合 得分
55	四川西昌钒钛产业园区	54.13	73.97	39.25	53.38	56.69	62.16	56.35
56	四川什邡经济开发区	69.50	72.73	29.95	49.45	38.93	64.88	55.77
57	四川会理有色产业经济开发区	48.02	72.17	28.92	84.21	70.44	28.92	54.70
58	四川阿坝工业园区	36.86	80.43	43.68	50.14	36.42	91.32	54.51
59	四川德昌特色产业园区	47.49	65.46	29.57	86.17	71.91	29.57	54.27
60	遂宁经济技术开发区	34.39	59.61	55.79	49.52	52.78	85.26	54.04
61	绵阳工业园区	45.02	29.30	29.30	63.78	63.48	97.66	53.78
62	成都青白江经济开发区	36.45	82.15	43.52	74.53	71.17	25.60	53.66
63	四川都江堰经济开发区	42.74	72.29	25.92	67.61	92.59	25.92	53.33
64	四川攀枝花东区高新技术产业园区	34.97	55.07	87.89	68.27	46.45	37.08	52.96
65	四川富顺晨光经济开发区	52.25	41.18	69.49	76.88	38.57	31.69	51.74
66	成都—阿坝工业园区	29.98	58.68	51.16	75.63	74.38	30.70	51.08
67	四川绵竹经济开发区	57.71	36.74	26.24	83.52	36.94	56.85	50.47
68	成都金牛高新技术产业园区	46.96	49.45	44.69	91.15	34.26	29.79	49.14
69	四川遂宁安居经济开发区（正在建设中）	52.38	87.07	35.98	43.17	35.98	35.98	48.82
70	成都台商投资工业园区	39.08	81.46	27.59	47.28	72.00	27.59	48.16
71	四川旺苍经济开发区	37.03	74.47	49.72	65.69	34.69	34.69	48.15
72	成都龙潭都市工业集中发展区	41.59	78.07	26.66	62.06	57.76	26.66	48.08
73	德阳—阿坝生态经济产业园区	64.13	53.73	39.12	31.30	62.20	26.08	47.90
74	宜宾临港经济技术开发区	41.26	72.62	29.68	60.62	54.41	29.68	47.37
75	甘孜—眉山工业园区	54.42	64.68	28.37	34.04	62.87	28.37	46.35
76	四川梓潼经济开发区	47.95	28.91	57.81	55.61	28.91	57.81	46.34
77	四川青川经济开发区	44.35	43.75	36.89	42.89	62.66	47.18	46.09
78	德阳经济技术开发区	40.16	56.73	30.89	55.61	64.37	30.89	45.82
79	四川盐亭经济开发区	34.11	49.19	60.65	50.09	25.27	58.96	45.15
80	四川江油工业园区	37.41	29.23	35.08	103.50	29.23	34.10	44.03
81	四川安县工业园区	38.54	33.80	73.01	53.61	33.80	33.80	43.84
82	四川北川经济开发区	40.76	52.24	32.65	62.59	44.52	29.68	43.44
83	四川蓬溪经济开发区	49.80	47.70	35.60	42.72	44.86	35.60	43.42
84	四川剑阁经济开发区	39.44	34.94	34.94	50.32	52.41	46.59	42.74

编码	开发区名称	开发区管理	开放发展	绿色发展	创新发展	协调发展	共享发展	综合得分
85	四川三台工业园区	34.31	33.35	52.45	72.61	33.35	33.35	42.34
86	四川苍溪经济开发区	43.55	56.93	34.02	49.90	34.02	34.02	42.22
87	四川绵阳游仙经济开发区	35.46	47.15	30.92	77.28	32.46	30.92	41.67
88	四川攀枝花格里坪特色产业园区	44.21	33.72	59.23	40.46	33.72	33.72	41.18
89	四川中江高新技术产业园区	31.31	42.68	28.46	34.16	53.09	63.02	41.04
90	成都高新综合保税区及双流园区	43.41	46.95	31.02	44.67	41.36	36.19	40.88
91	四川绵阳出口加工区	38.37	47.81	31.05	47.19	36.22	41.40	40.14
92	四川射洪经济开发区	53.34	32.42	32.42	38.90	32.42	32.42	38.62
93	四川大英经济开发区	37.41	44.75	31.26	47.93	31.26	31.26	37.32
94	四川邛崃经济开发区	42.81	33.00	33.00	39.60	33.00	33.00	36.44
95	四川泸州白酒产业园区	29.83	31.29	58.06	37.54	31.29	31.29	35.88
96	四川资中经济开发区	37.37	48.09	30.05	36.06	30.05	30.05	35.49
97	四川内江东兴经济开发区	37.51	32.62	32.62	39.14	32.62	32.62	34.82
98	四川威远经济开发区	32.67	32.67	32.67	39.20	32.67	32.67	33.65
99	四川蒲江经济开发区（建设中）	28.14	32.72	32.72	39.26	32.72	32.72	32.55
100	自贡综合保税区（正在建设）	30.00	36.20	30.00	36.00	25.00	30.00	31.08
	均值	48.32	60.87	47.72	67.85	58.89	59.81	56.35
	中位数	46.85	59.22	43.60	68.62	58.10	59.78	57.01
	标准差	11.84	20.23	18.96	21.19	22.18	26.59	12.44
	最大值	78.12	98.75	95.75	111.40	98.82	99.46	84.65
	最小值	22.42	24.96	23.36	31.30	22.37	23.17	31.08

附表3　2018年四川省开发区管理具体得分

编码	开发区名称	政务服务	管理机制
1	成都经济技术开发区	85.61	60.64
2	广元经济技术开发区	84.29	61.98
3	绵阳经济技术开发区	74.68	81.09
4	四川什邡经济开发区	62.69	85.39
5	成都锦江工业园区	65.40	76.35
6	四川合江临港工业园区	58.16	88.34

编码	开发区名称	政务服务	管理机制
7	自贡高新技术产业开发区	57.75	87.99
8	四川自贡航空产业园	57.77	87.69
9	成都青羊工业集中发展区	68.15	62.20
10	四川峨眉山经济开发区	53.38	93.06
11	四川崇州经济开发区	51.52	96.62
12	德阳—阿坝生态经济产业园区	52.86	90.42
13	四川资阳高新技术产业园区	56.58	80.34
14	四川营山经济开发区	48.14	97.03
15	中国（四川）自由贸易试验区	58.22	72.40
16	成都国家自主创新示范区	66.47	49.13
17	四川天府新区	59.43	64.26
18	四川简阳经济开发区	43.17	96.68
19	四川南部经济开发区	44.52	91.51
20	内江经济技术开发区	60.20	52.88
21	四川巴中经济开发区	48.57	79.72
22	四川绵竹经济开发区	42.68	92.78
23	四川夹江经济开发区	45.76	84.71
24	广安经济技术开发区	58.24	54.08
25	成都现代工业港	38.76	97.95
26	四川井研经济开发区	43.64	85.76
27	绵阳高新技术产业开发区	44.04	84.29
28	四川罗江经济开发区	51.58	63.27
29	四川南充经济开发区	42.01	85.18
30	甘孜—眉山工业园区	42.36	82.55
31	四川冕宁稀土经济开发区	41.49	84.16
32	四川西昌钒钛产业园区	47.80	68.90
33	四川泸县经济开发区	46.67	70.59
34	成都高新技术产业开发区	48.95	65.05
35	四川平昌经济开发区	43.59	76.62
36	四川射洪经济开发区	62.30	32.42
37	四川遂宁安居经济开发区（正在建设中）	35.98	90.67

续表

编码	开发区名称	政务服务	管理机制
38	四川泸州纳溪经济开发区	36.94	88.12
39	四川富顺晨光经济开发区	32.60	98.11
40	四川金堂工业园区	40.16	80.32
41	四川南充潆华高新技术产业园区	37.83	78.02
42	四川安岳经济开发区	50.14	49.16
43	四川蓬溪经济开发区	42.72	66.31
44	四川南充航空港经济开发区	36.17	80.51
45	四川广元朝天经济开发区	28.86	95.11
46	四川乐至经济开发区	49.31	46.81
47	四川会理有色产业经济开发区	43.18	59.31
48	四川梓潼经济开发区	32.76	83.38
49	四川德昌特色产业园区	44.16	55.25
50	成都金牛高新技术产业园区	37.74	68.49
51	四川犍为经济开发区	29.90	86.07
52	四川大邑经济开发区	25.21	95.91
53	四川彭州工业园区	24.04	98.15
54	四川古蔺经济开发区	36.96	64.75
55	绵阳工业园区	37.11	63.48
56	四川青川经济开发区	34.31	67.77
57	四川攀枝花格里坪特色产业园区	48.70	33.72
58	四川荣县经济开发区	25.02	87.51
59	成都新都工业园区	20.34	98.16
60	四川苍溪经济开发区	47.63	34.02
61	成都高新综合保税区及双流园区	31.02	72.32
62	成都武侯工业园区	24.99	84.97
63	四川邛崃经济开发区	33.00	65.71
64	四川都江堰经济开发区	29.38	73.92
65	四川叙永资源综合利用经济园区	32.85	64.88
66	成都龙潭都市工业集中发展区	26.66	76.42
67	四川乐山沙湾经济开发区	26.92	75.57
68	四川广元昭化经济开发区	18.21	95.64

编码	开发区名称	政务服务	管理机制
69	宜宾临港经济技术开发区	35.62	54.41
70	乐山高新技术产业开发区	31.04	64.68
71	四川北川经济开发区	21.77	85.08
72	泸州高新技术产业开发区	23.55	79.14
73	德阳经济技术开发区	30.89	61.79
74	四川新津工业园区	24.00	76.79
75	四川剑阁经济开发区	33.08	54.28
76	成都台商投资工业园区	29.06	62.45
77	四川安县工业园区	40.56	33.80
78	四川绵阳出口加工区	26.91	65.13
79	四川内江东兴经济开发区	32.62	48.93
80	四川江油工业园区	17.54	83.79
81	四川大英经济开发区	33.34	46.89
82	四川资中经济开发区	34.06	45.08
83	四川旺苍经济开发区	32.38	47.87
84	四川阿坝工业园区	22.05	71.42
85	成都青白江经济开发区	25.60	61.77
86	内江高新技术产业开发区	24.44	63.73
87	四川绵阳游仙经济开发区	22.67	65.29
88	攀枝花钒钛高新技术产业开发区	21.89	66.45
89	四川攀枝花东区高新技术产业园区	25.96	56.00
90	遂宁经济技术开发区	27.51	50.44
91	德阳高新技术产业开发区	22.09	62.87
92	四川三台工业园区	26.68	52.11
93	四川盐亭经济开发区	30.32	42.96
94	四川威远经济开发区	32.67	32.67
95	四川中江高新技术产业园区	28.46	37.95
96	自贡综合保税区（正在建设）	30.00	30.00
97	成都—阿坝工业园区	29.67	30.70
98	四川泸州白酒产业园区	29.20	31.29
99	四川蒲江经济开发区（建设中）	26.17	32.72

编码	开发区名称	政务服务	管理机制
100	四川双流经济开发区	23.93	18.89
	均值	39.54	68.80
	中位数	36.56	68.69
	标准差	14.47	19.67
	最大值	85.61	98.16
	最小值	17.54	18.89
	0 分	0	0
	0~20 分	2	1
	20~40 分	54	10
	40~60 分	35	17
	60~80 分	7	36
	80 分以上	2	36
	合 计	100	100

附表 4　2018 年四川省开发区开放发展具体得分

编码	开发区名称	招商引资	产业发展
1	四川双流经济开发区	99.09	98.25
2	四川合江临港工业园区	98.71	97.98
3	四川巴中经济开发区	94.67	98.43
4	四川南充濛华高新技术产业园区	96.04	96.27
5	四川营山经济开发区	98.69	89.40
6	四川南充航空港经济开发区	91.60	96.26
7	四川泸县经济开发区	89.26	99.20
8	四川夹江经济开发区	90.28	95.84
9	四川南充经济开发区	89.85	87.51
10	四川大邑经济开发区	84.02	91.81
11	四川遂宁安居经济开发区（正在建设中）	88.74	84.56
12	成都经济技术开发区	87.99	83.23
13	四川叙永资源综合利用经济园区	98.47	62.25
14	四川崇州经济开发区	98.93	59.08
15	四川乐山沙湾经济开发区	77.81	90.33

编码	开发区名称	招商引资	产业发展
16	四川简阳经济开发区	98.54	58.06
17	成都青白江经济开发区	95.42	62.24
18	成都台商投资工业园区	94.10	62.51
19	四川平昌经济开发区	92.08	63.69
20	四川阿坝工业园区	72.93	91.67
21	四川井研经济开发区	73.51	90.43
22	中国（四川）自由贸易试验区	69.42	94.00
23	绵阳经济技术开发区	73.51	87.51
24	四川安岳经济开发区	85.86	67.18
25	成都龙潭都市工业集中发展区	88.87	61.88
26	四川南部经济开发区	93.85	52.56
27	成都现代工业港	90.61	56.06
28	四川广元昭化经济开发区	86.50	60.81
29	四川泸州纳溪经济开发区	73.03	78.47
30	四川乐至经济开发区	81.29	65.53
31	四川旺苍经济开发区	85.57	57.82
32	四川西昌钒钛产业园区	81.98	61.96
33	四川什邡经济开发区	78.86	63.54
34	宜宾临港经济技术开发区	78.16	64.31
35	四川新津工业园区	79.99	61.09
36	四川都江堰经济开发区	68.26	78.35
37	四川会理有色产业经济开发区	78.30	62.96
38	四川天府新区	64.26	82.92
39	成都新都工业园区	52.52	98.76
40	四川资阳高新技术产业园区	55.97	93.45
41	四川犍为经济开发区	81.97	54.25
42	成都高新技术产业开发区	59.90	83.73
43	四川金堂工业园区	46.34	98.03
44	四川德昌特色产业园区	72.95	54.22
45	甘孜—眉山工业园区	88.89	28.37
46	内江经济技术开发区	52.88	81.35

续表

编码	开发区名称	招商引资	产业发展
47	四川冕宁稀土经济开发区	88.66	25.50
48	四川荣县经济开发区	64.12	61.35
49	四川古蔺经济开发区	40.27	89.22
50	遂宁经济技术开发区	59.61	59.61
51	广元经济技术开发区	59.50	57.85
52	成都—阿坝工业园区	77.33	30.70
53	攀枝花钒钛高新技术产业开发区	39.87	86.00
54	德阳高新技术产业开发区	50.98	67.97
55	绵阳高新技术产业开发区	38.96	84.69
56	四川苍溪经济开发区	41.96	79.39
57	德阳经济技术开发区	30.89	95.48
58	成都国家自主创新示范区	57.08	54.19
59	四川攀枝花东区高新技术产业园区	73.24	27.81
60	泸州高新技术产业开发区	25.98	98.23
61	德阳—阿坝生态经济产业园区	72.16	26.08
62	乐山高新技术产业开发区	39.67	73.30
63	四川北川经济开发区	57.38	44.52
64	四川峨眉山经济开发区	44.96	60.87
65	成都金牛高新技术产业园区	50.65	47.67
66	四川盐亭经济开发区	45.49	54.75
67	四川罗江经济开发区	40.85	60.77
68	内江高新技术产业开发区	34.05	69.84
69	四川资中经济开发区	60.11	30.05
70	四川绵阳出口加工区	38.29	62.09
71	四川蓬溪经济开发区	43.91	53.40
72	四川绵阳游仙经济开发区	57.98	30.92
73	成都高新综合保税区及双流园区	40.33	56.88
74	四川大英经济开发区	31.26	64.97
75	四川青川经济开发区	55.76	25.74
76	四川中江高新技术产业园区	28.46	64.01
77	四川富顺晨光经济开发区	27.16	62.20

编码	开发区名称	招商引资	产业发展
78	四川广元朝天经济开发区	48.10	28.06
79	成都武侯工业园区	24.99	61.73
80	四川自贡航空产业园	24.07	61.76
81	四川彭州工业园区	24.04	61.79
82	自贡高新技术产业开发区	24.06	61.65
83	成都锦江工业园区	23.36	58.40
84	四川绵竹经济开发区	26.24	52.48
85	自贡综合保税区（正在建设）	37.00	35.00
86	四川剑阁经济开发区	34.94	34.94
87	四川安县工业园区	33.80	33.80
88	四川攀枝花格里坪特色产业园区	33.72	33.72
89	四川三台工业园区	33.35	33.35
90	四川邛崃经济开发区	33.00	33.00
91	成都青羊工业集中发展区	24.24	46.05
92	四川蒲江经济开发区（建设中）	32.72	32.72
93	四川威远经济开发区	32.67	32.67
94	四川内江东兴经济开发区	32.62	32.62
95	四川射洪经济开发区	32.42	32.42
96	四川泸州白酒产业园区	31.29	31.29
97	绵阳工业园区	29.30	29.30
98	四川江油工业园区	29.23	29.23
99	四川梓潼经济开发区	28.91	28.91
100	广安经济技术开发区	24.96	24.96
	均值	59.96	62.24
	中位数	58.74	61.78
	标准差	25.25	22.92
	最大值	99.09	99.20
	最小值	23.36	24.96
	0 分	0	0
	0~20 分	0	0
	20~40 分	32	24

编码	开发区名称	招商引资	产业发展
	40～60 分	21	18
	60～80 分	18	30
	80 分以上	29	28
	合 计	100	100

附表5　2018 年四川省开发区绿色发展具体得分

编码	开发区名称	园区水循环利用率	园区节能减排	污水集中处理率
1	四川南充漾华高新技术产业园区	94.58	94.58	97.51
2	四川南充经济开发区	81.68	93.35	98.53
3	四川井研经济开发区	87.51	93.35	93.35
4	四川南充航空港经济开发区	87.51	81.68	97.85
5	四川攀枝花东区高新技术产业园区	61.19	99.76	99.02
6	四川天府新区	82.92	82.92	82.92
7	成都经济技术开发区	65.39	71.34	97.02
8	四川泸县经济开发区	78.18	93.35	70.01
9	成都高新技术产业开发区	64.40	64.40	97.05
10	四川古蔺经济开发区	47.38	78.97	97.22
11	四川荣县经济开发区	23.46	98.39	99.58
12	四川安县工业园区	98.35	99.94	33.80
13	绵阳经济技术开发区	70.01	75.84	70.01
14	成都国家自主创新示范区	21.68	98.93	86.70
15	四川富顺晨光经济开发区	3.62	97.55	97.86
16	四川夹江经济开发区	98.93	98.93	18.55
17	四川合江临港工业园区	99.29	22.37	74.56
18	四川营山经济开发区	96.28	96.28	20.63
19	攀枝花钒钛高新技术产业开发区	46.91	62.54	81.31
20	四川峨眉山经济开发区	88.96	98.77	22.24
21	中国（四川）自由贸易试验区	89.57	97.07	22.39
22	四川彭州工业园区	89.76	91.36	24.04
23	自贡高新技术产业开发区	24.06	80.21	80.21
24	四川南部经济开发区	86.57	98.93	18.55

编码	开发区名称	园区水循环利用率	园区节能减排	污水集中处理率
25	四川广元昭化经济开发区	30.35	75.88	75.88
26	四川盐亭经济开发区	84.23	84.23	25.27
27	四川犍为经济开发区	78.36	96.44	18.08
28	四川简阳经济开发区	98.01	77.01	17.50
29	四川攀枝花格里坪特色产业园区	33.72	33.72	97.50
30	四川泸州白酒产业园区	31.29	31.29	98.22
31	四川梓潼经济开发区	57.81	96.35	28.91
32	四川崇州经济开发区	62.99	99.69	21.00
33	遂宁经济技术开发区	27.51	27.51	98.21
34	广安经济技术开发区	24.96	24.96	99.84
35	四川乐山沙湾经济开发区	82.65	76.75	17.71
36	内江高新技术产业开发区	26.19	61.11	69.84
37	内江经济技术开发区	24.41	24.41	97.62
38	四川资阳高新技术产业园区	97.13	50.74	23.06
39	绵阳高新技术产业开发区	25.41	50.81	76.22
40	四川三台工业园区	97.01	33.35	33.35
41	成都—阿坝工业园区	30.70	98.90	30.70
42	德阳高新技术产业开发区	25.49	50.98	67.97
43	四川旺苍经济开发区	34.69	69.38	46.26
44	四川乐至经济开发区	84.26	43.69	23.40
45	四川金堂工业园区	77.23	50.97	23.17
46	四川叙永资源综合利用经济园区	24.64	99.78	24.64
47	四川新津工业园区	24.00	99.50	24.00
48	乐山高新技术产业开发区	25.87	34.49	68.99
49	成都金牛高新技术产业园区	29.79	79.44	29.79
50	四川阿坝工业园区	25.44	97.56	16.96
51	成都青白江经济开发区	25.60	85.33	25.60
52	成都武侯工业园区	24.99	83.29	24.99
53	四川平昌经济开发区	58.32	50.64	23.02
54	四川大邑经济开发区	50.41	50.41	25.21
55	四川西昌钒钛产业园区	26.17	69.77	26.17

编码	开发区名称	园区水循环利用率	园区节能减排	污水集中处理率
56	德阳—阿坝生态经济产业园区	43.47	52.17	26.08
57	四川青川经济开发区	25.74	51.47	34.31
58	四川遂宁安居经济开发区（正在建设中）	35.98	35.98	35.98
59	四川蓬溪经济开发区	35.60	35.60	35.60
60	四川江油工业园区	38.97	38.97	29.23
61	四川剑阁经济开发区	34.94	34.94	34.94
62	四川安岳经济开发区	45.88	37.69	24.58
63	四川苍溪经济开发区	34.02	34.02	34.02
64	四川广元朝天经济开发区	48.10	32.07	24.05
65	四川罗江经济开发区	32.04	48.06	24.03
66	四川巴中经济开发区	36.80	44.16	22.08
67	四川邛崃经济开发区	33.00	33.00	33.00
68	四川自贡航空产业园	24.07	52.96	24.07
69	四川蒲江经济开发区（建设中）	32.72	32.72	32.72
70	四川威远经济开发区	32.67	32.67	32.67
71	四川北川经济开发区	39.57	29.68	29.68
72	四川内江东兴经济开发区	32.62	32.62	32.62
73	四川射洪经济开发区	32.42	32.42	32.42
74	四川大英经济开发区	31.26	31.26	31.26
75	泸州高新技术产业开发区	34.64	34.64	25.98
76	四川绵阳出口加工区	31.05	31.05	31.05
77	成都高新综合保税区及双流园区	31.02	31.02	31.02
78	四川绵阳游仙经济开发区	30.92	30.92	30.92
79	德阳经济技术开发区	30.89	30.89	30.89
80	四川泸州纳溪经济开发区	18.11	60.36	18.11
81	四川资中经济开发区	30.05	30.05	30.05
82	自贡综合保税区（正在建设）	30.00	30.00	30.00
83	四川什邡经济开发区	29.95	29.95	29.95
84	宜宾临港经济技术开发区	29.68	29.68	29.68
85	四川德昌特色产业园区	29.57	29.57	29.57
86	绵阳工业园区	29.30	29.30	29.30

编码	开发区名称	园区水循环利用率	园区节能减排	污水集中处理率
87	四川会理有色产业经济开发区	28.92	28.92	28.92
88	四川中江高新技术产业园区	28.46	28.46	28.46
89	甘孜—眉山工业园区	28.37	28.37	28.37
90	成都现代工业港	20.76	45.68	20.76
91	成都台商投资工业园区	27.59	27.59	27.59
92	成都新都工业园区	19.94	43.88	19.94
93	成都龙潭都市工业集中发展区	26.66	26.66	26.66
94	四川绵竹经济开发区	26.24	26.24	26.24
95	四川都江堰经济开发区	25.92	25.92	25.92
96	四川双流经济开发区	18.89	41.56	18.89
97	四川冕宁稀土经济开发区	25.50	25.50	25.50
98	广元经济技术开发区	24.79	24.79	24.79
99	成都青羊工业集中发展区	24.24	24.24	24.24
100	成都锦江工业园区	23.36	23.36	23.36
	均值	45.12	56.20	43.29
	中位数	32.23	49.23	29.74
	标准差	25.95	27.73	28.29
	最大值	99.29	99.94	99.84
	最小值	3.62	22.37	16.96
	0 分	0	0	0
	0～20 分	4	0	9
	20～40 分	61	44	63
	40～60 分	8	15	1
	60～80 分	8	13	8
	80 分以上	19	28	19
	合 计	100	100	100

附表6 2018年四川省开发区具体得分

编码	开发区名称	科技创新	人才服务
1	四川巴中经济开发区	131.79	97.80
2	四川南充经济开发区	134.18	95.89

编码	开发区名称	科技创新	人才服务
3	成都经济技术开发区	131.80	95.12
4	四川资阳高新技术产业园区	147.85	81.80
5	成都高新技术产业开发区	139.05	85.01
6	四川乐至经济开发区	135.80	84.26
7	四川江油工业园区	112.61	97.43
8	四川泸县经济开发区	127.60	86.81
9	成都青羊工业集中发展区	111.26	97.24
10	绵阳经济技术开发区	124.79	79.34
11	四川平昌经济开发区	126.06	77.52
12	四川泸州纳溪经济开发区	106.35	85.71
13	成都新都工业园区	131.30	66.91
14	绵阳高新技术产业开发区	118.55	74.52
15	成都金牛高新技术产业园区	79.71	98.78
16	四川大邑经济开发区	82.34	93.21
17	成都锦江工业园区	72.20	98.97
18	四川金堂工业园区	73.09	98.15
19	四川简阳经济开发区	90.43	86.11
20	四川双流经济开发区	119.13	65.90
21	四川广元朝天经济开发区	85.36	87.63
22	四川德昌特色产业园区	108.95	70.98
23	泸州高新技术产业开发区	109.48	69.32
24	四川广元昭化经济开发区	109.95	67.78
25	四川会理有色产业经济开发区	106.44	69.40
26	四川安岳经济开发区	116.08	62.16
27	四川绵竹经济开发区	125.19	55.73
28	四川新津工业园区	63.99	95.98
29	四川南部经济开发区	64.93	93.99
30	四川乐山沙湾经济开发区	61.99	94.16
31	德阳高新技术产业开发区	92.34	71.37
32	四川绵阳游仙经济开发区	46.38	97.88
33	四川冕宁稀土经济开发区	100.79	61.21

编码	开发区名称	科技创新	人才服务
34	自贡高新技术产业开发区	122.53	46.52
35	四川富顺晨光经济开发区	108.26	55.97
36	四川南充航空港经济开发区	127.36	43.17
37	内江高新技术产业开发区	123.84	43.65
38	成都—阿坝工业园区	80.69	72.26
39	广安经济技术开发区	37.44	99.84
40	成都青白江经济开发区	38.40	98.62
41	四川井研经济开发区	84.59	66.51
42	中国（四川）自由贸易试验区	108.54	49.26
43	四川三台工业园区	114.83	44.47
44	广元经济技术开发区	74.37	69.77
45	四川峨眉山经济开发区	97.78	52.87
46	乐山高新技术产业开发区	110.70	43.12
47	成都国家自主创新示范区	141.73	21.68
48	内江经济技术开发区	102.79	47.18
49	成都现代工业港	82.94	59.80
50	成都武侯工业园区	37.48	89.96
51	四川攀枝花东区高新技术产业园区	108.93	41.16
52	四川都江堰经济开发区	75.72	62.21
53	四川合江临港工业园区	90.88	49.21
54	四川旺苍经济开发区	84.43	53.19
55	四川天府新区	62.19	66.34
56	四川营山经济开发区	61.90	66.02
57	绵阳工业园区	53.71	70.49
58	四川北川经济开发区	79.32	51.44
59	成都龙潭都市工业集中发展区	39.99	76.78
60	攀枝花钒钛高新技术产业开发区	58.63	64.11
61	宜宾临港经济技术开发区	44.52	71.36
62	四川南充潆华高新技术产业园区	122.44	17.73
63	四川崇州经济开发区	70.36	51.82
64	四川罗江经济开发区	73.51	46.45

编码	开发区名称	科技创新	人才服务
65	四川自贡航空产业园	110.48	21.50
66	四川梓潼经济开发区	78.33	40.47
67	德阳经济技术开发区	46.34	61.79
68	四川安县工业园区	83.33	33.80
69	四川犍为经济开发区	63.29	47.01
70	四川西昌钒钛产业园区	39.25	62.80
71	四川剑阁经济开发区	52.41	48.92
72	四川阿坝工业园区	87.18	25.44
73	四川盐亭经济开发区	74.70	33.69
74	四川苍溪经济开发区	73.72	34.02
75	遂宁经济技术开发区	41.27	55.02
76	四川什邡经济开发区	78.71	29.95
77	四川彭州工业园区	36.06	57.70
78	四川大英经济开发区	72.94	31.26
79	成都台商投资工业园区	76.81	27.59
80	四川绵阳出口加工区	46.57	47.60
81	四川荣县经济开发区	72.90	30.03
82	四川夹江经济开发区	86.57	18.55
83	成都高新综合保税区及双流园区	46.53	43.43
84	四川叙永资源综合利用经济园区	73.29	24.64
85	四川古蔺经济开发区	72.60	23.69
86	四川遂宁安居经济开发区（正在建设中）	53.96	35.98
87	四川青川经济开发区	68.63	25.74
88	四川蓬溪经济开发区	53.40	35.60
89	四川攀枝花格里坪特色产业园区	50.57	33.72
90	四川邛崃经济开发区	49.49	33.00
91	四川蒲江经济开发区（建设中）	49.07	32.72
92	四川威远经济开发区	49.00	32.67
93	四川内江东兴经济开发区	48.93	32.62
94	四川射洪经济开发区	48.63	32.42
95	四川泸州白酒产业园区	46.93	31.29

编码	开发区名称	科技创新	人才服务
96	四川资中经济开发区	45.08	30.05
97	自贡综合保税区（正在建设）	45.00	30.00
98	四川中江高新技术产业园区	42.69	28.46
99	甘孜—眉山工业园区	42.55	28.37
100	德阳—阿坝生态经济产业园区	39.12	26.08
均值		82.55	58.05
中位数		78.52	55.85
标准差		31.21	24.61
最大值		147.85	99.84
最小值		36.06	17.73
0 分		0	0
0~20 分		0	2
20~40 分		7	27
40~60 分		22	24
60~80 分		24	24
80 分以上		47	23
合　计		100	100

附表 7　2018 年四川省开发区协调发展具体得分

编码	开发区名称	生活服务配套	就业质量
1	四川双流经济开发区	99.79	97.85
2	成都新都工业园区	97.75	98.04
3	四川乐山沙湾经济开发区	99.23	95.74
4	四川犍为经济开发区	96.44	98.53
5	四川荣县经济开发区	98.05	96.19
6	四川彭州工业园区	99.89	93.92
7	四川罗江经济开发区	99.88	90.51
8	四川简阳经济开发区	93.35	96.38
9	四川南部经济开发区	98.93	86.57
10	四川都江堰经济开发区	98.78	86.40
11	四川井研经济开发区	93.35	89.85

编码	开发区名称	生活服务配套	就业质量
12	成都武侯工业园区	99.20	83.29
13	四川新津工业园区	97.35	82.37
14	四川夹江经济开发区	92.75	86.57
15	广安经济技术开发区	99.84	77.37
16	四川广元朝天经济开发区	80.17	96.88
17	四川广元昭化经济开发区	75.88	99.38
18	四川南充经济开发区	93.35	81.68
19	四川古蔺经济开发区	98.19	76.38
20	四川天府新区	82.92	87.07
21	绵阳经济技术开发区	81.68	86.34
22	成都经济技术开发区	71.34	90.96
23	成都现代工业港	99.62	54.67
24	四川南充航空港经济开发区	81.68	70.59
25	成都锦江工业园区	77.86	72.41
26	成都—阿坝工业园区	97.77	51.00
27	成都国家自主创新示范区	99.30	46.96
28	成都台商投资工业园区	97.10	46.91
29	四川德昌特色产业园区	99.45	44.36
30	四川平昌经济开发区	58.32	85.18
31	成都青白江经济开发区	98.81	43.52
32	四川冕宁稀土经济开发区	97.54	43.36
33	四川会理有色产业经济开发区	97.50	43.37
34	四川崇州经济开发区	92.39	44.55
35	四川大邑经济开发区	97.96	32.77
36	德阳经济技术开发区	97.85	30.89
37	四川金堂工业园区	97.52	30.12
38	绵阳工业园区	97.66	29.30
39	四川乐至经济开发区	53.05	73.31
40	甘孜—眉山工业园区	97.36	28.37
41	泸州高新技术产业开发区	51.95	73.60
42	四川青川经济开发区	99.59	25.74

编码	开发区名称	生活服务配套	就业质量
43	四川巴中经济开发区	64.76	60.49
44	德阳—阿坝生态经济产业园区	98.32	26.08
45	四川泸县经济开发区	81.68	42.01
46	成都青羊工业集中发展区	24.24	98.89
47	四川峨眉山经济开发区	22.24	94.99
48	内江高新技术产业开发区	52.38	64.60
49	四川营山经济开发区	20.63	96.28
50	绵阳高新技术产业开发区	42.34	74.52
51	成都龙潭都市工业集中发展区	88.87	26.66
52	四川西昌钒钛产业园区	87.22	26.17
53	四川泸州纳溪经济开发区	18.11	92.95
54	内江经济技术开发区	24.41	86.23
55	宜宾临港经济技术开发区	79.15	29.68
56	德阳高新技术产业开发区	42.48	66.27
57	四川南充潆华高新技术产业园区	70.93	37.24
58	四川自贡航空产业园	70.61	36.11
59	四川中江高新技术产业园区	28.46	77.71
60	遂宁经济技术开发区	27.51	78.05
61	攀枝花钒钛高新技术产业开发区	39.09	66.45
62	四川剑阁经济开发区	69.89	34.94
63	乐山高新技术产业开发区	34.49	63.81
64	成都高新技术产业开发区	19.32	77.28
65	广元经济技术开发区	24.79	71.07
66	四川安岳经济开发区	24.58	70.01
67	四川攀枝花东区高新技术产业园区	27.81	65.08
68	四川蓬溪经济开发区	35.60	54.12
69	四川北川经济开发区	59.36	29.68
70	自贡高新技术产业开发区	48.13	36.10
71	成都高新综合保税区及双流园区	51.71	31.02
72	四川什邡经济开发区	29.95	47.91
73	四川富顺晨光经济开发区	27.16	49.98

编码	开发区名称	生活服务配套	就业质量
74	四川绵竹经济开发区	26.24	47.65
75	四川阿坝工业园区	25.44	47.40
76	四川绵阳出口加工区	41.40	31.05
77	四川遂宁安居经济开发区（正在建设中）	35.98	35.98
78	四川叙永资源综合利用经济园区	24.64	47.24
79	四川旺苍经济开发区	34.69	34.69
80	成都金牛高新技术产业园区	29.79	38.73
81	四川苍溪经济开发区	34.02	34.02
82	四川安县工业园区	33.80	33.80
83	四川攀枝花格里坪特色产业园区	33.72	33.72
84	中国（四川）自由贸易试验区	22.39	44.96
85	四川三台工业园区	33.35	33.35
86	四川邛崃经济开发区	33.00	33.00
87	四川蒲江经济开发区（建设中）	32.72	32.72
88	四川威远经济开发区	32.67	32.67
89	四川内江东兴经济开发区	32.62	32.62
90	四川绵阳游仙经济开发区	30.92	34.01
91	四川射洪经济开发区	32.42	32.42
92	四川资阳高新技术产业园区	23.06	41.21
93	四川泸州白酒产业园区	31.29	31.29
94	四川大英经济开发区	31.26	31.26
95	四川资中经济开发区	30.05	30.05
96	四川江油工业园区	29.23	29.23
97	四川梓潼经济开发区	28.91	28.91
98	四川盐亭经济开发区	25.27	25.27
99	自贡综合保税区（正在建设）	20.00	30.00
100	四川合江临港工业园区	22.37	22.37
	均值	60.86	56.91
	中位数	55.68	47.52
	标准差	31.17	25.31
	最大值	99.89	99.38

编码	开发区名称	生活服务配套	就业质量
	最小值	18.11	22.37
	0 分	0	0
	0～20 分	3	0
	20～40 分	39	38
	40～60 分	10	18
	60～80 分	8	18
	80 分以上	40	26
	合　计	100	100

附件8　2018 年四川省开发区共享发展具体得分

编码	开发区名称	信息资源共享	公共平台建设
1	四川泸县经济开发区	99.06	99.86
2	四川双流经济开发区	98.78	99.39
3	四川泸州纳溪经济开发区	98.62	98.68
4	攀枝花钒钛高新技术产业开发区	97.80	99.01
5	四川峨眉山经济开发区	98.10	98.67
6	四川简阳经济开发区	97.16	99.21
7	成都青羊工业集中发展区	97.67	98.54
8	绵阳工业园区	97.66	97.66
9	四川叙永资源综合利用经济园区	97.85	97.10
10	四川彭州工业园区	98.54	96.17
11	四川乐山沙湾经济开发区	99.78	94.46
12	四川犍为经济开发区	97.23	96.44
13	中国（四川）自由贸易试验区	97.04	89.57
14	四川夹江经济开发区	98.90	86.57
15	泸州高新技术产业开发区	86.59	98.57
16	四川安岳经济开发区	98.32	86.85
17	乐山高新技术产业开发区	86.23	97.42
18	内江高新技术产业开发区	87.30	96.03
19	四川阿坝工业园区	97.84	84.80
20	绵阳高新技术产业开发区	84.69	97.92

编码	开发区名称	信息资源共享	公共平台建设
21	绵阳经济技术开发区	87.51	93.35
22	四川自贡航空产业园	98.69	80.24
23	德阳高新技术产业开发区	84.96	93.46
24	自贡高新技术产业开发区	97.22	80.21
25	四川井研经济开发区	81.68	93.35
26	四川天府新区	82.92	89.83
27	遂宁经济技术开发区	73.36	97.15
28	成都现代工业港	69.21	99.07
29	四川罗江经济开发区	96.11	72.08
30	四川南充漾华高新技术产业园区	70.93	94.58
31	四川营山经济开发区	68.77	96.28
32	四川资阳高新技术产业园区	66.12	96.87
33	四川南部经济开发区	74.20	86.57
34	四川广元朝天经济开发区	80.17	80.17
35	成都经济技术开发区	83.23	71.34
36	四川乐至经济开发区	79.58	74.89
37	四川南充航空港经济开发区	70.01	81.68
38	四川南充经济开发区	70.01	81.68
39	四川巴中经济开发区	58.87	88.31
40	成都高新技术产业开发区	77.28	64.40
41	成都武侯工业园区	66.64	66.64
42	四川什邡经济开发区	29.95	99.82
43	四川平昌经济开发区	58.32	69.06
44	四川中江高新技术产业园区	28.46	97.59
45	广安经济技术开发区	24.96	99.84
46	四川西昌钒钛产业园区	98.16	26.17
47	四川古蔺经济开发区	23.69	98.50
48	内江经济技术开发区	24.41	97.62
49	四川广元昭化经济开发区	75.88	45.53
50	四川合江临港工业园区	98.82	22.37
51	四川盐亭经济开发区	33.69	84.23

编码	开发区名称	信息资源共享	公共平台建设
52	成都锦江工业园区	93.44	23.36
53	四川梓潼经济开发区	57.81	57.81
54	四川绵竹经济开发区	87.47	26.24
55	四川崇州经济开发区	21.00	90.99
56	四川冕宁稀土经济开发区	25.50	85.01
57	成都国家自主创新示范区	86.70	21.68
58	四川青川经济开发区	25.74	68.63
59	四川剑阁经济开发区	58.24	34.94
60	广元经济技术开发区	66.11	24.79
61	成都新都工业园区	66.48	19.94
62	四川绵阳出口加工区	51.74	31.05
63	四川荣县经济开发区	51.61	23.46
64	四川攀枝花东区高新技术产业园区	27.81	46.35
65	成都高新综合保税区及双流园区	31.02	41.36
66	四川遂宁安居经济开发区（正在建设中）	35.98	35.98
67	四川蓬溪经济开发区	35.60	35.60
68	四川旺苍经济开发区	34.69	34.69
69	四川江油工业园区	29.23	38.97
70	四川苍溪经济开发区	34.02	34.02
71	四川安县工业园区	33.80	33.80
72	四川攀枝花格里坪特色产业园区	33.72	33.72
73	四川三台工业园区	33.35	33.35
74	四川邛崃经济开发区	33.00	33.00
75	四川蒲江经济开发区（建设中）	32.72	32.72
76	四川威远经济开发区	32.67	32.67
77	四川内江东兴经济开发区	32.62	32.62
78	四川射洪经济开发区	32.42	32.42
79	四川富顺晨光经济开发区	36.22	27.16
80	四川泸州白酒产业园区	31.29	31.29
81	四川大英经济开发区	31.26	31.26
82	四川绵阳游仙经济开发区	30.92	30.92

编码	开发区名称	信息资源共享	公共平台建设
83	德阳经济技术开发区	30.89	30.89
84	成都—阿坝工业园区	30.70	30.70
85	四川资中经济开发区	30.05	30.05
86	自贡综合保税区（正在建设）	30.00	30.00
87	成都金牛高新技术产业园区	29.79	29.79
88	宜宾临港经济技术开发区	29.68	29.68
89	四川北川经济开发区	29.68	29.68
90	四川德昌特色产业园区	29.57	29.57
91	四川会理有色产业经济开发区	28.92	28.92
92	甘孜—眉山工业园区	28.37	28.37
93	成都台商投资工业园区	27.59	27.59
94	成都龙潭都市工业集中发展区	26.66	26.66
95	德阳—阿坝生态经济产业园区	26.08	26.08
96	四川都江堰经济开发区	25.92	25.92
97	成都青白江经济开发区	25.60	25.60
98	四川大邑经济开发区	25.21	25.21
99	四川新津工业园区	24.00	24.00
100	四川金堂工业园区	23.17	23.17
	均值	58.65	60.97
	中位数	58.28	65.52
	标准差	29.16	30.93
	最大值	99.78	99.86
	最小值	21.00	19.94
	0 分	0	0
	0~20 分	0	1
	20~40 分	46	44
	40~60 分	6	4
	60~80 分	14	7
	80 分以上	34	44
	合 计	100	100

三、2018 年四川企业 100 强可持续竞争力评价总体得分情况

附表 9　2018 年四川企业可持续竞争力评价的综合得分情况

编码	证券简称	股票代码	公司属性	综合得分
1	兴蓉环境	000598	地方国有企业	83.49
2	乐山电力	600644	公众企业	80.85
3	广安爱众	300019	地方国有企业	77.89
4	新希望	000876	民营企业	77.62
5	攀钢钒钛	000629	地方国有企业	77.19
6	千千味业	603027	民营企业	76.76
7	硅宝科技	002749	公众企业	74.96
8	明星电力	600101	中央国有企业	74.72
9	卫士通	002268	中央国有企业	74.55
10	富森美	000628	民营企业	73.14
11	汇源通信	000586	公众企业	72.74
12	天齐锂业	002466	民营企业	72.67
13	蓝光发展	600466	民营企业	72.50
14	岷江水电	600131	中央国有企业	72.33
15	国金证券	002023	民营企业	72.03
16	天味食品	603317	民营企业	71.90
17	新城投资		其他企业	71.80
18	四川成渝	601107	地方国有企业	71.77
19	天原集团	002386	地方国有企业	71.68
20	东方电气	000888	中央国有企业	71.55
21	通威集团	600438	民营企业	71.52
22	川环科技	300547	其他企业	71.47
23	云图控股	002539	民营企业	71.07
24	北化股份	002246	中央国有企业	70.85
25	川润股份	002272	民营企业	70.55
26	茂业商业	600828	外资企业	70.55

编码	证券简称	股票代码	公司属性	综合得分
27	金路集团	000510	民营企业	70.35
28	利君股份	002651	民营企业	70.07
29	福蓉科技	300432	其他企业	70.05
30	丹甫环境科技有限公司		其他企业	69.94
31	国光股份	600109	民营企业	69.16
32	川投能源	600674	地方国有企业	69.00
33	达威股份	300535	民营企业	68.72
34	中科信息	300678	地方国有企业	68.58
35	环能科技	300425	民营企业	68.54
36	富临精工	002357	民营企业	68.46
37	新乳业	002946	民营企业	68.39
38	宏达股份		民营企业	68.39
39	依米康	300249	民营企业	68.27
40	四川美丰	000731	中央国有企业	68.26
41	五粮液	000858	地方国有企业	68.18
42	西昌电力	600505	中央国有企业	67.98
43	泸天化	000912	地方国有企业	67.86
44	雅化集团	002497	民营企业	67.83
45	贝瑞基因	000710	其他企业	67.70
46	泸州老窖	000568	地方国有企业	67.45
47	吉峰科技	300022	民营企业	67.28
48	帝欧家居	601208	民营企业	67.27
49	银河磁体	300127	公众企业	66.98
50	创意信息	300366	民营企业	66.68
51	长城动漫	000835	民营企业	66.48
52	科新机电	300092	民营企业	66.35
53	和邦生物	002697	民营企业	66.27
54	水井坊	600779	外资企业	66.21
55	四川长虹	600839	地方国有企业	66.19
56	四川路桥	600039	地方国有企业	66.15
57	中光防雷	300414	其他企业	66.06

编码	证券简称	股票代码	公司属性	综合得分
58	创维数字	000810	公众企业	66.04
59	豪能股份	000757	民营企业	65.88
60	四川九洲	000801	地方国有企业	65.83
61	运达科技	300440	民营企业	65.58
62	东材科技	600875	民营企业	65.51
63	浩物股份	603077	地方国有企业	65.36
64	红旗连锁	600331	民营企业	65.26
65	新筑股份	002480	民营企业	64.89
66	三泰控股	002312	民营企业	64.56
67	华西证券	000693	地方国有企业	64.53
68	迈克生物	300463	民营企业	64.44
69	振芯科技	300101	民营企业	64.39
70	川大智胜	002253	民营企业	64.35
71	科伦药业	002422	民营企业	64.34
72	利尔化学	002258	其他企业	64.14
73	华西能源	002926	民营企业	63.94
74	四川金顶	600678	民营企业	63.75
75	舍得酒业	600702	中央国有企业	63.39
76	大通燃气	000593	民营企业	63.31
77	峨眉山	603327	地方国有企业	63.26
78	成都路桥	002628	民营企业	62.97
79	鹏博士	600804	民营企业	62.75
80	大西洋	600558	地方国有企业	62.72
81	泰合健康	000790	民营企业	62.70
82	旭光股份	600353	民营企业	62.25
83	天翔环境	300362	民营企业	62.20
84	金石东方	300434	民营企业	62.18
85	康弘药业	002773	民营企业	62.08
86	海特高新	603809	民营企业	62.02
87	富临运业	002818	民营企业	62.00
88	华西集团	002630	地方国有企业	61.74

编码	证券简称	股票代码	公司属性	综合得分
89	山鼎设计	300492	民营企业	61.61
90	德胜钒钛	002798	其他企业	61.18
91	易见股份	600093	民营企业	60.61
92	西部资源	600139	民营企业	59.92
93	高新发展	600979	地方国有企业	59.29
94	成都银行	601838	其他企业	58.99
95	川威集团		民营企业	52.78
96	蓝润实业		其他企业	47.27
97	川投集团	600674	中央国有企业	46.19
98	ST印纪	002143	民营企业	45.12
99	ST升达	002259	民营企业	44.05
100	ST集成	002190	民营企业	42.98
均值				66.42
中位数				66.58
标准差				6.94
最大值				83.49
最小值				42.98

四、2018 年四川企业 100 强可持续竞争力评价具体得分情况

附表 10　2018 年四川企业可持续竞争力评价一级指标具体得分

编码	证券简称	可持续发展治理	可持续经济价值	可持续社会价值	可持续环境价值	可持续品牌塑造	营商环境体验	综合得分
1	兴蓉环境	54.79	65.78	82.10	58.68	68.96	60.03	83.49
2	乐山电力	64.15	62.37	71.36	52.61	68.81	62.36	80.85
3	广安爱众	46.35	60.20	46.42	52.11	54.99	61.30	77.89
4	新希望	44.06	49.54	38.12	12.16	46.48	9.42	77.62

编码	证券简称	可持续发展治理	可持续经济价值	可持续社会价值	可持续环境价值	可持续品牌塑造	营商环境体验	综合得分
5	攀钢钒钛	50.42	58.05	68.35	49.08	49.59	51.71	77.19
6	千千味业	42.79	69.41	51.12	50.36	72.78	57.12	76.76
7	硅宝科技	63.65	45.21	66.26	47.06	61.62	57.37	74.96
8	明星电力	44.64	50.26	48.46	56.84	51.51	50.43	74.72
9	卫士通	32.93	57.41	60.04	39.49	67.02	59.61	74.55
10	富森美	41.77	61.74	38.56	36.23	53.07	35.95	73.14
11	汇源通信	33.28	46.93	52.08	43.28	57.59	21.42	72.74
12	天齐锂业	61.31	64.35	69.96	65.69	65.27	74.40	72.67
13	蓝光发展	30.88	57.25	59.56	53.03	84.96	29.37	72.50
14	岷江水电	56.31	46.05	54.76	22.92	58.35	35.06	72.33
15	国金证券	40.98	67.59	52.01	51.12	75.93	1.31	72.03
16	天味食品	28.32	42.31	13.63	15.93	73.05	6.34	71.90
17	新城投资	56.77	37.01	52.32	29.96	33.19	33.31	71.80
18	四川成渝	26.09	38.44	26.14	74.24	32.62	28.24	71.77
19	天原集团	50.84	67.16	56.54	65.69	35.19	16.12	71.68
20	东方电气	30.68	74.08	52.00	43.30	57.81	16.75	71.55
21	通威集团	43.01	60.84	46.04	59.91	43.68	42.14	71.52
22	川环科技	49.14	50.19	47.23	35.77	73.10	31.61	71.47
23	云图控股	34.69	57.33	39.12	57.10	45.38	61.69	71.07
24	北化股份	34.72	55.08	46.24	64.37	29.15	13.72	70.85
25	川润股份	20.83	58.49	54.21	54.51	49.30	53.20	70.55
26	茂业商业	35.00	62.52	33.80	34.18	45.79	40.59	70.55
27	金路集团	18.50	48.43	35.28	40.87	37.77	12.11	70.35
28	利君股份	41.71	47.84	49.92	37.32	74.37	30.79	70.07
29	福蓉科技	25.28	41.65	42.05	51.16	17.91	11.27	70.05
30	丹甫环境	44.85	22.92	53.05	49.17	32.82	26.90	69.94
31	国光股份	22.84	51.85	50.75	42.79	25.96	15.31	69.16
32	川投能源	54.96	48.14	53.25	45.72	68.11	60.33	69.00
33	达威股份	27.17	57.18	26.89	46.07	22.65	12.40	68.72
34	中科信息	37.04	55.69	57.86	46.39	65.75	11.75	68.58

编码	证券简称	可持续发展治理	可持续经济价值	可持续社会价值	可持续环境价值	可持续品牌塑造	营商环境体验	综合得分
35	环能科技	53.66	47.66	70.31	44.09	73.59	29.43	68.54
36	富临精工	26.52	33.39	43.96	33.83	58.29	48.34	68.46
37	新乳业	42.04	72.15	51.98	43.84	71.60	49.73	68.39
38	宏达股份	54.08	44.61	59.76	78.61	52.60	62.26	68.39
39	依米康	63.93	46.44	52.15	26.48	17.49	20.49	68.27
40	四川美丰	23.75	47.75	42.13	35.46	40.52	41.06	68.26
41	五粮液	48.95	79.07	66.48	66.83	84.81	58.76	68.18
42	西昌电力	56.22	55.38	66.60	43.10	68.83	62.44	67.98
43	泸天化	38.32	56.69	35.33	39.54	32.49	24.15	67.86
44	雅化集团	37.47	55.52	56.29	44.05	29.55	14.57	67.83
45	贝瑞基因	33.97	53.80	39.40	9.20	57.04	23.68	67.70
46	泸州老窖	35.56	78.80	57.92	51.23	85.82	46.48	67.45
47	吉峰科技	39.15	55.79	25.02	21.71	36.81	12.80	67.28
48	帝欧家居	39.36	35.10	39.77	43.40	36.34	27.23	67.27
49	银河磁体	32.50	49.87	46.78	39.65	41.79	18.27	66.98
50	创意信息	34.08	34.06	24.18	19.56	46.26	39.93	66.68
51	长城动漫	5.68	30.79	19.40	14.14	34.79	49.03	66.48
52	科新机电	28.48	44.67	48.56	57.43	43.90	36.76	66.35
53	和邦生物	24.15	45.32	34.08	43.28	23.44	11.22	66.27
54	水井坊	33.50	75.62	52.26	51.55	78.26	18.34	66.21
55	四川长虹	40.12	55.57	32.15	47.53	35.09	15.77	66.19
56	四川路桥	25.55	50.84	56.58	63.80	47.86	29.37	66.15
57	中光防雷	35.69	56.52	47.73	23.72	65.03	42.70	66.06
58	创维数字	20.62	40.69	29.69	45.40	46.13	40.81	66.04
59	豪能股份	23.20	39.67	43.26	64.00	47.91	9.57	65.88
60	四川九洲	31.61	44.36	32.76	34.98	29.34	39.35	65.83
61	运达科技	27.26	60.83	32.16	22.89	54.57	46.64	65.58
62	东材科技	30.28	52.03	37.47	46.22	23.27	14.89	65.51
63	浩物股份	32.77	41.06	32.89	16.76	47.38	17.28	65.36
64	红旗连锁	32.50	58.87	31.96	14.91	65.53	40.76	65.26

编码	证券简称	可持续发展治理	可持续经济价值	可持续社会价值	可持续环境价值	可持续品牌塑造	营商环境体验	综合得分
65	新筑股份	28.59	46.87	28.77	34.82	45.19	24.15	64.89
66	三泰控股	44.92	61.42	45.55	18.04	51.14	20.91	64.56
67	华西证券	52.03	52.11	49.17	7.18	51.05	28.24	64.53
68	迈克生物	37.75	60.04	79.24	84.74	74.38	13.11	64.44
69	振芯科技	30.36	61.22	42.28	12.70	60.80	10.51	64.39
70	川大智胜	21.12	38.16	34.40	24.84	34.20	39.58	64.35
71	科伦药业	28.98	61.30	62.46	66.14	77.97	12.09	64.34
72	利尔化学	37.00	58.15	49.31	63.59	32.87	13.84	64.14
73	华西能源	63.13	52.91	52.80	43.86	65.46	57.05	63.94
74	四川金顶	43.60	42.39	47.87	56.73	26.05	53.71	63.75
75	舍得酒业	35.77	71.40	59.62	65.64	84.73	45.04	63.39
76	大通燃气	45.07	41.48	44.30	27.94	56.49	13.16	63.31
77	峨眉山	15.91	38.56	34.80	37.59	49.57	25.31	63.26
78	成都路桥	20.34	41.34	47.45	62.00	53.64	31.63	62.97
79	鹏博士	28.39	77.88	35.03	21.88	72.64	50.18	62.75
80	大西洋	27.10	45.07	37.77	45.56	39.48	28.67	62.72
81	泰合健康	39.06	54.40	48.23	63.99	54.67	9.17	62.70
82	旭光股份	31.43	48.41	54.06	54.04	71.53	46.23	62.25
83	天翔环境	26.42	35.48	21.81	38.06	36.95	39.67	62.20
84	金石东方	23.72	42.92	45.64	15.37	61.05	9.63	62.18
85	康弘药业	53.26	63.74	86.74	69.09	79.71	11.31	62.08
86	海特高新	30.03	52.15	54.88	37.97	53.84	16.83	62.02
87	富临运业	27.64	49.20	57.61	24.46	58.02	22.60	62.00
88	华西集团	12.49	33.10	43.39	32.71	36.06	5.20	61.74
89	山鼎设计	52.73	49.30	27.72	19.04	61.47	31.20	61.61
90	德胜钒钛	47.52	31.88	27.08	44.61	25.15	38.22	61.18
91	易见股份	18.14	39.57	33.21	9.76	45.40	22.60	60.61
92	西部资源	44.21	48.84	35.80	41.94	34.05	32.05	59.92
93	高新发展	20.40	48.82	30.32	20.45	37.01	40.63	59.29
94	成都银行	18.49	43.49	45.43	39.15	68.71	8.27	58.99

编码	证券简称	可持续发展治理	可持续经济价值	可持续社会价值	可持续环境价值	可持续品牌塑造	营商环境体验	综合得分
95	川威集团	32.05	14.78	15.89	12.77	24.16	12.89	52.78
96	蓝润实业	30.59	15.14	10.52	11.55	16.69	3.81	47.27
97	川投集团	30.13	12.29	31.92	11.26	6.71	15.26	46.19
98	ST印纪	6.27	18.81	14.25	10.52	24.14	14.42	45.12
99	ST升达	22.93	26.27	28.48	18.37	37.24	28.22	44.05
100	ST集成	27.20	25.61	37.16	18.62	39.48	17.17	42.98
均值		35.96	49.87	45.05	40.39	50.24	30.76	66.42
中位数		34.02	49.71	46.14	43.19	49.58	28.46	66.58
标准差		12.82	13.73	14.89	18.06	18.30	17.70	6.94
最大值		64.15	79.07	86.74	84.74	85.82	74.40	83.49
最小值		5.68	12.29	10.52	7.18	6.71	1.31	42.98

附表11　2018年四川企业可持续发展治理具体得分

编码	证券简称	可持续发展理念	可持续发展战略	可持续公司治理	可持续能力建设	可持续发展管理投入
1	兴蓉环境	54.21	31.82	7.45	13.04	13.47
2	乐山电力	61.62	45.84	12.02	13.39	20.65
3	广安爱众	34.24	22.84	10.91	5.77	18.96
4	新希望	88.44	93.86	43.33	55.19	9.22
5	攀钢钒钛	11.41	21.46	16.36	11.27	12.29
6	千千味业	91.29	49.81	6.50	49.90	24.81
7	硅宝科技	70.75	55.83	41.76	11.21	13.94
8	明星电力	81.88	57.27	8.12	89.70	2.21
9	卫士通	57.06	39.32	13.23	17.76	15.92
10	富森美	54.21	34.32	6.68	20.87	26.51
11	汇源通信	65.05	45.09	13.92	15.27	14.31
12	天齐锂业	58.49	44.38	11.70	12.67	14.19
13	蓝光发展	71.32	43.82	38.63	25.29	8.92
14	岷江水电	57.06	36.29	40.02	12.60	7.78
15	国金证券	71.32	85.86	41.57	47.99	13.11

编码	证券简称	可持续发展理念	可持续发展战略	可持续公司治理	可持续能力建设	可持续发展管理投入
16	天味食品	77. 03	62. 99	16. 86	18. 67	11. 36
17	新城投资	64. 19	48. 20	25. 85	54. 26	57. 79
18	四川成渝	65. 62	0. 67	18. 67	9. 78	16. 05
19	天原集团	54. 21	85. 86	8. 02	2. 10	19. 77
20	东方电气	71. 32	93. 86	46. 13	66. 13	10. 47
21	通威集团	28. 53	42. 88	10. 67	25. 72	21. 72
22	川环科技	92. 44	59. 32	44. 54	24. 69	60. 20
23	云图控股	57. 06	83. 31	4. 54	14. 02	19. 47
24	北化股份	74. 18	85. 86	22. 74	46. 90	15. 51
25	川润股份	70. 75	85. 86	6. 54	24. 08	56. 27
26	茂业商业	67. 33	61. 69	22. 27	54. 66	47. 83
27	金路集团	71. 32	45. 29	20. 04	15. 85	10. 59
28	利君股份	87. 87	57. 29	36. 19	9. 68	17. 74
29	福蓉科技	28. 53	85. 86	17. 43	14. 15	11. 11
30	丹甫环境科技有限公司	45. 65	7. 31	18. 69	2. 75	18. 12
31	国光股份	83. 88	50. 56	9. 86	48. 04	28. 62
32	川投能源	71. 32	51. 59	6. 75	8. 74	9. 09
33	达威股份	87. 30	87. 57	29. 96	52. 33	60. 20
34	中科信息	0. 00	51. 40	62. 64	40. 13	61. 75
35	环能科技	0. 00	7. 94	10. 83	15. 65	11. 33
36	富临精工	71. 32	46. 96	10. 47	16. 21	13. 26
37	新乳业	87. 30	59. 98	19. 79	23. 28	16. 61
38	宏达股份	57. 06	8. 48	23. 47	14. 97	22. 85
39	依米康	42. 79	56. 57	17. 68	6. 22	15. 52
40	四川美丰	39. 94	65. 92	90. 48	6. 56	53. 60
41	五粮液	93. 58	88. 73	36. 67	66. 13	29. 17
42	西昌电力	70. 75	87. 57	3. 55	17. 03	8. 57
43	泸天化	85. 59	71. 61	50. 55	47. 44	11. 62
44	雅化集团	54. 21	40. 35	9. 50	27. 55	14. 25
45	贝瑞基因	42. 79	14. 43	14. 30	8. 35	20. 73

编码	证券简称	可持续发展理念	可持续发展战略	可持续公司治理	可持续能力建设	可持续发展管理投入
46	泸州老窖	28.53	13.83	9.51	14.91	17.68
47	吉峰科技	42.79	8.60	14.62	4.40	7.39
48	帝欧家居	81.99	56.75	90.48	47.84	43.08
49	银河磁体	51.35	51.46	11.97	12.71	18.01
50	创意信息	0.00	43.13	0.32	18.17	15.03
51	长城动漫	95.86	88.73	34.88	56.67	7.38
52	科新机电	57.06	29.39	16.68	19.86	21.91
53	和邦生物	67.33	23.00	40.37	14.36	13.25
54	水井坊	67.33	12.56	19.91	55.13	11.64
55	四川长虹	51.35	7.55	41.76	1.73	5.75
56	四川路桥	85.59	46.50	3.55	62.10	9.90
57	中光防雷	0.00	9.28	8.15	6.72	8.76
58	创维数字	59.72	29.19	10.93	14.37	9.47
59	豪能股份	55.92	73.04	8.19	18.73	22.29
60	四川九洲	90.72	88.73	35.08	51.07	16.75
61	运达科技	95.86	87.58	38.04	81.65	15.18
62	东材科技	51.35	10.70	64.03	9.96	58.81
63	浩物股份	59.91	44.55	25.09	17.80	14.10
64	红旗连锁	57.06	63.04	20.59	21.20	20.22
65	新筑股份	57.06	85.86	25.89	27.99	17.45
66	三泰控股	87.30	45.07	24.40	10.29	8.41
67	华西证券	45.65	29.83	11.67	22.60	16.03
68	迈克生物	95.86	87.58	21.62	11.99	22.00
69	振芯科技	85.59	9.04	22.02	13.19	5.98
70	川大智胜	57.27	30.76	19.95	8.32	17.21
71	科伦药业	57.06	73.04	21.89	51.77	21.69
72	利尔化学	58.49	43.51	12.46	4.57	9.46
73	华西能源	22.82	45.84	11.83	3.78	9.81
74	四川金顶	51.35	60.14	5.05	16.42	20.89
75	舍得酒业	67.33	9.51	24.87	10.76	12.46

编码	证券简称	可持续发展理念	可持续发展战略	可持续公司治理	可持续能力建设	可持续发展管理投入
76	大通燃气	39.94	11.44	22.12	15.93	9.56
77	峨眉山	74.18	6.72	3.05	16.83	16.67
78	成都路桥	83.59	85.59	16.67	7.57	11.78
79	鹏博士	73.04	35.68	11.20	51.82	20.89
80	大西洋	71.32	85.86	7.76	6.83	8.92
81	泰合健康	61.62	48.46	17.12	17.14	7.31
82	旭光股份	71.32	85.86	84.68	9.87	13.78
83	天翔环境	42.79	57.20	16.50	12.56	17.45
84	金石东方	90.72	34.90	6.01	15.95	22.83
85	康弘药业	71.32	37.27	33.41	18.06	24.84
86	海特高新	42.79	37.90	4.99	23.69	28.21
87	富临运业	28.53	28.65	6.14	10.54	6.04
88	华西集团	54.21	68.73	9.93	17.06	9.40
89	山鼎设计	95.86	84.69	30.25	18.32	16.62
90	德胜钒钛	90.72	45.79	47.33	22.61	9.28
91	易见股份	94.15	56.29	17.85	10.24	21.04
92	西部资源	57.06	67.64	22.15	22.60	12.89
93	高新发展	81.31	11.50	23.66	28.87	9.24
94	成都银行	81.31	49.16	21.52	22.58	19.90
95	川威集团	70.75	34.34	9.98	18.39	18.81
96	蓝润实业	72.75	77.23	25.45	53.00	16.63
97	川投集团	62.76	30.70	13.73	21.77	1.89
98	ST印纪	85.59	90.99	46.74	66.13	13.37
99	ST升达	67.04	44.26	16.79	13.41	22.38
100	ST集成	76.46	85.86	31.01	18.50	18.12
	均值	62.99	50.14	22.70	24.35	18.63
	中位数	66.33	47.58	17.77	17.10	15.72
	标准差	22.51	26.37	17.86	19.24	13.07
	最大值	95.86	93.86	90.48	89.70	61.75
	最小值	0.00	0.67	0.32	1.73	1.89

编码	证券简称	可持续发展理念	可持续发展战略	可持续公司治理	可持续能力建设	可持续发展管理投入
0 分		4	0	0	0	0
0～20 分		1	16	56	61	71
20～40 分		8	18	28	16	20
40～60 分		31	33	11	17	6
60～80 分		30	11	2	4	3
80 分以上		26	22	3	2	0
合　计		100	100	100	100	100

附表12　2018 年四川企业可持续经济价值具体得分

编码	证券简称	企业经营业绩	企业经济影响	提升客户满意度	供应链合作	合规运营
1	兴蓉环境	87.16	73.46	54.83	40.22	0.00
2	乐山电力	71.29	74.53	25.95	57.84	70.61
3	广安爱众	64.05	62.17	38.01	7.86	44.28
4	新希望	78.16	42.78	10.03	55.00	54.05
5	攀钢钒钛	84.16	51.32	17.78	40.10	0.00
6	千千味业	88.55	92.99	11.11	44.50	13.24
7	硅宝科技	67.71	68.47	28.87	64.97	44.92
8	明星电力	72.89	68.30	20.27	51.80	28.43
9	卫士通	78.89	74.43	77.86	77.36	80.83
10	富森美	66.11	62.34	36.60	16.10	52.02
11	汇源通信	42.50	0.00	9.82	12.63	0.00
12	天齐锂业	69.21	59.39	23.80	42.42	7.67
13	蓝光发展	84.66	77.41	58.83	61.51	22.37
14	岷江水电	91.87	78.49	59.43	56.39	13.67
15	国金证券	71.84	33.33	17.11	16.15	47.19
16	天味食品	72.29	75.71	66.71	54.85	7.54
17	新城投资	75.37	66.81	49.04	50.83	15.66
18	四川成渝	73.34	51.06	37.50	46.11	44.59
19	天原集团	74.34	64.95	68.05	68.17	84.57
20	东方电气	77.11	40.00	27.78	35.61	46.90

编码	证券简称	企业经营业绩	企业经济影响	提升客户满意度	供应链合作	合规运营
21	通威集团	80.18	69.44	20.60	36.25	8.75
22	川环科技	58.29	45.24	29.03	49.26	39.95
23	云图控股	74.34	59.39	46.56	63.03	46.44
24	北化股份	71.84	38.89	46.20	30.35	58.31
25	川润股份	92.39	81.79	87.47	71.67	62.02
26	茂业商业	87.11	66.84	64.16	73.98	39.78
27	金路集团	88.74	85.89	55.25	54.57	0.00
28	利君股份	83.53	71.34	25.73	67.46	49.34
29	福蓉科技	71.84	54.01	33.53	19.54	7.97
30	丹甫环境	70.74	58.33	9.13	20.73	21.39
31	国光股份	69.16	63.83	30.09	25.15	14.92
32	川投能源	54.42	76.23	27.55	50.51	13.80
33	达威股份	84.61	56.96	69.86	63.10	52.76
34	中科信息	58.29	50.88	73.47	38.28	35.35
35	环能科技	32.85	31.23	11.35	9.54	10.51
36	富临精工	80.63	63.40	79.16	70.12	84.79
37	新乳业	77.92	66.75	39.75	50.12	42.35
38	宏达股份	82.55	64.06	17.65	15.72	27.31
39	依米康	74.34	54.01	51.90	35.57	16.78
40	四川美丰	73.34	66.36	11.44	17.45	87.67
41	五粮液	73.29	33.33	83.00	75.54	46.75
42	西昌电力	49.66	74.03	39.74	33.80	16.26
43	泸天化	74.34	40.00	39.50	51.45	46.23
44	雅化集团	69.21	51.06	38.02	37.98	17.44
45	贝瑞基因	73.42	58.51	23.86	29.40	0.00
46	泸州老窖	82.11	40.12	16.76	30.06	0.00
47	吉峰科技	71.71	67.90	11.67	26.00	37.43
48	帝欧家居	71.63	48.28	52.68	51.76	11.73
49	银河磁体	71.84	56.88	37.59	27.64	10.30
50	创意信息	79.61	54.01	25.70	21.23	14.26
51	长城动漫	70.74	38.89	61.08	53.69	50.55

编码	证券简称	企业经营业绩	企业经济影响	提升客户满意度	供应链合作	合规运营
52	科新机电	0.00	14.33	16.57	19.31	11.34
53	和邦生物	78.89	69.62	36.35	62.20	49.44
54	水井坊	83.74	65.21	73.04	42.25	19.86
55	四川长虹	78.34	66.27	42.55	32.57	11.08
56	四川路桥	0.00	0.00	67.73	34.81	13.91
57	中光防雷	48.29	54.01	14.63	16.34	12.84
58	创维数字	39.13	25.17	21.13	24.92	27.52
59	豪能股份	76.50	65.78	71.53	33.81	90.44
60	四川九洲	81.16	42.22	64.54	75.34	65.25
61	运达科技	69.21	0.00	66.32	34.17	55.43
62	东材科技	75.84	64.03	45.61	56.93	29.81
63	浩物股份	51.79	39.59	23.10	27.34	14.95
64	红旗连锁	78.13	66.61	65.62	26.10	1.30
65	新筑股份	76.34	73.46	68.61	67.47	77.10
66	三泰控股	86.16	73.28	83.59	70.51	80.48
67	华西证券	78.66	67.90	20.46	36.45	0.00
68	迈克生物	42.50	25.00	56.49	23.97	12.65
69	振芯科技	84.61	79.10	32.90	28.52	13.24
70	川大智胜	35.66	26.02	9.47	22.87	30.19
71	科伦药业	74.34	69.62	56.11	58.18	86.52
72	利尔化学	72.21	66.84	21.26	51.54	29.17
73	华西能源	72.21	69.05	28.76	32.04	44.40
74	四川金顶	73.32	77.93	52.85	40.42	5.79
75	舍得酒业	69.08	48.28	51.38	36.97	84.79
76	大通燃气	71.63	56.79	40.44	33.88	0.00
77	峨眉山	71.68	40.70	73.48	14.96	87.57
78	成都路桥	52.29	70.50	62.79	68.84	44.95
79	鹏博士	86.32	67.90	37.24	44.69	56.99
80	大西洋	72.34	77.43	55.35	49.10	20.29
81	泰合健康	45.79	0.00	14.35	9.34	0.00
82	旭光股份	83.26	79.10	63.27	77.58	9.74

编码	证券简称	企业经营业绩	企业经济影响	提升客户满意度	供应链合作	合规运营
83	天翔环境	50.79	56.88	27.48	27.68	10.93
84	金石东方	100.00	59.48	69.76	42.46	19.31
85	康弘药业	82.50	71.91	47.75	65.92	44.53
86	海特高新	35.00	31.00	42.30	51.78	28.63
87	富临运业	75.37	69.05	9.69	20.62	50.91
88	华西集团	66.58	53.83	44.56	29.45	84.79
89	山鼎设计	84.61	87.52	58.89	44.99	8.09
90	德胜钒钛	77.45	70.19	68.45	49.07	43.87
91	易见股份	74.92	44.44	16.83	43.29	12.48
92	西部资源	81.66	74.60	51.07	57.84	25.93
93	高新发展	69.03	60.14	31.58	45.89	51.94
94	成都银行	86.95	89.15	22.83	52.71	14.39
95	川威集团	75.29	64.06	34.89	39.10	17.63
96	蓝润实业	77.47	68.51	61.77	45.68	47.26
97	川投集团	86.68	83.63	61.64	55.36	82.01
98	ST印纪	53.29	40.00	20.93	50.95	90.25
99	ST升达	73.37	54.41	61.20	61.72	49.65
100	ST集成	71.84	38.89	42.64	33.06	47.60
	均值	70.78	57.65	42.11	42.72	34.67
	中位数	73.39	63.62	39.75	42.44	28.90
	标准差	16.62	19.68	21.25	17.89	26.61
	最大值	100.00	92.99	87.47	77.58	90.44
	最小值	0.00	0.00	9.13	7.86	0.00
	0 分	2	4	0	0	9
	0~20 分	0	1	17	12	33
	20~40 分	4	14	34	33	15
	40~60 分	12	27	23	36	27
	60~80 分	56	48	23	19	4
	80 分以上	26	6	3	0	12
	合　计	100	100	100	100	100

附表13 2018年四川企业可持续社会价值具体得分

编码	证券简称	企业经营业绩	企业经济影响	提升客户满意度	供应链合作
1	兴蓉环境	53.58	81.69	16.39	71.13
2	乐山电力	69.87	15.04	19.68	63.90
3	广安爱众	41.06	28.30	64.87	56.81
4	新希望	78.16	38.34	0.40	69.54
5	攀钢钒钛	53.70	22.82	21.44	0.34
6	千千味业	47.12	45.33	26.11	28.75
7	硅宝科技	53.77	14.97	24.07	18.04
8	明星电力	47.33	23.74	14.23	9.91
9	卫士通	42.24	21.24	36.96	16.67
10	富森美	66.13	78.04	22.82	53.74
11	汇源通信	9.36	0.00	10.37	34.50
12	天齐锂业	21.98	16.39	13.65	10.42
13	蓝光发展	90.96	85.79	44.09	82.93
14	岷江水电	77.44	63.17	23.91	89.20
15	国金证券	62.07	81.27	6.01	32.96
16	天味食品	77.16	58.41	21.59	55.75
17	新城投资	47.38	91.62	6.93	25.95
18	四川成渝	59.61	81.03	12.17	22.01
19	天原集团	64.47	66.48	62.58	55.19
20	东方电气	69.34	72.71	13.02	44.54
21	通威集团	70.60	12.93	3.72	77.31
22	川环科技	58.29	81.69	58.09	54.39
23	云图控股	66.30	58.77	57.27	52.65
24	北化股份	50.34	72.71	15.18	35.07
25	川润股份	78.77	53.06	50.79	81.23
26	茂业商业	71.16	79.43	17.00	17.79
27	金路集团	80.28	1.81	57.44	93.68
28	利君股份	54.15	60.20	15.57	46.17
29	福蓉科技	24.60	65.61	16.63	20.78
30	丹甫环境	37.97	36.50	11.34	11.03
31	国光股份	38.54	87.14	15.97	40.86

编码	证券简称	企业经营业绩	企业经济影响	提升客户满意度	供应链合作
32	川投能源	64.35	59.55	37.03	37.55
33	达威股份	76.32	63.49	47.43	87.27
34	中科信息	38.62	47.21	17.50	56.19
35	环能科技	17.21	13.47	9.96	13.42
36	富临精工	63.60	65.30	20.10	47.69
37	新乳业	40.72	44.64	6.72	30.54
38	宏达股份	39.19	17.72	36.61	30.13
39	依米康	31.40	52.68	29.81	39.50
40	四川美丰	41.42	77.92	2.98	69.13
41	五粮液	78.43	65.94	59.23	84.55
42	西昌电力	69.41	39.36	17.34	21.50
43	泸天化	68.80	81.27	65.72	62.17
44	雅化集团	59.37	6.84	57.12	42.18
45	贝瑞基因	48.40	49.76	5.45	68.13
46	泸州老窖	36.31	72.03	16.43	58.91
47	吉峰科技	30.96	30.43	26.30	40.17
48	帝欧家居	57.95	70.99	16.57	50.31
49	银河磁体	46.46	45.21	37.65	70.70
50	创意信息	31.62	68.91	17.87	9.38
51	长城动漫	77.07	81.27	43.50	45.00
52	科新机电	15.24	12.01	9.45	7.72
53	和邦生物	50.35	5.41	15.66	40.20
54	水井坊	55.94	64.81	15.10	27.82
55	四川长虹	49.43	41.12	23.92	17.46
56	四川路桥	54.21	44.01	61.23	64.93
57	中光防雷	27.77	36.86	14.99	11.70
58	创维数字	34.64	24.47	27.76	19.69
59	豪能股份	60.94	61.15	12.78	65.29
60	四川九洲	79.19	93.32	93.50	55.94
61	运达科技	71.22	54.33	64.44	75.38
62	东材科技	54.74	65.74	50.67	43.31

编码	证券简称	企业经营业绩	企业经济影响	提升客户满意度	供应链合作
63	浩物股份	37.79	11.93	22.80	6.21
64	红旗连锁	76.75	33.52	2.79	37.07
65	新筑股份	62.13	64.56	11.82	50.60
66	三泰控股	59.00	56.49	51.52	75.70
67	华西证券	38.89	0.00	14.36	45.14
68	迈克生物	37.68	10.01	18.34	45.06
69	振芯科技	28.47	49.94	24.72	7.01
70	川大智胜	44.98	48.65	12.62	37.37
71	科伦药业	61.55	62.19	25.69	63.55
72	利尔化学	70.91	59.91	6.14	34.50
73	华西能源	50.83	52.17	13.05	30.88
74	四川金顶	73.96	32.15	14.64	64.23
75	舍得酒业	31.61	38.35	8.15	13.62
76	大通燃气	61.26	61.15	4.49	13.89
77	峨眉山	52.90	60.57	48.59	54.52
78	成都路桥	66.92	14.15	54.42	64.57
79	鹏博士	61.63	57.19	22.24	44.75
80	大西洋	76.60	38.17	25.01	35.22
81	泰合健康	10.34	80.65	4.48	30.92
82	旭光股份	89.53	87.16	82.27	84.60
83	天翔环境	25.82	38.89	14.95	9.25
84	金石东方	36.21	51.58	22.79	81.27
85	康弘药业	57.52	5.80	17.82	42.46
86	海特高新	32.86	62.91	60.75	17.15
87	富临运业	41.42	24.10	13.16	54.71
88	华西集团	74.66	45.19	15.96	22.13
89	山鼎设计	77.34	63.15	81.11	37.81
90	德胜钒钛	51.88	41.84	4.10	37.11
91	易见股份	45.08	36.29	11.09	73.63
92	西部资源	75.17	28.88	21.23	23.97
93	高新发展	56.09	39.02	6.75	17.76

编码	证券简称	企业经营业绩	企业经济影响	提升客户满意度	供应链合作
94	成都银行	44.88	36.67	10.08	23.32
95	川威集团	46.89	13.59	17.90	10.43
96	蓝润实业	65.87	37.47	18.97	27.77
97	川投集团	59.55	75.41	21.14	37.69
98	ST 印纪	60.91	72.71	12.46	49.63
99	ST 升达	35.84	48.44	11.15	15.00
100	ST 集成	50.34	72.71	22.49	55.86
	均值	53.67	48.67	25.93	42.43
	中位数	54.18	50.76	17.89	40.53
	标准差	17.97	24.45	20.33	23.22
	最大值	90.96	93.32	93.50	93.68
	最小值	9.36	0.00	0.40	0.34
	0 分	0	2	0	0
	0～20 分	4	15	54	22
	20～40 分	21	21	24	26
	40～60 分	36	23	13	28
	60～80 分	36	27	16	16
	80 分以上	3	12	3	8
	合　计	100	100	100	100

附表 14　2018 年四川企业可持续环境价值具体得分

编码	证券简称	绿色经济	环境管理	"三废"管理
1	兴蓉环境	44.37	63.27	88.80
2	乐山电力	17.22	10.74	11.23
3	广安爱众	37.27	53.73	7.08
4	新希望	43.50	60.98	8.51
5	攀钢钒钛	12.94	10.46	12.02
6	千千味业	15.92	12.75	16.94
7	硅宝科技	43.60	20.51	12.44
8	明星电力	31.76	6.44	15.37
9	卫士通	16.93	19.88	9.71

续表

编码	证券简称	绿色经济	环境管理	"三废"管理
10	富森美	39.00	27.85	2.98
11	汇源通信	0.00	6.41	14.60
12	天齐锂业	9.93	7.40	19.31
13	蓝光发展	88.06	79.19	92.50
14	岷江水电	86.93	76.13	18.83
15	国金证券	30.54	31.93	15.70
16	天味食品	32.36	60.20	11.99
17	新城投资	34.66	48.64	86.58
18	四川成渝	10.22	56.27	42.55
19	天原集团	68.85	59.20	72.89
20	东方电气	36.77	20.72	16.32
21	通威集团	14.18	18.69	23.49
22	川环科技	42.70	91.34	90.28
23	云图控股	19.64	33.01	55.50
24	北化股份	28.12	39.06	40.85
25	川润股份	53.13	73.08	70.86
26	茂业商业	46.77	74.23	69.75
27	金路集团	40.60	52.05	62.17
28	利君股份	45.22	63.36	92.50
29	福蓉科技	19.90	17.15	20.56
30	丹甫环境	7.71	40.24	9.17
31	国光股份	57.68	60.28	34.77
32	川投能源	10.27	50.99	63.85
33	达威股份	23.12	76.87	85.47
34	中科信息	19.55	39.04	61.82
35	环能科技	6.30	6.65	13.21
36	富临精工	18.36	59.68	76.59
37	新乳业	19.05	49.50	41.18
38	宏达股份	16.97	51.16	61.00
39	依米康	35.81	29.41	92.50
40	四川美丰	0.00	14.36	10.06

编码	证券简称	绿色经济	环境管理	"三废"管理
41	五粮液	69.31	49.50	41.67
42	西昌电力	26.12	37.82	21.71
43	泸天化	13.43	51.07	63.36
44	雅化集团	66.46	56.51	9.41
45	贝瑞基因	21.75	73.83	86.58
46	泸州老窖	21.75	41.55	29.80
47	吉峰科技	8.32	26.13	11.29
48	帝欧家居	39.84	12.88	35.86
49	银河磁体	14.49	77.96	55.50
50	创意信息	21.56	32.95	55.50
51	长城动漫	43.31	60.98	6.51
52	科新机电	18.57	13.74	14.32
53	和邦生物	12.37	19.99	19.66
54	水井坊	23.69	83.37	62.16
55	四川长虹	9.78	46.43	55.86
56	四川路桥	21.40	34.71	99.90
57	中光防雷	14.57	24.65	5.91
58	创维数字	14.26	20.16	0.98
59	豪能股份	51.90	49.31	56.36
60	四川九洲	57.63	59.07	56.42
61	运达科技	47.87	30.96	92.50
62	东材科技	16.87	40.10	65.12
63	浩物股份	19.08	5.12	19.14
64	红旗连锁	13.70	63.32	22.20
65	新筑股份	38.25	63.47	10.32
66	三泰控股	34.13	56.47	55.61
67	华西证券	34.65	86.02	90.28
68	迈克生物	47.46	63.17	25.29
69	振芯科技	19.56	37.23	43.91
70	川大智胜	24.50	15.68	22.25
71	科伦药业	41.35	57.42	60.71

编码	证券简称	绿色经济	环境管理	"三废"管理
72	利尔化学	39.32	68.85	45.12
73	华西能源	39.55	49.31	10.92
74	四川金顶	21.23	54.27	9.86
75	舍得酒业	18.66	33.47	85.84
76	大通燃气	39.87	74.23	60.48
77	峨眉山	80.80	64.30	14.18
78	成都路桥	14.89	17.11	12.47
79	鹏博士	15.10	76.16	83.07
80	大西洋	50.56	50.29	92.50
81	泰合健康	2.01	13.78	12.86
82	旭光股份	83.73	72.34	42.84
83	天翔环境	62.20	34.09	44.10
84	金石东方	50.46	73.38	32.77
85	康弘药业	40.44	42.35	15.90
86	海特高新	19.06	14.34	92.50
87	富临运业	15.97	41.83	65.20
88	华西集团	16.54	39.25	12.38
89	山鼎设计	28.28	63.75	35.33
90	德胜钒钛	39.27	37.22	9.69
91	易见股份	14.57	38.73	67.89
92	西部资源	13.39	15.65	9.41
93	高新发展	18.60	62.41	35.97
94	成都银行	19.12	49.01	71.41
95	川威集团	11.52	42.31	44.40
96	蓝润实业	11.66	51.67	87.32
97	川投集团	32.62	38.78	62.66
98	ST印纪	49.20	40.63	39.14
99	ST升达	24.38	16.42	17.69
100	ST集成	48.47	37.27	10.46
	均值	30.55	43.78	41.72
	中位数	24.03	42.33	37.56

编码	证券简称	绿色经济	环境管理	"三废"管理
	标准差	19.45	21.92	29.44
	最大值	88.06	91.34	99.90
	最小值	0.00	5.12	0.98
	0 分	2	0	0
	0~20 分	41	21	38
	20~40 分	29	23	13
	40~60 分	20	29	16
	60~80 分	4	24	17
	80 分以上	4	3	16
	合 计	100	100	100

附表15　2018 年四川企业可持续品牌塑造具体得分

编码	证券简称	信息披露	相关方参与	品牌塑造
1	兴蓉环境	42.02	73.05	30.84
2	乐山电力	53.66	81.90	48.56
3	广安爱众	72.67	73.38	66.79
4	新希望	82.39	85.92	43.50
5	攀钢钒钛	43.67	77.36	8.73
6	千千味业	75.14	22.93	50.68
7	硅宝科技	27.73	44.85	35.99
8	明星电力	68.51	88.18	28.28
9	卫士通	50.76	87.63	80.82
10	富森美	42.02	68.80	67.81
11	汇源通信	16.67	0.00	30.55
12	天齐锂业	45.30	85.92	82.92
13	蓝光发展	68.34	85.92	71.12
14	岷江水电	74.98	88.18	76.86
15	国金证券	19.78	43.13	32.14
16	天味食品	49.18	88.18	58.65
17	新城投资	50.16	88.18	15.69
18	四川成渝	42.03	10.11	12.22

续表

编码	证券简称	信息披露	相关方参与	品牌塑造
19	天原集团	83.64	87.63	85.48
20	东方电气	45.39	91.05	35.93
21	通威集团	59.10	85.90	46.99
22	川环科技	54.88	44.51	57.55
23	云图控股	57.89	85.92	58.12
24	北化股份	46.76	85.92	88.85
25	川润股份	85.68	87.64	83.66
26	茂业商业	42.81	31.43	14.30
27	金路集团	84.32	89.36	83.77
28	利君股份	22.37	44.10	67.74
29	福蓉科技	49.20	52.60	39.65
30	丹甫环境	44.65	37.09	10.97
31	国光股份	59.01	12.99	23.41
32	川投能源	51.35	88.18	26.07
33	达威股份	78.68	79.01	47.34
34	中科信息	41.67	11.41	57.79
35	环能科技	30.57	28.38	11.52
36	富临精工	54.74	87.63	86.47
37	新乳业	25.97	47.01	33.45
38	宏达股份	86.67	29.23	18.59
39	依米康	42.47	40.59	39.63
40	四川美丰	43.67	77.29	36.81
41	五粮液	74.10	91.63	35.90
42	西昌电力	47.82	88.18	29.54
43	泸天化	62.05	91.05	65.08
44	雅化集团	19.32	38.51	11.61
45	贝瑞基因	43.67	68.74	30.83
46	泸州老窖	28.67	0.00	80.60
47	吉峰科技	29.51	73.38	13.59
48	帝欧家居	40.21	11.41	8.81
49	银河磁体	46.24	46.58	24.79

编码	证券简称	信息披露	相关方参与	品牌塑造
50	创意信息	55.60	51.57	34.46
51	长城动漫	72.39	85.92	50.50
52	科新机电	40.93	10.76	10.92
53	和邦生物	35.86	85.92	86.17
54	水井坊	58.42	17.97	11.41
55	四川长虹	42.06	17.74	20.72
56	四川路桥	47.25	47.93	22.44
57	中光防雷	48.52	50.05	12.23
58	创维数字	29.84	58.11	22.94
59	豪能股份	87.65	77.29	59.85
60	四川九洲	83.76	85.92	40.36
61	运达科技	77.34	47.21	62.17
62	东材科技	44.99	6.74	14.06
63	浩物股份	48.09	60.18	43.45
64	红旗连锁	47.83	54.11	29.72
65	新筑股份	43.34	85.92	81.30
66	三泰控股	84.20	89.04	86.83
67	华西证券	39.17	30.19	29.06
68	迈克生物	25.70	1.63	45.02
69	振芯科技	41.03	33.16	44.92
70	川大智胜	29.23	47.95	41.71
71	科伦药业	43.42	85.92	83.41
72	利尔化学	56.70	85.92	73.74
73	华西能源	32.36	44.85	36.49
74	四川金顶	49.85	81.33	27.36
75	舍得酒业	45.34	5.99	8.56
76	大通燃气	43.97	87.64	38.51
77	峨眉山	46.41	85.92	13.63
78	成都路桥	54.71	85.92	14.13
79	鹏博士	45.41	31.05	14.85
80	大西洋	58.19	83.04	40.49

编码	证券简称	信息披露	相关方参与	品牌塑造
81	泰合健康	10.00	0.00	12.39
82	旭光股份	74.40	88.18	76.86
83	天翔环境	45.48	27.64	27.93
84	金石东方	46.92	46.43	48.86
85	康弘药业	35.17	44.85	64.86
86	海特高新	72.59	85.92	17.47
87	富临运业	32.80	34.50	43.01
88	华西集团	50.67	81.64	59.82
89	山鼎设计	73.68	34.24	42.37
90	德胜钒钛	30.05	63.03	61.20
91	易见股份	62.29	22.77	38.79
92	西部资源	49.45	88.75	20.90
93	高新发展	42.32	17.36	25.99
94	成都银行	73.48	14.62	11.25
95	川威集团	46.38	12.67	13.69
96	蓝润实业	69.09	91.65	14.00
97	川投集团	52.15	88.18	32.39
98	ST 印纪	56.76	91.05	51.70
99	ST 升达	46.71	83.92	35.59
100	ST 集成	46.76	85.92	92.68
	均值	50.85	58.54	41.90
	中位数	47.08	68.77	37.66
	标准差	17.43	29.90	24.35
	最大值	87.65	91.65	92.68
	最小值	10.00	0.00	8.56
	0 分	0	3	0
	0~20 分	4	13	23
	20~40 分	15	13	31
	40~60 分	57	18	22
	60~80 分	16	11	11
	80 分以上	8	42	13
	合 计	100	100	100

附表 16　2018 年四川企业营商环境体验具体得分

编码	证券简称	产业政策环境体验	产业发展环境体验	政府服务环境体验
1	兴蓉环境	89.01	0.00	0.00
2	乐山电力	11.80	21.75	17.31
3	广安爱众	13.91	19.61	5.83
4	新希望	85.59	86.11	15.88
5	攀钢钒钛	68.47	0.00	0.00
6	千千味业	19.73	9.45	14.56
7	硅宝科技	8.70	22.67	3.88
8	明星电力	26.90	37.74	37.19
9	卫士通	85.59	55.54	16.39
10	富森美	68.47	0.00	0.00
11	汇源通信	25.46	0.00	0.00
12	天齐锂业	13.26	9.30	20.74
13	蓝光发展	10.69	18.11	18.40
14	岷江水电	21.50	14.93	7.25
15	国金证券	7.71	60.11	6.25
16	天味食品	18.65	15.03	26.03
17	新城投资	95.86	36.24	7.37
18	四川成渝	4.30	16.27	14.12
19	天原集团	59.91	38.16	39.85
20	东方电气	5.92	63.49	19.75
21	通威集团	19.29	15.77	9.74
22	川环科技	85.59	81.30	14.73
23	云图控股	85.59	60.86	36.31
24	北化股份	6.18	64.10	21.84
25	川润股份	81.59	63.96	34.52
26	茂业商业	4.98	28.13	22.12
27	金路集团	89.01	0.00	0.00
28	利君股份	89.01	16.47	15.65
29	福蓉科技	20.39	32.07	16.53
30	丹甫环境科技有限公司	89.01	19.13	14.83
31	国光股份	89.01	61.09	16.53

编码	证券简称	产业政策环境体验	产业发展环境体验	政府服务环境体验
32	川投能源	11.61	15.45	21.20
33	达威股份	85.59	71.70	71.15
34	中科信息	45.65	32.87	13.60
35	环能科技	9.37	18.49	11.57
36	富临精工	5.74	31.23	13.79
37	新乳业	10.76	30.60	17.06
38	宏达股份	89.01	11.81	16.50
39	依米康	29.75	55.58	17.49
40	四川美丰	85.59	0.00	0.00
41	五粮液	85.59	86.11	8.46
42	西昌电力	25.47	8.31	5.82
43	泸天化	10.56	67.57	9.44
44	雅化集团	18.50	14.11	6.04
45	贝瑞基因	0.60	0.00	0.00
46	泸州老窖	11.58	0.00	0.00
47	吉峰科技	85.59	22.32	27.34
48	帝欧家居	6.09	40.21	18.58
49	银河磁体	12.69	66.48	8.93
50	创意信息	19.09	42.23	41.67
51	长城动漫	85.59	87.94	18.72
52	科新机电	8.50	17.92	22.11
53	和邦生物	85.59	21.40	14.66
54	水井坊	10.52	18.29	14.39
55	四川长虹	23.81	9.80	7.33
56	四川路桥	10.08	43.40	22.22
57	中光防雷	85.59	46.38	7.31
58	创维数字	54.62	29.18	7.24
59	豪能股份	11.57	0.00	0.00
60	四川九洲	85.59	86.11	13.04
61	运达科技	85.59	64.30	30.02
62	东材科技	15.32	13.43	6.60

编码	证券简称	产业政策环境体验	产业发展环境体验	政府服务环境体验
63	浩物股份	89.01	13.09	8.49
64	红旗连锁	0.65	13.21	18.15
65	新筑股份	81.59	39.13	43.46
66	三泰控股	85.59	34.69	14.40
67	华西证券	85.59	0.00	0.00
68	迈克生物	25.19	38.88	53.93
69	振芯科技	25.65	47.90	14.41
70	川大智胜	8.66	28.88	10.96
71	科伦药业	85.59	61.17	32.36
72	利尔化学	85.59	35.18	12.05
73	华西能源	85.59	10.94	24.76
74	四川金顶	3.49	18.30	15.70
75	舍得酒业	18.00	13.56	21.65
76	大通燃气	95.86	0.00	0.00
77	峨眉山	95.86	59.69	12.95
78	成都路桥	25.89	37.24	6.47
79	鹏博士	24.33	11.10	12.74
80	大西洋	19.92	18.43	17.29
81	泰合健康	1.04	13.55	12.75
82	旭光股份	16.75	13.54	21.52
83	天翔环境	57.06	47.28	22.49
84	金石东方	85.59	84.84	15.94
85	康弘药业	85.59	26.25	12.14
86	海特高新	85.59	54.85	12.94
87	富临运业	2.73	15.44	21.40
88	华西集团	81.59	38.41	10.36
89	山鼎设计	68.47	68.69	28.72
90	德胜钒钛	85.59	20.56	9.18
91	易见股份	9.34	60.24	11.73
92	西部资源	12.34	34.20	7.83
93	高新发展	15.93	12.16	8.57

编码	证券简称	产业政策环境体验	产业发展环境体验	政府服务环境体验
94	成都银行	1.20	31.86	17.52
95	川威集团	85.59	15.89	14.20
96	蓝润实业	97.00	39.62	42.84
97	川投集团	21.08	17.47	15.19
98	ST 印纪	85.59	66.83	20.85
99	ST 升达	85.59	39.14	14.61
100	ST 集成	13.90	68.53	3.08
	均值	45.52	32.71	15.89
	中位数	25.56	28.50	14.49
	标准差	35.90	24.37	12.07
	最大值	97.00	87.94	71.15
	最小值	0.60	0.00	0.00
	0 分	0	11	11
	0~20 分	42	32	63
	20~40 分	12	26	21
	40~60 分	4	10	4
	60~80 分	3	15	1
	80 分以上	39	6	0
	合 计	100	100	100